U0896906

普通高等教育公共基础课系列教材

# 全国计算机等级考试教程
# 二级 MS Office 高级应用（教材）

丛 飚 主编

李晓佳 李 闯 李 爽
罗 琳 吕 凯 侯 锟 副主编

科 学 出 版 社
北 京

## 内 容 简 介

本书依据教育部考试中心最新颁布的全国计算机等级考试二级 MS Office 高级应用的考试大纲进行编写，全书以考点为主线，以“理论与实践相结合，学以致用”为原则，在注重理论知识讲述的同时，注重上机实践操作，加强学生实际动手能力的培养。

本书分为两个部分，共 11 章，第一部分为计算机二级公共基础知识，包括计算机基础知识、算法与数据结构、程序设计基础、软件工程基础、数据库设计基础；第二部分为计算机二级 MS Office 基础知识，包括 Word 2010 基础、Word 2010 高级应用、Excel 2010 基础、Excel 2010 高级应用、PowerPoint 2010 基础、PowerPoint 2010 高级应用。本书重点突出了 MS Office 的各项实践操作训练，体现了教、学、做相结合的教学模式。

本书适合作为全国计算机等级考试二级 MS Office 高级应用的应试教材和参考用书，也可作为全国普通高等院校计算机通识课程的教材，还可作为办公自动化课程的培训教材及自学 MS Office 高级应用的读者用书。

**图书在版编目(CIP)数据**

全国计算机等级考试教程.二级 MS Office 高级应用（教材）/丛飚主编.
—北京：科学出版社，2017

（普通高等教育公共基础课系列教材）

ISBN 978-7-03-050966-6

Ⅰ.①全… Ⅱ.①丛… Ⅲ.①电子计算机-水平考试-教材 ②办公自动化-应用软件-水平考试-教材 Ⅳ.①TP3

中国版本图书馆 CIP 数据核字（2016）第 299805 号

责任编辑：戴 薇 陈将浪 / 责任校对：刘玉靖
责任印制：吕春珉 / 封面设计：东方人华平面设计部

科学出版社 出版
北京东黄城根北街 16 号
邮政编码：100717
http://www.sciencep.com

新科印刷有限公司 印刷

科学出版社发行 各地新华书店经销

*

2017 年 2 月第 一 版 开本：787×1092 1/16
2021 年 3 月第九次印刷 印张：19 3/4
字数：470 000

**定价：56.00 元**

（如有印装质量问题，我社负责调换〈新科〉）
销售部电话 010-62136230 编辑部电话 010-62135927-2014

# 前　言

随着计算机及信息技术的飞速发展，社会信息化进程不断加快，从而对大学毕业生的计算机应用能力，特别是办公自动化处理能力提出了越来越高的要求，以 Microsoft Office 为代表的办公自动化软件已经成为人们日常工作和生活中不可缺少的辅助工具，而 MS Office 高级应用在全国计算机等级考试（二级）中所占的比例也越来越大。为了更好地适应全国计算机等级考试（二级）的需求，帮助考生顺利通过考试，我们认真归纳了所有相关知识点，并结合编者多年在吉林师范大学计算机学院的教学实践和考试辅导经验，分析考试命题的规律，精心编写了本书。本书针对全国计算机等级考试（二级）全面、系统地介绍了 MS Office 高级应用部分的考点及上机实践的应用题，不仅详细讲解了 MS Office 的核心知识，而且全面地介绍了计算机公共基础知识；不但重视理论知识的讲述，而且注重实践应用环节的讲解；与时俱进，开拓创新，努力将理论和实践紧密结合，通过实际案例给予读者更实际、更具体的指导和帮助，使之在掌握 MS Office 高级应用基础知识的同时，进一步熟练应用办公自动化软件，提高处理日常事务的能力。

本书分为两个部分，共 11 章，第一部分为计算机二级公共基础知识，主要介绍了计算机基础知识、算法与数据结构、程序设计基础、软件工程基础、数据库设计基础；第二部分为计算机二级 MS Office 基础知识，主要介绍了 Word 2010 基础、Word 2010 高级应用、Excel 2010 基础、Excel 2010 高级应用、PowerPoint 2010 基础、PowerPoint 2010 高级应用。

本书的编写人员全部是吉林师范大学计算机学院从事一线教学的教师，具有丰富的教学经验。编者在编写本书的过程中以“理论与实践相结合，学以致用”为原则，知识点的选取注重从考试应用和工作实践出发；文字叙述深入浅出，通俗易懂。本书依据全国计算机等级考试二级 MS Office 高级应用最新考试大纲的要求，完全覆盖大纲要求的所有考点，对理论知识进行详细分析，对操作技能进行直观的图解演示和详细的分步骤阐述，旨在帮助考生掌握大纲要求的所有考点，尤其是熟练掌握各类重点、难点和疑点。另外，与本书配套的《全国计算机等级考试教程 二级 MS Office 高级应用（实验教材）》（侯锟主编，科学出版社出版）提供同步的实验内容和大量的习题，供读者参考。

本书由丛飚担任主编，李晓佳、李闯、李爽、罗琳、吕凯、侯锟担任副主编。具体分工如下：第 1 章～第 5 章由丛飚编写，第 6 章由李爽编写，第 7 章由李闯编写，第 8 章由罗琳编写，第 9 章由李晓佳编写，第 10 章由侯锟编写，第 11 章由吕凯编写。全书由丛飚统稿，由陈卓然老师、于晓鹏老师及苏醒等同学校对。

由于编者水平和经验有限，书中难免存在不足之处，恳请广大读者批评指正。

编　者

2016 年 10 月

# 目　录

## 第一部分　计算机二级公共基础知识

## 第二部分　计算机二级 MS Office 基础知识

# 第一部分
# 计算机二级公共基础知识

应考点拨：本部分涉及的内容多出现在考试的选择题部分，一般有 16～18 个小题，分值占 16～18 分。涉及的内容较杂、比较抽象、难以理解，因此建议考生在复习时，首先熟读教程，其次加深理解基本概念及原理，加强记忆。在全国计算机二级考试“MS Office 高级应用”科目中，选择题所得分数必须达到 12 分以上才有机会达标。

# 第1章　计算机基础知识

大学计算机基础教育是大学通识课程教育的一个重要组成部分，是大学培养综合素质人才的一个重要任务。本章结合全国计算机等级考试二级考试大纲，详细地介绍了计算机基础知识部分的相关内容，帮助读者对计算机基础知识有个总体的掌握。

## 1.1　计算机概述

本节主要对计算机的概念、发展、特点、分类做简单介绍。

### 1.1.1　计算机的概念

电子计算机是一种能高速、精确、自动处理信息的现代化电子设备，简称计算机。它所接收和处理的对象是信息，处理的结果也是信息。信息是能够被人类（或仪器）接收的以声音、图像、图形、文字、颜色和符号等形式表现出来的一切可以传递的内容。计算机接收信息之后，不仅能迅速、准确地对其进行运算，而且能进行推理、分析、判断等，从而帮助人类完成部分脑力劳动，所以人们又把它称为“电脑”。

随着信息时代的到来、信息高速公路的兴起，全球信息化进入了一个新的发展时期。人们越来越认识到计算机的强大信息处理作用，人们在物质需求不断得到满足的同时，对信息的需求也日益增强，这就是信息业和计算机业发展的社会基础。

### 1.1.2　计算机发展简史

1. 计算工具发展简述

计算是人类与自然做斗争过程中的一项重要活动。在远古时代，人类已经知道用石子和贝壳进行计数。随着生产力的发展，人类创造了简单的计算工具。算筹是有实物作证的人类最早的计算工具。我国在唐、宋时期开始使用算盘，在当时算盘是一种高级的计算工具。

17世纪，天文学家承受着大量繁重的计算工作，这促使人们致力于计算工具的改革。1642年，法国科学家布莱士·帕斯卡（Blaise Pascal，1623～1662年）制造出世界上第一台机械式计算机。它可做8位数的加减运算，被用来计算法国的税收，取得了很大成功，这是人类第一次用机器来模拟人脑处理数据信息。1673年，德国数学家戈特弗里德·威廉·莱布尼兹（Gottfried Wilhelm Leibniz，1646～1716年）在前人研究的基础上，制造出了一台可以做四则运算和开平方运算的机械式计算机。

1946 年，由宾夕法尼亚大学莫尔电机工程学院与阿伯丁弹道研究所合作研制出世界上第一台电子计算机——ENIAC（Electronic Numerical Integrator and Calculator，电子数字积分和计算机），如图 1.1 所示。该电子计算机共使用 18800 个电子管、1500 个继电器，重达 30 吨，占地约 170 平方米，耗电 150 千瓦，每秒能做 5000 次加法运算。1946 年 2 月，ENIAC 正式交付使用，从此开始了电子计算机的发展时代。

2. 电子计算机发展的阶段

从第一台电子计算机诞生至今，计算机得到了飞速发展。最杰出的代表人物是英国科学家阿兰·图灵（Alan Turing，1912～1954 年）和美籍匈牙利科学家冯·诺依曼（Von Neumann，1903～1957 年），如图 1.2 和图 1.3 所示。

图 1.1 第一台电子计算机——ENIAC

图 1.2 阿兰·图灵

图 1.3 冯·诺依曼

阿兰·图灵是计算机科学的奠基人，他对计算机的主要贡献是建立了图灵机的理论模型，发展了可计算性理论；提出图灵测试，阐述了机器智能的概念。现在人们为了纪念这位伟大的科学家，将计算机界的最高奖命名为“图灵奖”。图灵奖最早设立于 1966 年，是美国计算机协会在计算机技术方面所授予的最高奖项，被喻为计算机界的诺贝尔奖。

冯·诺依曼历来被誉为“电子计算机之父”，他对计算机的主要贡献是提出了计算机计数采用二进制、存储程序和计算机由 5 个部件构成（运算器、控制器、存储器、输入设备和输出设备）的重要思想，同时与同事研制出了世界上第二台电子计算机——EDVAC

（Electronic Discrete Variable Automatic Computer，离散变量自动电子计算机）。

人们根据组成计算机的主要电子器件的不同，把计算机的发展过程分为四代（见表 1.1）。

表 1.1　计算机的发展过程

| 代/年份 | 物理器件 | 内存储器 | 外存储器 | 处理速度 | 软件特征 | 应用领域 |
|---|---|---|---|---|---|---|
| 第一代计算机（1946～1958 年） | 电子管 | 汞延迟线 | 磁鼓、磁带 | 几千条 | 机器语言、汇编语言 | 科学计算 |
| 第二代计算机（1958～1964 年） | 晶体管 | 磁芯存储器 | 磁带 | 几万至几十万条 | 高级语言 | 科学计算、数据处理、工业控制 |
| 第三代计算机（1964～1971 年） | 中小规模集成电路 | 半导体存储器 | 磁带、磁盘 | 几十万至几百万条 | 操作系统 | 科学计算、数据处理、工业控制、文字处理、图形处理 |
| 第四代计算机（1971 年至今） | 大规模、超大规模集成电路 | 半导体存储器 | 磁带、磁盘等容量存储器 | 上千万至万亿条 | 数据库网络 | 各个领域 |

1）第一代计算机（1946～1958 年）

第一代计算机是电子管数字计算机。采用电子管组成基本逻辑电路；主存储器采用延迟线、磁心；外存储器采用磁鼓、磁带；输入/输出装置落后，主要使用穿孔卡片，速度慢，并且使用不便，没有系统软件，使用机器语言和汇编语言编制程序，主要用于科学计算。

2）第二代计算机（1958～1964 年）

第二代计算机是晶体管数字计算机。采用晶体管组成基本逻辑电路，一个晶体管和一个小爆竹同样大小，而且可靠、省电，发热量少，寿命长。

3）第三代计算机（1964～1971 年）

第三代计算机的逻辑元件采用中小规模集成电路。所谓集成电路是将由晶体管、电阻、电容等电子元件构成的电路微型化，并集成在一块如同指甲大小的硅片上。

4）第四代计算机（1971 年至今）

第四代计算机的逻辑元件和主存储器都采用大规模集成电路（Large Scale Integration，LSI）。所谓大规模集成电路是指在单块硅片上集成 100 个以上的门电路或 1000～20000 个晶体管，其集成度比中小规模集成电路提高了 1～2 个数量级。在计算机的发展史上，一方面出现了运算速度超过每秒十亿次的巨型计算机，另一方面又出现了体积小、价格低廉、使用灵活方便的微型计算机。此外，计算机网络、多媒体技术的发展正在把人类社会带入一个新的时代。软件的发展也很迅速，对高级语言的编译系统、操作系统、数据库管理系统及应用软件的研究更加深入，日趋完善，软件行业已成为一个重要的现代工业分支。第四代计算机的特点是微型化、耗电极少、可靠性更高、运算速度更快、成本更低。

5）新一代计算机

从 20 世纪 80 年代开始，日本、美国和欧洲各国等发达国家都陆续开展了新一代计算机的研究。新一代计算机是把信息采集、存储、处理、通信和人工智能结合在一起的计算机系统，它不仅能进行一般信息处理，而且能面向知识处理，具有形式推理、联想、自然语言理解、学习和解释能力，能帮助人类开拓未知领域和获取新知识。新一代计算机的研究领域包括人工智能、系统结构、软件工程、支援设备，以及其对社会的影响等。新一代计算机的核心思想是把程序设计变为逻辑设计，突破传统的冯·诺依曼体系结构，实现高度并行处理。

科学家们在研制智能计算机的同时，也开始探索更新一代的计算机，包括光子计算机、生物计算机和神经网络计算机。它们将不再采用传统的电子元件，光子计算机采用光技术和光子器件；生物计算机采用生物芯片，以生物工程技术产生的蛋白分子为主要材料；神经网络计算机是模仿人大脑的判断能力和适应能力，并具有可并行处理多种数据功能的计算机。新一代计算机目前还不成熟，离实际应用还很遥远，但其研究前景是很美好的。

### 3. 计算机的发展趋势

目前，计算机技术正在向以下几个方向发展。

1）微型化

由于超大规模集成电路技术的进一步发展，微型机的发展日新月异，每 3～5 年换代一次。一个完整的计算机已经可以集成在火柴盒大小的硅片上。新一代的微型计算机由于具有体积小、价格低、对环境条件要求少、性能迅速提高等优点，大有取代中、小型计算机之势。

2）巨型化

在一些领域，计算机的运算速度要求达到每秒 10 亿次，这就必须发展功能特强、运算速度极快的巨型计算机。巨型计算机体现了计算机科学的最高水平，反映了一个国家科学技术的实力。现代巨型计算机的标准是运算速度超过每秒 10 亿次，比 20 世纪 70 年代的巨型计算机提高了一个数量级。为了提高速度而设计的多处理器并行处理的巨型计算机已经商品化，如多处理器按超立方结构连接而成的巨型计算机。

3）网络化

计算机网络是计算机的又一发展方向。所谓计算机网络就是把分布在各个地区的许多计算机通过通信线路互相连接起来，以达到资源共享的目的。这是计算机技术和通信技术相结合的产物，它能够有效地提高计算机资源的利用率，同时形成一个规模大、功能强、可靠性高的信息综合处理系统。目前，计算机网络在交通、金融、管理、教育、商业和国防等各行各业中都得到了广泛应用，覆盖全球的 Internet（因特网）已进入普通家庭，正在改变着世界的面貌。

4）智能化

智能化是指让计算机模拟人类的智能活动。人工智能是研究、开发用于模拟、延伸和扩展人的智能的理论、方法、技术及应用系统的一门新的技术科学，它企图了解智能的实质，并生产出一种新的能以与人类智能相似的方式做出反应的智能机器。该领域的研究包括机器人、语言识别、图像识别、自然语言处理和专家系统等。

5）多媒体化

多媒体技术是将计算机系统与图形、图像、声音、视频等多种信息媒体综合于一体进行处理的技术。它扩充了计算机系统的数字化声音、图像输入/输出设备和大容量信息存储装置，能以多种形式表达和处理信息，使人们能以耳闻、目睹、口述、手触等多种方式与计算机交流信息，使人与计算机的交互更加方便、友好和自然。曾经有人预言，多媒体计算机将进入人们生产、生活的各个领域，为计算机技术的发展和应用开创一个新的时代。

### 1.1.3　计算机的特点

计算机已应用于社会的各个领域，成为现代社会不可缺少的工具。它之所以具备如此巨大的能力，是由它自身的特点所决定的。

计算机具有以下其他计算工具所不具备的特点。

#### 1. 运算速度极快

一般计算机每秒进行加减基本运算的次数可达几十万次，目前最高达到千万亿次。如果一个人在 1 秒内能做一次运算，那么一般的计算机 1 小时的工作量，一个人得做 100 多年。

计算机出现以前，在一些科技部门中，虽然人们从理论上已经找到了一些复杂的计算公式，但由于计算工作太复杂，其中不少公式实际上仍无法应用。落后的计算技术“拖”了这些学科的“后腿”。例如，人们早就知道可以用一组方程来推算天气的变化，但是用这种公式预报 24 小时以内的天气，如果用手工计算，一个人要算几十年，这样，就失去了预报的意义。而用一台小型计算机，只需 10 分钟就能算出一个地区 4 天以内的天气预报。

#### 2. 计算精确度高

计算机在进行数值计算时，其结果的精确度在理论上不受限制。一般的计算机可保留 15 位有效数字，这是其他计算工具达不到的。

计算机不像人那样工作时间稍长就会疲劳。由于现代技术的进步，特别是大规模、超大规模集成电路的应用，使计算机具有极高的可靠性，可以连续工作几个月，甚至十几年而不出差错。

3. 记忆能力惊人

计算机能把运算步骤、原始数据、中间结果和最终结果等牢牢记住。人们把计算机的这种记忆能力的大小称为存储容量，目前的计算机可以存储数亿个数据。

4. 具有逻辑判断能力

计算机在处理信息时，还能做逻辑判断。例如，判断两个数的大小，并根据判断结果自动完成不同的处理。计算机还可以做出非常复杂的逻辑判断。

数学中的“四色问题”是著名的难题，这是一个拓扑学问题，即找出给球面（或平面）地图着色时所需用的不同颜色的最小数目。着色时要使没有相邻（即有公共边界线段）的两个区域有相同的颜色。

1852 年，英国的弗南西斯 • 格思里（Francis Guthrie）推测：四种颜色是充分必要的。1878 年，英国数学家凯莱（Cayley，1821～1895 年）在一次数学家会议上呼吁大家注意解决这个问题。直到 1976 年，美国数学家阿佩哈尔、哈肯和考西利用高速计算机运算了 1200 小时，才证明了格思里的推测。

5. 高度自动化

计算机具有记忆能力和逻辑判断能力，这是与其他计算工具之间的本质区别。正是因为它具有上述能力，所以，只要将解决某一问题所需要的原始数据和处理步骤预先存储在计算机内，一旦向计算机发出指令，它就能自动按规定步骤完成指定的任务。

### 1.1.4 计算机的分类

在时间轴上，“分代”代表了计算机纵向的发展，是以制造计算机使用的元器件来划分的。而“分类”可用来说明计算机横向的发展，按应用范围分为通用机、专用机及工业控制机，按计算机中信息的表示形式分为电子数字计算机、电子模拟计算机和数模混合计算机。目前常用的分类方法是按功能的不同划分，可分为巨型机、大型机、中型机、小型机、微型机及工作站。

（1）巨型机（supercomputer）是一种超大型电子计算机。它具有很强的计算和处理数据的能力，主要特点表现为高速度和大容量，配有多种外部和外围设备及丰富的、高性能的软件系统。

巨型计算机实际上是一个巨大的计算机系统，主要用来承担重大的科学研究、国防尖端技术和国民经济领域的大型计算课题及数据处理任务，如大范围天气预报、整理卫星照片、原子核物的探索、研究洲际导弹、宇宙飞船等。例如，制订国民经济的发展计划，项目繁多，时间性强，要综合考虑各种各样的因素，依靠巨型计算机能较顺利地完成。

对于巨型计算机的指标，一些国家这样规定：首先，计算机的运算速度平均为每秒 1000 万次以上；其次，存储容量在 1000 万位以上。例如，由我国研制成功的“银河”计算机就属于巨型计算机。巨型计算机的发展是计算机的一个重要发展方向。它的研制水平标志着一个国家的科学技术和工业发展的程度，体现着国家经济发展的实力。一些发达国家正在投入大量资金和人力、物力研制运算速度达每秒几百亿次甚至上千亿次的超级大型计算机。

（2）大型机（mainframe）一般用在尖端的科研领域，主机非常庞大，通常由许多中央处理器协同工作，具有超大的内存、海量的存储器，使用专用的操作系统和应用软件。

（3）中型机（medium-sized machine）的规模介于大型机和小型机之间。

（4）小型机（minicomputer）是指运行原理类似于 PC（Personal Computer，个人计算机）和服务器，但性能及用途又与它们截然不同的一种高性能计算机，它是 20 世纪 70 年代由 DEC（数字设备）公司首先开发的一种高性能计算产品。

（5）微型机（microcomputer）采用微处理器、半导体存储器和输入/输出接口等芯片组装而成，具有体积更小、价格更低、通用性更强、灵活性更好、可靠性更高、使用更加方便等优点。

（6）工作站（workstation）是一种以 PC 和分布式网络计算为基础，主要面向专业应用领域，具备强大的数据运算与图形、图像处理能力，为满足工程设计、动画制作、科学研究、软件开发、金融管理、信息服务、模拟仿真等专业领域而设计、开发的高性能计算机。

## 1.2 信息的表示与存储

计算机是一种信息处理的自动机。计算机要进行大量的数据运算和数据处理，而所有的数据信息在计算机中都是以数字编码形式表示的。因此，人们就会产生这样的疑问：以哪种形式表示这些数字编码？如何表示字符、汉字等？这些问题的解决将有助于人们更好地使用计算机。

### 1.2.1 进位计数制

人们的生产和生活离不开数，人类在长期的实践中创造了各种数的表示方法，把数的表示系统称为数制。在进位计数制中，表示数值大小的数码与它在数中所处的位置有关。例如，很久以前，人类就用 10 个手指来计数，每数到 10 就向前一位进一，这就是人们最熟悉的十进制；每小时是 60 分，每分是 60 秒，这就是六十进制；每周有 7 天，这就是七进制；每日 24 小时，这就是二十四进制；等等。计算机运算中使用二进制。

1. 十进制数

人们最熟悉、最常用的数制是十进制。一个十进制数有以下两个主要特点。

（1）它有 10 个不同的数字符号，即 0，1，2，…，9。

（2）它采用“逢十进一”的进位原则。

因此，同一个数字符号在不同位置（或数位）所代表的数值是不同的。例如，在 999.99 这个数中，小数点左面第 1 位的 9 代表个位，就是它本身的数值 9，或写成 $9\times10^0$；小数点左面第 2 位的 9 代表十位，它的值为 $9\times10^1$；小数点左面第 3 位的 9 代表百位，它的值为 $9\times10^2$；小数点右面第 1 位的 9 代表十分位，它的值为 $9\times10^{-1}$；小数点右面第 2 位的 9 代表百分位，它的值为 $9\times10^{-2}$。所以，十进制数 999.99 可以写成

$$999.99=9\times10^2+9\times10^1+9\times10^0+9\times10^{-1}+9\times10^{-2}$$

一般来说，任意一个十进制数 $D=d_{n-1}d_{n-2}\cdots d_1d_0.d_{-1}\ \cdots\ d_{-m}$ 都可以表示为

$$D=d_{n-1}\times10^{n-1}+d_{n-2}\times10^{n-2}+\cdots+d_1\times10^1+d_0\times10^0+d_{-1}\times10^{-1}+\cdots+d_{-m}\times10^{-m} \quad (1\text{-}1)$$

式（1-1）称为十进制数的按权展开式，其中，$d_i\times10^i$ 中的 $i$ 表示数的第 $i$ 位；$d_i$ 表示第 $i$ 位的数码，它可以是 0～9 中的任一个数字，由具体的 $D$ 确定；$10^i$ 称为第 $i$ 位的权（或数位值），数位不同其“权”的大小也不同，表示的数值也就不同；$m$ 和 $n$ 为正整数，$n$ 为小数点左面的位数，$m$ 为小数点右面的位数；10 为计数制的基数，所以称它为十进制数。

### 2. 二进制数

与十进制数类似，二进制数有以下两个主要特点。

（1）它有两个不同的数字符号，即 0、1。

（2）它采用“逢二进一”的进位原则。

因此，同一数字符号在不同的位置（或数位）所代表的数值是不同的。例如，二进制数 1101.11 可以写成

$$1101.11=1\times2^3+1\times2^2+0\times2^1+1\times2^0+1\times2^{-1}+1\times2^{-2}$$

一般来说，任意一个二进制数 $B=b_{n-1}b_{n-2}\cdots b_1b_0.b_{-1}\cdots b_{-m}$ 都可以表示为

$$B=b_{n-1}\times2^{n-1}+b_{n-2}\times2^{n-2}+\cdots+b_1\times2^1+b_0\times2^0+b_{-1}\times2^{-1}+\cdots+b_{-m}\times2^{-m} \quad (1\text{-}2)$$

式（1-2）称为二进制数的按权展开式，其中，$b_i\times2^i$ 中的 $b_i$ 只能取 0 或 1，由具体的 $B$ 确定；$2^i$ 称为第 $i$ 位的权；$m$、$n$ 为正整数，$n$ 为小数点左面的位数，$m$ 为小数点右面的位数；2 是计数制的基数，所以称为二进制数。十进制数与二进制数的对应关系见表 1.2。

**表 1.2　十进制数与二进制数的对应关系**

| 十进制数 | 二进制数 | 十进制数 | 二进制数 |
|---|---|---|---|
| 0 | 0 | 5 | 101 |
| 1 | 1 | 6 | 110 |
| 2 | 10 | 7 | 111 |
| 3 | 11 | 8 | 1000 |
| 4 | 100 | 9 | 1001 |

3. 八进制数和十六进制数

八进制数的基数为 8，使用 8 个数字符号（0，1，2，…，7），采用“逢八进一，借一当八”的原则。一般来说，任意一个八进制数 $Q=q_{n-1}q_{n-2}\cdots q_1q_0.q_{-1}\cdots q_{-m}$ 都可以表示为

$$Q=q_{n-1}\times 8^{n-1}+q_{n-2}\times 8^{n-2}+\cdots+q_1\times 8^1+q_0\times 8^0+q_{-1}\times 8^{-1}+\cdots+q_{-m}\times 8^{-m} \tag{1-3}$$

十六进制数的基数为 16，使用 16 个数字符号（0，1，2，…，9，A，B，C，D，E，F），采用“逢十六进一，借一当十六”的原则。一般来说，任意一个十六进制数 $H=h_{n-1}h_{n-2}\cdots h_1h_0.h_{-1}\cdots h_{-m}$ 都可表示为

$$H=h_{n-1}\times 16^{n-1}+h_{n-2}\times 16^{n-2}+\cdots+h_1\times 16^1+h_0\times 16^0+h_{-1}\times 16^{-1}+\cdots+h_{-m}\times 16^{-m} \tag{1-4}$$

4. 进位计数制的基本概念

归纳以上内容，可以得出进位计数制的一般概念。

若用 $j$ 代表某进制的基数，$k_i$ 表示第 $i$ 位数的数符，则 $j$ 进制数 $N$ 可以写成如下多项式之和：

$$N=k_{n-1}\cdot j^{n-1}+k_{n-2}\cdot j^{n-2}+\cdots+k_1\cdot j^1+k_0\cdot j^0+k_{-1}\cdot j^{-1}+\cdots+k_{-m}\cdot j^{-m} \tag{1-5}$$

式（1-5）称为 $j$ 进制的按权展开式，其中，$k_i\times j^i$ 中的 $k_i$ 可取 0～$j-1$ 的值，取决于 $N$；$j^i$ 称为第 $i$ 位的权；$m$ 和 $n$ 为正整数，$n$ 为小数点左面的位数，$m$ 为小数点右面的位数。

## 1.2.2 数制间的转换

数制间转换的实质是进行基数的转换。不同数制间的转换是依据如下规则进行的。如果两个有理数相等，则两数的整数部分和小数部分一定分别相等。

1. 二进制数转换为十进制数

二进制数转换为十进制数的方法：根据有理数的按权展开式，把各位的权（2 的某次幂）与数位值（0 或 1）的乘积项相加，其和便是相应的十进制。这种方法称为按权相加法。一般将数用小括号括起来，在括号外右下角加一个下标以表示数制。

**【例 1-1】** 求$(110111.101)_2$的等值十进制数。

**解：** 基数 $J$=2 按权相加，得

$$\begin{aligned}(110111.101)_2 &= 1\times 2^5+1\times 2^4+0\times 2^3+1\times 2^2+1\times 2^1+1\times 2^0+1\times 2^{-1}+0\times 2^{-2}+1\times 2^{-3}\\ &= 32+16+4+2+1+0.5+0.125\\ &=(55.625)_{10}\end{aligned}$$

2. 十进制数转换为二进制数

要把十进制数转换为二进制数，就是设法寻找二进制数的按权展开式（1-2）中的系数 $b_{n-1}$，$b_{n-2}$，…，$b_1$，$b_0$，$b_{-1}$，…，$b_{-m}$。

1）整数转换

假设有一个十进制整数 215，试把它转换为二进制整数，即

$$(215)_{10}=(b_{n-1}b_{n-2}\cdots b_1b_0)_2$$

问题就是要找到 $b_{n-1}$，$b_{n-2}$，…，$b_1$，$b_0$ 的值，而这些值不是 1 就是 0，这取决于要转换的十进制数$(215)_{10}$。

根据二进制的定义：

$$(b_{n-1}b_{n-2}\cdots b_1b_0)_2=b_{n-1}\times 2^{n-1}+b_{n-2}\times 2^{n-2}+\cdots+b_1\times 2^1+b_0\times 2^0$$

于是有

$$(215)_{10}=b_{n-1}\times 2^{n-1}+b_{n-2}\times 2^{n-2}+\cdots+b_1\times 2^1+b_0\times 2^0$$

显然，上面等式右边除了最后一项 $b_0$ 以外，其他各项都包含有 2 的因子，它们都能被 2 除尽。所以，如果用 2 去除十进制数$(215)_{10}$，则它的余数即为 $b_0$。$b_0=1$，并有

$$(107)_{10}=b_{n-1}\times 2^{n-2}+b_{n-2}\times 2^{n-3}+\cdots+b_2\times 2^1+b_1$$

显然，上面等式右边除了最后一项 $b_1$ 外，其他各项都含有 2 的因子，都能被 2 除尽。所以，如果用 2 去除$(107)_{10}$，则所得的余数必为 $b_1$，即 $b_1=1$。

用这样的方法一直继续下去，直至商为 0，就可得到 $b_{n-1}$，$b_{n-2}$，…，$b_1$，$b_0$ 的值。整个过程如图 1.4 所示。

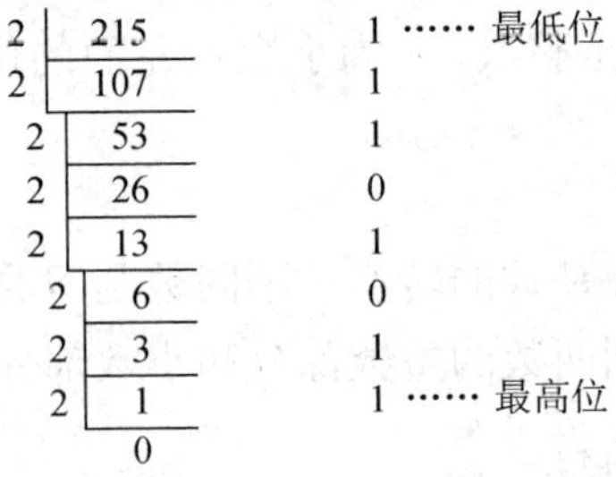

| 除数 | 被除数 | 余数 | |
|---|---|---|---|
| 2 | 215 | 1 | …… 最低位 |
| 2 | 107 | 1 | |
| 2 | 53 | 1 | |
| 2 | 26 | 0 | |
| 2 | 13 | 1 | |
| 2 | 6 | 0 | |
| 2 | 3 | 1 | |
| 2 | 1 | 1 | …… 最高位 |
| | 0 | | |

图 1.4 十进制数转换为二进制数的过程

因此：

$$(215)_{10}=(11010111)_2$$

上述结果也可以用式（1-2）来验证，即

$$(11010111)_2=2^7+2^6+2^4+2^2+2^1+2^0=(215)_{10}$$

总结上面的转换过程，可以得出十进制整数转换为二进制整数的方法如下：用 2 不断地去除要转换的十进制数，直至商为 0；每次的余数为二进制数码，最初得到的为整数的最低位 $b_0$，最后得到的是 $b_{n-1}$。这种方法称为“除二取余法”。

2）纯小数转换

将十进制小数 0.6875 转换成二进制数，即

$$(0.6875)_{10}=(0.b_{-1}b_{-2}\cdots b_{-m+1}b_{-m})_2$$

问题就是要确定 $b_{-1}$～$b_{-m}$ 的值。按二进制小数的定义，可以把上式写成

$$(0.6875)_{10}=b_{-1}\times 2^{-1}+b_{-2}\times 2^{-2}+\cdots+b_{-m+1}\times 2^{-m+1}+b_{-m}\times 2^{-m}$$

若把上式的两边都乘以 2，则得

$$(1.375)_{10}=b_{-1}+(b_{-2}\times2^{-1}+\cdots+b_{-m+1}\times2^{-m+2}+b_{-m}\times2^{-m+1})$$

显然等式右边括号内的数是小于 1 的（因为乘以 2 以前是小于 0.5 的），两个数相等，必定是整数部分和小数部分分别相等，所以有

$$b_{-1}=1$$

等式两边同时去掉 1 后，剩下的为

$$(0.375)_{10}=b_{-2}\times2^{-1}+(b_{-3}\times2^{-2}+\cdots+b_{-m+1}\times2^{-m+2}+b_{-m}\times2^{-m+1})$$

两边都乘以 2，则得

$$(0.75)_{10}=b_{-2}+(b_{-3}\times2^{-1}+\cdots+b_{-m+1}\times2^{-m+3}+b_{-m}\times2^{-m+2})$$

于是有

$$b_{-2}=0$$

如此继续下去，直至乘积的小数部分为 0，就可逐个得到 $b_{-1}$，$b_{-2}$，…，$b_{-m+1}$，$b_{-m}$ 的值。

因此得到结果：

$$(0.6875)_{10}=(0.1011)_2$$

上述结果也可以用式（1-2）来验证，即

$$(0.1011)_2=2^{-1}+2^{-3}+2^{-4}=0.5+0.125+0.0625=(0.6875)_{10}$$

整个过程如图 1.5 所示。

| 计算 | 取整数部分 |
|---|---|
| 0.6875 | |
| × 2 | |
| 1.3750 | $b_{-1}=1$ …… 最高位 |
| 0.375 | |
| × 2 | |
| 0.7500 | $b_{-2}=0$ |
| × 2 | |
| 1.50 | $b_{-3}=1$ |
| 0.5 | |
| × 2 | |
| 1.0 | $b_{-4}=1$ …… 最低位 |

图 1.5　小数转换过程

总结上面的转换过程，可以得到十进制纯小数转换为二进制小数的方法如下：不断用 2 去乘要转换的十进制小数，将每次所得的整数（0 或 1）依次记为 $b_{-1}$，$b_{-2}$，…，$b_{-m+1}$，$b_{-m}$，这种方法称为“乘 2 取整法”。但应注意以下两点。

（1）若乘积的小数部分最后能为 0，那么最后一次乘积的整数部分记为 $b_{-m}$，则 $0.b_{-1}b_{-2}\cdots b_{-m}$ 即为十进制小数的二进制表达式。

（2）若乘积的小数部分永不为 0，表明十进制小数不能用有限位的二进制小数精确表示，则可根据精度要求取 $m$ 位而得到十进制小数的二进制近似表达式。

3）混合小数转换

对十进制整数小数部分均有的数，转换只需将整数、小数部分分别转换，然后用小

数点连接起来就可以了。

【例 1-2】求$(15.25)_{10}$的二进制数表示。

解：对整数部分和小数部分分别进行转换，然后相加得

$$(15.25)_{10}=(1111.01)_2$$

3. 十进制数与八进制数之间的相互转换

1）八进制数转换为十进制数

与上面所讲的二进制数转换为十进制数的方法相同，只需把相应的八进制数按其加权展开式展开就可求得该数对应的十进数。

表 1.3 给出了十进制、二进制、八进制、十六进制数间的对应关系。

表 1.3 十进制、二进制、八进制、十六进制数间的对应关系

| 十进制 | 0 | 1 | 2 | 3 | 4 | 5 | 6 | 7 | 8 | 9 | 10 | 11 | 12 | 13 | 14 | 15 |
|---|---|---|---|---|---|---|---|---|---|---|---|---|---|---|---|---|
| 二进制 | 0 | 1 | 10 | 11 | 100 | 101 | 110 | 111 | 1000 | 1001 | 1010 | 1011 | 1100 | 1101 | 1110 | 1111 |
| 八进制 | 0 | 1 | 2 | 3 | 4 | 5 | 6 | 7 | 10 | 11 | 12 | 13 | 14 | 15 | 16 | 17 |
| 十六进制 | 0 | 1 | 2 | 3 | 4 | 5 | 6 | 7 | 8 | 9 | A | B | C | D | E | F |

【例 1-3】分别求出$(155.65)_8$和$(234)_8$的十进制数表示。

解：

$$\begin{aligned}(155.65)_8&=1\times8^2+5\times8^1+5\times8^0+6\times8^{-1}+5\times8^{-2}\\&=64+40+5+0.75+0.078125\\&=109+0.828125\\&=(109.828125)_{10}\end{aligned}$$

$$\begin{aligned}(234)_8&=2\times8^2+3\times8^1+4\times8^0\\&=128+24+4\\&=(156)_{10}\end{aligned}$$

2）十进制数转换为八进制数

与上面所讲的十进制数转换为二进制数的方法相同，对于十进制整数通过“除八取余”的方法就可以转换成对应的八进制数，第一个余数是相应八进制数的最低位，最后一个余数是相应八进数的最高位。

【例 1-4】求$(125)_{10}$的八进制数表示。

解：按“除八取余”的方法得

$$(125)_{10}=(175)_8$$

对于十进制小数，则同前面介绍的十进制数转换为二进制数的方法相同，那就是“乘八取整”，但是要注意，第一个整数为相应八进制数的最高位，最后一个整数为相应八进制数的最低位。

对于混合小数，只需按上面的方法将其整数部分和小数部分分别转换为相应的八进制数，然后相加就是所求的八进制数。

4. 十进制数与十六进制数之间的相互转化

同理，十六进制数转换为十进制数，只需按其加权展开式展开即可。

【例 1-5】求$(12.A)_{16}$的十进制表示。

解：

$$(12.A)_{16}=1\times16^1+2\times16^0+10\times16^{-1}=(18.625)_{10}$$

十进制数转换为十六进制数，同样是对其整数部分按“除 16 取余”的方法，小数部分按“乘 16 取整”的方法进行转换。

【例 1-6】求$(30.75)_{10}$的十六进制表示。

解：

$$(30.75)_{10}=(1E.C)_{16}$$

5. 二进制数与八进制数、十六进制数间的转换

计算机中实现八进制数、十六进制数与二进制数的转换很方便。

由于 $2^3=8$，所以 1 位八进制数恰好等于 3 位二进制数。同样，因为 $2^4=16$，使得 1 位十六进制数可表示成 4 位二进制数。

1）八进制数与二进制数的相互转换

把二进制整数转换为八进制数时，从最低位开始，向左每 3 位为一个分组，不足 3 位的前面用 0 补足，然后按表 1.3 中的对应关系将每 3 位二进制数用相应的八进制数替换，即为所求的八进制数。

【例 1-7】求$(11101100111)_2$的等值八进制数。

解：按 3 位分组，得

$$\begin{array}{cccc} 011 & 101 & 100 & 111 \\ \downarrow & \downarrow & \downarrow & \downarrow \\ 3 & 5 & 4 & 7 \end{array}$$

所以

$$(11101100111)_2=(3547)_8$$

对于二进制小数，则要从小数点开始向右每 3 位为一个分组，不足 3 位的在后面补 0，然后写出对应的八进制数即为所求的八进制数。

【例 1-8】求$(0.01001111)_2$的等值八进制数。

解：按 3 位分组，得

$$\begin{array}{ccc} 0.010 & 011 & 110 \\ \downarrow & \downarrow & \downarrow \\ 2 & 3 & 6 \end{array}$$

所以

$$(0.01001111)_2=(0.236)_8$$

由上面例 1-7 和例 1-8 可得到如下等式：

$$(11101100111.01001111)_2=(3547.236)_8$$

将八进制数转换成二进制数，只要将上述方法逆过来，即把每 1 位八进制数用所对应的 3 位二进制替换，就可完成转换。

**【例 1-9】**分别求$(17.721)_8$和$(623.56)_8$的二进制表示。

解：由 1 位八进制数对应 3 位二进制数，得

```
 1    7   .   7    2    1
 ↓    ↓       ↓    ↓    ↓
001  111  .  111  010  001
```

所以

$$(17.721)_8=(1111.111010001)_2$$

```
 6    2    3   .   5    6
 ↓    ↓    ↓       ↓    ↓
110  010  011  .  101  110
```

所以

$$(623.56)_8=(110010011.10111)_2$$

2）二进制数与十六进制数的转换

和二进制数与八进制数之间的相互转换相似，二进制数转换为十六进制数是按每 4 位分一组进行的，而十六进制数转换为二进制数是每位十六进制数用 4 位二进制数替换，即可完成相互转换。

**【例 1-10】**将二进制数$(1011111.01101)_2$转换成十六进制数。

解：按 4 位分组，得

```
0101  1111  .  0110  1000
 ↓     ↓        ↓     ↓
 5     F        6     8
```

所以

$$(1011111.01101)_2=(5F.68)_{16}$$

**【例 1-11】**将十六进制数$(D57.7A5)_{16}$转换为二进制数。

解：由 1 位十六进制数对应 4 位二进制数，得

```
 D     5     7   .   7     A     5
 ↓     ↓     ↓       ↓     ↓     ↓
1101  0101  0111  .  0111  1010  0101
```

所以

$$(D57.7A5)_{16}=(110101010111.011110100101)_2$$

从上述内容可以看出，二进制数与八进制数、二进制数与十六进制数之间的转换很方便。八进制数和十六进制数基数大，书写较简短直观，所以多数情况下，人们采用八进制数或十六进制数书写程序和数据。

### 1.2.3 计算机中的数据单位

位（也称比特，bit）是计算机存储数据的最小单位，也就是二进制数的一位，一个二进制位只能表示两种状态，可用0和1来表示一个二进制数位。

字节（Byte）是计算机进行数据处理的基本单位，规定1字节包含8个二进制位。存放在一个字节中的数据所能表示的值的范围是 00000000～11111111，其变化最多有256种。

通常用$2^{10}$来表示存储容量的单位，把$2^{10}$B（即1024B）记为1KB，读作千字节；把$2^{20}$B（即1024KB）记为1MB，读作兆字节；把$2^{30}$B（即1024MB）记为1GB，读作吉字节或者千兆字节；把$2^{40}$B（即1024GB）记为1TB，读作太字节；把$2^{50}$B（即1024TB）记为1PB，读作帕字节。

字（Word）是在计算机中作为一个整体进行运算和处理的一组二进制数码，一个字由若干字节组成。计算机中每个字所包含的二进制位数称为字长。它直接关系到计算机的计算精度、功能和速度，字长越大，计算机的处理速度就越快，精度就越高，功能就越强。常见的微型计算机的字长有8位、16位、32位和64位之分，现在的CPU绝大部分是64位机了，也就是说CPU一次可处理64位的二进制数。

### 1.2.4 二进制编码

由于二进制数有很多优点，所以在计算机内部都采用二进制数。因而，要在计算机中表示的字符、汉字都要用特定的二进制编码来表示，这就是二进制编码。

1. 字符编码

字符与字符串是控制信息和文字信息的基础。字符的表示涉及选择哪些常用的字符、采用什么编码来表示等。目前字符的编码多采用美国标准信息交换代码（American Standard Code for Information Interchange，ASCII码）。我国的GB/T 1988—1998《信息技术　信息交换用七位编码字符集》与此基本相同。ASCII码包括26个大写英文字母、26个小写英文字母、0～9的数字，还有一些运算符号、标点符号、基本专用符号及控制符号等。ASCII码是7位代码，即用7位二进制数表示，1字节由8个二进制位构成，用1字节存放一个ASCII码，只占用低7位而最高位空闲不用，一般用“0”补充，但现在最高位也用作奇偶校验位、用于扩展的ASCII码或用作汉字代码的标记。

2. 汉字编码

用计算机处理汉字时，必须先将汉字代码化，即对汉字进行编码。由于汉字种类繁多，编码比拼音文字困难，而且在一个汉字处理系统中，输入、内部存储和处理、输出等各部分对汉字编码的要求不尽相同，使用的编码也不尽相同。因此，在处理汉字时，需要进行一系列的汉字代码转换。

汉字进入计算机的途径分为以下3种。

（1）机器自动识别汉字：计算机通过“视觉”装置（光学字符阅读器或其他），用光电扫描等方法识别汉字。

（2）通过语音识别输入：计算机利用人们给它配备的“听觉器官”，自动辨别汉语语音要素，从不同的音节中找出不同的汉字或从相同音节中判断出不同的汉字。

（3）通过汉字编码输入：根据一定的编码方法，由人借助输入设备将汉字输入计算机。

国内外都在研究机器自动识别汉字和汉语语音识别技术，虽然取得了不少进展，但由于难度大，预计还要经过相当一段时间才能得到解决。在现阶段，比较现实的就是通过汉字编码的方法使汉字进入计算机。

汉字输入码主要分为 3 类：区位码（数字编码）、拼音码和字形码。无论采用何种方式输入汉字，所输入的汉字都在计算机内部转换为机内码，从而把每个汉字与机内的每个代码唯一地对应起来，便于计算机处理。

如前所述，ASCII 码采用 7 位编码，一个字节中的最高位总是 0。因此，可以用一个字节表示 ASCII 码。汉字采用两个字节来编码，采用双字节可有 256×256 种状态。如果用每个字节的最高位来区别是汉字编码还是 ASCII 编码，则每个字节还有 7 位可供汉字编码使用。采用这种方法进行汉字编码，共有 128×128=16384 种状态。由于每个字节的低 7 位中不能再用控制字符位，因此，只能有 94 个可编码。所以，只能表示 94×94=8836 种状态。

我国于 1981 年公布了国家标准 GB 2312—1980，即《信息交换用汉字编码字符集基本集》。这个基本集共收录了 6763 个汉字，分为两级。第一级汉字为 3755 个，属常用字，按汉语拼音顺序排列；第二级汉字为 3008 个，属非常用字，按部首排列。汉字编码表共有 94 行（区）、94 列（位），其行号称为区号，列号称为位号。第一个字节表示区号，第二个字节表示位号，一共可表示 6763 个汉字，加上一般符号、数字和各种字母，共计 7445 个。

为了使中文信息和英文信息相互兼容，用字节的最高位来区分西文或汉字。通常字节的最高位为 0 时表示 ASCII 码，为 1 时表示汉字。可以用第一个字节的最高位为 1 表示汉字，也可以用两个字节的最高位为 1 表示汉字。目前采用较多是两个字节的最高位都为 1 来表示汉字。

汉字的国标码是 GB 2312—1980 图形字符分区表规定的汉字信息交换用的基本图形字符及其二进制编码，国标码是直接把第一字节编码和第二字节编码拼起来得到的，通常用十六进制数表示。在一个汉字的区码和位码上分别加十六进制数 20H，即构成汉字的国标码。例如，汉字“啊”的区位码为十进制数 1601D（即十六进制数 1001H），位于 16 区 01 位；对应的国标码为十六进制数 3021H。其中，“D”表示十进制数，“H”表示十六进制数。

汉字的内码（机内码）是在计算机内部进行存储、传输和加工时所用的统一机内代码，包括西文 ASCII 码。在一个汉字的国标码上加上十六进制数 8080H，就构成该汉字的机内码（内码）。例如，汉字“啊”的国标码为 3021H，其机内码为 B0A1H（3021H+8080H=B0A1H）。

汉字字形码是表示汉字字形的字模数据（又称字模码），是汉字输入的形式，通常用点阵、矢量函数等方式表示。根据输出汉字的要求不同，点阵的多少也不同，常见的有 16×16 点阵、24×24 点阵、32×32 点阵、48×48 点阵等。字模点阵所需占用存储空间很大，只能用来构成汉字字库，显示汉字，不能用于机内存储。汉字字库中存储了每个汉字的点阵代码，只有在显示汉字时才检索字库，输出字模点阵得到汉字字形。

3. *数据存储的组织形式*

为了便于对计算机内数据有效地管理和存储，需要对内存单元编号，即给每个存储单元分配一个地址。每个存储单元存放一个字节的数据。如果需要对某一个存储单元进行存储，必须知道该单元的地址，然后才能对该单元进行信息的存取。应该注意，存储单元的地址和内容是不同的。

# 1.3　计算机系统的组成

计算机系统是由硬件系统和软件系统两部分组成的。硬件系统是计算机进行工作的物质基础；软件系统是指在硬件系统上运行的各种程序及有关资料，用以管理和维护计算机，方便用户，使计算机系统更好地发挥作用。计算机系统的组成如图 1.6 所示。

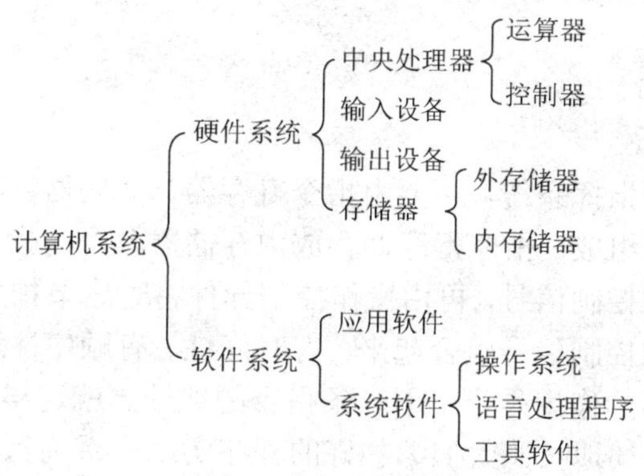


图 1.6　计算机系统的组成

## 1.3.1　计算机硬件系统

计算机硬件系统是指构成计算机的物理实体和物理装置的总和。不管计算机为何种机型，也不论其外形、配置有多大的差别，计算机的硬件系统是由五大部分组成的：运算器、控制器、存储器、输入设备和输出设备，即冯 • 诺依曼体系结构。

计算机的五大部分通过系统总线完成指令所传达的任务。系统总线由地址总线、数据总线和控制总线组成。计算机在接收指令后，由控制器指挥，将数据从输入设备传送到存储器存储起来；再由控制器将需要参加运算的数据传送到运算器，由运算器进行处理，处理后的结果由输出设备输出，其过程如图 1.7 所示。

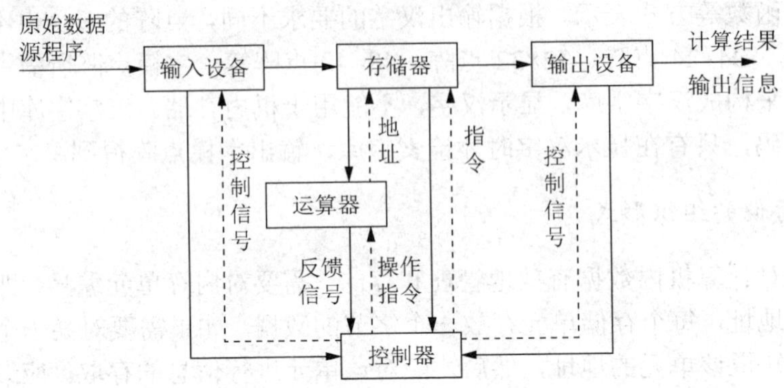


图 1.7　计算机硬件系统的工作流程

下面简单介绍构成计算机硬件系统的五大部件。

1. 运算器

运算器又称为算术逻辑单元（Arithmetic Logic Unit，ALU），它的主要功能是完成各种算术运算、逻辑运算和逻辑判断。运算器主要由一个加法器、几个寄存器和一些控制线路组成，加法器的作用是接收寄存器传来的数据并进行运算，并将运算结果传送到某寄存器；寄存器的作用是存放即将参加运算的数据和计算的中间结果和最后结果，以减少访问存储器的次数。

2. 控制器

控制器是计算机的指挥系统，主要由指令寄存器、译码器、时序节拍发生器、操作控制部件和指令计数器组成。指令寄存器存放由存储器取得的指令，由译码器将指令中的操作码翻译成相应的控制信号，再由操作控制部件将时序节拍发生器产生的时序脉冲和节拍电位同译码器的控制信号组合起来，有时间性、有顺序性地控制各个部件完成相应的操作；指令计数器的作用是指出下一条指令的地址。就这样，在控制器的控制下，计算机就能够自动、连续地按照人们编制好的程序实现一系列指定的操作，以完成一定的任务。

控制器和运算器通常集中在一整块芯片上，构成中央处理器（Central Processing Unit，CPU）。中央处理器是计算机的核心部件，是计算机的心脏。微型计算机的中央处理器又称为微处理器。

3. 存储器

存储器是计算机存储数据的部件，根据存储器的组成介质、存取速度的不同又可以分为内存储器（简称内存）和外存储器（简称外存）两种。

内存是由半导体器件构成的存储器，是计算机存放数据和程序的地方，计算机所有正在执行的程序指令，都必须先调入内存中才能执行，其特点是存储容量较小、存取速度快。内部存储器按其存储信息的方式可以分为只读存储器（Read Only Memory，ROM）、随机存储器（Random Access Memory，RAM）和高速缓冲存储器（Cache）。

（1）ROM：能读不能写，断电后信息不丢失。

（2）RAM：能读能写，断电后信息丢失。RAM 又分为 DRAM 和 SRAM。

① DRAM：动态 RAM，相当于 Cache。

② SRAM：静态 RAM。

（3）Cache：平衡 CPU 与内存之间速度不匹配的问题。

外存是由磁性材料构成的存储器，用于存放暂时不用的程序和数据。其特点是存储容量大，存取速度相对较慢，常用的外存有硬盘和光盘。它不能直接被 CPU 访问，但可以与内存成批交换信息，即外存中的信息只有被调入内存才能被 CPU 访问。外存相对于内存而言，其特点是存取速度较慢，但存储容量大，价格较低，信息不会因断电而丢失。

前面说过，存储容量的基本单位是 B（字节）、KB（千字节）、MB（兆字节）、GB（吉字节）等，它们之间的换算关系是 1KB=1024B，1MB=1024KB，1GB=1024MB，1TB=1024GB。

#### 4. 输入设备

输入设备是计算机用来接收用户输入的程序和数据的设备。输入设备由两部分组成：输入接口电路和输入装置。

最常见的输入装置是键盘和鼠标，另外还有扫描仪、跟踪球和光笔等。鼠标按工作原理可分为机械式和光电式。

输入接口电路是连接输入装置与计算机主机的部件，输入装置通过接口电路才能与主机连接起来，从而能够接收各种各样的数据信息。

#### 5. 输出设备

输出设备是将计算机处理后的最后结果或中间结果，以某种人们能够识别或其他设备所需要的形式表现出来的设备。

输出设备也可以分为输出接口电路和输出装置两部分。常见的输出装置有显示器、打印机等。

在微型计算机中将键盘称为标准的输入设备，将显示器称为标准的输出设备。

### 1.3.2　计算机软件系统

软件是指程序、程序运行所需要的数据和与程序相关的文档资料的集合。

程序是一系列有序的指令集合。计算机之所以能够自动而连续地完成预定的操作，就是运行特定程序的结果。计算机程序通常由计算机语言来编制，编制程序的工作称为程序设计。

对程序进行描述的文本称为文档。因为程序是用抽象化的计算机语言编写的，非专业人员是很难看懂它们的，因此就需用自然语言来对程序进行解释说明，形成程序的文档。

所以，从广义上说，软件是程序和文档的集合体。

计算机的软件系统可以分为系统软件和应用软件两大部分，下面分别对它们进行介绍。

#### 1. 系统软件

系统软件能够管理、监控和维护计算机资源，是计算机能够正常高效工作的程序及相关数据的集合。它主要由下面几部分组成。

（1）操作系统（控制和管理计算机的平台）。

（2）各种程序设计语言及其解释程序和编译程序。

（3）各种服务性程序（如监控管理程序、调试程序、故障检查和诊断程序等）。

（4）各种数据库管理系统（如 FoxPro、Oracle 等）。

系统软件的核心部分是操作系统、程序设计语言及各种服务性程序，一般都是作为计算机系统的一部分提供给用户的。

#### 2. 应用软件

应用软件是为了解决用户的各种问题而编制的程序及相关资料的集合，因此应用软件都是针对某一特定问题或某一特定需要而编制的软件。

现在市面上应用软件的种类非常多，如各种财务软件包、统计软件包、用于科学计算的软件包、用于进行人事管理的管理系统、用于对档案进行管理的档案系统等。应用软件的丰富与否、质量的好坏，都直接影响计算机的应用范围与实际经济效益。

人们通常用以下几个方面来衡量一个应用软件的质量。

（1）占用存储空间的多少。

（2）运算速度的快慢。

（3）可靠性和可移植性。

以系统软件作为基础和桥梁，用户就能够使用各种各样的应用软件，让计算机完成各种所需要的工作，而这一切都是由作为系统软件核心的操作系统来管理控制的。

### 1.3.3 硬件系统与软件系统的关系

计算机硬件系统与软件系统存在着相辅相成、缺一不可的关系，没有软件的计算机称为“裸机”（Bare Machine），只是一个壳体而已，是没有什么作用的。同样，如果没有硬件的依托，计算机软件也就失去了用武之地。

#### 1. 硬件是软件的基础

计算机系统包含着硬件系统和软件系统。只有硬件的计算机称为“裸机”，不能直接为用户所使用。任何软件都是建立在硬件基础之上的。离开硬件，软件则无地栖身，无法工作。

2. 软件是硬件功能的扩充与完善

如果没有软件的支持，那么硬件只能是一个空壳。因为硬件只提供了一种使用工具，而软件则提供了使用这种工具的方法和手法。有了软件的支持，硬件才能运转并提高运转效率。系统软件支持着应用软件的开发，操作系统支持着应用软件和系统软件的运行。各种软件通过操作系统的控制和协调，完成对硬件系统各种资源的利用。

3. 硬件和软件相互渗透、相互促进

从功能上讲，计算机硬件和软件之间并不存在一条固定的或一成不变的界限。从原则上讲，一个计算机系统的许多功能，既可以用硬件实现，也可以用软件实现。用硬件实现，往往可以提高速度和简化程序，但将使硬件的结构复杂，造价提高；用软件实现，则可以降低硬件造价，而会使程序变得复杂，运行速度降低。

软件、硬件功能的相互渗透，也促进了软件、硬件技术的发展。一方面，硬件的发展和硬件性能的改善，为软件的应用提供了广阔的前景，促进了软件的进一步发展，也为新软件的产生奠定了基础；另一方面，软件技术的发展，给硬件提出了新的要求，促进新硬件的产生和发展。

## 1.4 多媒体技术简介

### 1.4.1 多媒体的基本概念及多媒体计算机的硬件构成

1. 多媒体的基本概念

媒体（Media）在计算机领域有两种含义：媒质、媒介。多媒体是指能够同时获取、处理、编辑、存储和展示两个以上不同类型信息媒体的技术，这些信息媒体包括文字、声音、图形、图像、动画、视频等。现在所说的“多媒体”不是指媒体本身，而主要是指处理和应用它的一整套技术。因此，多媒体技术就是有声有色的信息处理与利用技术，即多媒体技术就是对文本、声音、图像和图形进行处理、传输、存储和播发的集成技术。多媒体计算机是指具有能捕获、存储并展示包括文字、图形、图像、声音、动画和活动影像等信息处理能力的计算机，简称为 MPC。多媒体计算机的特征是交互性、集成性、多样性、实时性。

2. 多媒体计算机的硬件构成

多媒体计算机的硬件包括 7 个部分。

（1）功能强、速度快的中央处理器（CPU）。

（2）可管理和控制各种接口与设备的配置。

（3）具有容量（尽可能大）的存储空间、光存储设备 DVD、CD-ROM。

（4）高分辨率显示接口与设备（具有高清晰的彩色显示器）。

（5）可处理音响的接口与设备、可处理图像的接口与设备（音频卡、图形加速卡、视频卡等）。

（6）通信传输设备和接口装置（具有 A/D 和 D/A 转换功能）。

（7）多媒体 I/O 设备（手写笔、触摸屏、扫描仪、数码照相机），目前微型计算机上常见的多媒体计算机升级套件一般不包括视频压缩卡。

### 1.4.2 多媒体的种类及特点

多媒体文件的种类一般有文本文件、声音文件、图像文件、视频和动画文件。多媒体信息处理技术一般包括音频技术、视频技术、数据压缩技术、网络传输技术等。

从应用形式上分类，媒体一般有视觉类媒体、听觉类媒体和触觉类媒体 3 种。

#### 1. 视觉类媒体

（1）位图图像（bitmap)：图像是指由输入设备捕捉的实际场景画面或以数字化形式存储的任意画面。由像素点阵构成位图，缩放时会因丢失细节产生锯齿而失真。存储格式有多种，如 BMP、WMF、PCX、TIF、TGA、GIF（动画）与 JPG 等。

（2）图形：一般指用计算机绘制的画面，如直线、圆、矩形、任意曲线和图表等，可缩放，不会失真。例如，微型计算机上常用的图形文件有“.3ds”（用于 3D 造型）、“.dxf”（用于 CAD）和“.wmf”（用于桌面出版）。图形文件体积一般较小，图形最大的优点是放大、缩小或旋转等不会失真。

（3）符号（包括文字和文本）：有格式化和非格式化两种文本格式。

（4）视频（video）：若干有联系的图像数据连续播放便形成了视频。计算机的视频是数字的，视频文件的存储格式有 AVI、MPG 和 MOV 等。电视广播主要有三大制式，即 NTSC（美、日）、PAL（中、德）和 SECAM（俄、法）3 种。

（5）动画：动画是运动的图画，实质是一幅幅静态图像的连续播放。

计算机动画有两种：一种是造型动画，另一种是帧动画。格式有 FLC、MMM 等。

（6）其他：如用图形表示的某种数据曲线。

#### 2. 听觉类媒体

从应用的角度看，多媒体计算机中的声音有 3 类：第一类是语言（语音），频率为 200 Hz～3.4 kHz；第二类是音乐，它由各种乐器产生，其频率范围可以存在于音频的全部范围之内；第三类是效果声，包括由大自然物理现象产生的声音，如风声、雨声、雷声等，以及由人工产生的声音，如枪炮声、爆炸声等。

这 3 类声音在计算机中分别被处理并存储成不同文件格式的声音文件，具体如下：

（1）语音（voice）也表现为波形声音，有内在的含义。

（2）音乐是符号化的声音，如 MID、MP3 和 CMF 文件。

（3）波形声音（wave）是自然界的所有声音的复制，文件格式是 WAV 或 VOC。

多媒体计算机中发出的声音有两种来源，一种是获取，另一种是合成。其中，影响数字声音波形质量的主要因素有 3 个：采样频率（数字化音频录制的精确程度，有 44.1kHz、22.05kHz 和 11.025kHz）、采样精度和记录声音的通道数。例如，双声道、16 位量化、44.1 kHz 采样频率质量就比双声道、8 位量化、44.1 kHz 采样频率采集的波形声音要好。

3. 触觉类媒体

计算机中触觉类媒体主要体现为指点、位置跟踪、力反馈与运动反馈 3 种形式，具体说明如下：

（1）指点（通过指尖点击产生触觉感应）。

（2）位置跟踪（为了与系统交互，系统必须了解参与者的身体动作，包括头、眼、手、肢体等部位的位置与运动方向）。

（3）力反馈与运动反馈（这与跟踪正好相反，是系统向参与者反馈的运动及力的信息）。

特点：媒体是有格式的，媒体间可相互转化。

## 1.5 计算机病毒的概念、特征、分类与防治

1. 计算机病毒的概念及特征

计算机病毒是一种人为编制的具有破坏作用的计算机程序。它使得计算机无法正常使用，甚至整个操作系统或者计算机硬盘损坏。就像生物病毒一样，计算机病毒有独特的复制能力。计算机病毒可以很快地蔓延，又常常难以根除。它们能把自身附着在各种类型的文件上。当文件被复制或从一个用户传送到另一个用户时，它们就随同文件一起蔓延开来。这种程序不是独立存在的，它隐蔽在其他可执行的程序之中。

计算机病毒的特征是寄生性、破坏性、传染性、潜伏性、隐蔽性、可激发性。

2. 计算机病毒的分类

计算机病毒可分为以下几类。

1）根据计算机病毒存在的媒体分类

根据计算机病毒存在的媒体可分为网络病毒、文件病毒、引导型病毒、混合型病毒、宏病毒、网络病毒。

2）根据计算机病毒破坏的能力分类

（1）无害型：除了传染时减少磁盘的可用空间外，对系统没有其他影响。

（2）无危险型：这类计算机病毒仅仅是减少内存、显示图像、发出声音及同类音响。

（3）危险型：这类计算机病毒在计算机系统操作中会造成严重的错误。

（4）非常危险型：这类计算机病毒会删除程序，破坏数据，清除系统内存区和操作系统中重要的信息。

3）根据计算机病毒特有的算法分类

（1）伴随型病毒：这一类计算机病毒并不改变文件本身，它们根据算法产生 EXE 文件的伴随体，具有同样的名字和不同的扩展名（.com）。例如，XCOPY.exe 的伴随体是 XCOPY.com。

（2）“蠕虫”型病毒：通过计算机网络传播，不改变文件和资料信息，利用网络从一台机器的内存传播到其他机器的内存、计算网络地址，将自身的计算机病毒通过网络发送。有时它们在系统存在，一般除了内存不占用其他资源。

（3）寄生型病毒：除了伴随型和“蠕虫”型病毒外，其他计算机病毒均可称为寄生型病毒，它们依附在系统的引导扇区或文件中，通过系统的功能进行传播。其按算法又可分为以下几类。

① 练习型病毒：病毒自身包含错误，不能进行很好的传播。例如，一些病毒在调试阶段，还不具备发作的条件。

② 诡秘型病毒：它们一般不直接修改 DOS 中断和扇区数据，而是通过设备技术和文件缓冲区等 DOS 内部修改，不易看到资源，使用比较高级的技术。利用 DOS 空闲的数据区进行工作。

③ 变形病毒（又称幽灵病毒）：这一类计算机病毒使用一个复杂的算法，使自己每传播一份都具有不同的内容和长度。

### 3. 计算机病毒的防治

1）病毒的防范

计算机病毒的传播途径主要有两个：外部存储设备和网络。要防止病毒的侵入，就要以预防为主，堵塞病毒的传播途径。

2）病毒的检测和消除

检测和消除病毒的方法有两种，一种是人工检测和消除，另一种是软件检测和消除。

（1）安装有效的杀毒软件并根据实际需求进行安全设置，同时，定期升级杀毒软件并经常全盘查毒、杀毒。

（2）扫描系统漏洞，及时更新系统补丁程序。

（3）未经检测过的是否感染病毒的文件、光盘、闪存盘及移动存储设备在使用前应先使用杀毒软件查毒后再使用。

（4）分类管理数据。

（5）尽量使用具有查毒功能的电子邮箱，尽量不要打开陌生的可疑电子邮件。

（6）浏览网页、下载文件时要选择正规的网络。

（7）关注目前流行病毒的感染途径、发作形式及防范方法，做到预先防范，感染后及时查毒，避免更大的损失。

（8）有效管理系统内建的 Administrator 账户、Guest 账户及用户创建的账户，包括密码的管理、权限的管理等。

（9）禁用远程功能，关闭不需要的服务。

（10）修改 IE 浏览器中与安全相关的设置。

# 1.6　计算机网络

## 1.6.1　计算机网络基础知识

### 1. 计算机网络的概念

计算机网络是指利用通信设备和线路将地理位置不同的功能、多个计算机系统互联起来，以功能完善的网络软件实现网络中资源共享和信息交换的系统。“资源共享”是计算机网络的功能，资源包括计算机硬件资源和软件资源。计算机网络的主要功能包括资源共享（基础）、信息交换、分布式处理、集中管理。

### 2. 计算机网络的组成

计算机网络的基本组成：网络操作系统、网络适配器（网卡）、网络电缆（网络线）、服务器和工作站等。

### 3. 计算机网络的分类

（1）根据规模大小、距离远近分类：局域网（LAN）、城域网（MAN）、广域网（WAN）。

（2）根据网络操作系统分类：Nix 网络、Novell 网络、Windows NT 网络。

（3）根据信息传输技术分类：广播式网络、点到点网络。

（4）根据连接方式分类：总线型、星形、环形、树形和混合型等。

### 4. 计算机网络的结构及通信协议

（1）网络的拓扑结构：总线型结构、星形结构、环形结构、树形结构、混合型结构。

（2）网络体系结构：通信系统的整体设计，它为网络硬件、软件、协议、存取控制和拓扑提供标准。

（3）通信协议：在计算机网络中，信息传输顺序、信息格式和信息内容等都有一系列的约定，这些约定或规则统称为计算机网络通信协议。

（4）开放式系统互连（Open System Interconnection，OSI）参考模型：国际标准化组织（ISO）于 1978 年制定了 OSI 参考模型。

5. 计算机网络的常见传输介质

1）双绞线电缆

三类线的最高传输速率为 10Mb/s，五类线的最高传输速率为 100Mb/s，六类线的传输速率至少为 250Mb/s，七类线的传输速率至少为 600Mb/s。

2）同轴电缆

同轴电缆由内、外两个导体组成。内导体可为单股线或多股线，外导体为金属编织网，内、外导体之间有绝缘材料。

3）光缆

光缆分为单模光缆和多模光缆。

4）无线传送介质

无线传送介质有微波、红外线、卫星通信、激光等。

6. 计算机网络的互联设备

1）计算机设备

（1）服务器：网络的核心设备，负责网络资源管理和用户服务。

（2）工作站：具有独立处理能力的个人计算机，负责用户的信息处理业务。

（3）共享设备：被众多用户共享的打印机、磁盘子系统等公用的设备。

2）常用网络连接设备

（1）网络适配器：也称网卡，是网络中计算机与计算机之间互相通信的接口。

（2）中继器：在网络中起到扩展局域网络联网距离的作用，在 OSI 模型的最底层（物理层）。

（3）集线器（hub）：网络中的中心设备，为一组计算机用户提供网络连接。

（4）网桥：网间连接设备，对网络中的数据包起到“过滤和转发”的作用，工作在 OSI 模型的第二层（数据链路层）。

（5）路由器：为不同类型的网络提供互联，不仅具有网桥的全部功能，还具有路径的选择功能，属于 OSI 模型的第三层设备（网络层）。

### 1.6.2 计算机网络信息安全的概念和防控技术

计算机网络安全是指利用网络管理控制和技术措施，保证在一个网络环境里数据的保密性、完整性及可使用性受到保护。计算机网络安全包括两个方面，即物理安全和逻辑安全。物理安全指系统设备及相关设施受到物理保护，免于破坏、丢失等。逻辑安全包括信息的完整性、保密性和可用性。

网络信息安全的防控技术包括以下几方面。

（1）利用虚拟网络技术，防止非法网络监听。

（2）利用防火墙技术保护网络免遭黑客袭击。

（3）利用计算机病毒防护技术可以防毒、查毒和杀毒。

（4）利用入侵检测技术提供实时的入侵检测及相应的防护手段。

（5）安全扫描技术为发现网络安全漏洞提供了强大的支持。

（6）采用认证和数字签名技术。认证技术用以解决网络通信过程中通信双方的身份认可，数字签名技术用于通信过程中的不可抵赖要求的实现。

（7）采用 VPN 技术。人们将利用公共网络实现的私用网络称为虚拟私用网 VPN。

（8）利用应用系统的安全技术以保证电子邮件和操作系统等应用平台的安全。

为了保证计算机的安全使用，在日常工作中要做好以下几方面的工作。

（1）系统启动盘要专用，对来历不明的软件不应马上装入自己的计算机系统，要先检测，后安装使用。

（2）对系统文件和重要数据，要进行备份和写保护。

（3）对于外部存储设备，必须进行检测方可使用。

（4）不要轻易装入各种游戏软件，游戏软件通过存储介质将计算机病毒带入计算机系统的可能性极大。

（5）定期对所使用的磁盘进行计算机病毒的检测与防治。

（6）若发现系统有任何异常现象，及时采取措施。

（7）对于联网的计算机，在下载软件时要特别注意，不要因此而将计算机病毒一并带入计算机。

### 1.6.3 Internet 网络服务相关知识

Internet（因特网）是由全球范围内的开放式计算机网络连接而成的计算机互联网，也可以简单定义为网络的网络、网络的集合。

#### 1. 我国 Internet 发展状况

全国性的互联网主要有 8 个，其中经营性的 5 个，非经营性的 3 个。

经营性的互联网有以下 5 个。

（1）中国公用计算机互联网（CHINANET）：由中国电信负责建设与经营管理。

（2）中国金桥信息网（CHINAGBNET）：由吉通通信有限公司建设与经营管理。

（3）中国联通公用计算机互联网（UNINET）：由中国联合通信有限公司负责建设与经营管理。

（4）中国网通公用互联网（CNCNET）：由中国网络通信有限责任公司负责建设与经营管理。

（5）中国移动互联网（CMNET）：由中国移动通信集团公司负责建设与经营管理。

非经营性的互联网有以下 3 个。

（1）中国教育科研网（CERNET）：由国家投资建设，教育部负责管理。

（2）中国科技网（CSTNET）：由国家投资和世界银行贷款建设，由中国科学院网络运行中心负责运行管理。

（3）中国国际经济贸易互联网（CIETNET）：面向全国外经贸系统事业单位的专用互联网。由中国国际电子商务中心负责建设和管理。

2. Internet 的几个关键概念

（1）TCP/IP 协议：Internet 的信息交换、规则、规范的集合体，主要分为 TCP 传输控制协议和 IP 网间协议。分为 4 个主要层次：应用层、传输层、互联层、主机至网络层。

（2）IP 地址：Internet 中每一台计算机都有一个在世界范围内的唯一标志，这个标志称为 IP 地址。IP 地址是一个 32 位的二进制数，一般用圆点分隔的十进制数表示，如 210.37.7.18，范围为 0～255。

（3）域名系统（DNS）：完成 Internet 主机名和 IP 地址的映射，把域名翻译成 IP 地址的系统，同时也可以将 IP 地址翻译成域名。

域名的一般格式：<主机名>.<网络名>.<机构名>.<国家或区域代码>，其中机构名见表 1.4。

表 1.4　机构名

| 机构名 | 含义 | 机构名 | 含义 | 机构名 | 含义 | 机构名 | 含义 |
|---|---|---|---|---|---|---|---|
| com | 商业机构 | edu | 教育机构 | gov | 政府机构 | org | 社会组织、专业协会 |
| int | 国际组织 | mil | 军事部门 | net | 网络机构 | | |

3. Internet 接入方式

（1）拨号入网：主要适用于单位或家庭单机入网。这种入网方式除需要一台计算机外，还需要以下几部分：①一个调制解调器；②电话线（脉冲、音频、直线、分机均可）；③拨号上网软件和 IE 浏览器；④账号。

（2）局域网接入方式：通过网络专线（一般为双绞线）连接局域网，从而进入 Internet，适用于有局域网的单位。这种入网方式除需要一台计算机外，还需要以下几部分：①在计算机上安装一个网卡；②上网软件和 IE 浏览器；③IP 地址。

4. Internet 的应用

Internet 的主要应用有网上漫游［万维网（World Wide Web，WWW，简称 3W）、超文本和超链接、统一资源定位器（Uniform Resource Locator，URL）、浏览器、文件传输协议（File Transfer Pro，FTP）］和收发电子邮件。

（1）万维网。WWW（World Wide Web）意译为“环球网”，音译为“万维网”，它是建立在 TCP/IP 基础上的，采用客户机/服务器工作模式的一种网络应用。它将分散在世界各地专门存放和管理 WWW 资源的 Web 服务器中的信息用超文本方式链接在一起，供 Internet 上的计算机用户查询和调用。WWW 的网页文件是用超文本标记语言（Hyper Text Markup Language，HTML）编写的。WWW 是当前应用最为广泛的 Internet 服务。

（2）超文本和超链接。超文本中不仅含有文本信息，还包括图形、声音、图像、视频等多媒体信息（故超文本又称超媒体），更重要的是超文本中隐含着指向其他超文本的链接，这种链接称为超链接。

（3）统一资源定位器。Internet 中的每个网页都有一个唯一的标志来指示，称为统一资源定位器。

（4）浏览器。用户可以通过浏览器搜索和浏览自己感兴趣的信息。常用的浏览器有 IE 浏览器。

IE 浏览器窗口的组成：标题栏、菜单栏、飞行标志、地址栏、链接栏、电台栏、工作区、状态栏。

（5）文件传输协议。文件传输是 Internet 为各主机间进行文件传输而提供的一种服务，指将一台计算机的文件传输到另一台计算机。在 Internet 上实现文件传输的协议是文件传输协议。

（6）电子邮件（E-mail）。电子邮件指计算机之间通过网络及时传送信件、文档或图像等信息。电子邮件的工作原理：采取“存储转发”的方式，从始发计算机取出邮件，在网络传输过程中经过多个计算机的中转，最后到达目标计算机，送进收信人的电子邮箱。

邮件地址格式：用户名@收信服务器域名。例如，lm@263.net。

Internet 的其他应用有网上聊天、网上购物、IP 电话、网络游戏等。

## 习 题 演 练

### 选择题

1．第三代计算机采用（　　）的电子逻辑元件。

A．晶体管　　B．真空管　　C．中小规模集成电路　　D．超大规模集成电路

2．世界上第一台电子计算机是在（　　）年诞生的。

A．1927　　B．1946　　C．1936　　D．1952

3．世界上第一台电子计算机的电子逻辑元件是（　　）。

A．继电器　　B．晶体管　　C．电子管　　D．集成电路

4．十进制数 255 的二进制表示是（　　）。

A．11111111　　B．11100110　　C．01010101　　D．10101010

5．能直接让计算机识别的语言是（　　）。

A．C 语言　　B．Basic 语言　　C．汇编语言　　D．机器语言

6．十六进制数 5C 对应的十进制数为（　　）。

A．92　　B．93　　C．75　　D．90

7．通常计算机系统是指（　　）。

A．主机和外设　　B．软件

C．Windows　　D．硬件系统和软件系统

8．CAI 是（　　）的英文缩写。

A．计算机辅助教学　　B．计算机辅助设计

C．计算机辅助制造　　D．计算机辅助管理

9．将十进制数 178 转换为八进制表示是（　　）。

A．259　　B．268　　C．269　　D．262

10．微型计算机系统中存储容量最大的部件是（　　）。

A．硬盘　　B．内存　　C．高速缓存　　D．光盘

11．微型计算机中的 80586 指的是（　　）。

A．存储容量　　B．运算速度　　C．显示器型号　　D．CPU 类型

12．ASCII 码是一种字符编码，常用（　　）位码。

A．7　　B．8　　C．15　　D．16

13．十六进制数 365 对应的八进制数为（　　）。

A．3022　　B．1702　　C．1545　　D．3072

14．一个字节由 8 位二进制数组成，其最大容纳的十进制数是（　　）。

A．256　　B．255　　C．128　　D．127

15．字符的 ASCII 编码在机器中的表示方法，准确的描述应是使用 8 位二进制代码，（　　）。

A．最右 1 位为 1　　B．最右 1 位为 0

C．最左 1 位为 1　　D．最左 1 位为 0

16．计算机硬件系统主要由（　　）、存储器、输入设备和输出设备等部件构成。

A．硬盘　　B．声卡　　C．运算器　　D．CPU

17．二进制数 10101100 转换为八进制数为（　　）。

A．254　　B．167　　C．160　　D．264

18．CPU 的中文含义是（　　）。

A．运算器　　B．控制器　　C．中央处理器　　D．主机

19．（　　）是内存中的一部分，CPU 对它们只能读不能写。

A．RAM　　B．ROM　　C．光盘　　D．RAD

20．将十六进制数 1AD 转换为二进制数为（　　）。

A．000110101101　　B．100010101010　　C．001111001100　　D．101010100101

21．运算器的主要功能是进行（　　）运算。

A．算术　　B．逻辑　　C．算术与逻辑　　D．数值

22．在微型计算机系统中，对输入/输出设备进行管理的基本程序放在（　　）。

A．RAM　　B．ROM　　C．硬盘　　D．寄存器

23．（　　）设备分别属于输入设备、输出设备和存储设备。

A．CRT、CPU、ROM　　B．磁盘、鼠标、键盘

C．鼠标、绘图仪、光盘　　D．磁盘、磁带、键盘

24．在表示存储器容量时，1M 的准确含义是（　　）。

A．1024B　　B．1024KB　　C．1000B　　D．1000KB

25．计算机发展的方向是巨型化、微型化、网络化和智能化，其中“巨型化”是指（　　）。

A．体积大

B．质量大

C．功能强大，运算速度更快，存储容量更大

D．外部设备多

26．所谓“裸机”是指（　　）。

A．单片机　　B．没装任何软件的计算机

C．单板机　　D．只装备操作系统的计算机

27．从第一代计算机到第四代计算机的体系结构都是相同的，都是由运算器、控制器、存储器及输入/输出设备组成的。这种体系结构称为（　　）结构。

A．阿兰·图灵　　B．罗伯特·诺伊斯

C．比尔·盖茨　　D．冯·诺依曼

28．在下列存储器中，存取速度最快的是（　　）。

A．软盘　　B．光盘　　C．硬盘　　D．内存

29．通常所说的 32 位计算机，指的是这台计算机的 CPU（　　）。

A．由 32 个运算器构成　　B．能同时处理 32 位的二进制数

C．含有 32 个寄存器　　D．是 4 核 CPU

# 第2章　算法与数据结构

计算机是对各种各样数据进行处理的机器。在进行数据处理时，实际需要处理的数据元素一般有很多，而这些大量的数据元素都需要存放在计算机中，因此，在计算机中如何组织数据、如何处理数据，以及如何更好地利用数据是计算机科学的基本研究内容。掌握数据在计算机中的各种组织和处理方法是深入学习计算机的基础。

## 2.1 算　法

### 1. 算法

算法是指解题方案的准确而完整的描述。换句话说，算法是对特定问题求解步骤的一种描述。

**注**：算法不等于程序，也不等于计算方法。程序的编制不可能优于算法的设计。

### 2. 算法的基本特征

（1）可行性。针对实际问题而设计的算法，执行后能够得到满意的结果。

（2）确定性。每一条指令的含义明确，无二义性，并且在任何条件下，算法只有唯一的执行路径，即相同的输入只能得出相同的输出。

（3）有穷性。算法必须在有限的时间内完成，有两重含义，一是算法中的操作步骤为有限个，二是每个步骤都能在有限的时间内完成。

（4）拥有足够的情报。算法中各种运算总是要施加到各个运算对象上，而这些运算对象又可能具有某种初始状态，这就是算法执行的起点或依据。因此，一个算法执行的结果总是与输入的初始数据有关，不同的输入将会有不同的结果输出。当输入不够或输入错误时，算法将无法执行或执行有错。一般来说，当算法拥有足够的情报时，此算法才是有效的；而当提供的情报不够时，算法可能无效。

综上所述，所谓算法就是一组严谨地定义运算顺序的规则，并且每个规则都是有效的且是明确的，此顺序将在有限的次数内终止。

### 3. 算法复杂度

算法复杂度主要包括时间复杂度和空间复杂度。

（1）算法时间复杂度是指执行算法所需要的计算工作量，可以用执行算法的过程中

所需基本运算的执行次数来度量。

（2）算法空间复杂度是指执行这个算法所需要的内存空间。

4. 算法的三要素

算法由操作、控制结构和数据结构三要素组成。

1）操作

算法实现平台有很多种类，它们的函数库、类库也有较大差异，但必须具备的最基本的操作功能是相同的。这些操作包括以下几种。

算术运算：加法、减法、乘法、除法等运算。

关系比较：大于、小于、等于、不等于等运算。

逻辑运算：与、或、非等运算。

数据传送：输入、输出、赋值等操作。

2）控制结构

一个算法功能的实现不仅取决于所选用的操作，而且与各操作之间的执行顺序有关。算法中各操作之间的执行顺序称为算法的控制结构。算法的控制结构给出了算法的基本框架，它不仅决定了算法中各操作的执行顺序，而且也直接反映了算法的设计是否符合结构化原则。

算法的基本控制结构有以下 3 种。

（1）顺序结构。顺序结构是程序设计中最简单、最常用的基本结构。在该结构中，各操作块按照出现的先后顺序依次执行。它是程序的主体结构，即使在选择结构或循环结构中，也常以顺序结构作为其子结构。

（2）选择结构。选择结构又称为分支结构，是指程序依据条件所列出表达式的结果来决定执行多个分支中的哪一个分支，进而改变程序执行的流程。

（3）循环结构。某一类问题可能需要重复多次执行完全一样的计算和处理方法，而每次使用的数据都按照一定的规律在改变。这种可能重复执行多次的结构称为循环结构，又称重复结构。

3）数据结构

算法操作的对象是数据，数据间的逻辑关系、数据的存储方式及处理方式就是数据的数据结构。它与算法设计是紧密相关的，使用计算机进行计算，首先要解决的是如何将被处理的对象存储到计算机中，也就是要选择适当的数据结构

# 2.2 数据结构

## 2.2.1 数据结构概述

1. 数据结构的基本概念

数据结构是指相互有关联的数据元素的集合。数据结构主要研究和讨论以下两方面

的问题。

（1）数据集合中各数据元素之间所固有的逻辑关系，即数据的逻辑结构。数据的逻辑结构包含：①表示数据元素的信息；②各数据元素之间的前、后关系。

（2）在对数据进行处理时，各数据元素在计算机中的存储关系，即数据的存储结构。

2. 数据的存储结构

数据的存储结构有顺序存储结构、链式存储结构、索引存储结构等。

（1）顺序存储结构。把逻辑上相邻的结点存储在物理位置相邻的存储单元里，结点间的逻辑关系由存储单元的邻接关系来体现。由此得到的存储表示称为顺序存储结构。

（2）链式存储结构。不要求逻辑上相邻的结点在物理位置上亦相邻，结点间的逻辑关系是由附加的指针字段表示的。由此得到的存储表示称为链式存储结构。

（3）索引存储结构。索引存储结构除建立存储结点信息外，还建立附加的索引表来标示结点的地址。

**注：**数据的逻辑结构反映数据元素之间的逻辑关系，数据的存储结构（也称数据的物理结构）是数据的逻辑结构在计算机存储空间中的存放形式。同一种逻辑结构的数据可以采用不同的存储结构，但影响数据处理效率。

3. 数据结构的图形表示

一个数据结构除了用二元关系表示外，还可以直观地用图形表示。在数据结构的图形表示中，数据集合 $\boldsymbol{D}$ 中的每个数据元素用中间标有元素值的方框表示，一般称为数据结点，简称为结点；为了进一步表示各数据元素之间的前后件关系，对于关系 $R$ 中的每个二元组，用一条有向线段从前件结点指向后件结点。

4. 数据结构的分类

数据结构分为两大类型：线性结构和非线性结构。

（1）线性结构（非空的数据结构）的条件：①有且只有一个根结点；②每个结点最多有一个前件，也最多有一个后件。

常见的线性结构有线性表、栈、队列和线性链表等。

（2）非线性结构是指不满足线性结构条件的数据结构。

常见的非线性结构有树、二叉树和图等。

### 2.2.2 线性表及其顺序存储结构

1. 线性表

线性表由一组数据元素构成，数据元素的位置只取决于自己的序号，元素之间的相对位置是线性的。线性表是由 $n$（$n\geqslant0$）个数据元素组成的一个有限序列，表中的每个数据元素（除了第一个外）有且只有一个前件；除了最后一个数据元素之外，每个数据元素有且只有一个后件。线性表中数据元素的个数称为线性表的长度。线性表可以为空表。

**注**：线性表是一种存储结构，它的存储方式有顺序存储和链式存储。

2. 线性表的顺序存储结构

线性表的顺序存储结构具有两个基本特点。

（1）线性表中所有元素所占的存储空间是连续的。

（2）线性表中各数据元素在存储空间中是按逻辑顺序依次存放的。

**注**：由此可以看出，在线性表的顺序存储结构中，其前后件两个元素在存储空间中是紧邻的，且前件元素一定存储在后件元素的前面，因此可以通过计算机直接确定第 $i$ 个结点的存储地址。

3. 顺序表的插入、删除运算

1）顺序表的插入运算

在一般情况下，要在第 $i$（$1 \leqslant i \leqslant n$）个元素之前插入一个新元素时，首先要将最后一个（即第 $n$ 个）元素至第 $i$ 个元素共 $n-i+1$ 个元素依次向后移动一个位置，移动结束后，第 $i$ 个位置就被空出，然后将新元素插入第 $i$ 项。插入结束后，线性表的长度就增加了 1。

**注**：顺序表的插入运算需要移动元素，在等概率情况下，平均需要移动 $n/2$ 个元素。

2）顺序表的删除运算

在一般情况下，要删除第 $i$（$1 \leqslant i \leqslant n$）个元素时，需要将第 $i+1$ 个元素至第 $n$ 个元素共 $n-i$ 个元素依次向前移动一个位置。删除结束后，线性表的长度就减小了 1。

**注**：进行顺序表的删除运算时也需要移动元素，在等概率情况下，平均需要移动 $(n-1)/2$ 个元素。

4. 线性表顺序存储的缺点

线性表顺序存储的缺点如下。

（1）插入或删除的运算效率很低。在顺序存储的线性表中，插入或删除数据元素时需要移动大量的数据元素。

（2）在线性表的顺序存储结构下，线性表的存储空间不便于扩充。

（3）线性表的顺序存储结构不便于对存储空间的动态分配。

### 2.2.3 栈和队列

1. 栈及其基本运算

栈是限定在一端进行插入与删除运算的线性表。

在栈中，允许插入与删除的一端称为栈顶，不允许插入与删除的另一端称为栈底。栈顶元素总是最后被插入的元素，栈底元素总是最先被插入的元素，即栈是按照“先进后出”或“后进先出”的原则组织数据的，如图 2.1 所示。栈具有记忆作用。

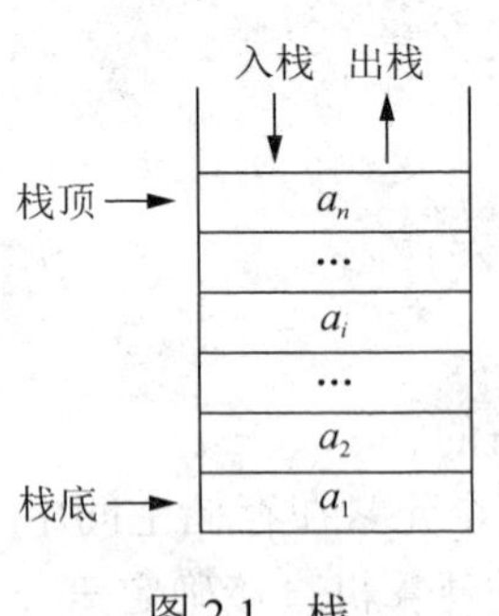

图 2.1　栈

栈的基本运算：

（1）插入元素称为入栈运算。

（2）删除元素称为退栈运算。

（3）读栈顶元素是将栈顶元素赋给一个指定的变量，此时指针无变化。

栈的存储方式和线性表类似，也有两种，即顺序栈和链式栈。

2. 队列及其基本运算

队列是指允许在一端（队尾）进行插入，而在另一端（队头）进行删除的线性表。尾指针（rear）指向队尾元素，头指针（front）指向排头元素的前一个位置（队头），如图 2.2 所示。队列是“先进先出”或“后进后出”的线性表。

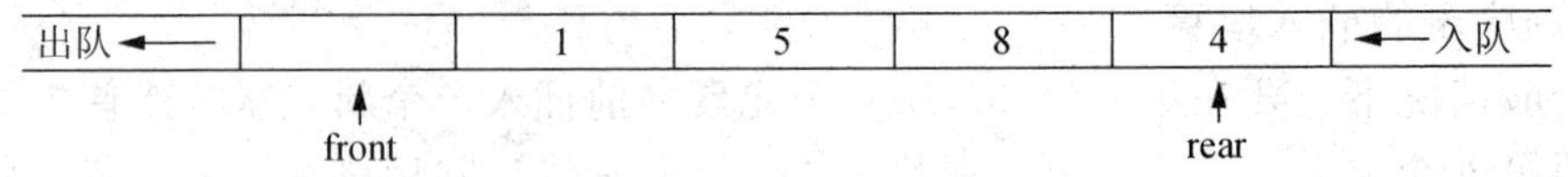

图 2.2　队列的表示形式

队列运算包括：

（1）入队运算：从队尾插入一个元素。

（2）退队运算：从队头删除一个元素。

循环队列及其运算：所谓循环队列就是将队列存储空间的最后一个位置绕到第一个位置，形成逻辑上的环状空间，供队列循环使用。在循环队列中，用尾指针 rear 指向队列中的队尾元素，用头指针 front 指向排头元素的前一个位置。因此，从头指针 front 指向的位置的后一个位置直到尾指针 rear 指向的位置之间所有的元素均为队列中的元素。

注：循环队列中元素的个数为 rear−front。

## 2.2.4　线性链表及其基本运算

1. 线性链表

线性表的链式存储结构称为线性链表。线性链表是一种物理存储单元上非连续、非顺序的存储结构，数据元素的逻辑顺序是通过链表中的指针链接来实现的。因此，在链式存储方式中，每个结点由两部分组成：一部分用于存放数据元素的值，称为数据域；另一部分用于存放指针，称为指针域，用于指向该结点的前一个或后一个结点（即前件或后件），如图 2.3 所示。

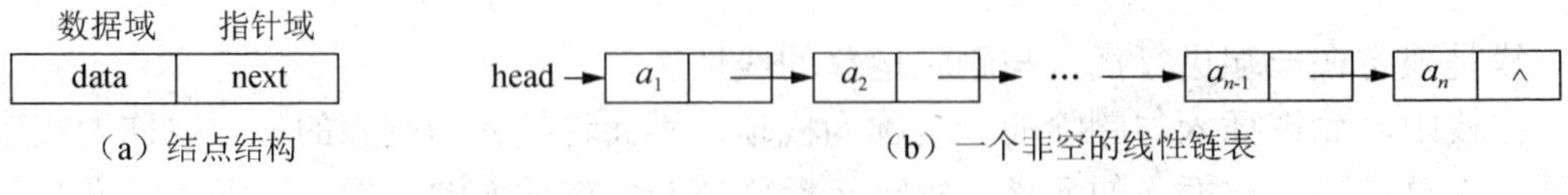

图 2.3　线性链表

线性链表分为单链表、双向链表和循环链表3种类型。在单链表中，每一个结点只有一个指针域，由这个指针只能找到其后件结点，而不能找到其前件结点。在某些应用中，线性链表中的每个结点会设置两个指针，一个称为左指针，指向其前件结点，另一个称为右指针，指向其后件结点，这种链表称为双向链表，如图2.4所示。

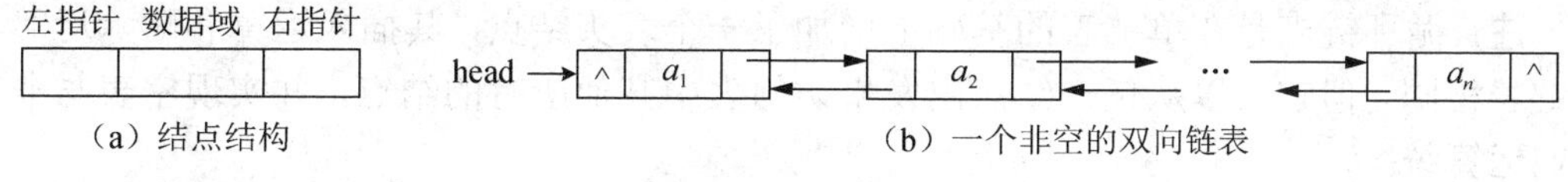


（a）结点结构　　（b）一个非空的双向链表

图2.4　双向链表

2. 线性链表的基本运算

（1）在线性链表中包含指定元素的结点之前插入一个新元素。

**注**：在线性链表中插入元素时，不需要移动数据元素，只需要修改相关结点指针即可，也不会出现"上溢"现象。

（2）在线性链表中删除包含指定元素的结点。

**注**：在线性链表中删除元素时，也不需要移动数据元素，只需要修改相关结点指针即可。

（3）将两个线性链表按要求合并成一个线性链表。

（4）将一个线性链表按要求进行分解。

（5）逆转线性链表。

（6）复制线性链表。

（7）线性链表的排序。

（8）线性链表的查找。

**注**：线性链表不能随机存取。

## 2.2.5　循环链表及其基本运算

在线性链表中，插入与删除的运算虽然比较方便，但还存在一个问题，在运算过程中对于空表和对第一个结点的处理必须单独考虑，使空表与非空表的运算不统一。为了克服线性链表的这个缺点，可以采用另一种链接方式，即循环链表。

与前面所讨论的线性链表相比，循环链表具有以下两个特点。

（1）在链表中增加了一个表头结点，其数据域为任意或根据需要来设置。指针域指向线性表的第一个元素的结点，而循环链表的头指针指向表头结点。

（2）循环链表中最后一个结点的指针域不是空，而是指向表头结点，即在循环链表中，所有结点的指针构成了一个环状链。图2.5（a）所示是一个非空的循环链表，图2.5（b）所示是一个空的循环链表。

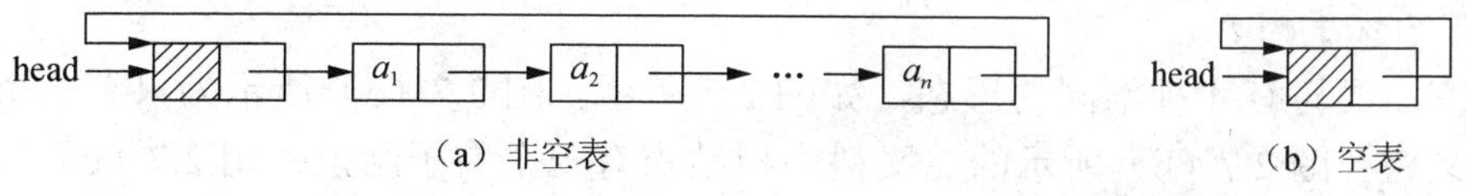


（a）非空表　　（b）空表

图2.5　循环链表

循环链表的优点主要体现在两个方面：一是在循环链表中，只要指出表中任何一个结点的位置，就可以从它出发访问表中其他所有的结点，而线性单链表做不到这一点；二是由于在循环链表中设置了一个表头结点，因此，在任何情况下循环链表中至少有一个结点存在，从而使空表与非空表的运算统一。

**注：**循环链表是在单链表的基础上增加了一个表头结点，其插入运算和删除运算与单链表相同。但它可以从任一结点出发来访问表中其他所有的结点，并实现空表与非空表的运算统一。

## 2.2.6　树与二叉树

### 1. 树的基本概念

树是一种简单的非线性结构。在树这种数据结构中，所有数据元素之间的关系具有明显的层次特性。

在树结构中，每个结点只有一个前件，称为父结点；没有前件的结点只有一个，称为树的根结点，简称树的根。每个结点可以有多个后件，称为该结点的子结点；没有后件的结点称为叶子结点，如图 2.6 所示。

在树结构中，一个结点所拥有的后件的个数称为该结点的度，所有结点中最大的度称为树的度。树的最大层次称为树的深度。

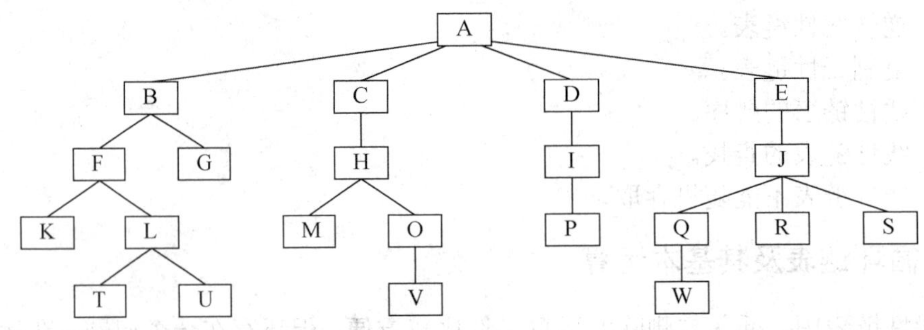


图 2.6　树的图形表示

### 2. 二叉树及其基本性质

1）二叉树的基本概念

二叉树是一种很有用的非线性结构，它具有以下两个特点。

（1）非空二叉树只有一个根结点。

（2）每个结点最多有两棵子树，且分别称为该结点的左子树与右子树。

**注：**根据二叉树的概念可知，二叉树的度可以为 0（叶结点）、1（只有一棵子树）或 2（有两棵子树）。

非空二叉树有 4 种不同的形态，如图 2.7 所示。图 2.7（a）所示为只有一个结点构成的二叉树；图 2.7（b）所示的二叉树中根结点有一个右子结点；图 2.7（c）所示的二叉树中根结点有一个左子结点。由于二叉树是有序树，因此，图 2.7（b）和图 2.7（c）中的两棵二叉树是不同的；图 2.7（d）所示的二叉树既有一个左子结点，又有一个右子结点。

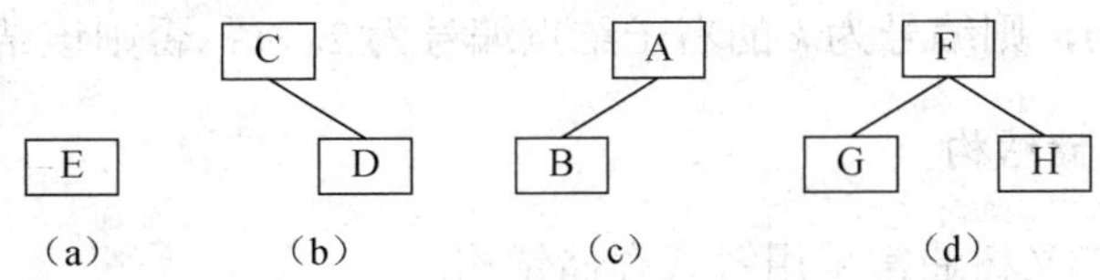


图 2.7　二叉树的 4 种基本形态

2）二叉树的基本性质

**性质 1**：若二叉树的层数从 1 开始，则二叉树的第 $m$ 层结点数最多为 $2^{m-1}$ 个（$m>0$）。

**性质 2**：深度（高度）为 $k$ 的二叉树最大结点数为 $2^{k-1}$（$k>0$）。

**性质 3**：对于任意一棵二叉树，如果叶子结点数为 $n_0$，度为 2 的结点数为 $n_2$，则有 $n_0=n_2+1$，即度为 0 的结点总是比度为 2 的结点多一个。

**性质 4**：具有 $n$ 个结点的二叉树，其深度至少为$[\log_2 n]+1$。

3. 满二叉树与完全二叉树

满二叉树是指除最后一层外，每一层上的所有结点都有两个子结点，如图 2.8（a）所示。这就是说，在满二叉树中，每一层上的结点数都达到最大值，即在满二叉树的第 $m$ 层上有 $2^{m-1}$ 个结点，且深度为 $k$ 的满二叉树具有 $2^{k-1}$ 个结点。

完全二叉树是指除最后一层外，每一层上的结点数均达到最大值，在最后一层上只缺少右边的若干结点，如图 2.8（b）所示。

**注**：根据完全二叉树的定义可得出，度为 1 的结点的个数为 0 或 1。

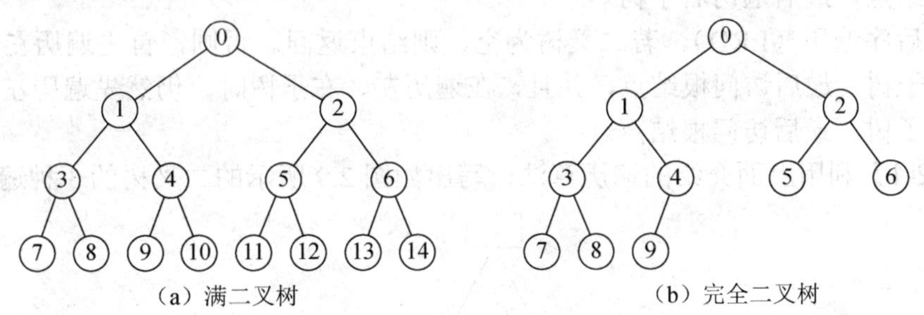


图 2.8　满二叉树与完全二叉树

完全二叉树还具有如下两个特性。

**性质 5**：具有 $n$ 个结点的完全二叉树的深度为$[\log_2 n]+1$。

**性质 6**：设完全二叉树共有 $n$ 个结点，如果从根结点开始，按层序（每一层从左到右）用自然数 1，2，…，$n$ 给结点进行编号，则对于编号为 $k$（$k=1$，2，…，$n$）的结点有以下结论。

（1）若 $k=1$，则该结点为根结点，它没有父结点；若 $k>1$，则该结点的父结点的编号为 INT($k$/2)。

（2）若 $2k \leqslant n$，则编号为 $k$ 的左子结点编号为 $2k$；否则该结点无左子结点（显然也没有右子结点）。

（3）若 $2k+1 \leqslant n$，则编号为 $k$ 的右子结点编号为 $2k+1$；否则该结点无右子结点。

#### 4. 二叉树的存储结构

在计算机中，二叉树通常采用链式存储结构。

与线性链表类似，用于存储二叉树中各元素的存储结点也由两部分组成：数据域和指针域。但在二叉树中，由于每一个元素可以有两个后件（即两个子结点），因此，用于存储二叉树的存储结点的指针域有两个：一个用于指向该结点的左子结点的存储地址，称为左指针域；另一个用于指向该结点的右子结点的存储地址，称为右指针域。

**注：**一般二叉树采用链式存储结构，对于满二叉树与完全二叉树来说，可以按层序进行顺序存储。

#### 5. 二叉树的遍历

二叉树的遍历是指不重复地访问二叉树中的所有结点。二叉树的遍历可以分为以下 3 种。

（1）前序遍历（DLR）。若二叉树为空，则结束返回。否则，首先访问根结点，然后遍历左子树，最后遍历右子树，并且，在遍历左、右子树时，仍然先访问根结点，然后遍历左子树，最后遍历右子树。

（2）中序遍历（LDR）。若二叉树为空，则结束返回。否则，首先遍历左子树，然后访问根结点，最后遍历右子树，并且，在遍历左、右子树时，仍然先遍历左子树，然后访问根结点，最后遍历右子树。

（3）后序遍历（LRD）。若二叉树为空，则结束返回。否则，首先遍历左子树，然后遍历右子树，最后访问根结点，并且，在遍历左、右子树时，仍然先遍历左子树，然后遍历右子树，最后访问根结点。

**【例 2-1】**利用上面介绍的遍历算法，写出如图 2.9 所示的二叉树的 3 种遍历序列。

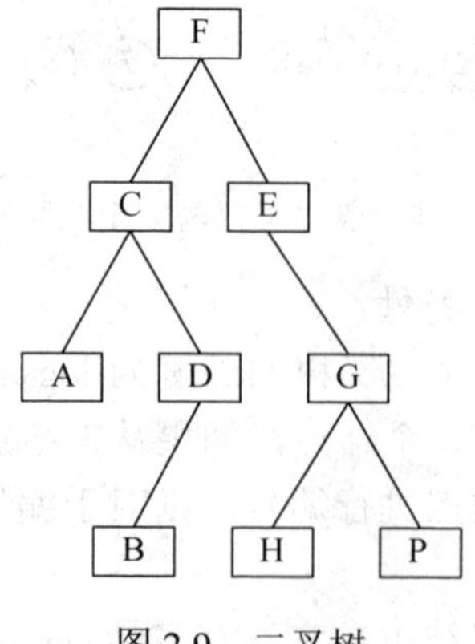


图 2.9　二叉树

前序遍历二叉树：F C A D B E G H P。

中序遍历二叉树：A C B D F E H G P。

后序遍历二叉树：A B D C H P G E F。

### 2.2.7　查找技术

查找是指根据给定的某个值，在查找表中确定一个其关键字等于给定值的数据元素。

查找结果：查找成功→找到；查找不成功→没找到。

平均查找长度：查找过程中关键字和给定值比较的平均次数。

1. 顺序查找

基本思想：从表中的第一个元素开始，将给定的值与表中元素的关键字进行逐个比较，直到两者相符，查到所要找的元素为止，否则就是表中没有要找的元素，查找不成功。

在平均情况下，利用顺序查找法在线性表中查找一个元素，大约要与线性表中一半的元素进行比较，最坏情况下需要比较 $n$ 次。

顺序查找一个具有 $n$ 个元素的线性表，其平均时间复杂度为 $O(n)$。

在下列两种情况下只能采用顺序查找。

（1）如果线性表是无序表（即表中的元素是无序的），则不管是顺序存储结构还是链式存储结构，都只能用顺序查找。

（2）即使是有序线性表，如果采用链式存储结构，也只能用顺序查找。

2. 二分法查找

基本思想：先确定待查找记录所在的范围，然后逐步缩小范围，直到找到或确认找不到该记录为止。

前提：必须在具有顺序存储结构的有序表中进行。

查找过程：

（1）若中间项（中间项 mid=$(n-1)/2$，mid 的值四舍五入取整）的值等于 $x$，则说明已查到。

（2）若 $x$ 小于中间项的值，则在线性表的前半部分查找。

（3）若 $x$ 大于中间项的值，则在线性表的后半部分查找。

特点：比顺序查找方法效率高。最坏的情况下，需要比较 $\log_2 n$ 次。

**注：**二分法查找只适用于顺序存储的线性表，且表中元素必须按关键字有序（升序）排列。对于无序线性表和线性表的链式存储结构，只能用顺序查找。在长度为 $n$ 的有序线性表中进行二分法查找，其时间复杂度为 $O(\log_2 n)$。

下面通过一个例题，进一步理解二分法查找的思想。

**【例 2-2】**假设给定有序表为（8，17，25，44，68，77，98，100，115，125），将

查找 $K$=17 的情况描述为图 2.10 的形式。其中 $L$、$H$ 和 $M$ 分别为每次查找时的最低位置、最高位置和中间位置。因为，线性表中存在元素 17，所以图 2.10 是查找成功的情况。

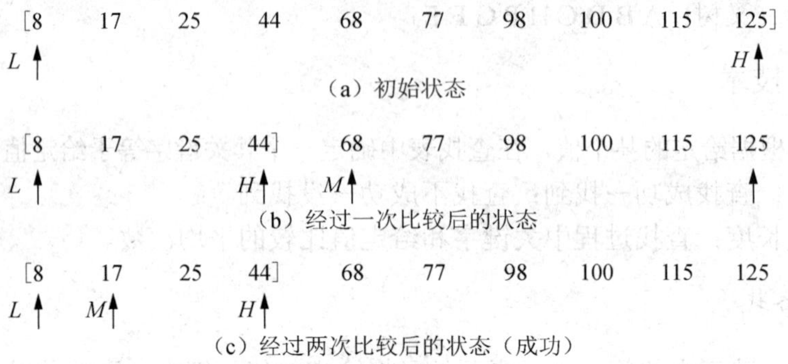


图 2.10 二分法查找 17 的过程

## 2.2.8 排序技术

排序是指将一个无序序列整理成按值非递减顺序排列的有序序列，即将无序的记录序列调整为有序记录序列的一种操作。

各种排序法的比较见表 2.1。

**表 2.1 各种排序法的比较**

| 类别 | 排序方法 | 基本思想 | 平均时间复杂度 |
|---|---|---|---|
| 交换类 | 冒泡排序 | 相邻元素比较，不满足条件时交换 | $O(n^2)$ |
| | 快速排序 | 选择基准元素，通过交换，划分成两个子序列 | $O(n\log_2 n)$ |
| 插入类 | 简单插入序列 | 将待排序的元素看成一个有序表和一个无序表，将无序表中的元素插入有序表中 | $O(n^2)$ |
| | 希尔排序 | 分隔成若干个子序列分别进行直接插入排序 | $O(n^{1.25})$ |
| 选择类 | 简单选择排序 | 扫描整个线性表，从中选出最小的元素，将它交换到表的最前面 | $O(n^2)$ |
| | 堆排序 | 选建堆，然后将堆顶元素与最后一个元素交换，再调整为堆 | $O(n\log_2 n)$ |

# 习 题 演 练

### 选择题

1．下列不是算法的基本特征的是（ ）。

A．稳定性　B．可行性　C．确定性　D．有穷性

2．下列不是算法中对数值数据的基本运算的是（ ）。

A．算术运算　B．字符运算　C．逻辑运算　D．关系运算

3．下列不是算法的控制结构的是（　　）。

A．顺序结构　　B．选择结构　　C．转移结构　　D．循环结构

4．算法的时间复杂度是指（　　）。

A．算法执行过程中所需要的基本运算次数

B．算法程序的长度

C．执行算法程序所需要的时间

D．算法程序中的指令条数

5．算法的空间复杂度是指（　　）。

A．算法程序所占的存储空间

B．算法执行过程中所需要的存储空间

C．算法程序中的指令条数

D．算法程序和长度

6．数据的存储结构是指（　　）。

A．数据所占的存储空间量

B．数据在计算机中的顺序存储方式

C．数据的逻辑结构在计算机中的表示

D．存储在外存中的数据

7．下列说法中不正确的是（　　）。

A．线性结构是指数据结构的逻辑结构

B．线性表可以有顺序存储结构和链式存储结构

C．栈和队列都是特殊的线性表

D．可利用栈是一种顺序存储结构的栈

8．对长度为 $n$ 的顺序表进行插入运算，在平均情况下所需要的移动次数为（　　）。

A．$n/2$　　B．$n+1$　　C．$n$　　D．$(n+1)/2$

9．对长度为 $n$ 的顺序表进行删除运算，在最坏情况下所需要的移动次数为（　　）。

A．$n+1$　　B．$n-1$　　C．$n$　　D．$n/2$

10．下列关于队列的叙述中正确的是（　　）。

A．在队列中只能插入数据

B．在队列中只能删除数据

C．队列是先进先出的线性表

D．队列是先进后出的线性表

11．下列关于栈的叙述中正确的是（　　）。

A．在栈中只能插入数据

B．在栈中只能删除数据

C．栈是先进先出的线性表

D．栈是先进后出的线性表

12．下列叙述中不正确的是（　　）。

A．单链表插入时需先找到插入位置的结点

B．单链表删除时需先找到删除位置的前一个结点

C．线性链表插入时需从可利用栈取得一个结点

D．线性链表删除时需向可利用栈放回一个结点

13．下列叙述中正确的是（　　）。

A．二叉树是线性结构

B．线性表是线性结构

C．栈与队列是非线性结构

D．线性链表是非线性结构

14．在二叉树的第 3 层上最多的结点数是（　　）。

A．3　　B．8　　C．4　　D．7

15．深度为 3 的二叉树具有最多的结点数是（　　）。

A．3　　B．8　　C．4　　D．7

16．有 8 个结点的二叉树的深度至少为（　　）。

A．4　　B．3　　C．2　　D．8

17．有 8 个结点的完全二叉树的深度为（　　）。

A．2　　B．4　　C．6　　D．8

18．在满二叉树的第 3 层上的结点数为（　　）。

A．3　　B．8　　C．4　　D．7

19．在深度为 5 的满二叉树中，叶子结点的个数为（　　）。

A．31　　B．32　　C．15　　D．16

20．设树的度为 4，其中度为 1，2，3，4 的结点个数分别为 4，2，1，1。则树中叶子结点数为（　　）。

A．8　　B．7　　C．6　　D．5

21．下列有关查找的叙述不正确的是（　　）。

A．顺序查找只能用在顺序存储结构中

B．二分法查找只能用在顺序存储结构中

C．顺序查找可以在有序表或无序表中进行

D．二分法查找只能在有序表中进行

22．对长度为 $n$ 的线性表进行顺序查找，在最坏情况下所需要的比较次数为（　　）。

A．$(n+1)/2$　　B．$n+1$　　C．$n$　　D．$n/2$

23．设有序表元素为（1，3，5，8，12，24，46，88，90），则用二分查找法查找元素 88 需要比较的次数为（　　）。

A．9　　B．5　　C．4　　D．3

# 第3章　程序设计基础

程序设计作为一门技术，对程序员而言涉及程序设计方法与程序设计风格两方面的内容。只有将合理、高效的设计方法与良好的程序设计风格相结合，才能使开发出的程序结构清晰，便于维护。

## 3.1　程序设计风格

程序设计的风格主要强调“清晰第一，效率第二”，应注重和考虑下述一些因素。

### 1. 源程序文档化

（1）符号名的命名。符号名能反映它所代表的实际东西，应有一定的实际含义。

（2）程序的注释。程序的注释分为序言性注释和功能性注释。

① 序言性注释：位于程序开头部分，包括程序标题、程序功能说明、主要算法、接口说明、程序位置、开发简历、程序设计者、复审者、复审日期及修改日期等。

② 功能性注释：嵌在源程序体中，用于描述其后的语句或程序的主要功能。

（3）视觉组织。利用空格、空行、缩进等技巧使程序层次清晰。

### 2. 数据说明

（1）数据说明的次序规范化。

（2）说明语句中的变量安排有序化。

（3）使用注释来说明复杂数据的结构。

### 3. 语句的结构要求

（1）在一行内只写一条语句。

（2）程序编写应优先考虑清晰性，除非对效率有特殊要求，否则程序编写要做到清晰第一，效率第二。

（3）在保证程序正确的基础上再要求提高效率。

（4）避免使用临时变量而使程序的可读性下降。

（5）避免不必要的转移。

（6）尽量使用库函数。

（7）避免采用复杂的条件语句。

（8）尽量减少使用“否定”条件语句。

（9）数据结构要有利于程序的简化。

（10）要模块化，使模块功能尽可能单一化。

（11）利用信息隐蔽，确保每个模块的独立性。

（12）从数据角度出发去构造程序。

（13）对于修补不好的程序，要重新编写。

4. 输入和输出

（1）对于输入的数据，要检验其合法性。

（2）检查输入项的各种重要组合的合法性。

（3）输入格式要简单，使得输入的步骤和操作尽可能简单。

（4）输入数据时，应允许使用自由格式。

（5）应允许缺省值。

（6）输入一批数据时，最好使用输入结束标志。

（7）在以交互式输入/输出方式进行输入时，要在屏幕上使用提示信息以明确提示输入的请求，同时在数据输入过程中和输入结束时，应在屏幕上给出状态信息。

（8）当程序设计语言对输入格式有严格要求时，应保持输入格式与输入语句的一致性；给所有的输出加注释，并设计输出报表格式。

## 3.2 结构化程序设计

### 1. 结构化程序设计方法

结构化程序设计方法的主要原则可以概括为自顶向下、逐步求精、模块化、限制使用 goto 语句。

（1）自顶向下。程序设计时，应先考虑总体，后考虑细节；先考虑全局目标，后考虑局部目标。不要一开始就过于追求众多的细节，先从最上层总目标开始设计，逐步使问题具体化。

（2）逐步求精。对于复杂的问题，应设计一些子目标作为过渡，逐步细化。

（3）模块化。一个复杂的问题，肯定是由若干稍简单的问题构成的。模块化是把程序要解决的总目标分解为分目标，再进一步分解为具体的小目标，把每个小目标称为一个模块。

（4）限制使用 goto 语句。

2. 结构化程序的基本结构

结构化程序的基本结构有顺序结构、选择结构和重复结构。

（1）顺序结构是一种简单的程序设计结构，即按照程序语句行的自然顺序，逐条语句地执行程序，它是最基本、最常用的结构。

（2）选择结构又称分支结构，包括简单选择和多分支选择结构，可根据条件判断应该选择哪一条分支来执行相应的语句序列。

（3）重复结构又称循环结构，可根据给定的条件判断是否需要重复执行某一相同的或类似的程序段。

仅仅使用顺序、选择和循环 3 种基本控制结构就足以表达其他各种形式结构，从而实现任何单入口/单出口的程序。

## 3.3　面向对象的程序设计

客观世界中任何一个事物都可以被看成一个对象，面向对象方法的本质就是主张从客观世界固有的事物出发来构造系统，提倡人们用现实生活中常用的思维来认识、理解和描述客观事物，强调最终建立的系统能够映射问题域。也就是说，系统中的对象及对象之间的关系能够如实地反映问题域中固有的事物及其关系。

1. 面向对象方法的主要优点

（1）与人类习惯的思维方法一致。

（2）稳定性好。

（3）可重用性好。

（4）易于开发大型软件产品。

（5）可维护性好。

**注：**面向对象的程序设计主要考虑的是提高软件的可重用性。

对象是面向对象方法中最基本的概念，可以用来表示客观世界中的任何实体，对象是实体的抽象。面向对象的程序设计方法中的对象是系统中用来描述客观事物的一个实体，是构成系统的一个基本单位，由一组表示其静态特征的属性和它可执行的一组操作组成。对象是属性和方法的封装体。

属性是对象所包含的信息，它在设计对象时确定，一般只能通过执行对象的操作来改变。

操作描述了对象执行的功能，操作也称为方法或服务。操作是对象的动态属性。

**注：**一个对象由对象名、属性和操作 3 部分组成。

### 2. 对象的基本特点

对象的基本特点有标志唯一性、分类性、多态性、封装性、模块独立性好。

（1）标志唯一性：对象是可区分的，并且由对象的内在本质来区分，而不是通过描述来区分。

（2）分类性：可以将具有相同属性的操作的对象抽象成类。

（3）多态性：同一个操作可以是不同对象的行为。

（4）封装性：从外面看只能看到对象的外部特性，即只需知道数据的取值范围就可以对该数据施加的操作，无须知道数据的具体结构及实现操作的算法。对象的内部即处理能力的实现和内部状态，对外是不可见的。从外面不能直接使用对象的处理能力，也不能直接修改其内部状态，对象的内部状态只能由其自身改变。

**注**：信息隐蔽是通过对象的封装性来实现的。

（5）模块独立性好：模块内部各元素之间的内聚性越高，模块的独立性就越好。而对象是面向对象软件的基本模块，它将数据及可以对这些数据进行的操作封装成一个整体，并且对象是以数据为中心的，所有的操作围绕数据所需的处理来进行，没有无关的操作，所以对象内部各个元素联系非常紧密，模块的独立性好。

### 3. 类及相关概念

类是指具有共同属性、共同方法的对象的集合。所以类是对象的抽象，对象是对应类的一个实例。

消息是一个实例与另一个实例之间传递的信息。

消息的组成包括：①接收消息的对象名称；②消息标识符，也称消息名；③零个或多个参数。

**注**：在面向对象方法中，一个对象请求另一个对象为其服务是通过发送消息实现的。

继承是指能够直接获得已有的性质和特征，而不必重复定义它们。继承分单继承和多重继承。单继承指一个类只允许有一个父类，多重继承指一个类允许有多个父类。

**注**：类的继承性是类之间共享属性和操作的机制，它提高了软件的可重用性。

多态性是指同样的消息被不同的对象接收时可导致完全不同的行动现象。

## 习题演练

### 选择题

1．结构化程序设计主要强调的是（　　）。

A．程序的规模　　　　B．程序的易读性

C．程序的执行效率　　D．程序的可移植性

2．对于建立良好的程序设计风格，下面描述正确的是（　　）。

A．程序应简单、清晰、可读性好

B．符号名的命名要符合语法

C．充分考虑程序的执行效率

D．程序的注释可有可无

3．在面向对象方法中，一个对象请求另一个对象为其服务是通过发送（　　）实现的。

A．调用语句　　B．命令　　C．口令　　D．消息

4．下面对对象概念描述错误的是（　　）。

A．任何对象都必须有继承性

B．对象是属性和方法的封装体

C．对象间的通信靠消息传递

D．操作是对象的动态属性

# 第4章　软件工程基础

20世纪60年代，全世界范围内的软件开发遇到了“软件危机”，计算机行业的专家和学者对这一现象进行了深入的研究，总结出了一系列消除“软件危机”的思想和方法，由此产生了一门学科——软件工程学。本章着重介绍了全国计算机二级考试中，软件工程涉及的基础知识内容。

## 4.1　软件工程基本概念

1. 软件的相关概念

1）计算机软件

计算机软件是包括程序、数据及相关文档的完整集合。

软件的特点包括以下几方面内容。

（1）软件是一种逻辑实体，而不是物理实体，具有抽象性。

（2）软件的生产与硬件不同，它没有明显的制作过程。

（3）软件在运行、使用期间不存在磨损、老化问题。

（4）软件的开发、运行对计算机系统具有依赖性，受计算机系统的限制，这导致了软件移植的问题。

（5）软件复杂性高，成本昂贵。

（6）软件开发涉及诸多社会因素。

2）软件危机与软件工程

软件工程源自软件危机。软件危机泛指在计算机软件的开发和维护过程中所遇到的一系列严重问题。具体来说，在软件开发和维护过程中，软件危机主要表现在以下方面。

（1）软件需求的增长得不到满足。用户对系统不满意的情况经常发生。

（2）软件开发成本和进度无法控制。开发成本超出预算，开发周期显著超过规定日期的情况经常发生。

（3）软件质量难以保证。

（4）软件不可维护或维护程度非常低。

（5）软件的成本不断提高。

（6）软件开发生产率的提高跟不上硬件的发展和应用需求的增长。

总之，可以将软件危机归结为成本、质量、生产率等问题。

软件工程是应用于计算机软件的定义、开发和维护的一整套方法、工具、文档、实践标准和工序。软件工程的目的就是要建造一个优良的软件系统，它所包含的内容概括为以下两点：①软件开发技术，主要有软件开发方法学、软件工具、软件工程环境；②软件工程管理，主要有软件管理、软件工程经济学。

软件工程的主要思想是将工程化的原则运用到软件开发过程中，它包括3个要素：方法、工具和过程。方法是完成软件工程项目的技术手段；工具对软件的开发、管理和文档的生成提供支持环境；过程监管软件开发的各个环节的控制和管理。软件工程过程是把输入转化为输出的一组彼此相关的资源和活动的过程。

### 2. 软件的生命周期

软件的生命周期是指软件产品从提出、实现、使用维护到停止使用退役的过程。软件的生命周期分为软件定义、软件开发及软件运行维护3个阶段。

1）软件定义阶段

软件定义阶段包括制订计划和需求分析。

制订计划：确定总目标，可行性研究，探讨解决方案，制订开发计划。

需求分析：对开发软件提出的需求进行分析并给出详细的定义。

2）软件开发阶段

软件开发阶段包括软件设计、软件实现和软件测试。

（1）软件设计：分为概要设计和详细设计两个部分。

（2）软件实现：把软件设计转换成计算机可以接收的程序代码。

（3）软件测试：在设计测试用例的基础上检验软件的各个组成部分。

3）软件运行维护阶段

软件投入运行，并在使用中不断地维护，进行必要的扩充和删改。

**注：**软件生命周期中所花费最多的阶段是软件运行维护阶段。

### 3. 软件工程的目标与原则

1）软件工程的目标

软件工程的目标是指在给定成本、进度的前提下，开发出具有有效性、可靠性、可理解性、可维护性、可重用性、可适应性、可移植性、可追踪性和可互操作性且满足用户需求的产品。软件工程需要达到的基本目标如下。

（1）付出较低的开发成本。

（2）达到要求的软件功能。

（3）取得较好的软件性能。

（4）开发的软件易于移植。

（5）需要较低的维护费用。

（6）能按时完成开发，及时交付使用。

2）软件工程的原则

软件工程的原则包括抽象、信息隐蔽、模块化、局部化、确定性、一致性、完备性和可验证性。

（1）抽象是事物最基本的特性和行为，忽略非本质细节，采用分层次抽象、自顶向下、逐层细化的办法控制软件开发过程的复杂性。

（2）信息隐蔽是指采用封装技术，将程序模块的实现细节隐蔽起来，使模块接口尽量简单。

（3）模块是程序中相对独立的成分。一个独立的编程单位应有良好的接口定义。模块的大小要适中，模块过大会使模块内部的复杂性增加，不利于模块的理解和修改，也不利于模块的调试和重用；模块太小会导致整个系统的表示过于复杂，不利于控制系统的复杂性。

（4）局部化可以保证模块间具有松散的耦合关系，模块内部有较强的内聚性。

（5）确定性是指软件开发过程中所有概念的表达，应是确定、无歧义且规范的。

（6）一致性指程序内外部接口应保持一致，系统规格说明与系统行为应保持一致。

（7）完备性是软件系统不丢失任何重要成分，完全实现系统所需的功能。

（8）可验证性是指应遵循容易检查、测评、评审的原则，以确保系统的正确性。

### 4. 软件开发工具与软件开发环境

1）软件开发工具

软件开发工具的完善和发展将促使软件开发方法的进步和完善，实现软件开发的高速度和高质量。软件开发工具是从单项工具逐步向集成工具发展的，软件开发工具为软件工程方法提供了自动或半自动的软件支撑环境。同时，软件开发方法的有效应用也必须得到相应工具的支持，否则方法将难以有效实施。

2）软件开发环境

软件开发环境（或称软件工程环境）是全面支持软件开发全过程的软件工具的集合。

计算机辅助软件工程（Computer Aided Software Engineering，CASE）将各种软件工具、开发机器和一个存放开发过程信息的中心数据库组合起来，形成软件工程环境。它将极大地降低软件开发的技术难度并保证软件开发的质量。

## 4.2 结构化分析方法

结构化分析方法的核心和基础是结构化程序设计理论。

### 1. 需求分析方法

需求分析方法有结构化分析方法和面向对象的分析方法。

**注**：需求分析的任务是导出目标系统的逻辑模型，解决“做什么”的问题。需求分析一般分为需求获取、需求分析、编写需求规格说明书和需求评审4个步骤进行。

### 2. 结构化分析方法

结构化分析方法是结构化程序设计理论在软件需求分析阶段的应用。

结构化分析方法的实质：着眼于数据流，自顶向下，逐层分解，建立系统的处理流程，以数据流图（Data Flow Diagram，DFD）和数据字典（Data Dictionary，DD）为主要工具，建立系统的逻辑模型。

数据流图是以图形的方式描绘数据在系统中流动和处理的过程，它反映了系统必须完成的逻辑功能，是结构化分析方法中用于表示系统逻辑模型的一种工具，如图4.1所示。

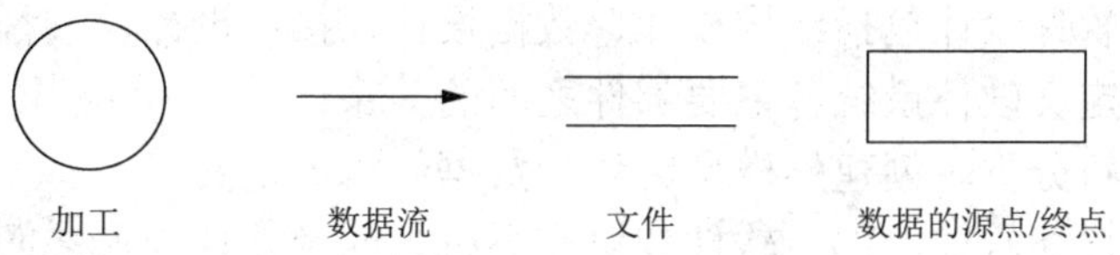


图4.1 数据流图图形元素

图4.1是数据流图的基本图形元素，包括以下内容。

（1）加工（转换）：输入数据经加工变换产生输出。

（2）数据流：沿箭头方向传送数据的通道，一般在旁边标注数据流名。

（3）文件（数据存储）：表示处理过程中存放各种数据的文件。

（4）数据的源点/终点：表示系统和环境的接口，属系统之外的实体。

画数据流图的基本原则：自外向内、自顶向下、逐层细化、完善求精。

图4.2是一个银行取款业务的数据流图示例。

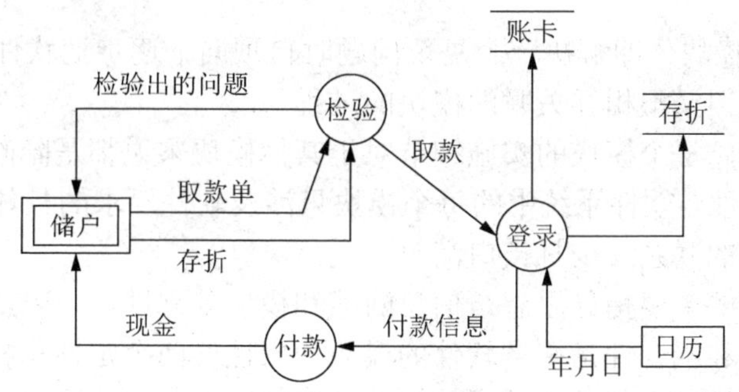


图4.2 银行取款业务的数据流图示例

数据字典是对所有与系统相关的数据元素建立的一个有组织的列表，通过精确、严格的定义，使得用户和系统分析员对于输入、输出、存储成分和中间计算结果能够有共同的理解。

**注**：数据字典的作用是对数据流图中出现的被命名的图形元素进行确切解释。数据

字典是结构化分析方法的核心。

软件需求规格说明书是需求分析阶段的最后成果，通过建立完整的信息描述、详细的功能和行为描述、性能需求和设计约束的说明、合适的验收标准，给出对目标软件的各种需求。

# 4.3 结构化设计方法

## 4.3.1 软件设计的基础

需求分析主要解决“做什么”的问题，而软件设计主要解决“怎么做”的问题。从技术观点来看，软件设计包括结构设计、数据设计、接口设计、过程设计。

结构设计：定义软件系统各主要部件之间的关系。

数据设计：将分析时创建的模型转化为数据结构的定义。

接口设计：描述软件内部、软件和协作系统之间及软件与人之间如何通信。

过程设计：把系统结构部件转换成软件的过程性描述。

从工程角度来看，软件设计分两步完成，即概要设计和详细设计。

概要设计又称结构设计，将软件需求转化为软件体系结构，确定系统级接口、全局数据结构或数据库模式。

详细设计确定每个模块的实现算法和局部数据结构，用适当方法表示算法和数据结构的细节。

软件设计的基本原理包括抽象、模块化、信息隐蔽和模块独立性。

（1）抽象。抽象是一种思维工具，就是把事物本质的共同特性提取出来而不考虑其他细节。

（2）模块化。模块化即解决一个复杂问题时自顶向下逐步把软件系统划分成一个个较小的、相对独立但又不相互关联的模块的过程。

（3）信息隐蔽。每个模块的实施细节对于其他模块来说都是隐蔽的。

（4）模块独立性。软件系统中的每个模块只涉及软件要求的具体的子功能，而与软件系统中其他模块的联系最少且接口简单。

**注：**模块分解的主要指导思想是信息隐蔽和模块独立性。

模块的内聚性和耦合性是衡量软件的模块独立性的两个定性指标。

内聚性是一个模块内部各个元素间彼此结合的紧密程度的度量。

**注：**按内聚性由弱到强排列，内聚可以分为偶然内聚、逻辑内聚、时间内聚、过程内聚、通信内聚、顺序内聚及功能内聚。

耦合性是模块间互相连接的紧密程度的度量。

**注：**按耦合性由高到低排列，耦合可以分为内容耦合、公共耦合、外部耦合、控制耦合、标记耦合、数据耦合及非直接耦合。

一个设计良好的软件系统应具有“高内聚、低耦合”的特征。在结构化程序设计中，模块划分的原则是模块内具有高内聚度，模块间具有低耦合度。

## 4.3.2　总体设计和详细设计

### 1. 总体设计（概要设计）

软件概要设计的基本任务包括：①设计软件系统结构；②设计数据结构及数据库；③编写概要设计文档；④概要设计文档评审。

常用的软件结构设计工具是结构图，也称程序结构图。程序结构图元素如图 4.3 所示。模块用一个矩形表示，箭头表示模块间的调用关系。在结构图中可以用带注释的箭头表示模块调用过程中来回传递的信息，可用带实心圆的箭头表示传递的是控制信息，可用带空心圆的箭头表示传递的是数据信息。

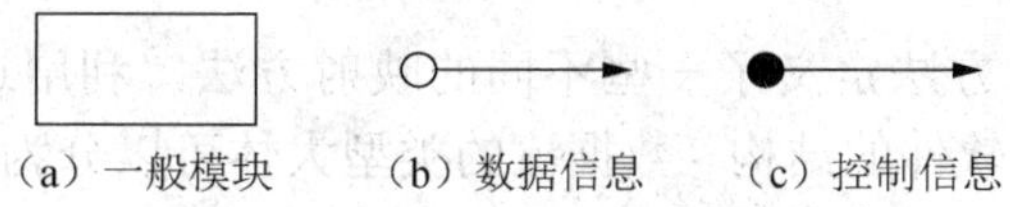


图 4.3　程序结构图元素

经常使用的结构图有 4 种模块类型：传入模块、传出模块、变换模块和协调模块。其表示形式如图 4.4 所示。它们的含义如下。

（1）传入模块：从下属模块取得数据，经处理再将其传送给上级模块。

（2）传出模块：从上级模块取得数据，经处理再将其传送给下属模块。

（3）变换模块：从上级模块取得数据，进行特定的处理转换成其他形式，再传送给上级模块。

（4）协调模块：对所有下属模块进行协调和管理。

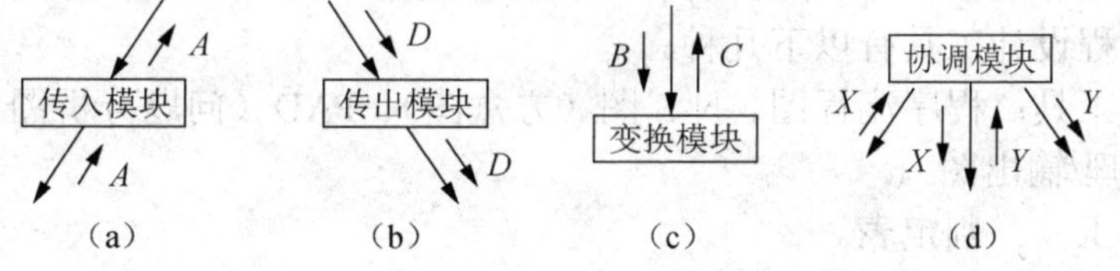


图 4.4　结构图的 4 种模块

程序结构图的例图及有关术语列举如图 4.5 所示。

深度：表示控制的层数。

上级模块、从属模块：若有上、下两层模块 a 和 b，且由 a 调用 b，则 a 是上级模块，b 是从属模块。

宽度：整体控制跨度（最大模块数的层）的表示。

扇入：调用一个给定模块的模块个数。

扇出：一个模块直接调用的其他模块数。

原子模块：树中位于叶子结点的模块。

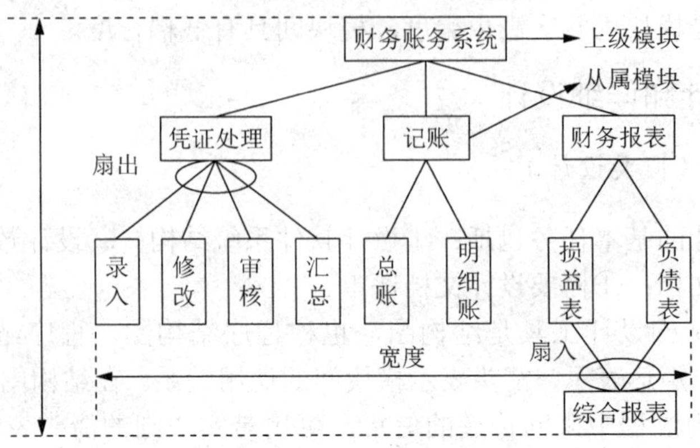


图 4.5　财务管理系统结构

面向数据流的设计方法定义了一些不同的映射方法，利用这些方法可以把数据流图变换成结构图来表示软件的结构。数据流的类型大体可以分为两种类型：变换型和事务型。

（1）变换型：变换型数据处理问题的工作过程大致分为 3 步，即取得数据、变换数据和输出数据。变换型系统结构图由输入、中心变换、输出 3 部分组成。

（2）事务型：事务型数据处理问题的工作机制是接受一项事务，根据事务处理的特点和性质选择分派一个适当的处理单元，然后给出结果。

#### 2. 详细设计

详细设计（过程设计）为软件结构图中的每一个模块确定实现算法和局部数据结构，用某种选定的表达工具表示算法和数据结构的细节。

**注：**详细设计的任务是确定实现算法和局部数据结构，不同于编码或编程。

常用的过程设计工具有以下几种。

（1）图形工具：程序流程图、N-S 图（方盒图）、PAD（问题分析图）和 HIPO（层次图+输入/处理/输出图）。

（2）表格工具：判定表。

（3）语言工具：PDL（伪码）。

## 4.4 软件测试

### 4.4.1 软件测试的概念和方法

#### 1. 软件测试的概念

软件测试是指使用人工或自动手段来运行或测定某个系统的过程，其目的在于检验它是否满足规定的需求或是弄清预期结果与实际结果之间的差别。

**注**：软件测试的目的是尽可能多地发现程序中的错误，不能也不可能证明程序没有错。软件测试的关键是设计测试用例，一个好的测试用例能找到迄今为止尚未发现的错误。

2. 软件测试方法

软件测试方法包括静态测试和动态测试。

静态测试包括代码检查、静态结构分析、代码质量度量。不实际运行软件，主要通过人工进行。

动态测试是基于计算机的测试，主要包括白盒测试方法和黑盒测试方法。

1）白盒测试方法

白盒测试方法也称为结构测试或逻辑驱动测试。它根据软件产品的内部工作过程检查内部成分，以确认每种内部操作符合设计规格要求。

白盒测试的基本原则：保证所测模块中的每一个独立路径至少执行一次，保证所测模块中所有判断的每一个分支至少执行一次，保证所测模块中每一个循环都在边界条件和一般条件下至少各执行一次，验证所有内部数据结构的有效性。

**注**：白盒测试方法的测试用例是根据程序的内部逻辑来设计的，主要用软件的单元测试，主要方法有逻辑覆盖、基本路径测试等。

（1）逻辑覆盖泛指一系列以程序内部的逻辑结构为基础的测试用例设计技术。通常程序中的逻辑表示有判断、分支、条件等几种方法。

① 语句覆盖：选择足够的测试用例，使得程序中的每条语句至少都能被执行一次。

② 路径覆盖：执行足够的测试用例，使程序中所有可能的路径都至少经历一次。

③ 判定覆盖：设计的测试用例保证程序中每个判断的每个取值分支（T或F）至少执行一次。

④ 条件覆盖：设计的测试用例保证程序中每个判断的每个条件的可能取值至少执行一次。

⑤ 判断-条件覆盖：设计足够的测试用例，使判断中的每个条件的所有可能取值至少执行一次，同时每个判断的所有可能取值分支至少执行一次。

**注**：逻辑覆盖的强度依次是语句覆盖<路径覆盖<判定覆盖<条件覆盖<判断-条件覆盖。

（2）基本路径测试。其思想和步骤是，根据软件过程性描述中的控制流程确定程序的环路复杂性度量，用此度量定义基本路径集合，并由此导出一组测试用例，对每一条独立执行路径进行测试。

2）黑盒测试方法

黑盒测试方法也称为功能测试或数据驱动测试。黑盒测试是对软件已经实现的功能是否满足需求进行的测试和验证。

黑盒测试主要诊断功能不对、遗漏、接口错误、数据结构或外部数据库访问错误、性能错误、初始化和终止条件错误。

黑盒测试不关心程序内部的逻辑，只是根据程序的功能说明来设计测试用例，主要方法有等价类划分法、边界值分析法、错误推测法等，主要用于软件的集成测试与确认测试中。

（1）等价类划分法。这是一种典型的黑盒测试方法，它是将程序所有可能的输入数据划分成若干部分（即若干等价类），然后从每个等价类中选取数据作为测试用例。

（2）边界值分析法。它是对各种输入、输出范围的边界情况设计测试用例的方法。

（3）错误推测法。人们可以靠经验和直觉推测程序中可能存在的各种错误，从而有针对性地编写检查这些错误的用例。

## 4.4.2 软件测试过程

软件测试过程一般按 4 个步骤进行：单元测试、集成测试、确认测试和系统测试。

### 1. 单元测试

单元测试是对软件设计的最小单位——模块（程序单元）进行正确性检测的测试，目的是发现各模块内部可能存在的各种错误。

单元测试根据程序的内部结构来设计测试用例，其依据是详细设计说明书和源程序。单元测试可以采用静态分析技术和动态测试技术。动态测试通常以白盒测试为主，辅之以黑盒测试。

单元测试的内容包括模块接口测试、局部数据结构测试、错误处理测试和边界测试。

**注**：在进行单元测试时，要用一些辅助模块去模拟与被测模块相联系的其他模块，即为被测模块设计和搭建驱动模块与桩模块。其中，驱动模块相当于被测模块的主程序，它接收测试数据，并传给被测模块，输出实际测试结果；而桩模块是模拟其他被调用模块，不必将子模块的所有功能带入。

### 2. 集成测试

集成测试是测试和组装软件的过程，它把模块在按照设计要求组装起来的同时进行测试，主要目的是发现与接口有关的错误。

集成测试的依据是概要设计说明书。

集成测试所涉及的内容包括软件单元的接口测试、全局数据结构测试、边界条件和非法输入的测试等。

集成测试通常采用两种方式：非增量方式组装与增量方式组装。

非增量方式组装也称为一次性组装方式。首先对每个模块分别进行模块测试，然后把所有模块组装在一起进行测试，最终得到符合要求的软件系统。

增量方式组装又称为渐增式集成方式。首先对一个个模块进行模块测试；然后将这些模块逐步组装成较大的系统，在组装的过程中边连接边测试，以发现连接过程中产生的问题；最后组装成要求的软件系统。增量方式组装又包括自顶向下、自底向上、自顶向下与自底向上相结合 3 种方式。

3. 确认测试

确认测试的任务是验证软件的有效性，即验证软件的功能和性能及其他特性是否与用户的要求一致。确认测试的主要依据是软件需求规格说明书。确认测试主要运用黑盒测试法。

4. 系统测试

系统测试的目的在于通过与系统的需求定义进行比较，发现软件与系统定义不符合或与之矛盾的地方。

系统测试的测试用例应根据需求分析规格说明书来设计，并在实际使用环境下来运行。系统测试的具体实施一般包括功能测试、性能测试、操作测试、配置测试、外部接口测试、安全性测试等。

## 4.5　程序的调试

程序调试的任务是诊断和改正程序中的错误，主要在开发阶段进行，调试程序应该由编制源程序的程序员来完成。

1. 程序调试的基本步骤

程序调试的基本步骤分为以下 3 步：①错误定位；②纠正错误；③回归测试。

**注：** 软件的调试后要进行回归测试，防止引进新的错误。

2. 软件调试的分类

软件调试可分为静态调试和动态调试。静态调试主要是指通过人的思维来分析源程序代码和排错，是主要的调试手段，而动态调试是辅助静态调试的。

软件的主要调试方法有以下 3 种。

（1）强行排错法。主要方法：①将程序语句在内存中的执行情况全部打印出来进行排错；②在程序特定部位设置打印语句；③自动调试工具。

（2）回溯法。发现错误后，分析错误征兆，确定发现"症状"的位置，一般用于小程序。

（3）原因排除法。通过演绎、归纳和二分法来实现。

① 演绎法。根据已有的测试用例，设想及枚举出所有可能出错的原因作为假设；然后用原始测试数据或新的测试，从中逐个排除不可能正确的假设；最后用测试数据验证余下的假设，确定出错的原因。

② 归纳法。从错误征兆着手，通过分析它们之间的关系来找出错误，大致分 4 步：收集有关的数据、组织数据、提出假设、证明假设。

③ 二分法。在程序的关键点给变量赋正确值，然后运行程序并检查程序的输出。如果输出结果正确，则错误原因在程序的前半部分；反之，错误原因在程序的后半部分。

## 习 题 演 练

### 选择题

1. 在软件生命周期中，能准确地确定软件系统必须做什么和必须具备哪些功能的阶段是（　　）。

A．总体设计　　B．详细设计　　C．可行性分析　　D．需求分析

2. 下面不属于软件工程的 3 个要素的是（　　）。

A．工具　　B．过程　　C．方法　　D．环境

3. 检查软件产品是否符合需求定义的过程称为（　　）。

A．确认测试　　B．集成测试　　C．验证测试　　D．验收测试

4. 数据流图用于抽象描述一个软件的逻辑模型，数据流图由一些特定的图符构成。下列图符名标示的图符不属于数据流图合法图符的是（　　）。

A．控制流　　B．加工　　C．数据存储　　D．源和潭

5. 下面不属于软件设计原则的是（　　）。

A．抽象　　B．模块化　　C．自底向上　　D．信息隐蔽

6. 程序结构图中的箭头代表的是（　　）。

A．数据流　　B．控制流　　C．调用关系　　D．组成关系

7. 下列工具中为需求分析常用工具的是（　　）。

A．PAD　　B．PFD　　C．N-S 图　　D．DFD

8. 在结构化方法中，软件功能分解属于下列软件开发中的阶段是（　　）。

A．详细设计　　B．需求分析　　C．总体设计　　D．编程测试

9. 软件调试的目的是（　　）。

A．发现错误　　B．改正错误

C．改善软件的性能　　D．挖掘软件的潜能

10. 软件需求分析阶段的工作，可以分为 4 个方面：需求获取、需求分析、编写需求规格说明书及（　　）。

A．阶段性报告　　B．需求评审　　C．总结　　D．都不正确

# 第5章　数据库设计基础

在计算机应用的科学计算、数据处理和过程控制三大领域中，数据处理约占其中60%的工作量，而数据库相关技术又在数据处理中占有很大的比例，学会和掌握好数据库技术，对软件的应用和开发起到至关重要的作用。本章根据全国计算机二级考试大纲的要求，对数据库的基础知识进行了详细的阐述。

## 5.1　数据库系统概述

### 5.1.1　基本概念

（1）数据（Data）：实际上就是描述事物的符号记录。

数据的特点：有一定的结构，有型与值之分。数据的型给出了数据表示的类型，如整型、实型、字符型等。而数据的值给出了符合给定型的值，如整型（INT）值15。

（2）数据库（DataBase，DB）：数据的集合，具有统一的结构形式并存放于统一的存储介质内，是多种应用数据的集成，并可被各个应用程序所共享。

数据库存放数据是按数据所提供的数据模式存放的，具有集成与共享的特点，即数据库集中了各种应用的数据，进行统一的构造和存储，而使它们可被不同应用程序所使用。

（3）数据库管理系统（DataBase Management System，DBMS）：一种系统软件，负责数据库中的数据组织、数据操纵、数据维护、控制及保护和数据服务等，是数据库的核心。

（4）数据库管理员（DataBase Administrator，DBA）：对数据库进行规划、设计、维护、监视等的专业管理人员。

（5）数据库系统（DataBase System，DBS）：由数据库（数据）、数据库管理系统（软件）、数据库管理员（人员）、硬件平台（硬件）、软件平台（软件）5个部分构成。

（6）数据库应用系统（DataBase Application System，DBAS）：由数据库系统、应用软件及应用界面三者组成。

**注**：数据库技术的根本目标是解决数据的共享问题。

### 5.1.2　数据库管理系统的功能

数据库管理系统的功能体现在以下几方面。

（1）数据模式的构建。数据库管理系统负责为数据库构建模式，也就是为数据库构建其数据框架。

（2）数据模式的存取。数据库管理系统负责为数据模式的物理存取与构建提供有效的方法与手段。

（3）数据操纵。数据库管理系统为用户使用数据库中的数据提供方便，它一般提供查询、插入、修改及删除数据的功能。此外，它自身还具有做简单的算术运算及统计的能力，而且还可以与某些过程性语言结合，使其具有强大的过程性操作能力。

（4）数据的完整性、安全性定义与检查。数据库中的数据具有内在语义上的关联性与一致性，它们构成了数据的完整性。数据的完整性是保证数据库中数据正确的必要条件，因此必须经常检查以维护数据的正确性。数据库中的数据具有共享性，而数据共享可能会引发数据的非法使用，因此必须要对正确使用数据做出必要的规定，并在使用时进行检查，这就是数据的安全性。数据完整性与安全性的维护是数据库系统的基本功能。

（5）数据库的并发控制与故障恢复。数据库是一个集成、共享的数据集合体，它能为多个应用程序服务，所以就存在着多个应用程序对数据库的并发操作。在并发操作中如果不加控制和管理，多个应用程序间就会相互干扰，从而对数据库中的数据造成破坏。因此，数据库管理系统必须对多个应用程序的并发操作做必要的控制以保证数据不受破坏，这就是数据库的并发控制。数据库中的数据一旦遭到破坏，数据库管理系统必须要有能力及时进行恢复，这就是数据库的故障恢复。

（6）数据的服务。数据库管理系统提供对数据库中数据的多种服务功能，如数据复制、转存、重组、性能监测、分析等。

### 5.1.3 数据库管理技术的发展

数据库管理技术的发展至今已经历了 3 个阶段：人工管理阶段、文件系统阶段和数据库系统阶段。表 5.1 所列是对这 3 个阶段的比较。

表 5.1 数据库管理技术的发展所经历的 3 个阶段的比较

| 阶段 | | 人工管理阶段 | 文件系统阶段 | 数据库系统阶段 |
|---|---|---|---|---|
| 背景 | 应用背景 | 科学计算 | 科学计算、管理 | 大规模管理 |
| | 硬件背景 | 无直接存取存储设备 | 磁盘、磁鼓 | 大容量磁盘 |
| | 软件背景 | 没有操作系统 | 有文件系统 | 有数据库管理系统 |
| | 处理方式 | 批处理 | 联机实时处理、批处理 | 联机实时处理、分布处理、批处理 |
| 特点 | 数据的管理者 | 用户（程序员） | 文件系统 | 数据库管理系统 |
| | 数据面向的对象 | 某一应用程序 | 某一应用 | 现实世界 |
| | 数据的共享程度 | 无共享，冗余度极大 | 共享性差，冗余度大 | 共享性高，冗余度小 |
| | 数据的独立性 | 不独立，完全依赖于程序 | 独立性差 | 具有高度的物理独立性和一定的逻辑独立性 |
| | 数据的结构化 | 无结构 | 记录内有结构，整体无结构 | 整体结构化，用数据模型描述 |
| | 数据的控制能力 | 应用程序自己控制 | 应用程序自己控制 | 由数据库管理系统提供数据安全性、完整性、并发控制和恢复能力 |

### 5.1.4　数据库系统的特点

数据库系统具有以下特点。

（1）数据的高集成性。

（2）数据的高共享性与低冗余性。

**注：**数据库系统可以减少数据冗余，但无法避免一切冗余。

（3）数据的独立性。数据的独立性是指数据与程序间的互不依赖性，即数据库中的数据独立于应用程序而不依赖于应用程序。也就是说，数据的逻辑结构、存储结构与存取方式的改变不会影响应用程序。

数据的独立性一般分为物理独立性与逻辑独立性两类。

① 物理独立性是指数据物理结构（包括存储结构、存取方式等）的改变，如存储设备的更换、存取方式的改变等，不影响数据库的逻辑结构，从而不会引起应用程序的变化。

② 逻辑独立性是指数据库总体逻辑结构的改变，如修改数据模式、增加新的数据类型、改变数据间联系等，不需要修改相应的应用程序，这就是数据的逻辑独立性。

（4）数据统一管理与控制。数据统一管理与控制主要包含以下 3 个方面。

① 数据的完整性检查：检查数据库中数据的正确性以保证数据的正确。

② 数据的安全性保护：检查数据库访问者以防止非法访问。

③ 并发控制：控制多个应用的并发访问所产生的相互干扰以保证其正确性。

### 5.1.5　数据库系统的结构体系

#### 1. 数据库系统的三级模式

（1）概念模式是数据库系统中全局数据逻辑结构的描述，是全体用户（应用）公共数据视图。

（2）外模式也称子模式或用户模式，它是用户的数据视图，也就是用户所见到的数据模式，它由概念模式推导而出。

（3）内模式又称物理模式，它给出了数据库物理存储结构与物理存取方法。内模式的物理性主要体现在操作系统及文件级上，它还未深入到设备级上（如磁盘及磁盘操作）。内模式对于一般用户来说是透明的，它的设计直接影响数据库的性能。

#### 2. 数据库系统的两级映射

（1）概念模式/内模式的映射：实现了概念模式到内模式之间的相互转换。当数据库的存储结构发生变化时，通过修改相应的概念模式/内模式的映射，使数据库的逻辑模式不变，其外模式也不变，应用程序不用修改，从而保证数据具有很高的物理独立性。

（2）外模式/概念模式的映射：实现了外模式到概念模式之间的相互转换。当逻辑模式发生变化时，通过修改相应的外模式/概念模式映射，使用户所使用部分的外模式不变，应用程序不必修改，从而保证数据具有较高的逻辑独立性。

# 5.2 数据模型

## 5.2.1 数据模型的概念及分类

### 1. 数据模型的概念

数据模型是数据特征的抽象，它从抽象层次上描述了系统的静态特征、动态行为和约束条件，为数据库系统的信息表示与操作提供了一个抽象的框架。

数据模型所描述的内容有 3 个部分：数据结构、数据操作与数据约束条件。

（1）数据结构。数据结构是所研究的对象类型的集合，包括与数据类型、内容、性质有关的对象，以及与数据之间联系有关的对象。它用于描述系统的静态特性。

（2）数据操作。数据操作是对数据库中各种对象（型）的实例（值）允许执行的操作的集合，包括操作的含义、符号、操作规则及实现操作的语句等。它用于描述系统的动态特性。

（3）数据的约束条件。数据的约束条件是一组完整性规则的集合。完整性规则是给定的数据模型中的数据及其联系所具有的制约和依存规则，用来限定符号数据模型的数据库状态及状态的变化，以保证数据的正确、有效和相容。

### 2. 数据模型的分类

数据模型分为概念数据模型、逻辑数据模型和物理数据模型 3 类。

（1）概念数据模型：又称概念模型，是对客观世界复杂事物的结构描述及它们之间的内在联系的刻画。概念模型主要有 E-R 模型（实体-联系模型）、扩充的 E-R 模型、面向对象模型及谓词模型等。

（2）逻辑数据模型：又称数据模型，是一种面向数据库系统的模型，该模型着重于在数据库系统一级的实现。逻辑数据模型主要有层次模型、网状模型、关系模型等。

（3）物理数据模型：又称物理模型，是一种面向计算机物理表示的模型，此模型给出了数据模型在计算机上的物理结构的表示。

## 5.2.2 E-R 模型

### 1. E-R 模型的基本概念

（1）实体：现实世界中的事物。

（2）属性：事物的特性。

（3）联系：现实世界中事物间的关系。实体集的关系有一对一、一对多、多对多的联系。E-R 模型 3 个基本概念之间的联接关系有实体集（联系）与属性间的联接关系、实体集与联系间的联接关系。

**注**：E-R 模型的基本成分是实体和联系。

2. E-R 模型的图示法

E-R 模型用 E-R 图表示，如图 5.1 所示。

（1）实体集：用矩形表示。

（2）属性：用椭圆形表示。

（3）联系：用菱形表示。

（4）实体集与属性间的联接关系用无向线段表示。

（5）实体集与联系间的联接关系用无向线段表示。

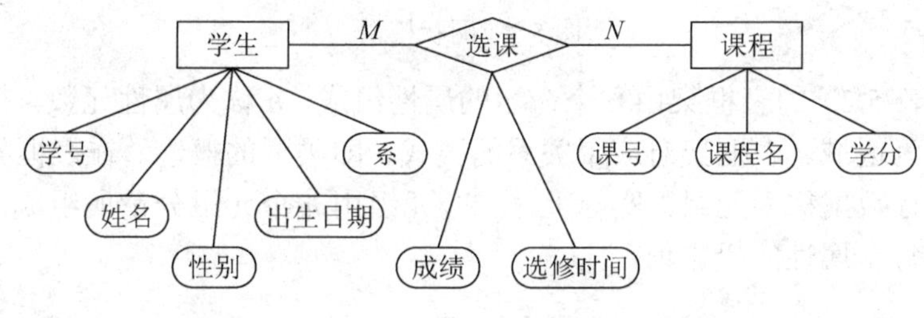


图 5.1　E-R 图

### 5.2.3　常见的数据库模型

常见的数据库模型有层次模型、网状模型和关系模型 3 种。

（1）层次模型的基本结构是树形结构（图 5.2），具有以下特点：每棵树有且仅有一个无双亲结点，称为根；树中除根以外的所有结点有且仅有一个双亲。

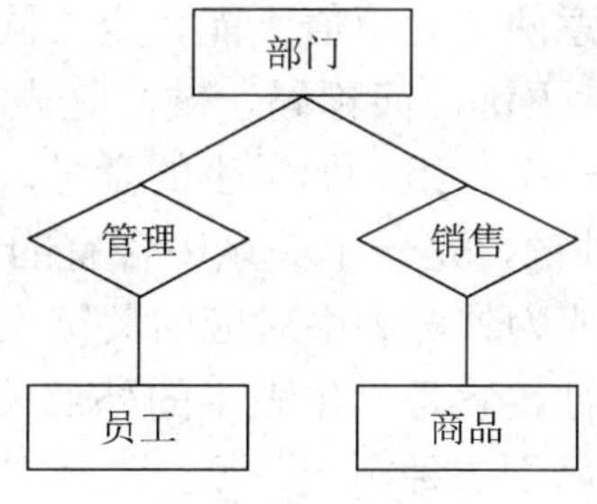


图 5.2　层次模型

（2）网状模型是层次模型的一个特例，如图 5.3 所示。网状模型是一个不加任何条件限制的无向图。

（3）关系模型采用二维表来表示，简称表，由表框架及表的元组组成。一个二维表就是一个关系。

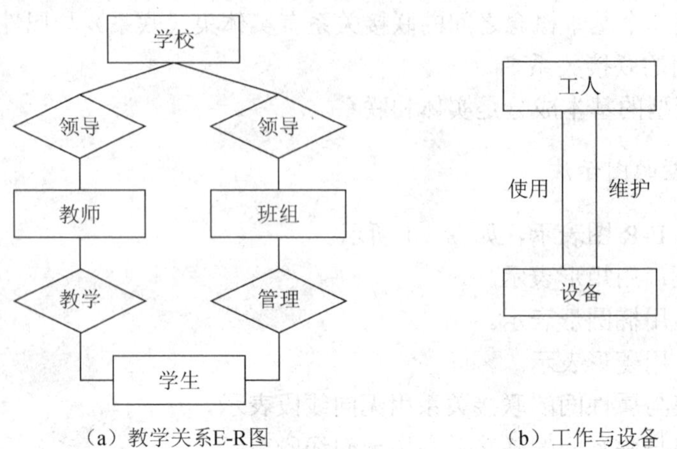


（a）教学关系E-R图　　（b）工作与设备

图 5.3　网状模型

二维表（表 5.2）的表框架由 $n$ 个命名的属性组成，$n$ 称为属性元数。每个属性有一个取值范围称为值域。表框架对应了关系的模式，即类型的概念。在表框架中按行可以存放数据，每行数据称为元组，实际上，一个元组由 $n$ 个元组分量所组成，每个元组分量是表框架中每个属性的投影值。

**表 5.2　二维表**

| 学号 | 姓名 | 性别 | 出生日期 | 班级 | 籍贯 |
|---|---|---|---|---|---|
| 2007102 | 张洁然 | 男 | 1988-07-07 | 07 动画 1 班 | 天津 |
| 2007203 | 李一明 | 男 | 1987-05-01 | 07 播音 5 班 | 广西南宁 |
| 2007305 | 王　丽 | 女 | 1988-04-09 | 07 管理 4 班 | 辽宁沈阳 |
| 2007406 | 刘　宏 | 男 | 1988-10-11 | 07 新闻 3 班 | 江苏南京 |

**注**：同一个关系模型的任意两个元组值不能完全相同。

① 主码：又称为关键字、主键，简称码、键，是表中的一个属性或几个属性的组合，其值能唯一地标示表中的一个元组，如学生的学号。主码属性不能取空值。

② 外部关键字：又称为外键，是一个关系中含有的与另一个关系的关键字相对应的属性组。外部关键字取空值或为外部表中对应的关键字值。例如，学生表中的所属班级名称是班级表中的关键字属性，它是学生表中的外部关键字。

关系模型中的数据约束有以下 3 种。

① 实体完整性约束要求关系的主键中的属性值不能为空值，因为主键是唯一决定元组的属性，若为空值则其唯一性就成为不可能的了。

② 参照完整性约束是关系之间相互关联的基本约束，不允许关系引用不存在的元组，即在关系中的外键要么是所关联关系中实际存在的元组，要么为空值。

③ 用户定义的完整性约束是反映某一具体应用所涉及的数据必须满足的语义要求。例如，某个属性的取值范围为 0～100。

# 5.3 关系运算

关系是由若干个不同的元组所组成的，因此关系可视为元组的集合。$n$ 元关系是一个 $n$ 元有序组的集合。

关系模型的基本运算包括插入、删除、修改和查询（包括投影、选择、笛卡儿积运算）。

1. 传统的集合运算

传统的集合运算包含并、差、交、广义笛卡儿积等。

（1）并（∪）：关系 $R$ 和 $S$ 具有相同的关系模式，$R$ 和 $S$ 的并是由属于 $R$ 或属于 $S$ 的元组构成的集合。

（2）差（−）：关系 $R$ 和 $S$ 具有相同的关系模式，$R$ 和 $S$ 的差是由属于 $R$ 但不属于 $S$ 的元组构成的集合。

（3）交（∩）：关系 $R$ 和 $S$ 具有相同的关系模式，$R$ 和 $S$ 的交是由属于 $R$ 且属于 $S$ 的元组构成的集合。

（4）广义笛卡儿积（×）：设关系 $R$ 和 $S$ 的属性个数分别为 $n$ 和 $m$，则 $R$ 和 $S$ 的广义笛卡儿积是一个有 $n+m$ 列的元组的集合。每个元组的前 $n$ 列是来自 $R$ 的一个元组，后 $m$ 列是来自 $S$ 的一个元组，记为 $R×S$。

**注**：根据笛卡儿积的定义，有 $n$ 元关系 $R$ 及 $m$ 元关系 $S$，它们分别有 $p$ 和 $q$ 个元组，则关系 $R$ 与 $S$ 的笛卡儿积记为 $R×S$，该关系是一个 $n+m$ 元的关系，元组个数是 $p×q$，由 $R$ 与 $S$ 的有序组组合而成。

**【例】**有两个关系 $R$（表 5.3）和 $S$（表 5.4），分别进行并、差、交和广义笛卡儿积运算。

**解**：并运算见表 5.5，差运算见表 5.6，交运算见表 5.7，广义笛卡儿积运算见表 5.8。

表 5.3　$R$

| $A$ | $B$ | $C$ |
|---|---|---|
| $a_1$ | $b_1$ | $c_1$ |
| $a_1$ | $b_2$ | $c_2$ |
| $a_2$ | $b_2$ | $c_1$ |

表 5.4　$S$

| $A$ | $B$ | $C$ |
|---|---|---|
| $a_1$ | $b_2$ | $c_2$ |
| $a_1$ | $b_3$ | $c_2$ |
| $a_2$ | $b_2$ | $c_1$ |

表 5.5　$R∪S$

| $A$ | $B$ | $C$ |
|---|---|---|
| $a_1$ | $b_1$ | $c_1$ |
| $a_1$ | $b_2$ | $c_2$ |
| $a_2$ | $b_2$ | $c_1$ |
| $a_1$ | $b_3$ | $c_2$ |

表 5.6　$R-S$

| $A$ | $B$ | $C$ |
|---|---|---|
| $a_1$ | $b_1$ | $c_1$ |

表 5.7　$R\cap S$

| $A$ | $B$ | $C$ |
|---|---|---|
| $a_1$ | $b_2$ | $c_2$ |
| $a_2$ | $b_2$ | $c_1$ |

表 5.8　$R\times S$

| $R\cdot A$ | $R\cdot B$ | $R\cdot C$ | $S\cdot A$ | $S\cdot B$ | $S\cdot C$ |
|---|---|---|---|---|---|
| $a_1$ | $b_1$ | $c_1$ | $a_1$ | $b_2$ | $c_2$ |
| $a_1$ | $b_1$ | $c_1$ | $a_1$ | $b_3$ | $c_2$ |
| $a_1$ | $b_1$ | $c_1$ | $a_2$ | $b_2$ | $c_1$ |
| $a_1$ | $b_2$ | $c_2$ | $a_1$ | $b_2$ | $c_2$ |
| $a_1$ | $b_2$ | $c_2$ | $a_1$ | $b_3$ | $c_2$ |
| $a_1$ | $b_2$ | $c_2$ | $a_2$ | $b_2$ | $c_1$ |
| $a_2$ | $b_2$ | $c_1$ | $a_1$ | $b_2$ | $c_2$ |
| $a_2$ | $b_2$ | $c_1$ | $a_1$ | $b_3$ | $c_2$ |
| $a_2$ | $b_2$ | $c_1$ | $a_2$ | $b_2$ | $c_1$ |

### 2. 专门的关系运算

专门的关系运算有选择、投影与连接 3 种。

（1）选择：从二维关系表的全部记录中，把那些符合指定条件的记录筛选出来，它是一种从行的角度进行的运算操作。选择操作的关系代数表达式一般记为$\sigma F(R)$，含义是关系 $R$ 通过逻辑条件 $F$ 进行选择操作，生成一个由满足逻辑条件 $F$ 的元组所组成的新的关系。

（2）投影：从所有字段中选取一部分字段及其值进行操作，它是一种从列的角度进行的运算操作。一个关系通过投影运算后仍为一个关系，运算后的关系是原关系 $R$ 通过投影运算所指出的那些域（即属性组）的列所构成的新关系。设关系 $R$ 有 $n$ 个域 $A_1$，$A_2$，…，$A_n$，则在 $R$ 上对域 $A_{i1}$，$A_{i2}$，…，$A_{im}$ $(A_{ij}\in\{A_1, A_2, \cdots, A_n\})$的投影操作可表示成关系代数表达式：$\pi A_{i1}$，$A_{i2}$，…，$A_{im}$（$R$）。

（3）连接：将两个关系模式拼接成一个更宽的关系模式，生成的新关系中包含满足连接条件的元组。连接操作的关系代数表达式记为$\sigma_{i\theta j}(R\times S)$，它的含义：关系 $R$ 与关系 $S$ 的笛卡儿积中满足限制的元组构成的关系。其中，$\theta$ 的含义是比较运算符，$i$ 为 $R$ 中的域，$j$ 为 $S$ 中的域，$i$ 与 $j$ 需具有相同的域，否则无法做比较。

## 5.4　数据库设计方法和步骤

数据库设计阶段包括需求分析、概念设计、逻辑设计和物理设计。

数据库设计的每个阶段都有各自的任务。

（1）需求分析阶段：这是数据库设计的第一个阶段，主要任务是收集和分析数据，这一阶段收集到的基础数据和数据流图是下一步设计概念结构的基础。

（2）概念设计阶段：分析数据间内在的语义关联，在此基础上建立一个数据的抽象模型，即形成 E-R 图。

**注：**数据库概念设计的过程包括选择局部应用、视图设计和视图集成。

（3）逻辑设计阶段：将 E-R 图转换成指定的关系型数据库管理系统（RDBMS）中的关系模式。

（4）物理设计阶段：对数据库内部物理结构作调整并选择合理的存取路径，以提高数据库访问速度及有效利用存储空间。

# 习题演练

## 选择题

1．在数据管理技术的发展过程中，经历了人工管理阶段、文件系统阶段和数据库系统阶段，其中数据独立性最高的阶段是（　　）。

A．数据库系统　B．文件系统　C．人工管理　D．数据项管理

2．下述关于数据库系统的叙述中正确的是（　　）。

A．数据库系统减少了数据冗余

B．数据库系统避免了一切冗余

C．数据库系统中数据的一致性是指数据类型一致

D．数据库系统比文件系统能管理更多的数据

3．数据库系统的核心是（　　）。

A．数据库　B．数据库管理系统

C．数据模型　D．软件工具

4．用树形结构来表示实体之间联系的模型称为（　　）。

A．关系模型　B．层次模型　C．网状模型　D．数据模型

5．关系表中的每一行称为一个（　　）。

A．元组　B．字段　C．属性　D．码

6．按条件 $f$ 对关系 $R$ 进行选择，其关系代数表达式是（　　）。

A．$R|x|R$　B．$R|x|R$　C．$\sigma f(R)$　D．$\pi f(R)$

7．关系数据库管理系统能实现的专门关系运算包括（　　）。

A．排序、索引、统计　B．选择、投影、连接

C．关联、更新、排序　D．显示、打印、制表

8．在关系数据库中，用来表示实体之间联系的是（　　）。

A．树结构　B．网结构　C．线性表　D．二维表

9．数据库设计包括两个方面的设计内容，它们是（　　）。

A．概念设计和逻辑设计

B．模式设计和内模式设计

C．内模式设计和物理设计

D．结构特性设计和行为特性设计

10．将 E-R 图转换到关系模式时，实体与联系都可以表示成（　　）。

A．属性　　B．关系　　C．键　　D．域

# 第二部分
# 计算机二级 MS Office 基础知识

应考点拨：本部分涉及计算机二级 MS Office 基础知识的内容，包括 Word 2010、Excel 2010、PowerPoint 2010 基础和高级应用全部的知识内容，是全国计算机等级考试二级 MS Office 高级应用上机考试的重点内容，建议考生在熟读大纲的各个考点的基础上，在做好理论学习的同时，加强上机操作方面的练习，争取取得一个好的成绩。

# 第 6 章　Word 2010 基础

Word 2010 是 Microsoft 公司推出的 Office 套装软件的一个重要组成部分，它集成了文字编辑、表格制作、图文混排、文档管理等多项功能，具有操作简单、易学易用、功能强大等优点，是当今最流行的文字处理软件。

## 6.1　Word 2010 的应用界面

启动 Word 2010，打开 Word 2010 的窗口，如图 6.1 所示。窗口由标题栏、快速访问工具栏、选项卡、功能区、编辑窗口等部分组成。

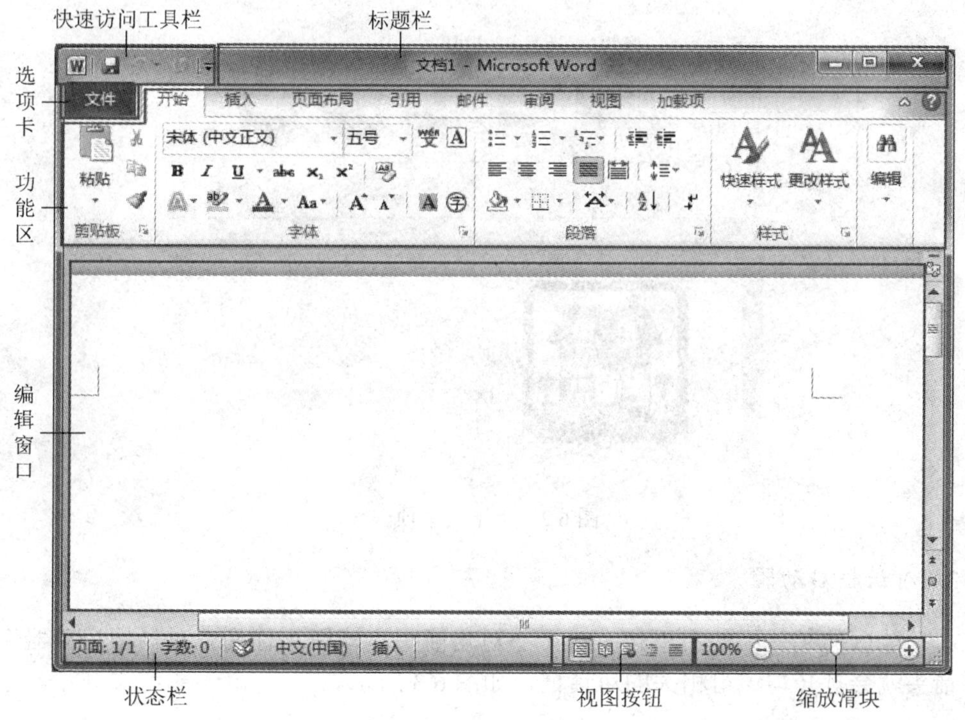


图 6.1　Word 2010 窗口的组成

1. 选项卡与功能区

1）选项卡

在 Word 2010 中，选择选项卡可以显示功能区的按钮和命令，在默认情况下 Word 2010 包含“文件”“开始”“插入”“页面布局”“引用”“邮件”“审阅”和“视图”共 8 个选项卡。

2）功能区

功能区以组的形式管理命令，每个组由一组相关的命令组成。例如，“开始”选项卡包括“剪贴板”“字体”“段落”“样式”“编辑”组。

2. 上下文选项卡

除了标准的选项卡以外，Word 2010 中还包含一些上下文选项卡。这些选项卡仅在需要时才显示。例如，当选中表格或图片时，相关的上下文选项卡便出现在标准选项卡的最右侧，提供用于处理该对象的命令，如图 6.2 所示。单击图片，“图片工具”选项卡便显示出来，该选项卡提供了处理该图片的命令。

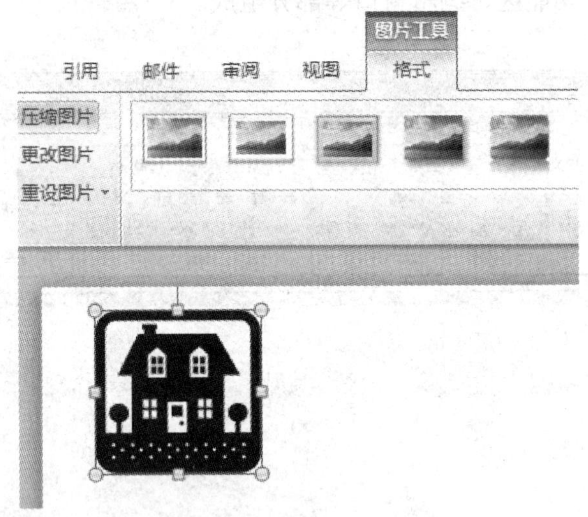


图 6.2　上下文选项卡

3. 对话框启动器

在功能区的某些组的右下角有一个小对角箭头，该箭头称为“对话框启动器”。单击该箭头就会打开与该组相关的对话框，如图 6.3 所示。

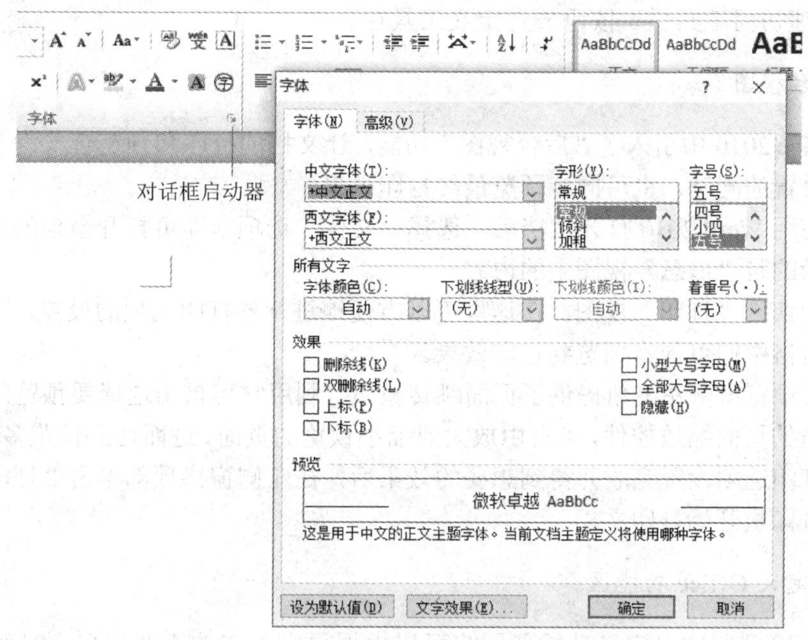


图 6.3 对话框启动器及“字体”对话框

### 4. 实时预览

实时预览是指在 Word 2010 文档中，当鼠标指针悬停在不同功能选项上时，显示该功能的文档效果预览。例如，在设置文本颜色时，选中目标文字并将鼠标指针指向颜色选项，则 Word 2010 文档将实时显示最终效果，鼠标指针离开以后将恢复原貌。用户可以打开或关闭实时预览功能，操作步骤如下。

（1）选择“文件”→“选项”命令，打开“Word 选项”对话框。

（2）在“常规”选项卡中选中或取消选中“启用实时预览”复选框，打开或关闭实时预览功能，完成设置后单击“确定”按钮即可。

### 5. 屏幕提示

在 Word 2010 中，屏幕提示功能是将鼠标指针停留在命令或控件上时显示描述性文本的小窗口。用户可以打开或关闭屏幕提示功能，操作步骤如下。

（1）选择“文件”→“选项”命令，打开“Word 选项”对话框。

（2）在“常规”选项卡的“屏幕提示样式”下拉列表中选择所需的选项。

### 6. 快速访问工具栏

默认情况下，快速访问工具栏位于“Office 按钮”的右侧，它取代了早期版本中的工具栏，主要用于显示各种常用工具和自定义工具。用户使用它可以快速访问频繁使用的工具，如新建、打开、保存、撤销、恢复、快速打印等快捷按钮，也可以单击后面的

“自定义快速访问工具栏”按钮▾自定义工具栏。

#### 7. 后台视图

在 Office 2010 中引入了“后台视图”功能，让文档的打印和预览合二为一，在进行打印选项设置的同时，也可同步预览最终打印效果。

（1）使用 Word 2010 打开文档后，选择“文件”选项卡即可打开全新的后台视图，其自动显示的是“信息”视图中的内容。

（2）切换到“打印”视图，在这里可以方便地进行各打印选项的设置，与此同时，在右侧的窗格中即可同步预览到打印效果。

（3）在预览窗格左下角提供了页面跳转按钮，利用它可自由选择要预览的页面，而使用右下角的页面缩放控件，可自由放大或缩小预览的页面，进而达到预览多页的目的。

（4）打印选项设置完成并得到想要的效果后，在左侧窗格顶部单击“打印”按钮即可连接到打印机开始打印文档。

#### 8. 自定义 Office 功能区

Office 管理器的自定义功能使用户可以根据日常工作的需要向自定义组中添加命令，将计算机常用的图标（计算器、游戏或文件管理器等）添加到功能区中，这样就可以使操作更加简便、快捷。具体的操作如下。

（1）选择“文件”→“选项”命令，打开“Word 选项”对话框。

（2）选择“自定义功能区”选项卡，单击“新建选项卡”按钮，即可创建一个新的选项卡。

## 6.2 创建并编辑文档

启动 Word 2010，系统会自动创建一个名为“文档 1”的空白文档，标题栏上显示“文档 1-Microsoft Word”。在 Word 中允许用户同时编辑多个文档，而不必关闭当前的文档。如果需要新建一个新文档，可以采用以下几种方法。

#### 1. 利用“文件”选项卡新建空白文档

选择“文件”→“新建”→“空白文档”命令，单击“创建”按钮，此时 Word 将创建一个新的空白文档，系统将自动为新创建的文档取一个名称。

#### 2. 利用快速访问工具栏的“新建”按钮创建空白文档

单击快速访问工具栏中的“新建”按钮，可以创建一个新的空白文档。

3. 使用快捷键创建空白文档

按 Ctrl+N 组合键也可以创建一个新的空白文档。

### 6.2.1　输入文本

打开文档之后，可以在文档的编辑区内输入文字、特殊字符、当前日期、当前时间，也可以插入其他文件的内容，输入这些内容的操作称为录入文本。

1. 选择汉字输入法的方法

（1）使用键盘上的 Ctrl+Space 组合键，可以进行英文输入法和默认中文输入法之间的切换。

（2）使用键盘上的 Ctrl+Shift 组合键，可以在各种汉字输入法之间进行切换。

2. 输入文本内容

在 Word 文档中可以输入汉字、字母、数字和一些键盘上显示的符号，当用户输入文字时，光标依次向后移动，到达右边界后，接下来输入的文本会随光标的移动而自动转至下一行。当要结束一个段落时，需按 Enter 键换行。

在输入文本内容过程中，应先进行单纯输入，再进行编辑排版。

单纯输入的原则：

（1）不要使用 Space 键进行字间距的调整及居中方式、段落首行缩进等设置。

（2）不要使用 Enter 键对段落间距进行调整，当一个段落结束时，才按 Enter 键。

（3）不要使用连续按 Enter 键产生空行的方法进行分页设置。

3. 插入符号及特殊字符

有些符号无法通过键盘输入，如运算符号、单位符号和数字序号等，可以通过插入特殊符号功能完成。具体插入方法是在 Word 文档中定位插入点的位置，单击“插入”→“符号”→“符号”下拉按钮，弹出下拉列表，一些常用符号会在下拉列表中列出，单击选中需要的即可。如果下拉列表中没有需要的符号，选择“其他符号”命令，打开“符号”对话框，如图 6.4 所示，从中选取符号插入即可。当然，也可以在插入点处右击，在弹出的快捷菜单中选择“插入符号”命令，也会打开“符号”对话框。

4. 插入日期和时间

在 Word 文档中可以插入当前的日期和时间。具体操作步骤如下。

（1）将光标插入点定位到文档落款需要添加日期的位置，单击“插入”→“文本”→“日期和时间”按钮，打开“日期和时间”对话框。

（2）在“日期和时间”对话框中，选择所需格式的日期和时间后，再单击“确定”按钮，则当前的日期和时间以所选的格式插入文档的插入点。

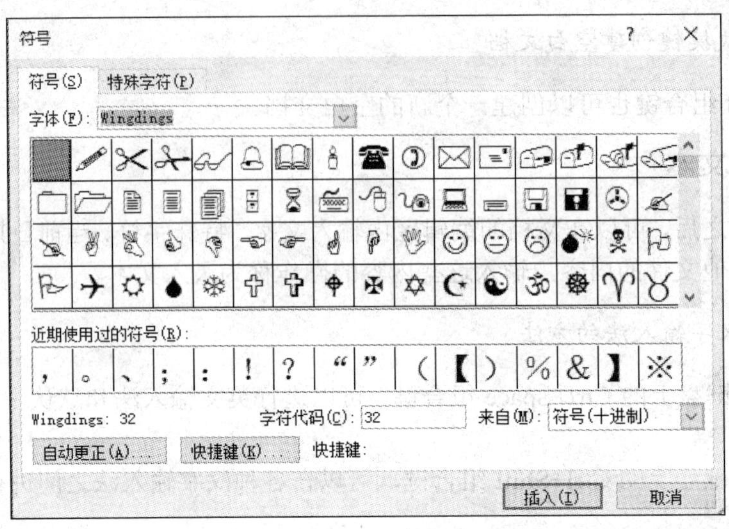


图 6.4 “符号”对话框

### 6.2.2 选定并编辑文本

选定文本的目的是为 Word 指明操作的对象。Word 文档中的许多操作都遵循“选定—执行”的操作原则，即在执行操作之前，必须指明操作的对象，然后才能执行具体的操作。下面介绍选定文本的方法。

#### 1. 选定任意长文本

将鼠标指针移动到需选定文本区的开始处，按鼠标左键将鼠标指针移至要选定文本区的末端，然后松开鼠标左键。这时，被选定文本以反白形式显示，如果要取消选定区域，在任意位置单击即可。

碰到文本比较长时，拖动操作会非常不方便。可以采用下面的方法选定大区域文本：将鼠标指针置于需选定文本的开始位置，然后将鼠标指针移动到需选定文本区的末端单击并同时按 Shift 键。

#### 2. 选定一行、一段文本和整篇文档

将鼠标指针移到起始行左边空白处，当鼠标指针形状变为指向右上角的空心箭头时，单击一次可选定一行文本，双击可选定该行所在段，单击 3 次可选定整篇文档。

#### 3. 选定连续的多行文本

将鼠标指针移到起始行左边的空白处，当鼠标指针形状变为指向右上角的空心箭头时，按鼠标左键向上或向下拖动即可选定连续的多行文本。

### 6.2.3 复制与粘贴文本

在编辑文档的过程中，如果要输入的内容已经存在，可以复制已存在的内容，而不必重新输入。粘贴选项有 3 种，即“保留源格式”“合并格式”和“只保留文本”，如图 6.5 所示，可以满足不同的需求。

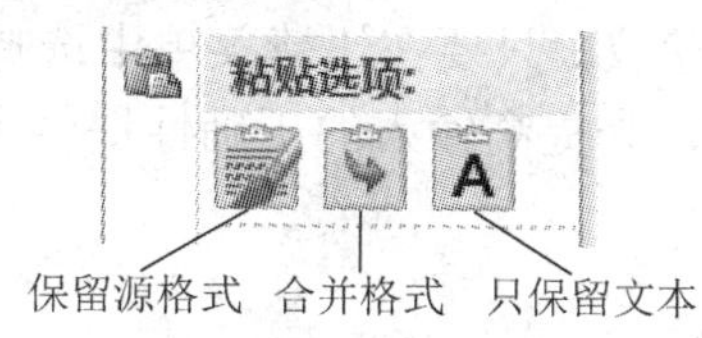


图 6.5 3 种粘贴选项

（1）保留源格式：从源位置复制并粘贴到新位置时，保留原来的字体、大小、图片等格式。

（2）合并格式：不管复制的内容原来是什么格式，粘贴过来都会与现在的 Word 文档中设置的字体等格式一致。

（3）只保留文本：这种粘贴方式会将所粘贴的所有文字都变成文本格式。

### 6.2.4 删除与移动文本

1. 删除文本

使用 Backspace 键可以删除光标左侧的文本，使用 Delete 键可以删除光标右侧的文本。如需删除大段文字，可先选定要删除的文本，然后按 Delete 键或 Backspace 键进行删除。

2. 移动文本

对文本的移动可以通过鼠标拖拽和复制/粘贴两种方法完成。具体操作步骤如下。

（1）选定要移动的文本。

（2）把鼠标指针移到所选文本上，当鼠标指针变为空心指针时拖动文本到新的位置，松开鼠标左键即可实现移动。

当原位置和新位置距离较近时，使用鼠标拖拽方法较为方便；若距离较远，使用复制/粘贴的方法更为实用。具体操作如下。

（1）选定需要移动的文本。

（2）单击“开始”→“剪贴板”→“剪切”按钮，或按 Ctrl+X 组合键。

（3）把鼠标指针移动到要插入文本的新位置，单击“开始”→“剪贴板”→“粘贴”按钮，或按 Ctrl+V 组合键，完成移动。

“剪切”命令是把要移动的文本剪切到剪贴板中，因此，在“剪切”一次之后可以多次地粘贴。

### 6.2.5 检查文档中文字的拼写与语法

Word 具有自动拼写检查和自动语法检查的功能。当不小心输入了错误的或不可识别的单词时，Word 2010 会在该单词下用红色波浪线进行标记，如果出现了语法错误，则在出现错误的部分用绿色波浪线标记。这时，在带有波浪线的文字上右击，会弹出一个快捷菜单，其中列出了修改建议。只要在快捷菜单中选择想要替换的单词，就可以将错误的单词替换为选取的单词，为提高输入的正确性提供了很好的帮助。

### 6.2.6 查找、替换文本

在编辑文档时，经常要查找某些内容，或是把多处相同内容替换成其他内容。这些工作如果人工逐字逐句地进行查找或替换，不仅费时费力，而且可能出现遗漏，用 Word 提供的查找和替换功能可以很方便地完成这些工作。Word 的查找与替换功能不止这些，还可以查找和替换指定格式、段落标记、图形之类的特定项及使用通配符查找等。

1. 查找文本

查找功能可以帮助用户找到要查找的文本及该文本所在的位置。查找文本的具体操作步骤如下。

（1）单击“开始”→“编辑”→“查找”按钮，或按 Ctrl+F 组合键，打开“导航”窗格，如图 6.6 所示。

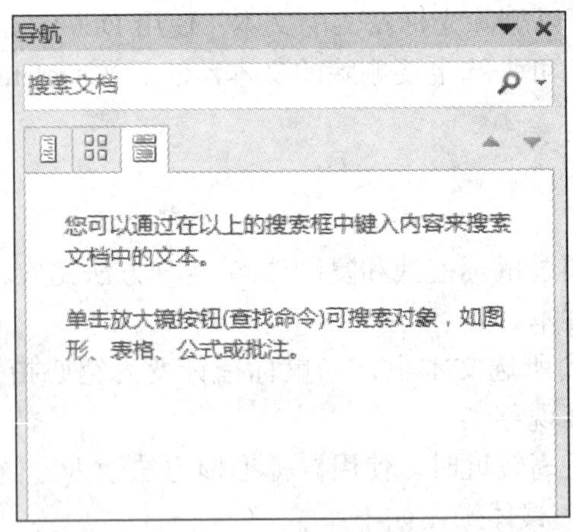


图 6.6 “导航”窗格

（2）在“导航”窗格搜索框中输入需要查找的文字，单击按钮。“导航”窗格将显示所有包含该文字的页面片段，同时查找到的匹配文字将会在正文部分全部以黄色底纹显示。

2. 替换文本

替换文本功能是用新文本替换文档中的指定文本。例如，用“Word 2010”替换“Word”，具体操作步骤如下。

（1）单击“开始”→“编辑”→“替换”按钮，或按 Ctrl+H 组合键，打开“查找和替换”对话框，如图 6.7 所示。

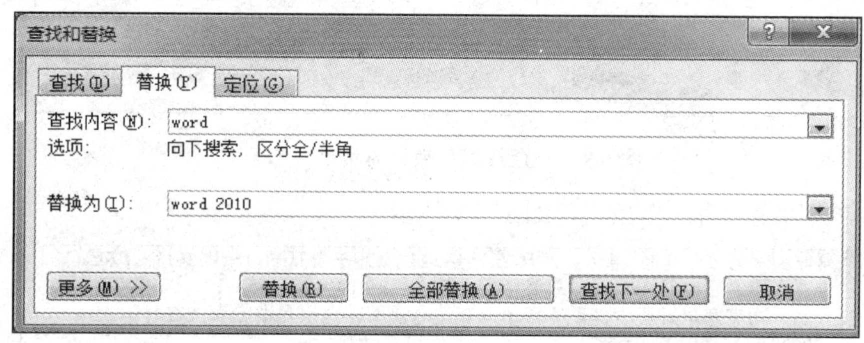


图 6.7　“查找和替换”对话框（一）

（2）在“查找内容”文本框中输入要查找的文本，如“Word”。

（3）在“替换为”文本框中输入替换的文本，如“Word 2010”。

（4）如果需要设置更多选项，可单击“更多”按钮，然后设置所需的选项。

（5）单击“查找下一处”按钮或“替换”按钮，Word 开始查找要替换的文本，找到后会选中该文本并反白显示。如果替换，可以单击“替换”按钮；如果不想替换，可以单击“查找下一处”按钮继续查找。如果单击“全部替换”按钮，Word 将自动替换所有需要替换的文本而不再询问。

按 Esc 键或单击“取消”按钮，可以取消正在进行的查找、替换操作并关闭此对话框。

**【例 6-1】**将下面这段文字中的空格全部删除。

北 京 时 间 今 天 上 午 9 点 15 分 ，2 0 1 6 里 约 奥 运 会 女 排决 赛 打 响 ， 中 国 女 排 迎 战 塞 尔 维 亚 女 排 。 经 过 4 局 对 决 ， 最 终 中 国 女 排 3 – 1（ 1 9 – 2 5 、 2 5 – 1 7 、 2 5 – 2 2 、 2 5 – 2 3 ） 力 克 塞 尔 维 亚 女 排， 夺 得 本 届 奥 运 会 冠 军 。 这 也 是 中 国 女 排 在 时 隔 1 2 年（ 2 0 0 4 年 雅 典 奥 运 会 ） 后 ， 再 次 站 上 奥 运 最 高 领 奖 台 。 值 得 一 提 的 是 ， 3 2 年 前 郎 平 作 为 中 国 女 排 队 员 赢 得 奥 运 冠 军 ， 3 2 年 后 其 作 为 主 教 练 再 一 次 率 队 夺 冠 。

**操作步骤：**

（1）单击“开始”→“编辑”→“替换”按钮，或按 Ctrl+H 组合键，打开“查找和替换”对话框。

（2）在“查找内容”文本框中输入“ ”。

（3）在“替换为”文本框中不输入任何字符，如图 6.8 所示。

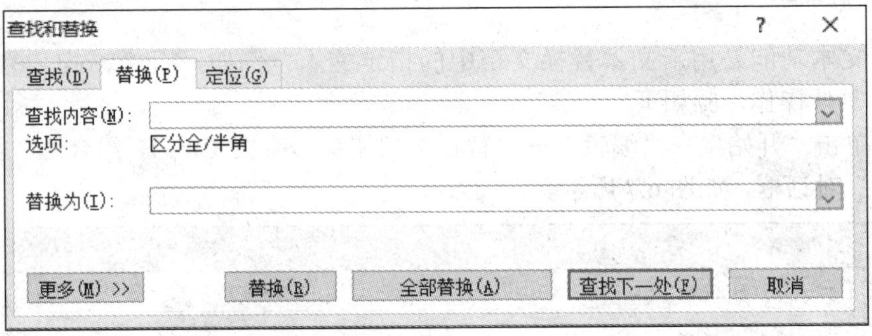

图 6.8 “查找和替换”对话框（二）

（4）单击“全部替换”按钮，如图 6.9 所示。

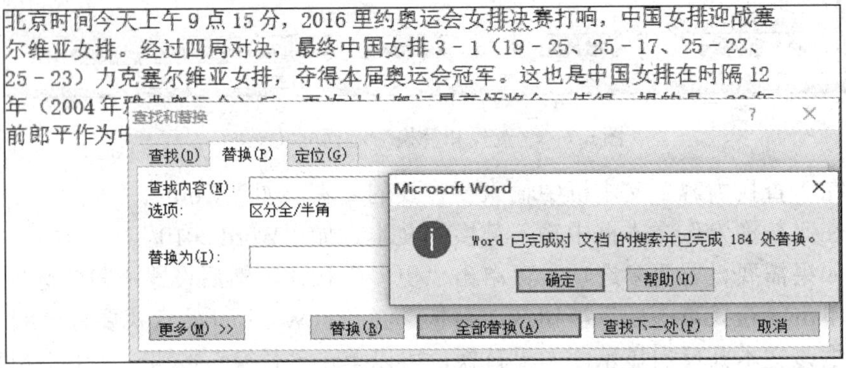

图 6.9 单击“全部替换”按钮后

## 6.2.7 文档的保存、打印与保护

完成文本的输入编辑工作后，需要将文档存储在磁盘上，对于一些重要文档，还需要设置口令对文件进行保护。

### 1. 文档的保存

在编辑文件时，正在编辑的文件在内存中，如果不及时保存，有可能会造成数据的丢失。默认情况下，使用 Word 2010 编辑的文档扩展名为.docx。下面介绍文档存储的几种情况。

1）对新建文档进行保存

单击快速访问工具栏上的“保存”按钮或选择“文件”→“保存”命令或按 Ctrl+S 组合键，打开“另存为”对话框，在“另存为”对话框中指定保存、路径和文件名，单击“保存”按钮，保存后并不关闭文档窗口，依然处在编辑状态下。

2）对原有文档进行保存

如果当前编辑的文档是打开的已有文档，那么单击快速访问工具栏上的“保存”按

钮或选择“文件”→“保存”命令或按 Ctrl+S 组合键后，文档在原来的位置用原文件名存盘，不会出现“另存为”对话框。存盘后并不关闭文档窗口，继续处在编辑状态下。

3）以其他新文件名存盘

如果当前编辑的文档是已有的文档，文件名是 W1.docx，现在希望既保留原来的 W1.docx 文档，又要将修改后的文档以 W2.docx 存盘，则操作步骤如下。

（1）选择“文件”→“另存为”命令，打开“另存为”对话框。

（2）在“另存为”对话框内指定新文件 W2.docx 的驱动器、目录和文件名。

（3）单击“保存”按钮，则当前编辑的文档以新的文件名 W2.docx 保存。保存后 W1.docx 关闭，W2.docx 处在编辑状态。

4）自动保存文档

有经验的用户会每隔一段时间（如 10 分钟）做一次存档操作，以免在断电等意外事故发生时未存盘的文档内容丢失。Word 有自动保存文档的功能，即每隔一定时间就会自动地保存一次文档。默认情况下，每隔 10 分钟自动保存一次文件，用户可以根据实际情况设置自动保存时间间隔。具体操作步骤如下。

（1）选择“文件”→“选项”命令，打开“Word 选项”对话框。

（2）选择“保存”选项卡，如图 6.10 所示，选中“保存自动恢复信息时间间隔”复选框，在右边的微调框中输入合适的数值，并单击“确定”按钮完成。

图 6.10　设置自动保存文档

2. 文档的打印

1）打印设置

选择“文件”→“打印”命令。在打开的界面中可以进行如下的设置。

在“份数”微调框中，可以设置要打印的份数。

在“打印机”选项组的下拉列表中设置打印文档所要使用的打印机名称。

在“设置”选项组中，打开“打印所有页”下拉列表，如果选择“打印所有页”命令，则打印文档的全部内容；如果选择“打印当前页面”命令，则打印光标所在的当前页的内容：如果选择“打印自定义范围”命令，则打印所输入的页面的内容，例如，在“页码”文本框中输入“2-3”，则打印第 2 页至第 3 页的内容，如果输入“2，7-10，12”，则打印第 2 页、第 7 页至第 10 页、第 12 页的内容。

打开“单面打印”下拉列表，可设置文档的单/双面打印。

打开“纵向”下拉列表，可设置横/纵向打印。

打开“正常边距”下拉列表，可设置页边距。

打开“每版打印 1 页”下拉列表，可设置一版打印的页数。

2）打印预览

为了防止打印出来的文档与预期效果存在差距，在正式打印之前，可以先通过“打印预览”功能查看输出效果。Word 2010 中引入了“后台视图”功能，让文档的打印和预览“合二为一”，在进行打印选项设置的同时，在右侧的窗格中即可同步预览到打印效果。

在预览窗格左下角提供了页面跳转按钮，利用它可自由选择要预览的页面，而使用右下角的页面缩放控件，可自由放大或缩小预览的页面，进而达到预览多页的目的。

打印选项设置完成并得到想要的效果后，在左侧窗格顶部单击“打印”按钮即可连接到打印机开始打印文档。

3. 文档的保护

为保护某些重要的文件，可以将其以只读方式打开，或为其设置密码以实现对文件的保护。打开方式不同，对文件使用的权限也不同。

1）以只读方式打开文件

以只读方式打开的文档，限制用户对原始 Word 文档进行编辑和修改，从而有效保护文档的原始状态。具体操作步骤如下。

（1）单击快速访问工具栏中的“打开”按钮，打开“打开”对话框。

（2）在“打开”对话框中，选择需要打开的 Word 文档。

（3）单击“打开”下拉按钮，在弹出的下拉列表中选择“以只读方式打开”命令即可。

在打开的 Word 文档窗口标题栏上，可以看到当前 Word 文档处于只读方式。以只读方式打开的 Word 文档允许用户进行“另存为”操作，从而将当前打开的只读方式 Word 文档另存为一份可以编辑的 Word 文档。

2）为文件设置保护密码

为阻止他人打开或修改 Word 文档，可以为文档设置密码。

**注：设置密码后如果不能提供正确的密码，则打不开文件，所以要牢记密码。**

为文件设置密码的具体操作步骤如下。

（1）选择“文件”→“信息”命令，在右侧的面板选择“保护文档”→“用密码进行加密”命令。

（2）打开“加密文档”对话框，如图 6.11 所示，在“密码”文本框中输入密码，单击“确定”按钮，打开“确认密码”对话框。

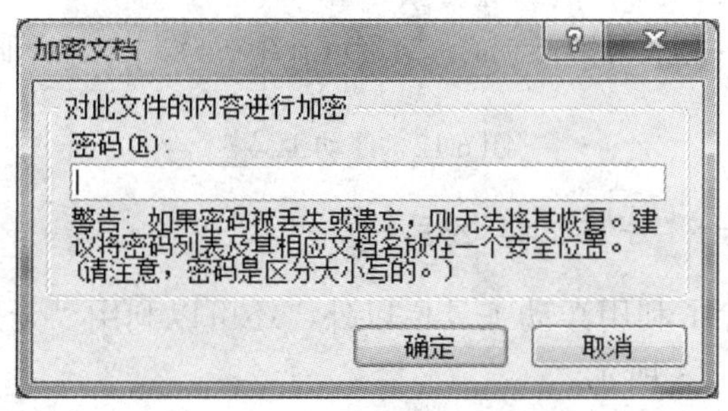


图 6.11 “加密文档”对话框

（3）在“确认密码”对话框中，将刚刚输入的密码再重新输入一次，以进行密码的确认。

### 6.2.8 使用模板快速创建文档

在 Word 2010 中，用户除了可以新建空白文档外，Word 2010 还提供了丰富的模板供用户选择，选择“文件”→“新建”命令，在“可用模板”区中可选择“博客文章”“最近打开的模板”“样本模板”“我的模板”“根据现有内容新建”等命令，选择需要的模板后，在窗口右侧将显示利用本模板创建的文档外观，单击“创建”按钮，即可完成。

如果已经安装的模板不能满足用户工作的需要，还可以到 Microsoft 公司网站的模板库中挑选。用户从“Office.com 模板”中选择模板类别，再选择所需的模板，然后单击“下载”按钮，将模板文件下载到本地计算机，即可利用该模板创建文档。

## 6.3 美化文档外观

文档外观的设置包括字体、字形、字号及段落的缩进、间距等。

### 6.3.1 设置文本格式

字符格式设置主要包括字体、字号、加粗、倾斜、下画线、边框、底纹、颜色等的设置。

1. 利用浮动工具栏进行设置

在 Word 2010 中，当文字被选中时，将鼠标指针移至在其右上角，此时会显示一个微型、半透明的工具栏，称为浮动工具栏，如图 6.12 所示。该工具栏中包含了常用的设置字体、字号、字形、颜色、居中对齐、格式刷等命令，当鼠标指针移动到浮动工具栏上时，这些命令完全显示，进而可以方便地设置字符的格式。

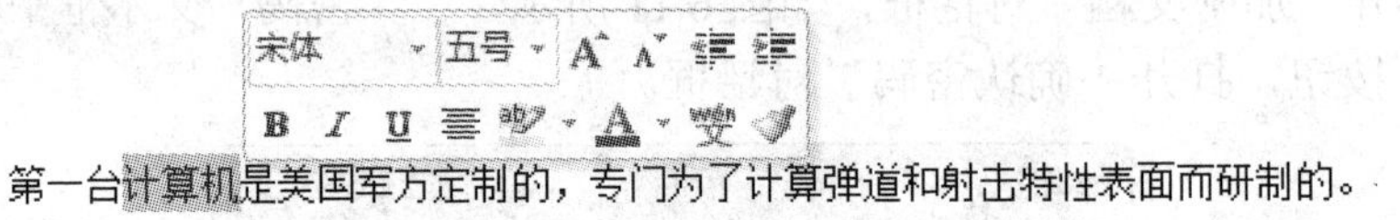

宋体
五号
第一台计算机是美国军方定制的，专门为了计算弹道和射击特性表面而研制的。

图 6.12 浮动工具栏

2. 利用“开始”→“字体”组进行设置

设置字符格式，除了利用浮动工具栏以外，还可以利用“开始”→“字体”组中的命令进行设置，如图 6.13 所示。

文件
开始
插入
页面布局
引用
邮件
审阅
视图
剪切
复制
粘贴
格式刷
剪贴板
宋体
9
字体

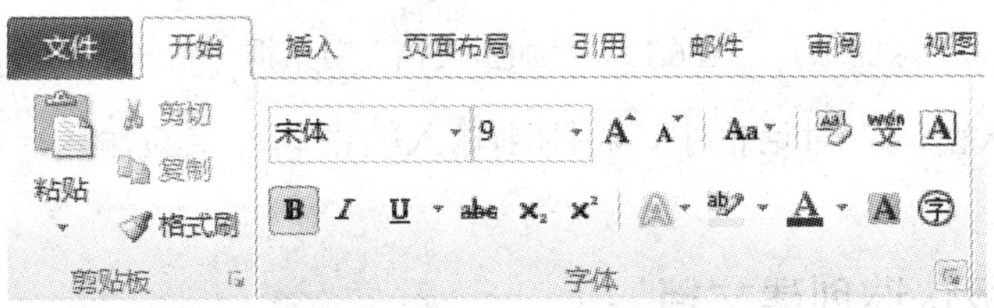

图 6.13 “字体”组

3. 利用“字体”对话框进行设置

要全面地设置字符格式，可以使用“字体”对话框进行统一设置，具体操作步骤如下。

（1）选定需要设置的文本。

（2）单击“字体”组右下角的对话框启动器，或在选定的文本上右击，在弹出的快捷菜单中选择“字体”命令，打开“字体”对话框，如图 6.14 所示。

（3）在该对话框的“字体”选项卡中可以对选中文本的字体、字号、颜色、上下标、下画线、着重号、阴文、阳文、字母大小写等进行设置。

（4）在该对话框的“高级”选项卡中可以对选中文本的字符间距、字符缩放比例和字符位置进行设置。

（5）单击“确定”按钮完成格式设置。

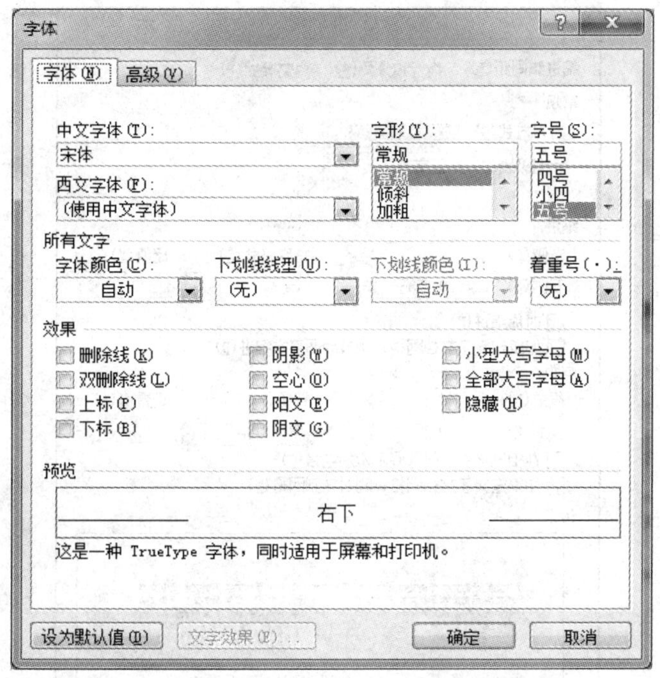


图 6.14　“字体”对话框

## 6.3.2　设置段落格式

段落是指两个段落标记（即回车符）之间的内容。构成一个段落的内容可以是一个字、一句话、一个表格，也可以是一个图形。段落可以作为一个独立的排版单位，设置相应的格式。段落格式设置主要包括对齐方式、缩进、行间距和段间距等设置。在设置段落格式时，首先把鼠标指针定位在要设置段落中的任意位置，再进行设置操作。

### 1. 设置段落的对齐方式

在 Word 中，段落的对齐方式有 5 种，分别是左对齐、居中对齐、右对齐、两端对齐和分散对齐。设置的方法是利用“开始”→“段落”中的≡、≡、≡、≡、≡按钮进行设置，也可以单击“段落”组右下角的对话框启动器，打开“段落”对话框，如图 6.15 所示。在打开的“段落”对话框中选择“缩进和间距”选项卡，在“常规”选项组内的“对齐方式”下拉列表中选择所需要的对齐方式。

### 2. 设置段落缩进

段落缩进是指调整段落与页面边界之间的距离。段落缩进有 4 种形式，分别是首行缩进、悬挂缩进、左缩进和右缩进。首行缩进是设置段落的第一行第一个字的起始位置，悬挂缩进是设置段落中除首行以外的其他行的起始位置，左缩进是设置整个段落左边界的缩进位置，右缩进是设置整个段落右边界的缩进位置。

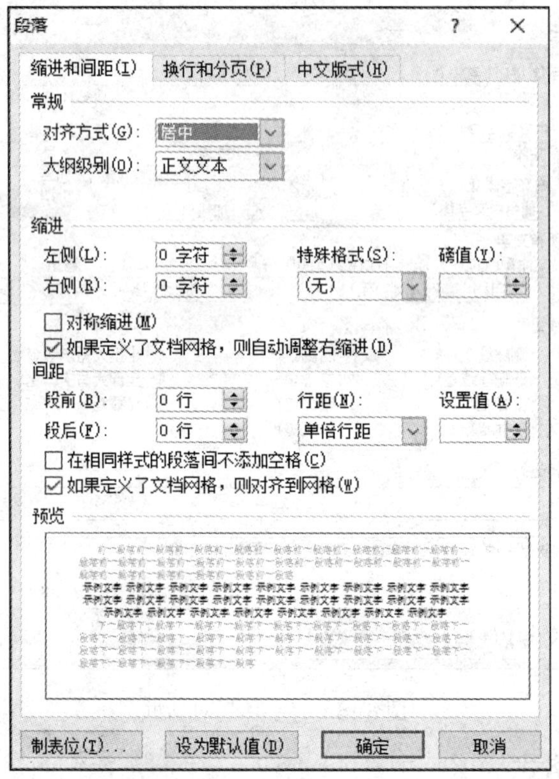


图 6.15　“段落”对话框

设置段落缩进可以使用标尺和“段落”对话框两种方法。

1）使用标尺设置段落缩进

在 Word 窗口中，显示或隐藏水平标尺可以选中或取消选中“视图”→“显示”→“标尺”复选框，或单击窗口右侧滚动条顶部的“标尺”按钮。在水平标尺上有几个和段落缩进有关的游标，分别为左缩进、悬挂缩进、首行缩进和右缩进，如图 6.16 所示。根据需要用鼠标移动相应的游标即可完成缩进的设置，如果要精确缩进，可在拖动的同时按 Alt 键，此时标尺上会出现刻度。

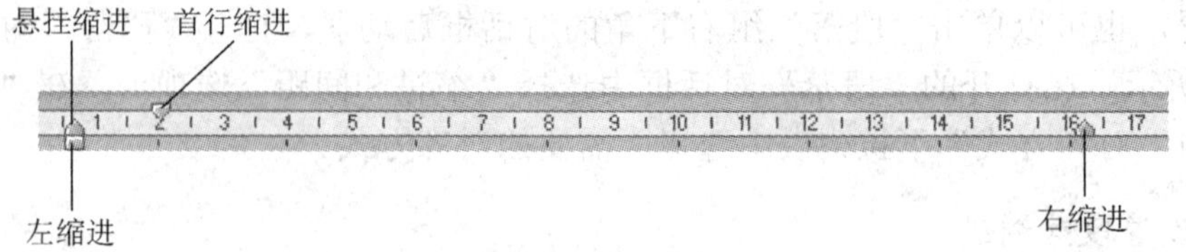


图 6.16　水平标尺

2）使用“段落”对话框设置段落缩进

在图 6.15 所示的“段落”对话框中选择“缩进和间距”选项卡，在“缩进”选项组中，“左侧”编辑框用于精确设置左端缩进量，“右侧”编辑框用于精确设置右端缩进量。在“特殊格式”下拉列表中有“(无)”“首行缩进”“悬挂缩进”3 个命令，“首行缩进”命令用于设置首行缩进，“悬挂缩进”命令用于设置悬挂缩进，“(无)”命令用于取消缩进设置；“磅值”微调框用于精确设置缩进量。

另外，在“页面布局”→“段落”组中也可以使用缩进按钮完成左缩进和右缩进的精确设置。

#### 3. 设置行间距与段间距

行间距是指段落中行与行之间的距离。段间距是指段落与段落之间的距离。行间距和段间距的设置方法是打开“段落”对话框，选择“缩进和间距”选项卡，在“间距”选项组中，“段前”和“段后”两个微调框用于设置段前间距和段后间距。在“行距”下拉列表中，可以使用单倍行距、1.5 倍行距、2 倍行距、最小值、固定值、多倍行距 6 个命令来设置各种行间距。

#### 4. 复制文本格式

在 Word 中，格式同文字一样是可以复制的，如果文档中有多处文本需要设置相同的格式，可以使用“格式刷”复制格式。单击“开始”→“剪贴板”→“格式刷”按钮，既可以复制字符格式、段落格式，也可以复制项目符号和编号、标题样式等格式。复制文本格式的具体操作步骤如下。

（1）选定要复制格式的文本，或将鼠标指针置于该文本中任意位置。

（2）单击“开始”→“剪贴板”→“格式刷”按钮，此时鼠标指针变为刷子形状。

（3）将鼠标指针定位于需设置格式的文本的开始位置，将鼠标指针拖动到该文本结束位置，此时目标文本呈反相显示，然后释放鼠标，完成文本格式的复制操作。

如果要复制格式到多个目标文本上，则需双击“格式刷”按钮，锁定“格式刷”状态，然后逐个拖动复制，全部复制完毕后，再次单击“格式刷”按钮或按 Esc 键，结束格式复制操作。

### 6.3.3　设置边框和底纹

在 Word 中，可以为文档中的各元素添加边框和底纹，以起到强调和突出的作用。若为文本添加边框和底纹，可以单击“开始”→“字体”→“字符边框”按钮和“字符底纹”按钮；若为段落或整篇文档添加边框和底纹，可以使用“边框和底纹”对话框。

#### 1. 设置文本边框

设置文本边框的操作步骤如下。

（1）选定要添加边框的段落或文字。

（2）单击“开始”→“段落”→“下框线”下拉按钮，在弹出的下拉列表中选择“边框和底纹”命令，打开“边框和底纹”对话框，如图 6.17 所示。

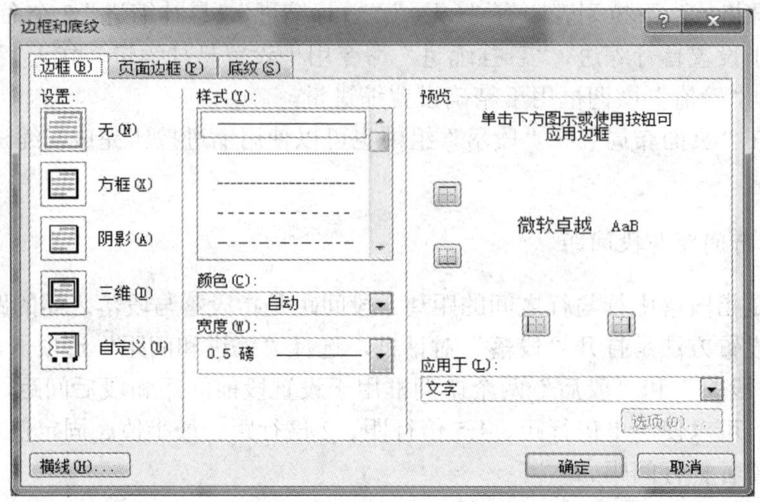


图 6.17 “边框和底纹”对话框

（3）在“边框”选项卡中，从“设置”选项组的“无”“方框”“阴影”“三维”和“自定义”5 种类型中选择需要的边框类型。

（4）从“样式”列表框中选择边框线的线型。

（5）从“颜色”下拉列表中选择边框线的颜色。

（6）从“宽度”下拉列表中选择边框框线的线宽。

（7）在“应用于”下拉列表中选择效果应用于段落或文字。

（8）设置完毕后单击“确定”按钮，即可设置边框。

#### 2. 设置页面边框

如果要为整个页面添加边框，可以在“边框和底纹”对话框中选择“页面边框”选项卡，其设置方法与设置文本边框类似，只是多了一个“艺术型”下拉列表（用来设置具有艺术效果的边框）。

#### 3. 设置底纹

如果要设置底纹，可以在“边框和底纹”对话框中选择“底纹”选项卡。在该选项卡中包含“填充”选项组和“图案”选项组，分别用来设置底纹颜色和底纹样式。在“应用于”下拉列表中包含文字和段落两个命令，如果设置文本底纹则必须先选中文字，如果设置段落底纹则光标必须置于该段落内的任意位置。

**【例 6-2】**根据要求创建以下文档。

标题按如下要求设置。

字体：微软雅黑。

字号：小一。

颜色：标准色深蓝。

段落：段前距和段后距各为 1 行，居中对齐。

底纹：填充颜色为主题颜色水绿色，强调文字颜色 5，淡色 60%；图案样式为 25%。

正文按如下要求设置。

第 1～12 段：字体为宋体，字号为小四号，左右缩进各 1 字符。

第 2、4、6、8、9、10 段：首行缩进 2 字符。

第 3、5、7 段：加粗；段前距为 0.5 行。

第 3～10 段：加边框。

第 11、12 段：右对齐。

效果图如图 6.18 所示。

**关于召开教学经验交流会的通知**

全体教师：

为推进本学期教学工作，交流先进的教学方法，推广先进经验，经研究决定召开教学经验交流会，现将具体内容通知如下：

**一、开会时间、地点**

2016 年 9 月 1 日下午 2:00 四楼多媒体教室。

**二、材料准备**

将自己的经验形成材料，届时进行发言。

**三、具体要求**

1、全体教师参加活动，并做好笔记。

2、参加会议人员按时到会，不有迟到、旷会　。

3、参加会议人员要积极发言、交流自己的经验。

××小学

2016 年 9 月 1 日

图 6.18　效果图

**操作步骤：**

（1）选中标题文字“关于召开教学经验交流会的通知”，选择“开始”选项卡，在“字体”组中的“字体”下拉列表中选择“微软雅黑”命令，在“字号”下拉列表中选择“小一”命令，单击“字体颜色”下拉按钮，在弹出的下拉列表中选择“标准色”→“深蓝”命令。单击“段落”组右下角的对话框启动器，打开“段落”对话框，在“缩进和间距”选项组中，将“段前”和“段后”两个微调框均设置为“1 行”，单击“确定”按钮。单击“段落”组中的“居中”按钮。单击“开始”→“段落”→“边框和底纹”下拉按钮，在弹出的下拉列表中选择“边框和底纹”命令，打开“边框和底纹”对话框，选择“底纹”选项卡。在“填充”选项组中选择“主题颜色水绿色，强调文字颜色 5，淡色 60%”，在“图案”选项组中选择“25%”。

（2）选中正文第 1 段至第 12 段，字体、字号设置步骤同上，单击“段落”组右下角的对话框启动器，打开“段落”对话框，在“缩进和间距”选项组中的“左侧”编辑框和“右侧”编辑框中均输入“1 字符”，单击“确定”按钮。选中第 2、4、6、8、9、10 段，单击“段落”组右下角的对话框启动器，打开“段落”对话框，选择“缩进和间距”选项卡，在“特殊格式”下拉列表中选择“首行缩进”命令，在“磅值”微调框中输入“2 字符”。选中第 3、5、7 段，单击“字体”组中的“加粗”按钮，段前距设置同上。选中第 3 段至第 10 段，单击“开始”→“段落”→“边框和底纹”下拉按钮，在弹出的下拉列表中选择“边框和底纹”命令，打开“边框和底纹”对话框，在“边框”选项卡中选择“方框”命令。选中第 11、12 段，在“段落”组中单击“右对齐”按钮。

### 6.3.4 调整页面设置

通常很多用户是在完成文字录入、编辑和排版工作之后，在打印文档之前，才进行页面设置。事实上，这种方式是不恰当的，因为页面设置可以改变纸张大小、页边距、版面等整体的页面结构和布局，容易导致已排好的版面发生错乱。因此，在输入具体内容之前应首先进行页面设置。

#### 1. 设置页边距

页边距是文本与纸张边缘的距离，包括上边距、下边距、左边距和右边距。

可以根据需求对页边距进行设置，选择“页面布局”选项卡，单击“页面设置”选项组中的“页边距”下拉按钮，在弹出的下拉列表中找一下有没有想要的页边距，如果没有，选择“自定义边距”命令，在打开的“页面设置”对话框中可进行自定义设置，如图 6.19 所示。

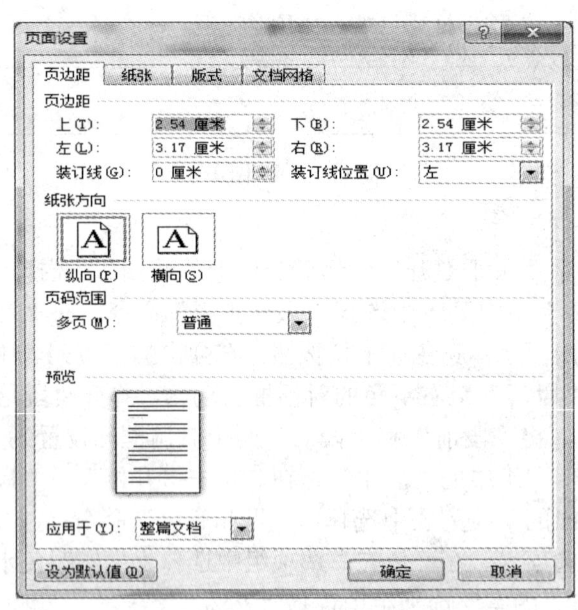


图 6.19 “页面设置”对话框

#### 2. 设置纸张

设置打印纸张的具体操作步骤如下。

（1）选定要设置打印纸张的文档或其中的某一部分。

（2）单击“页面布局”→“页面设置”→“纸张方向”下拉按钮，在弹出的下拉列表中选择纸张方向。

（3）选择“纸张大小”下拉列表中的任意命令进行纸张大小的设置。或在如图 6.19 所示的“页面设置”对话框中选择“纸张”选项卡进行设置。

**【例 6-3】** 为文档设置页边距为上、下、左、右各 3 厘米，装订线在左侧，设置文字水印页面背景，文字为“计算机等级考试”，水印版式为斜式。

**操作步骤：**

单击“页面布局”→“页面设置”组中的对话框启动器，打开“页面设置”对话框，在“页边距”选项组中的“上”“下”“左”“右”微调框中均输入 3 厘米，在“装订线位置”下拉列表中选择“左”命令，然后单击“确定”按钮。单击“页面背景”→“水印”下拉按钮，在弹出的下拉列表中选择“自定义水印”命令，在打开的“水印”对话框中选中“文字水印”单选按钮，在“文字”文本框中输入“计算机等级考试”，将“版式”设置为“斜式”。

### 6.3.5　在文档中使用文本框

文本框是一种可移动、可调节大小的文字或图形容器。使用文本框，可以在一页上设置多个文字块，也可以使文字按照与文本中其他文字不同的方向排列。Word 把文本框看作特殊图形对象，它可以被放置于文档中的任何位置，其主要功能是用来创建特殊文本，如书中图或表的说明。

#### 1. 插入文本框

插入文本框的具体操作步骤如下。

（1）将光标置于需要插入文本框的位置。

（2）单击“插入”→“文本”→“文本框”下拉按钮，在弹出的下拉列表中选择对应的内置对话框样式；或选择“插入”→“文本”→“文本框”→“绘制文本框”（或“绘制竖排文本框”）命令。

（3）单击并拖动鼠标，绘制出文本框。

（4）调整文本框的大小并将其拖动到合适位置。

（5）单击文本框内部的空白处，使光标闪动，然后输入文本。

（6）单击文本框以外的地方，退出文本框。

#### 2. 设置文本框格式

在 Word 中，文本框是作为图形处理的，用户可以采用与设置图形格式相同的方式对文本框的格式进行设置，包括添加颜色、填充及调整位置等。

打开“设置形状格式”对话框的方法：①选定文本框后单击“绘图工具”→“格式”→“形状样式”组中的对话框启动器；②右击文本框，在弹出的快捷菜单中选择“设置形状格式”命令。

### 6.3.6 在文档中使用表格

表格由水平的行和垂直的列组成，行与列交叉形成的方框称为单元格。创建表格的方法主要有以下 3 种。

1. 使用“表格”按钮插入表格

将光标置于要插入表格的位置，再按以下步骤操作。

（1）单击“插入”→“表格”下拉按钮，弹出如图 6.20 所示的下拉列表。

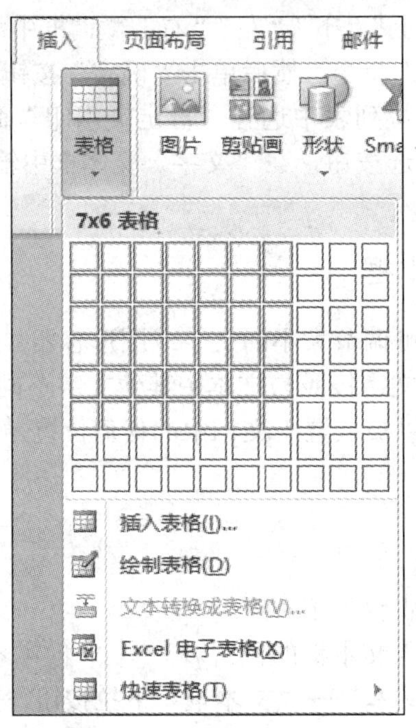


图 6.20 “表格”下拉列表

（2）将鼠标指针指向网格，向右下方移动鼠标指针，鼠标指针掠过的单元格将被选中。同时在网格底部提示栏中显示选定表格的行数和列数，并在文档中显示插入的表格，当达到所需的行数和列数后单击即可。

利用网格插入的表格最多 8 行 10 列，想要插入行、列数更多的表格，则可以使用 Word 提供的其他方法创建表格。

2. 利用“插入表格”对话框创建表格

选择“插入”→“表格”→“插入表格”命令，打开“插入表格”对话框，如图 6.21 所示。在其中可以设置行和列的精确数目，并使用“‘自动调整’操作”选项组来调整表格的大小。在“‘自动调整’操作”选项组中，如果选中“固定列宽”单选按钮，则可以设置表格的固定列宽尺寸；如果选中“根据内容调整表格”单选按钮，则单元格宽度会根据输入的内容自动调整；如果选中“根据窗口调整表格”单选按钮，则所插入的表格将充满当前页面的宽度。选中“为新表格记忆此尺寸”复选框，则再次创建表格时将使用当前尺寸。设置完毕单击“确定”按钮即可。

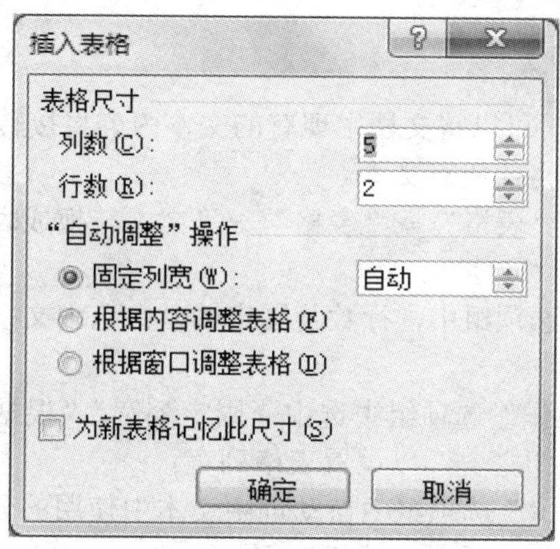


图 6.21　“插入表格”对话框

3. 利用工具按钮绘制表格

Word 2010提供了强大的绘制表格功能，可以像用铅笔一样随意绘制复杂的或不是固定格式的表格。

绘制表格的具体操作步骤如下。

（1）单击“插入”→“表格”下拉按钮，在弹出的下拉列表中选择“绘制表格”命令，则鼠标指针变为铅笔形状，这时就可以使用笔状鼠标指针绘制各种形状的表格。

（2）用铅笔形鼠标指针在页面拖拽后，出现“表格工具”选项卡，如图6.22所示。在绘制表格时，首先设置线条的样式、颜色及粗细。通常先绘制外围边框。将笔状鼠标指针移动到文本区，拖动到适当的位置释放鼠标，就绘制出一个矩形，即表格的外围边框。

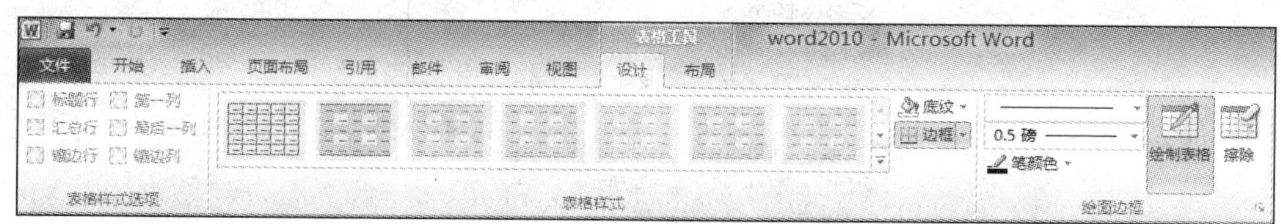


图 6.22　“表格工具”选项卡

（3）在外围边框内绘制表格的各行和各列。在需要画线的位置单击，横向、纵向或斜向拖动鼠标，就可以绘制出表格的行线、列线或斜线。

（4）当绘制了不必要的框线时，可以单击“表格工具”→“设计”→“绘图边框”→“擦除”按钮，此时鼠标指针变为橡皮形状。将橡皮形状的鼠标指针移动到要擦除的框线的一端时单击，然后拖动到框线的另一端再释放鼠标，即可删除该框线。

另外，实际使用 Word 表格时，经常利用“插入表格”按钮绘制固定格式的表格，再根据需要单击“表格工具”→“设计”→“绘图边框”→“绘制表格”按钮和“擦除”按钮来修改已创建的表格。

4. 将文字转换成表格

在编辑 Word 文档时，可以将文档中现有的文本内容直接转换成表格。步骤如下。

（1）选中要转换成表格的所有文本。

（2）选择“插入”→“表格”→“表格”→“文本转换成表格”命令，打开“将文字转换成表格”对话框。

（3）在“表格尺寸”选项组中，行数是固定的，由选中文字的行数决定，列数可以自己输入。

（4）在“自动调整操作”选项组中选中“固定列宽”“根据内容调整表格”或“根据窗口调整表格”单选按钮之一，以设置表格列宽。

（5）在“文字分隔位置”选项组中自动选中文本中使用的分隔符，如果不正确可以重新选择。

（6）完成设置单击“确定”按钮。

**【例 6-4】**将下列文字转换成 2 列 5 行的表格。

Hacker 黑客

Internet 因特网

Newsweek 新闻周刊

UNIX 一种操作系统

Bug 小缺陷

**操作步骤：**

（1）选中例题中的 5 行文本。

（2）选择“插入”→“表格”→“文本转换成表格”命令，打开“将文字转换成表格”对话框，如图 6.23 所示，列数自动填为 2，行数为 5 且不可更改。

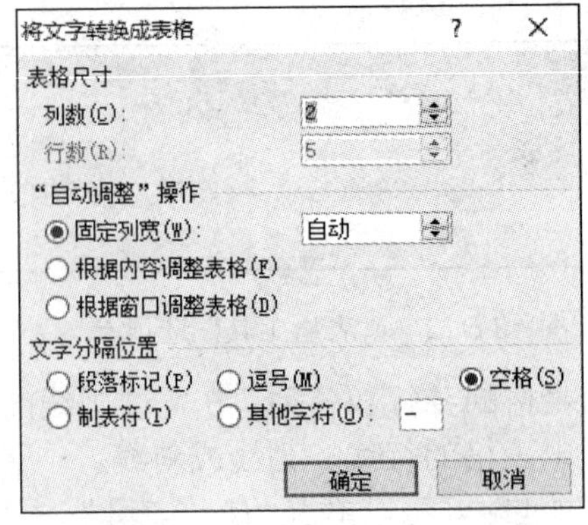


图 6.23 “将文字转换成表格”对话框

（3）单击“确定”按钮生成如图 6.24 所示的表格。

| Hacker | 黑客 |
|---|---|
| Internet | 因特网 |
| Newsweek | 新闻周刊 |
| UNIX | 一种操作系统 |
| Bug | 小缺陷 |

图 6.24　转换效果图

## 6.3.7　美化表格

对于建立好的表格，在使用时经常需要对表格结构进行修改，例如，插入单元格或删除单元格、插入行或插入列、拆分单元格或合并单元格等操作。

### 1. 插入和删除行与列

（1）在表格中插入行的具体操作步骤如下。

① 在表格中选定需要插入的行，选定的行数和要添加的行数相同。

② 单击“布局”→“行和列”→“在上方插入”（或“在下方插入”）按钮，或右击，在弹出的快捷菜单中选择“插入”命令，再选择相应的命令，即可完成行的插入操作。

在表格中插入列的操作与插入行的操作方法基本相同。

（2）在表格中删除行的具体操作步骤如下。

① 选定需要删除的行或将光标置于该行的任意单元格中。

② 选择“布局”→“行和列”→“删除”→“删除行”命令，或右击，在弹出的快捷菜单中选择“删除单元格”→“删除整行”命令。

在表格中删除列的操作与删除行的操作方法基本相同。

### 2. 插入和删除单元格

在表格中插入单元格的具体操作步骤如下。

（1）选定要插入单元格的位置。

（2）单击“布局”→“行和列”组右下角的对话框启动器，打开“插入单元格”对话框。在该对话框中选择一种操作方式。

（3）选择插入方式后，单击“确定”按钮就可以插入单元格。

要删除单元格，可以先选定单元格，然后选择“布局”→“行和列”→“删除”→“删除单元格”命令，打开“删除单元格”对话框。在其中选择一种删除方式，单击“确定”按钮即可。

### 3. 调整表格的行高和列宽

在 Word 文档表格中，如果用户需要精确设置行的高度和列的宽度，可以在“表格工具”选项卡中设置精确数值或采用拖动鼠标的方法。下面对两种方法分别进行介绍。

方法一：打开 Word 文档窗口，在表格中选中需要设置高度的行或需要设置宽度的列，选择“表格工具”→“布局”选项卡，在“单元格大小”组中调整“高度”或“宽宽”的数值来设置表格行的高度或列的宽度，如图 6.25 所示。

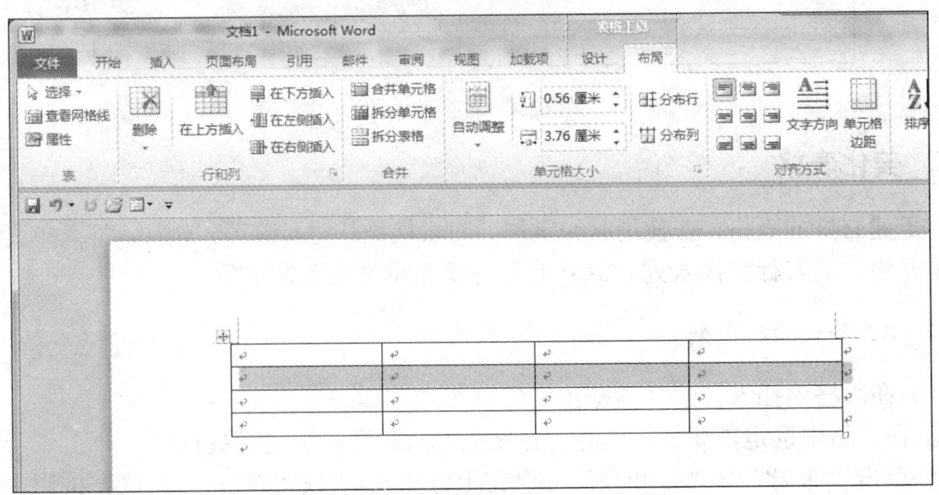


图 6.25　调整表格的行高和列宽

方法二：将鼠标指针置于要调整的行或列的边框上，当鼠标指针变为双向箭头形状时拖动鼠标，页面中会出现垂直或水平标尺，到达所需位置时释放鼠标即可实现行高或列宽的调整。

4. 自动调整表格

使用上面的方法调整表格的行高或列宽之后，会出现表格的行高或列宽不一致的情况，这时可以使用 Word 提供的自动调整功能方便地调整表格。

操作方法：首先选定要调整的表格或表格的若干行、列或单元格，单击“表格工具”→“布局”→“单元格大小”→“自动调整”下拉按钮，弹出如图 6.26 所示的下拉列表。

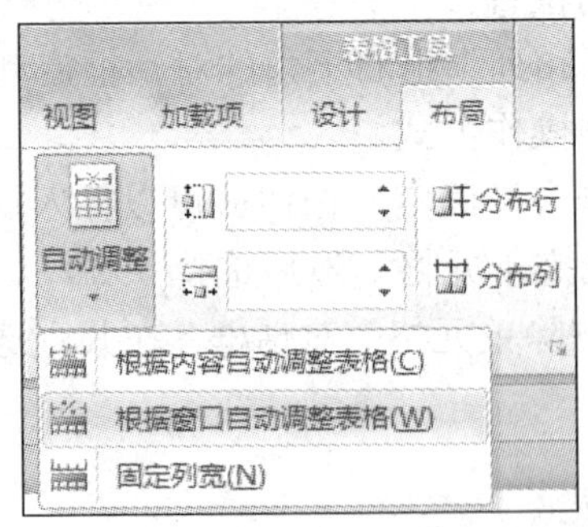


图 6.26　“自动调整”下拉列表

在下拉列表中有 3 条命令："根据内容自动调整表格""根据窗口自动调整表格"和"固定列宽"，用户可以根据自己的需求，选择相应的命令，即可完成相应的自动调整。

5. 合并和拆分单元格

在 Word 2010 中，可以将表格中两个或两个以上的单元格合并成一个单元格，或把一个单元格拆分为若干个单元格，以使制作出的表格更符合人们的要求。

（1）合并单元格：首先选择需要合并的单元格，然后单击"表格工具"→"布局"→"合并"→"合并单元格"按钮，就可以合并单元格了，或选中要合并的单元格然后右击，在弹出的快捷菜单中选择"合并单元格"命令即可。

（2）拆分单元格：首先将光标置于要拆分的单元格中，然后单击"表格工具"→"布局"→"合并"→"拆分单元格"按钮，也可以在需要拆分的单元格内右击，在弹出的快捷菜单中选择"拆分单元格"命令，弹出"拆分单元格"对话框，指定拆分的行数和列数，单击"确定"按钮即可。

6. 设置表格的边框和底纹

单击"表格工具"→"布局"→"表"→"属性"按钮，在打开的"表格属性"对话框中设置表格的边框和底纹，或选择"表格工具"→"设计"→"表格样式"组中的相应命令来设置表格的边框和底纹，还可以选择"绘图边框"组中的相应命令来设置表格的边框和底纹，如图 6.27 所示。

图 6.27 设置表格的边框和底纹的相应命令

7. 表格自动套用格式

在 Word 2010 中有一个"快速表格"命令，在其级联菜单中有许多已经设计好的表格样式，任选一种即可轻松插入一张表格。使用表格自动套用格式的操作方法：将光标置于表格中的任意位置，选择"插入"→"表格"→"表格"→"快速表格"命令，在其级联菜单中选择一种需要的样式即可；或选择"表格工具"→"设计"选项卡，在"表格样式"组中任选一种表格样式。

**【例 6-5】**创建如图 6.28 所示的表格。

| 时间 | 主题 | 报告人 |
| --- | --- | --- |
| 18:30 - 19:00 | 签到 | |
| 19:00 - 19:20 | 大学生职场定位和职业准备 | 王老师 |
| 19:20 - 21:10 | 大学生人生规划 | 特约专家 |
| 21:10 - 21:30 | 现场提问 | 王老师 |

图 6.28　表格效果图

**操作步骤：**

（1）利用前面介绍的方法之一插入一个 5 行 3 列的表格。

（2）按图 6.28 输入文字。

（3）选中表格，选择“表格工具”→“设计”选项卡，在“表格样式”组中选择第 10 行、第 4 列的表格样式，并在“表格样式选项”组中取消选中“第一列”复选框。

### 6.3.8　图片处理技术

Word 2010 不仅是一个强大的文字处理软件，同时还具有很强的图形处理功能，它可以将其他软件生成的图形、表格、数据插入 Word 文档内，使得一个 Word 文档图文并茂、生动美观。

下面介绍在 Word 2010 文档中插入图片的两种方法，一种是插入系统提供的剪贴画，另一种是插入图片文件。

#### 1. 插入剪贴画

Word 2010 中提供了许多剪贴画，从剪辑库中插入剪贴画的具体操作步骤如下。

（1）将光标定位于要插入图片的位置。

（2）单击“插入”→“插图”→“剪贴画”按钮，打开“剪贴画”任务窗格。

（3）在任务窗格的“搜索文字”文本框中输入图片的名称或某一类型的名称，如“植物”，也可以使“搜索文字”文本框保持空白。

（4）在“结果类型”下拉列表中选择图片搜索的媒体文件类型。

（5）指定搜索名称、类型后，单击“搜索”按钮，在下面的“预览”列表框中会出现搜索结果。

（6）从“预览”列表框中选择一张剪贴画，直接单击即可插入。

#### 2. 插入图片文件

如果硬盘空间中有漂亮的图片，可以利用“插入图片”命令实现图片的插入。插入图片文件的具体操作步骤如下。

（1）将光标定位于要插入图片的位置。

（2）单击“插入”→“插图”→“图片”按钮，打开“插入图片”对话框。在该对话框中选择要插入的图片。

（3）单击“插入”按钮，即可将图片插入文档中指定的位置。

图片插入文档之后，还需要对其进行编辑，如调整图片的大小、位置和设置环绕方式等。

在编辑图片时，需要启动“图片工具”选项卡，显示“图片工具”选项卡的方法如下：完成插入图片操作后，“图片工具”选项卡自动出现。“图片工具”选项卡如图 6.29 所示。

图 6.29　“图片工具”选项卡

1）“图片工具”选项卡中的常用命令

（1）“图片样式”列表框：提供对图片设置的多种样式。

（2）“图片边框”按钮：可以设置图片边框的有无、颜色、粗细、样式等。

（3）“图片效果”按钮：可以为图片设置预设、阴影、映像等效果。

（4）“自动换行”按钮：用于设置文字环绕方式。单击该按钮会弹出文字环绕类型的下拉列表，下拉列表中共有 8 种环绕类型的图标，由图标不难看出各种环绕类型的效果。设置文字环绕时先选定一幅图片，然后选择下拉列表中的环绕方式即可。

（5）“裁剪”按钮：用于裁剪图片。具体操作方法是，首先选定要裁剪的图片，然后单击“图片工具”→“格式”→“大小”→“裁剪”按钮，再拖动图片四周的 8 个控制点即可控制裁剪图片的大小。

如果要对图片进行精确的裁剪，可以在“大小”组中输入图片的高度和宽度的具体数值。

（6）“旋转”按钮：用于对图片进行旋转。

2）调整图片的大小

在 Word 中可以对插入的图片进行缩放。直接单击图片，移动鼠标指针到图片四边的句柄上，鼠标指针显示为双向箭头，此时拖动图片边框移动到合适位置，释放鼠标，即可实现图片的整体缩放。如果要精确地调整图片的大小，可在图片上右击，在弹出的快捷菜单中选择“设置图片格式”命令，打开“设置图片格式”对话框。在该对话框中输入精确数值即可。

### 6.3.9　创建 SmartArt 图形

与文字相比，插图和图形更有助于理解和记住信息，SmartArt 图形是信息和观点的视觉表示形式。可以将 SmartArt 图形作为图像复制并粘贴到其他程序中。创建 SmartArt 图形时，系统会提示选择一种类型，如“流程”“层次结构”或“关系”。

### 1. 创建 SmartArt 图形并输入文字

创建 SmartArt 图形并输入文字的操作步骤如下。

（1）单击“插入”→“插图”→“SmartArt”按钮，打开“选择 SmartArt 图形”对话框，如图 6.30 所示。

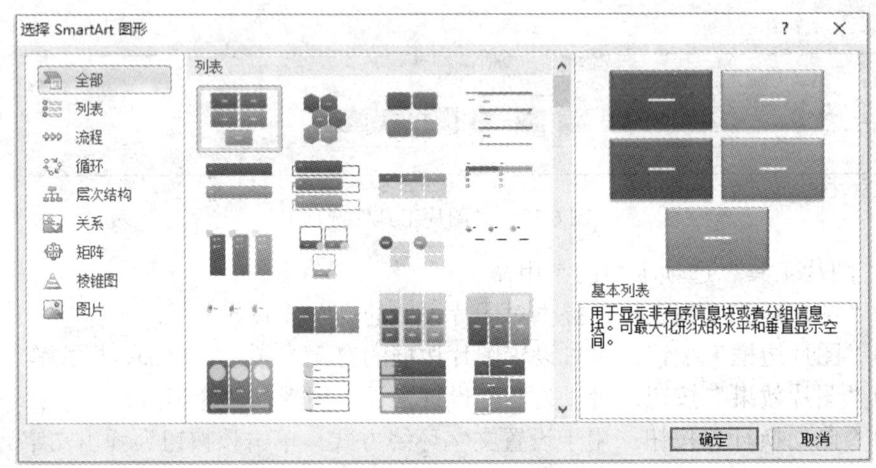


图 6.30 “选择 SmartArt 图形”对话框

（2）在“选择 SmartArt 图形”对话框中选择所需的类型和布局。

（3）单击“文本”窗格中的“文本”占位符，然后输入文本。

### 2. 在 SmartArt 图形中添加或删除形状

对已经存在的 SmartArt 图形添加形状的操作步骤如下。

（1）单击 SmartArt 图形中的现有形状。

（2）选择“SmartArt 工具”→“设计”选项卡，如图 6.31 所示。在“创建图形”组中单击“添加形状”下拉按钮，弹出下拉列表。

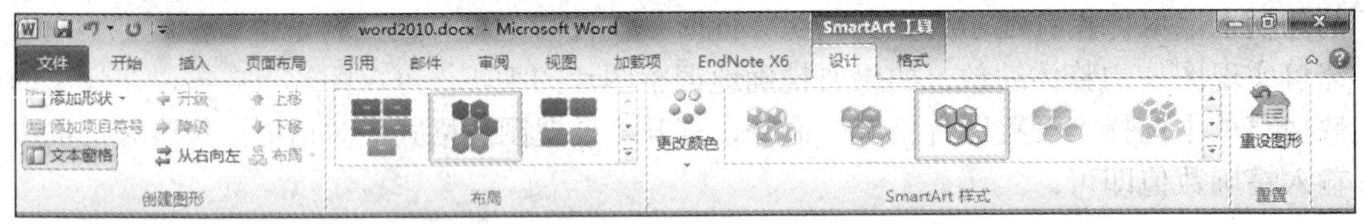


图 6.31 “SmartArt 工具”→“设计”选项卡

（3）选择“在后面添加形状”命令，则在所选形状之后插入一个形状；选择“在前面添加形状”命令，则在所选形状之前插入一个形状。

在 SmartArt 图形中删除形状的操作步骤如下：单击要删除的形状，然后按 Delete 键。若要删除整个 SmartArt 图形，单击 SmartArt 图形的边框，然后按 Delete 键。

### 3. 更改 SmartArt 图形的颜色

更改 SmartArt 图形中形状的颜色的操作步骤如下：

选中 SmartArt 图形，单击“SmartArt 工具”→“设计”→“SmartArt 样式”→“更改颜色”下拉按钮，在弹出的下拉列表中选择所需的颜色即可。

【例 6-6】利用 SmartArt 图形制作如图 6.32 所示的报名流程。

图 6.32 报名流程

**操作步骤：**

（1）单击“插入”→“插图”→“SmartArt”按钮。

（2）在打开的“选择 SmartArt 图形”对话框的左侧列表框中选择“流程”命令，选择流程中的“基本流程”，单击“确定”按钮。

（3）在 3 个“文本”占位符中依次输入“学生处报名”“确认坐席”“领取资料”。

（4）选中“领取资料”，然后选择“SmartArt 工具”→“设计”→“创建图形”→“添加形状”→“在后面添加形状”命令。

（5）在新添加的形状中输入“领取门票”。

（6）选中 SmartArt 图形，单击“SmartArt 工具”→“设计”→“SmartArt 样式”→“更改颜色”下拉按钮，在弹出的下拉列表中选择“彩色”中的第一个命令。

（7）选择“SmartArt 样式”组中的第四个“中等效果”命令。

（8）适当调整 SmartArt 图形的文字的字号，使文字占一行。

## 6.3.10 使用主题调整文档外观

Word 2010 可以使人们在有限的时间内撰写几份内容完全相同但外观风格各不相同的文档。使用主题功能只需单击几下，即可瞬间让文档变“脸”，操作步骤如下。

（1）打开 Word 2010 文档窗口，单击“页面布局”→“主题”→“主题”下拉按钮，即可弹出主题样式库下拉列表。

（2）将鼠标指针移动到某个主题样式上，即可实时预览文档变化后的效果，找到自己喜欢的效果后，单击即可将其真正应用到文档中。

不仅如此，每一组主题都由颜色、字体和效果三部分组成，可以根据个人喜好分别对其进行修改以符合实际需求。如将当前主题的字体更改为“微软雅黑”。

（3）可以在“主题”下拉列表中选择“保存当前主题”命令，将修改后的整个效果保存为新的主题，以备将来重复使用。

**注：**如果在 Word 2010 中打开 Word 97 文档或 Word 2003 文档，则无法使用主题，而必须将其另存为 Word 2010 文档才可以使用主题。

如果希望将主题恢复到 Word 模板默认的主题，可以在“主题”下拉列表中选择“重设为模板中的主题”命令。

### 6.3.11 插入文档封面

很多人可能认为添加封面需要很深的图片编辑功底，实际上很简单，利用 Word 2010 的插入封面功能就可以创建精美的封面。

（1）打开需要创建封面的文档，单击“插入”→“页”→“封面”下拉按钮，在弹出的下拉列表中选择需要使用的封面样式。

（2）选择的封面被插入文档的首页，然后在封面中需要输入信息的文本框中输入相关的信息，也可以根据需要删除多余的文本框。

**【例 6-7】** 参考图 6.33 制作一个封面页，令其独占一页。

图 6.33 插入“封面”效果图

**操作步骤：**

（1）打开需要创建封面的文档，单击“插入”→“页”→“封面”下拉按钮，在弹出的下拉列表中选择“运动型”命令。

（2）参照图 6.33 在“标题”文本框和“公司名称”文本框中输入相应的内容。

（3）删除“作者”文本框。

（4）删除“年份”文本框，并输入 2012 年；删除“日期”文本框，输入“二〇一三年三月”。

## 6.3.12 设置艺术字

使用 Word 2010 可以创建出各种文字的艺术效果，甚至可以把文本设置成各种各样的形状或设置为具有三维轮廓的效果，这就是 Word 提供的艺术字功能。艺术字的编辑、格式化、排版方法与图形类似。

1. 添加艺术字

添加艺术字的具体操作步骤如下。

（1）单击“插入”→“文本”→“艺术字”下拉按钮，在弹出的下拉列表中选择一种艺术字样式，如图 6.34 所示。

图 6.34　艺术字样式

（2）在打开的文本框中输入文字即可。

2. 设置艺术字

插入艺术字之后，如果用户要对所插入的艺术字进行修改、编辑或格式化，操作方法是双击需要设置的艺术字，通过“格式”选项卡进行设置。

## 6.4 多窗口和多文档操作

在文档的编辑过程中，用户有可能需要在多个文档之间进行交替操作，如在两个文档之间进行复制和粘贴的操作，这就需要在具体操作之前将所涉及的两个文档分别打开。下面介绍多窗口的基本操作。

1. 多个文档的窗口切换

在 Word 中可以同时打开多个文档进行编辑，每个文档都会在系统的任务栏上有一个最小化图标。多个文档窗口之间的切换方法是在任务栏上单击相应的最小化图标；或单击“视图”→“窗口”→“切换窗口”下拉按钮，在弹出的下拉列表中选择所需的文档名称；还可以在当前窗口中按 Ctrl+Shift+F6 组合键将当前窗口进行切换。

2. 排列窗口

Word 可以同时显示多个文档窗口，这样用户可以在不同文档之间切换，提高了工作效率。要在窗口中同时显示多个文档，可以单击“视图”→“窗口”→“全部重排”按钮，这样就会将所有打开了的未被最小化的文档显示在屏幕上，每个文档存在于一个小窗口中，标题栏高亮显示的文档处于激活状态。如果要在各文档之间切换，则单击所需文档的任意位置即可。

Word 2010 具有多个文档窗口并排查看的功能，通过并排查看的方式，可以很方便地对多个文档进行编辑和比较，具体操作步骤如下。

（1）打开要并排比较的文档。

（2）单击“视图”→“窗口”→“并排查看”按钮，如果此时仅打开了两个文档，当前窗口的文档会与另一篇打开的文档进行比较；如果打开了多个文档，这时就会打开“并排比较”对话框。

（3）用户可从中选择需要并排比较的文档，然后单击“确定”按钮即可将当前窗口的文档与所选择的文档进行并排比较。打开并排比较文档的同时，会有“同步滚动”和“重设窗口位置”按钮可以供用户使用。

## 6.5 文档视图的使用

文档视图是指文档的显示方式。Word 2010 提供了 5 种视图模式，包括页面视图、阅读版式视图、Web 版式视图、大纲视图和草稿视图。用户可以在“视图”→“文档视

图”组中选择需要的文档视图模式，如图 6.35 所示，也可以在 Word 2010 文档编辑窗口的右下方单击视图按钮选择需要的视图模式。

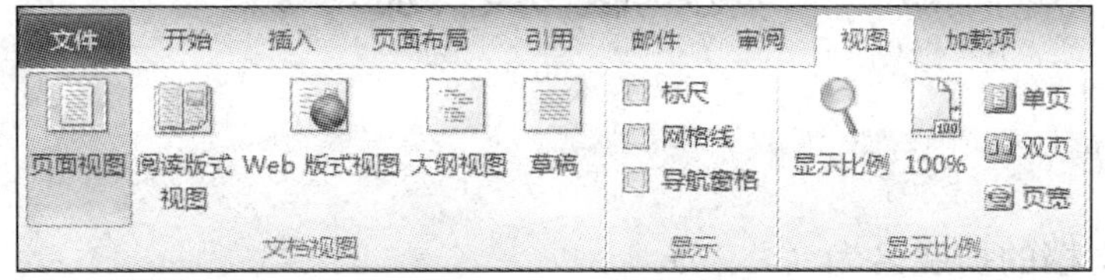


图 6.35 “文档视图”组

1. 页面视图

页面视图是 Word 的默认视图，页面视图的显示效果与打印效果基本一致。在页面视图下可以编辑页眉、页脚、文本、图形对象、分栏设置等。

2. 阅读版式视图

阅读版式视图是一种专门用来阅读文档的视图。它以图书的样式显示文档，选项卡、功能区等窗口元素被隐藏起来。在阅读版式视图中，用户还可以单击“工具”下拉按钮，在弹出的下拉列表中选择各种阅读工具，使阅读更加方便。

3. Web 版式视图

Web 版式视图以网页的形式显示文档，可以完整地显示所编辑文档的网页效果，与在 Web 浏览器中出现的文档相同。Web 版式视图适用于发送电子邮件和创建网页。

4. 大纲视图

大纲视图适合于层次较多的文档，如具有多重标题的文档。大纲视图将所有的标题分级显示出来，层次分明。大纲视图广泛用于长文档的快速浏览和设置。

5. 草稿视图

草稿视图适合于创作和浏览文本。用户在该视图方式下可以进行文字的录入、编辑，对文字格式进行编排等操作。草稿视图简化了页面的布局，不显示页边距、页眉、页脚、背景、图形等对象，仅显示标题和正文，可以方便快捷地进行一般的文字编辑操作。

# 习题演练

## 一、选择题

1．Word 文档的扩展名为（　　）。

A．txt　　B．.docx　　C．doc　　D．wod

2．打开一个已有的文档进行编辑修改后，执行（　　）既可以保留编辑修改前的文档，又可以得到修改后的文档。

A．“文件”选项卡中的“保存”命令

B．“文件”选项卡中的“全部保存”命令

C．“文件”选项卡中的“另存为”命令

D．“文件”选项卡中的“关闭”命令

3．按（　　）键之后，可删除光标位置的前一个字符。

A．Insert　　B．Alt　　C．Backspace　　D．Delete

4．要插入键盘上没有的字符和符号，可单击（　　）组中的“符号”下拉按钮，从中选择符号。

A．“编辑”　　B．“插入”　　C．“符号”　　D．“段落”

5．段前与段后设置属于（　　）设置。

A．字体　　B．段落　　C．分栏　　D．中文版式

6．在 Word 文档正文中，段落对齐方式有左对齐、右对齐、居中对齐、（　　）和分散对齐。

A．上下对齐　　B．前后对齐　　C．两端对齐　　D．内外对齐

7．在 Word 的编辑状态下，选择了一个段落并设置段落的“首行缩进”为 1 厘米，则（　　）。

A．该段落的首行起始位置距页面的左边距 1 厘米

B．文档中各段落的首行只由“首行缩进”确定位置

C．该段落的首行起始位置距段落的“左缩进”位置的右边 1 厘米

D．该段落的首行起始位置在段落“左缩进”位置的左边 1 厘米

8．关于 Word 文档窗口的说法，正确的是（　　）。

A．只能打开一个文档

B．可以同时打开多个文档窗口，被打开的窗口都是活动的

C．可以同时打开多个文档窗口，只有一个是活动窗口

D．可以同时打开多个文档窗口，只有一个窗口是可见文档窗口

9．下列（　　）不属于 Word 文档视图。

A．草稿视图　　B．浏览视图　　C．大纲视图　　D．页面视图

## 二、操作题

1．启动 Word 文档，并输入以下文字。

| 班干部选拔与培养心得体会<br>一个坚强、向上的集体，必须要有一个坚强的核心。对一个班级来说，这个核心就是一批团结在班主任周围的得力学生干部。<br>班干部是班集体中表现突出、有一定威信的学生代表，是学生思想教育、文化学习和课余生活等各项活动的参加者、组织者和管理者，是班级集体的核心。而班级要实现管理自动化，先要培养一批热心于班级工作的干部。因此，班主任在接一个班后，就应重视班干部的选择和培养，让他们在班级里充分发挥作用，团结并带领全班同学不断前进。班级的各方面都由班干部负责。学生学会当家，学会处理各种关系及事务有利于他们步入社会。<br>毛泽东主席曾经说过“政治路线确定之后，干部就是决定性因素。”这句话说的是干部的重要性，因此要重视班干部的选拔。<br>我觉得班干部应具有以下几点：有组织工作能力；善良，胸怀开阔；头脑聪明，思维敏捷。 |
|---|

2．根据下列要求完成文本的编排。

（1）在标题段尾插入符号★☆；居中对齐。

（2）剪切、粘贴：将正文第三段的内容剪切下来，粘贴在正文第一段与第二段之间。

（3）设置字体：正文第二段设为楷体、红色；行距为 2 倍行距。

（4）设置字号：全文为五号字。

（5）设置字形：正文第三段为下画线（双下画线）。

（6）设置段落缩进：正文所有段落首行缩进 0.75 厘米，左、右各缩进 1.5 厘米。

（7）设置段间距：正文第一段段前设为 6 磅，其余段段前设为 12 磅。

（8）设置底纹：设置正文第二段底纹的图案样式为 10%，颜色为蓝色。

（9）设置边框：设置正文第四段底纹的填充颜色为浅绿；边框为阴影，宽度为 0.5 磅；效果如图 6.36 所示。

3．制作课程表。

制作要求如下。

（1）纸张方向：横向。

（2）标题格式：宋体、三号、加粗、居中对齐。

（3）表内文本格式：斜线表头文本格式为宋体、五号；其他文本格式为宋体、三号、加粗、水平居中（文字在单元格内水平和垂直都居中）。

（4）表格外边框线格式：边框样式为外粗内细；颜色为橄榄色，深色 50%。

（5）其他边框线格式如图 6.37 所示。

班干部选拔与培养心得体会★☆

一个坚强、向上的集体，必须要有一个坚强的核心。对一个班级来说，这个核心就是一批团结在班主任周围的得力学生干部。

毛泽东主席曾经说过“政治路线确定之后，干部就是决定性因素。”这句话说的是干部的重要性，因此要重视班干部的选拔。

班干部是班集体中表现突出、有一定威信的学生代表，是学生思想教育、文化学习和课余生活等各项活动的参加者、组织者和管理者，是班级集体的核心。而班级要实现管理自动化，先要培养一批热心于班级工作的干部。因此，班主任在接一个班后，就应重视班干部的选择和培养，让他们在班级里充分发挥作用，团结并带领全班同学不断前进。班级的各方面都由班干部负责。学生学会当家，学会处理各种关系及事务有利于他们步入社会。

我觉得班干部应具有以下几点：有组织工作能力；善良，胸怀开阔；头脑聪明，思维敏捷。

图 6.36　最终效果图（一）

# 课 程 表

| 星期<br>课程<br>节次 | 星期一 | 星期二 | 星期三 | 星期四 | 星期五 |
| --- | --- | --- | --- | --- | --- |
| 1~2 节 | | | | | |
| 3~4 节 | | | | | |
| 5~6 节 | | | | | |
| 7~8 节 | | | | | |

图 6.37　最终效果图（二）

# 第 7 章　Word 2010 高级应用

第 6 章主要介绍了 Word 2010 的相关基础知识，包括应用程序界面的介绍、文档的创建与编辑、文档外观的美化、多窗口和多文档的编辑及文档视图的使用。本章将进一步学习 Word 2010 的高级应用，包括长文档的编辑与管理、文档的修订及共享，以及使用邮件合并功能批量处理文档等。

## 7.1　长文档的编辑与管理

在日常生活及办公环境中，通常要对长文档进行编辑与管理，如著作、论文的编辑与排版等。在对长文档的处理中，由于文档较长，通常要利用分节功能划分子模块，每个模块内部再进行单独文档格式处理。而按照前面讲解的方法逐一设置文本、段落等格式比较烦琐，所以，可以采用样式进行快速设置。在某些长文档的排版中，还会要求对文档进行分栏、分页、分节处理及页眉、页脚的设置，通常也要插入相应的目录等。

本节将介绍样式的定义与使用、文档的分栏、插入分栏符、文档的分页及分节、文档页眉及页脚的设置、编号项目符号和多级列表的使用、目录的创建及首字下沉等。本节中所有操作均在“word.docx”文件下进行。

### 7.1.1　定义并使用样式

在 Word 中，样式是字符格式和段落格式等的集合。样式为文档的格式化提供了极大的方便。在文档中使用重复格式时，只需要为该格式定义一个样式，然后在需要使用该格式的地方应用一次样式就可以了，无须重复设置。样式定义之后还可以进行管理和修改。

#### 1. 新建样式

Word 2010 自带了许多内置的样式，可以根据需要在“开始”→“样式”→“快速样式库”中选择适当的样式，如果没有满足需要的样式，还可以新建样式，具体操作步骤如下。

（1）单击“样式”组右下角的对话框启动器，打开“样式”对话框（即样式库），如图 7.1 所示。

（2）单击对话框底部的“新建样式”按钮，打开“根据格式设置创建新样式”对话框，如图 7.2 所示。

图 7.1 “样式”对话框

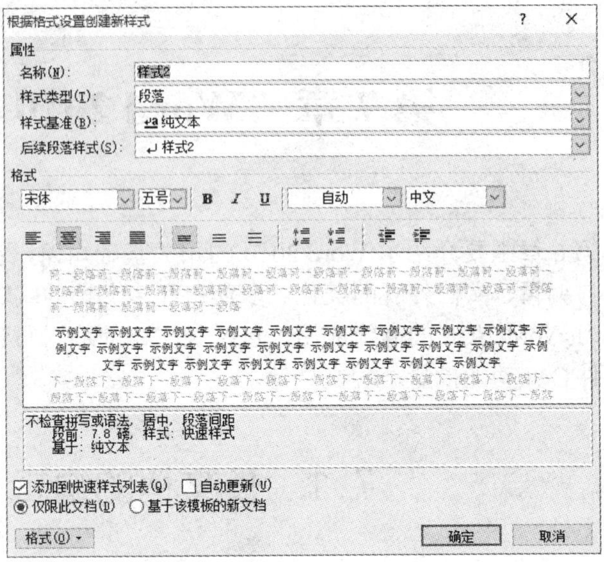

图 7.2 “根据格式设置创建新样式”对话框

（3）在“名称”文本框中输入新建样式的名称，在“样式类型”下拉列表中选择需要的样式类型，在“样式基准”下拉列表中选择某一种内置样式作为新建样式的基准样式，在“后续段落样式”下拉列表中选择应用于后续段落的样式。

（4）在“格式”选项组中，可根据实际需要设置字体、字号、颜色、段落间距、对齐方式等字符格式和段落格式；也可以单击对话框左下角的“格式”下拉按钮，弹出如图 7.3 所示的下拉列表，从中选择“字体”命令，打开“字体”对话框，如图 7.4 所示；若选择“段落”命令，则会打开“段落”对话框，如图 7.5 所示，然后在对话框中进行格式设置。

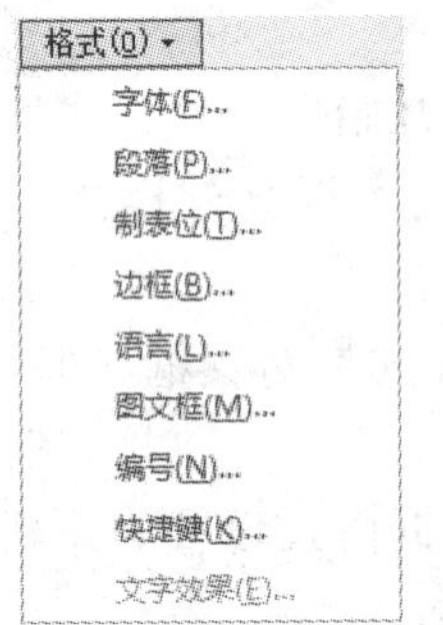


图 7.3 “格式”下拉列表

图 7.4 “字体”对话框

（5）单击“确定”按钮，完成新样式的创建。新建样式名将出现在样式列表框中以供使用。

**注：**除上述方法外，还有其他方法能够新建样式。

2. 修改样式

对于某种样式的效果不满意，可以对其进行修改，具体操作步骤如下。

（1）单击“样式”组右下角的对话框启动器，打开“样式”对话框，如图 7.1 所示。

（2）单击对话框底部的“管理样式”按钮，打开“管理样式”对话框，如图 7.6 所示。

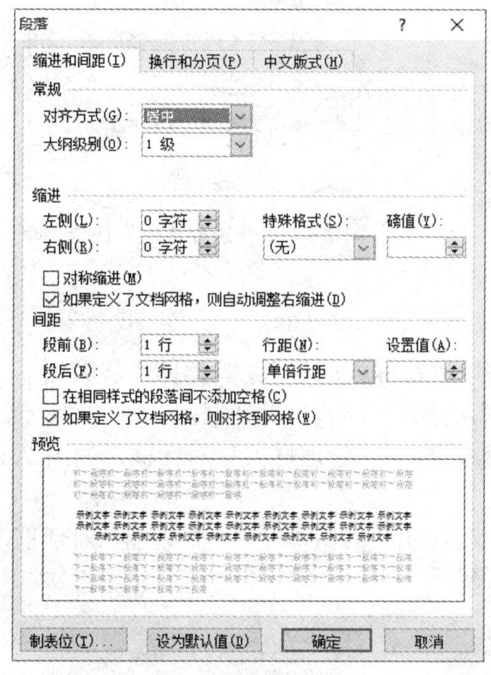


图 7.5　“段落”对话框

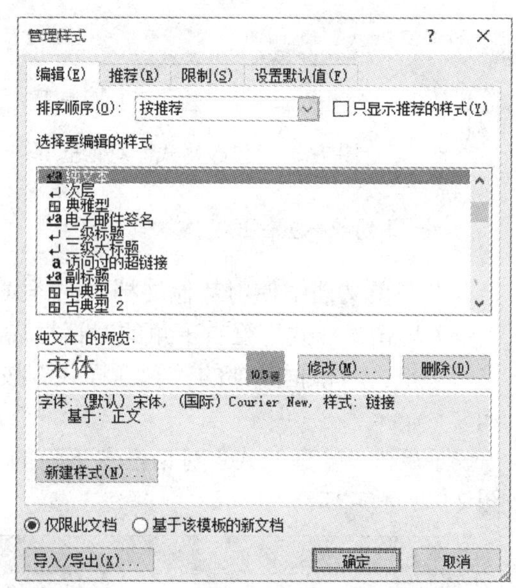


图 7.6　“管理样式”对话框

（3）在“编辑”选项卡中，选择要修改的样式，单击“修改”按钮，打开如图 7.7 所示的“修改样式”对话框，进行修改。

（4）修改完成后，单击“确定”按钮。

除此之外，还可以在快速样式库中右击所要修改的样式名称，在弹出的快捷菜单（图 7.8）中选择“修改”命令，打开如图 7.7 所示的“修改样式”对话框，在对话框中可以按照要求进行样式修改。

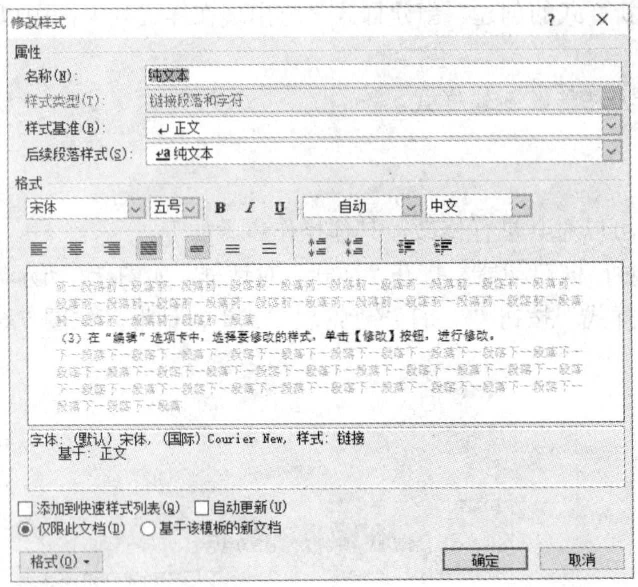


图 7.7 “修改样式”对话框

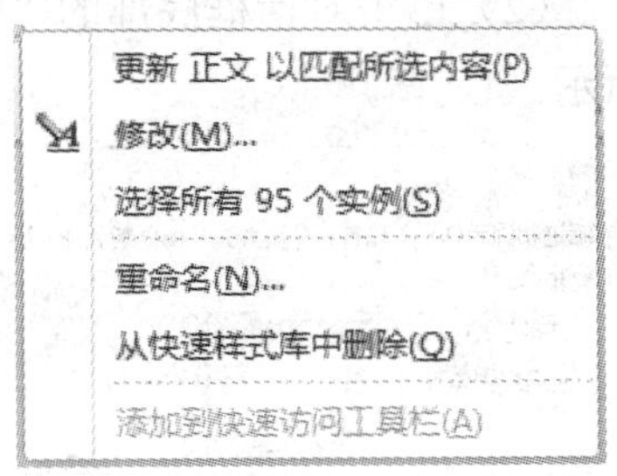


图 7.8 “快速样式库”快捷菜单

3. 样式的导入/导出

要在当前文档中使用其他文档中的样式，可以进行样式的导入，具体操作步骤如下。

（1）单击“样式”组右下角的对话框启动器，打开“样式”对话框，如图 7.1 所示。

（2）单击对话框底部的“管理样式”按钮，打开“管理样式”对话框，如图 7.6 所示。

（3）单击“管理样式”对话框左下角的“导入/导出”按钮，打开“管理器”对话框，如图 7.9 所示。

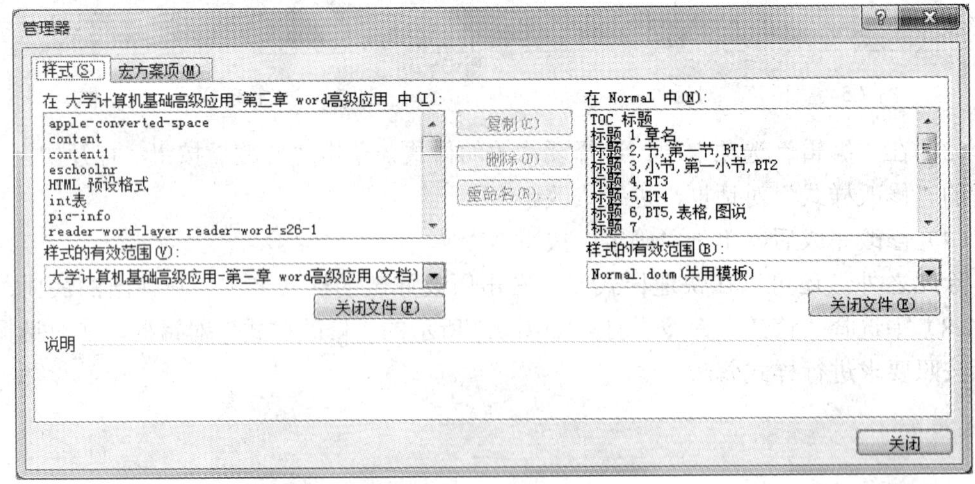


图 7.9 “管理器”对话框

（4）在“管理器”对话框中选择“样式”选项卡，在“样式”选项卡窗口的左侧为当前文档，右侧为待导入文档。在这里，我们将左侧文档称为“源文档”，将右侧文档称为“目标文档”。单击右侧的“关闭文件”按钮，该按钮变为“打开文件”按钮，如图 7.10 所示。

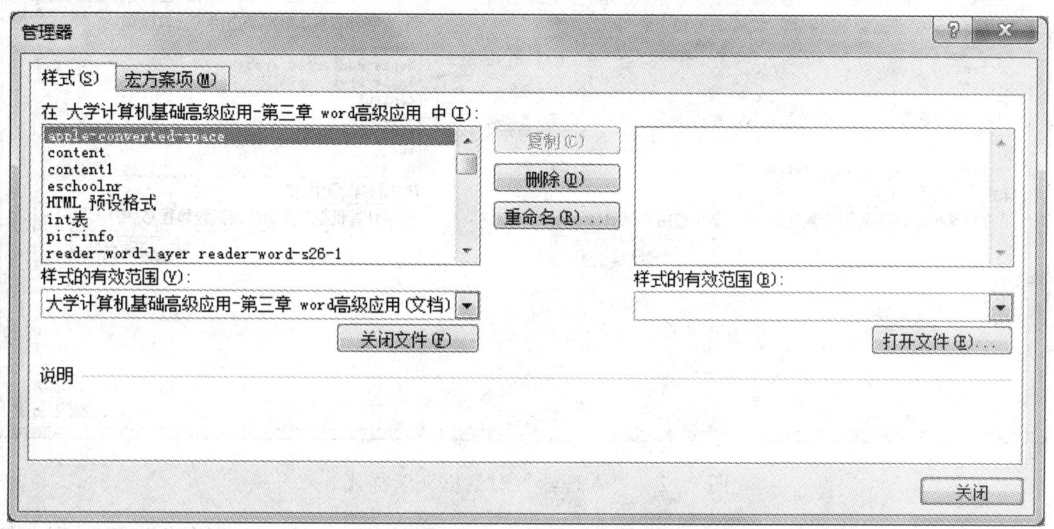


图 7.10　“管理器”对话框（“打开文件”）

（5）单击“打开文件”按钮，打开“打开”对话框，如图 7.11 所示。

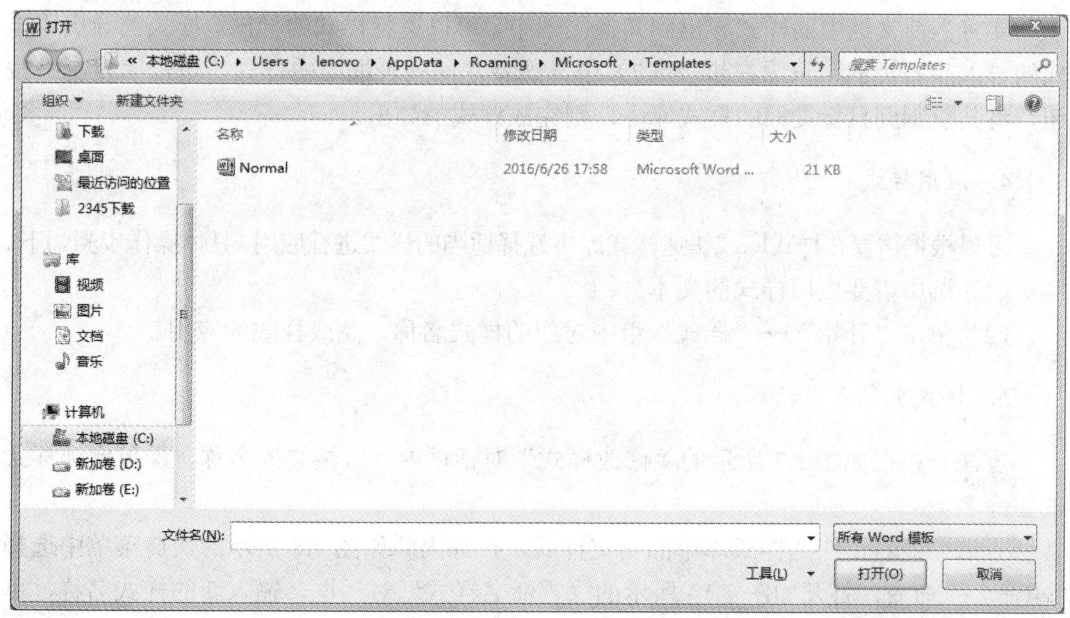


图 7.11　“打开”对话框

（6）在对话框中选择指定文件，单击右下角的“打开”按钮，则文件中所有样式将显示在图 7.10 的右侧，如图 7.12 所示。

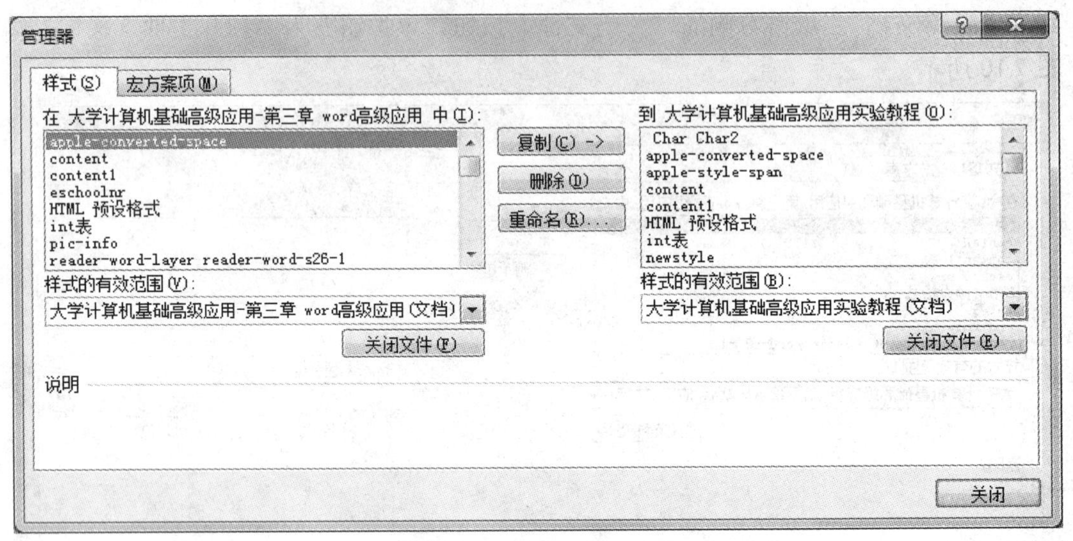


图 7.12 “管理器”对话框（新样式）

（7）选择右侧列表框中指定样式，单击“复制”按钮，则选中的样式被复制到左侧列表框，单击右下角的“关闭”按钮，则样式导入成功。导入进来的样式将出现在当前文档的快速样式库中，可以像其他样式一样在当前文档中进行应用。

要将当前文档中的样式导出到其他文档中，可以进行样式的导出。样式的导出跟样式的导入步骤类似，只需在步骤（7）中，选择左侧列表框中的样式，单击“复制”按钮，将其复制到目标文档的样式库中，则完成样式的导出。

### 4. 应用样式

可以根据需要在样式库或快速样式库中选择适当的样式进行应用。具体操作步骤如下。

（1）选中需要应用样式的文本。

（2）单击“开始”→“样式”组中对应的样式名称，完成样式的应用。

### 5. 样式重命名

方法一：在如图 7.7 所示的“修改样式”对话框中，直接修改名称，即可实现样式的重命名。

方法二：右击快速样式库中的指定样式，在弹出的如图 7.8 所示的快捷菜单中选择“重命名”命令，打开如图 7.13 所示的“重命名样式”对话框，输入新的样式名称，单击“确定”按钮。若快速样式库中没有对应的样式名称，可以在如图 7.1 所示的“样式”对话框中的样式库中选中样式，右击在弹出的快捷菜单中选择“添加到快速样式库”命令，将其添加到快速样式库中。

图 7.13 “重命名样式”对话框

### 6. 删除样式

有些不用的样式可以从快速样式库中移除，也可以从样式库中彻底删除。

（1）从快速样式库中移除

右击快速样式库中的任一样式，在弹出的如图 7.8 所示的快捷菜单中选择“从快速样式库中删除”命令，则选中的样式从快速样式库中移除，但是在样式库中仍然存在。

（2）从样式库中彻底删除

在图 7.1 所示的“样式”对话框中选择样式名，右击，在弹出的快捷菜单中选择“从快速样式库中删除”命令，则选中的样式从样式库中彻底删除。

### 7. 更新样式

样式库或快速样式库中的样式可以进行更新，具体操作步骤如下。

（1）选择样式库或快速样式库中的样式。

（2）右击，弹出如图 7.8 所示的快捷菜单，从中选择“更新……以匹配所选内容”命令，可以实现样式的更新。

### 8. 更改样式

Word 2010 自带了许多内置的样式，可以通过更改文档的样式集、颜色、字体、段落间距对文档的样式进行更改，还可以将当前样式集和主题设置为创建新文档时的默认值。具体操作步骤如下。

（1）单击“开始”→“样式”→“更改样式”下拉按钮，弹出如图 7.14 所示的下拉列表。

（2）在下拉列表中选择“样式集”命令，弹出如图 7.15 所示的“样式集”级联菜单，列出了系统提供的样式集合，可以在其中选择一种样式来修饰文档页面；还可以在“更改样式”下拉列表（图 7.14）中选择颜色、字体和段落间距进行相应的设置。

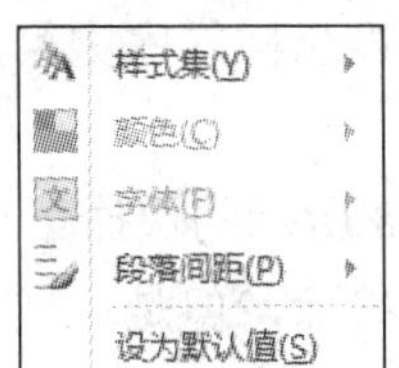


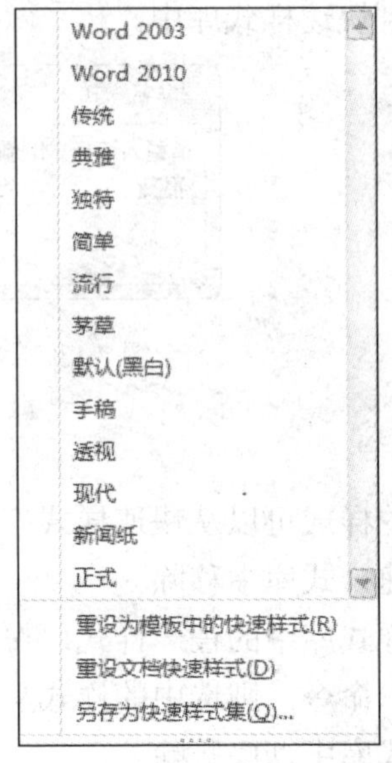


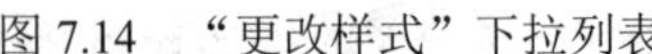

图 7.14 “更改样式”下拉列表　　　图 7.15 “样式集”级联菜单

**【例 7-1】** 在“D:\Word 实例\ word.docx”文件中按照下述要求完成样式的定义和使用。

（1）打开“word.docx”文件，新建样式，命名为“标题 1，标题样式一”，样式格式为小二号字、中文黑体、西文 Times New Roman、加粗，段前 1.5 行、段后 1 行，单倍行距，居中对齐。

（2）修改“word.docx”文件中的文档样式库中的“正文”样式，使得文档中所有正文设置为小四号字、中文宋体、西文 Times New Roman、不加粗，1.25 倍行距，段后 6 磅，两端对齐，首行缩进 2 字符。

（3）打开“word_样式标准.docx”文件，将其文档样式库中的“标题 2，标题样式二”和“标题 3，标题样式三”复制到“word.docx”文档样式库中。

（4）打开“word.docx”文件，将其文档样式库中的“标题 2，标题样式二”和“标题 3，标题样式三”复制到“word1.docx”文档样式库中。

（5）将“word.docx”文档中的所有标示为“一级标题”的文字段落应用“标题 1，标题样式一”样式；将所有标示“二级标题”的文字段落应用“标题 2，标题样式二”样式；将所有标示“三级标题”的文字段落应用“标题 3，标题样式三”样式。

（6）将“word.docx”文档中的“标题 1，标题样式一”样式重命名为“标题 1，章标题”；将“标题 2，标题样式二”样式重命名为“标题 2，节标题”；将“标题 3，标题样式三”样式重命名为“标题 3，小节标题”。

（7）将“word.docx”文档中已有的“标题”样式从快速样式库中移除，并从样式库中彻底删除。

（8）将“word.docx”文档中的“正文”“标题 1，章标题”“标题 2，节标题”“标题

3，小节标题”4 个样式更新。

（9）在“word.docx”文档中使用“独特”样式修饰页面。

**操作步骤：**

（1）双击打开指定文件“word.docx”，单击“开始”→“样式”组右下角的对话框启动器，在打开的“样式”对话框中单击左下角的“新建样式”按钮，打开“根据格式设置创建新样式”对话框，按要求对新建样式、样式名称和样式格式进行设置。

（2）在打开的“word.docx”文件中，右击“开始”→“样式”→“快速样式库”→“正文”样式，在弹出的快捷菜单中选择“修改”命令，打开“修改样式”对话框，对“正文”样式的字符格式和段落格式进行修改。

（3）在打开的“word.docx”文件中，单击“开始”→“样式”组右下角的对话框启动器，在弹出的“样式”对话框中单击左下角的“管理样式”按钮，在打开的“管理样式”对话框中进行样式的导入。

（4）在打开的“word.docx”文件中，单击“开始”→“样式”组右下角的对话框启动器，在弹出的“样式”对话框中单击左下角的“管理样式”按钮，在打开的“管理样式”对话框中进行样式的导出。

（5）双击打开指定文件“word.docx”，首先选中所有标示“一级标题”的文字所在的段落，单击“开始”→“样式”→“快速样式库”→“标题 1，标题样式一”样式，将其设置为指定样式；然后按同样方法分别设置所有标示“二级标题”的文字段落和所有标示“三级标题”的文字段落。

（6）在打开的“word.docx”文件中，右击“开始”→“样式”→“快速样式库”→“标题 1，标题样式一”样式，在弹出的快捷菜单中选择“重命名”命令，将其名称改为“标题 1，章标题”；按照同样方法对“标题 2，标题样式二”样式和“标题 3，标题样式三”样式进行重命名操作。

（7）在打开的“word.docx”文件中，右击“开始”→“样式”→“快速样式库”→“标题”样式，在弹出的快捷菜单中选择“从快速样式库中删除”命令；单击“开始”→“样式”组右下角的对话框启动器，在打开的“样式”对话框中右击“标题”样式，在弹出的快捷菜单中选择“从快速样式库中删除”命令。

（8）在打开的“word.docx”文件中，右击“开始”→“样式”→“快速样式库”→“正文”样式，在弹出的快捷菜单中选择“更新 正文 以匹配所选内容”命令；按照同样方法更新其他样式。

（9）在打开的“word.docx”文件中，单击“开始”→“样式”→“更改样式”下拉按钮，在弹出的下拉列表中选择“样式集”→“独特”命令。

### 7.1.2　文档分栏

我们在编辑长文档时，在默认状态下，Word 文档可以采用一栏显示，也可以根据需要将文档分成多栏显示，以便于阅读。文档分栏的具体步骤如下。

（1）选中要进行分栏的文本或将光标定位在文档指定位置。

（2）单击“页面布局”→“页面设置”→“分栏”下拉按钮，弹出如图 7.16 所示的下拉列表。

（3）根据需要从中选择“一栏”“两栏”“三栏”“偏左”“偏右”或“更多分栏”命令。若选择“更多分栏”命令，则弹出如图 7.17 所示的“分栏”对话框。

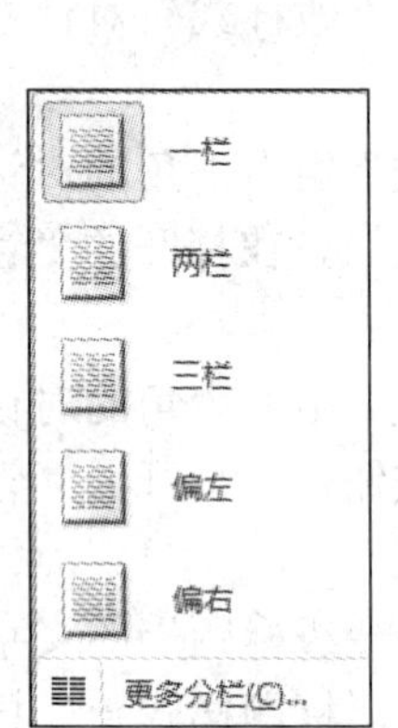


图 7.16 “分栏”下拉列表

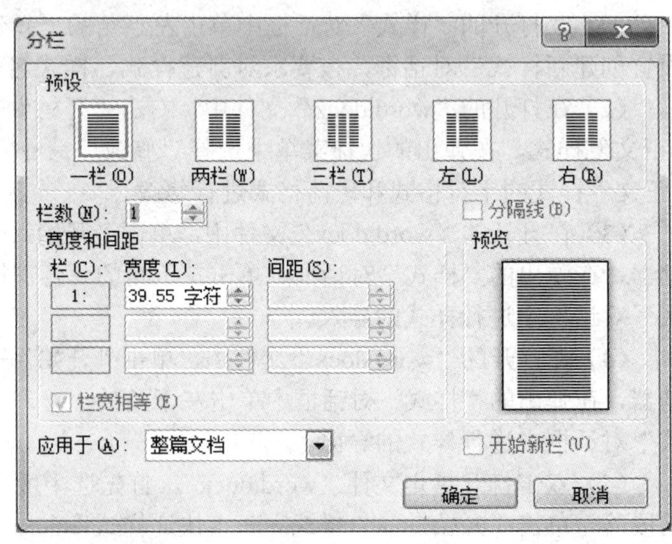


图 7.17 “分栏”对话框

（4）可根据需要来设置“预设”“栏数”“分隔线”“宽度和间距”“应用于”“开始新栏”等选项，同时会显示预览结果。

在“预设”选项组中可以根据需要选择系统预设的“一栏”“两栏”“三栏”“左”“右”。

在“栏数”选项组中可以根据需要设置具体栏数。例如，要分 3 栏，就在栏数右侧的微调框中输入“3”。

若需要加入分隔线，选中“分隔线”复选框即可。

在“宽度和间距”选项组中可以根据需要设置具体的“宽度”“间距”“栏宽相等”选项。

在“应用于”下拉列表中可根据需要从“整篇文档”“所选文字”和“插入点之后”“本节”等选项中选择其一。若分栏前在文档中选择了指定文本，则在该处会显示“整篇文档”和“所选文字”两个选项，默认为“所选文字”。若此时选择“所选文字”选项，则对所选的文字进行分栏。若此时选择“整篇文档”，无论是否选中文本，选中多少文本，整篇文档内容均按指定栏数进行分栏；若分栏前未在文档中选择文本，只是将光标定位在指定位置，则在该处会显示“整篇文档”和“插入点之后”两个选项。若此时选择“整篇文档”，则整篇文档内容进行分栏；若此时选择“插入点之后”，则从插入点之后至整篇文档末尾之间的文本分栏，并且“开始新栏”复选框变为可用状态；若分栏之前对文档进行了分节操作，则该处会出现“本节”选项，若选择了“本节”选项，则将本节的所有内容进行分栏。

若前面选择了应用于“插入点之后”选项，“开始新栏”复选框由不可用状态变为可用状态，若选中“开始新栏”复选框，则当前光标所在的位置之后的文字将在下一栏中显示，此项功能相当于在当前光标处插入了一个分栏符，分栏符的插入方法在 7.1.3 节中介绍。

预览结果会根据上述操作实时出现在右侧预览区。

（5）单击“确定”按钮，文档分栏完成。

**【例 7-2】** 在“D:\Word 实例\ word.docx”文档中将第三、四段设置为两栏显示，中间加分隔线。

**操作步骤：**

（1）打开“word.docx”文档，选中文档中的第三、四段。

（2）单击“页面布局”→“页面设置”→“分栏”下拉按钮。

（3）在弹出的下拉列表中选择“更多分栏”命令。

（4）在打开的“分栏”对话框中，将栏数设为“2”并选中“分隔线”复选框。

### 7.1.3　插入分栏符

Word 中的分栏符用于指示分栏符后面的文字将从下一栏开始。插入分栏符的具体步骤如下。

（1）打开 Word 文档，将光标移动到要插入分栏符的位置。

（2）单击“页面布局”→“页面设置”→“分隔符”下拉按钮，在弹出的下拉列表中选择“分栏符”命令，即可插入分栏符，如图 7.18 所示。分栏符后面的文字将从下一栏开始显示。

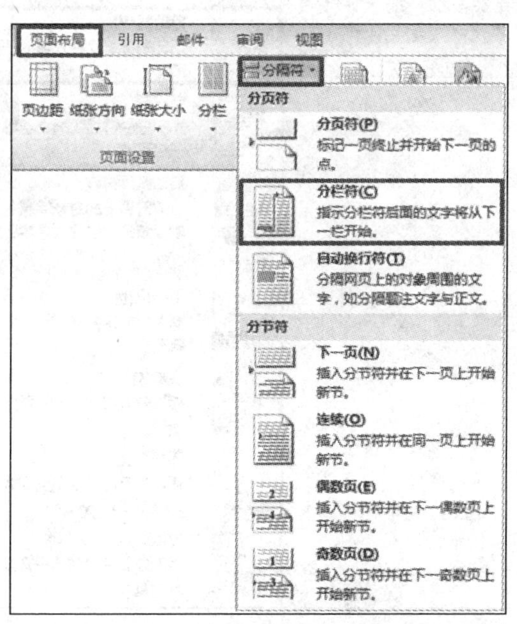


图 7.18　“插入分栏符”界面

**【例 7-3】** 在“D:\Word 实例\ word.docx”文档中第四段之后插入一个分栏符。

**操作步骤：**

（1）打开“word.docx”文档，将光标定位在文档第四段之后。

（2）单击“页面布局”→“页面设置”→“分隔符”下拉按钮。

（3）在弹出的下拉列表中选择“分栏符”命令完成“分栏符”的插入。

### 7.1.4 文档分页及分节

Word 文档中可以插入分页符和分节符。

1. 插入分页符

分页符用于标记一页终止、开始下一页的点，分页符之后的文字将在下一页中开始显示。插入分页符的具体步骤如下。

（1）打开 Word 文档，将光标移动到要插入分页符的位置。

（2）单击“页面布局”→“页面设置”→“分隔符”下拉按钮，在弹出的下拉列表中有“分页符”“分栏符”和“自动换行符”3 个分页符选项，选择其中的“分页符”选项，即可插入分页符，如图 7.19 所示，分页符后面的文字将在下一页中开始显示。其中的“分栏符”已在 7.1.3 节中介绍，而选择“自动换行符”选项，则在当前光标所在的位置插入一个自动换行符，将光标定位到当前位置下一行的行首。

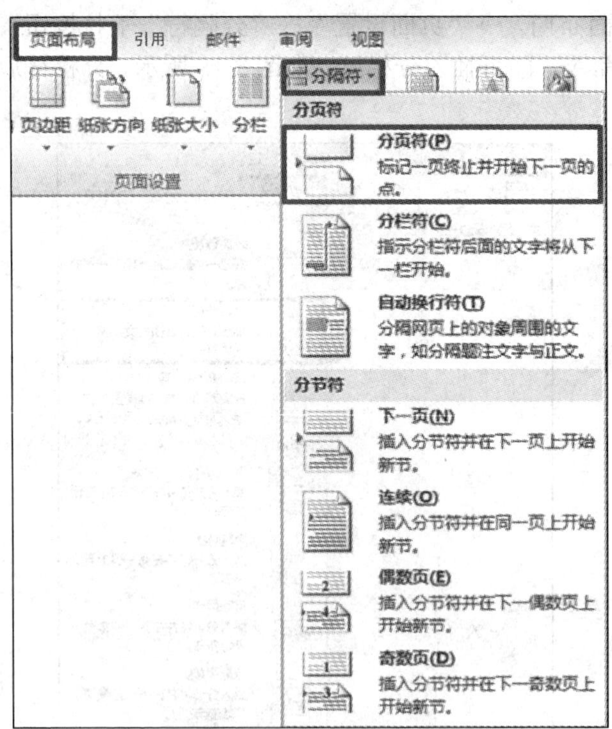


图 7.19 “插入分页符”界面

2. 插入分节符

我们在进行 Word 文档排版时，经常需要对同一个文档中的不同部分采用不同的版面设置，例如，设置不同的页面方向、页边距、页眉和页脚或重新分栏排版等。这时，如果不进行分节操作，就会引起整个文档所有页面的改变。

在默认方式下，Word 将整个文档视为一“节”，所以对文档的设置应用于整篇文档。若需要在一页之内或多页之间采用不同的版面布局，只需插入“分节符”将文档分成几节，然后根据需要设置每“节”的格式即可。插入分节符的具体步骤如下。

（1）打开 Word 文档，将光标移动到要插入分节符的位置。

（2）单击“页面布局”→“页面设置”→“分隔符”下拉按钮，在弹出的下拉列表中有“下一页”“连续”“偶数页”和“奇数页”4 个分节符选项，如图 7.20 所示。

选择“下一页”选项，则在此处插入一个分节符，将文档分成不同的两节，而新的一节则在下一页开始。

选择“连续”选项，则在此处插入一个分节符，将文档分成不同的两节，而新的一节则在当前页当前光标位置之后开始。

选择“偶数页”选项，则在此处插入一个分节符，将文档分成不同的两节，而新的一节则在当前页之后的第一个偶数页上开始。

选择“奇数页”选项，则在此处插入一个分节符，将文档分成不同的两节，而新的一节则在当前页之后的第一个奇数页上开始。

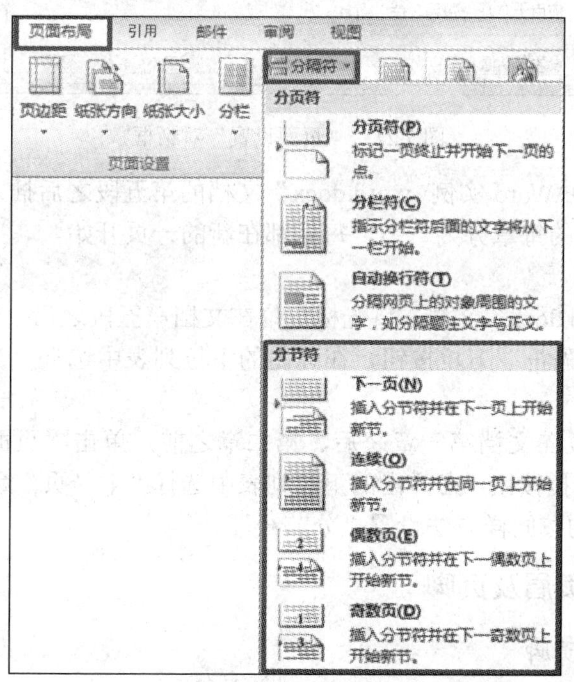


图 7.20　“插入分节符”界面

插入“分节符”后，可根据需要设置每节各自的格式，每节的格式单独设置。若要使当前“节”的页面设置与其他“节”不同，只要单击“页面布局”→“页面设置”组右下角的对话框启动器，打开如图 7.21 所示的“页面设置”对话框，在“应用于”下拉列表中，选择“本节”命令即可。

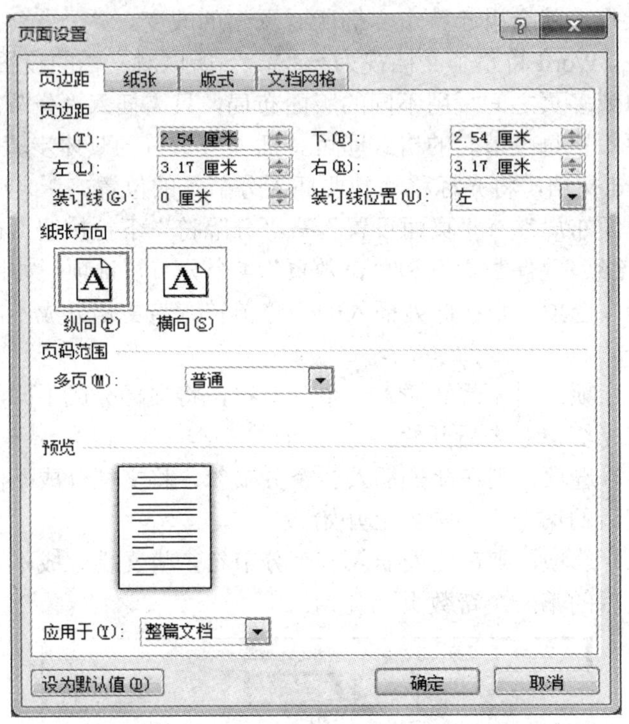


图 7.21 “页面设置”对话框

**【例 7-4】**在“D:\Word 实例\ word.docx”文档的第五段之后插入一个分页符，并将“word.docx”文档中的每章分为一节，每章都在新的一页开始。

**操作步骤：**

（1）打开“word.docx”文档，将光标定位在文档第五段之后，单击“页面布局”→“页面设置”→“分隔符”下拉按钮，在弹出的下拉列表中选择“分页符”命令，完成“分页符”的插入。

（2）将光标定位在文档第一章之后、第二章之前，单击“页面布局”→“页面设置”→“分隔符”下拉按钮，在弹出的下拉列表中选择“下一页”命令，完成“分节符”的插入。以后每章均按同样方法设置“分节符”。

### 7.1.5 设置文档页眉及页脚

1. 插入页眉和页脚

在文档顶部或底部添加图形或文本，则需要添加页眉或页脚。可以从库中快速添加页眉或页脚，也可以添加自定义的页眉或页脚。页眉位于页面的顶部，页脚位于页面的底部，可以为页眉和页脚设置日期、页码、章节的名称等内容。用户可以根据自己的需要添加页眉和页脚，设置页眉和页脚的具体操作步骤如下。

（1）单击“插入”→“页眉和页脚”→“页眉”（或“页脚”）下拉按钮。

（2）在弹出的下拉列表中选择要添加到文档中的页眉或页脚，选择“编辑页眉”或“编辑页脚”命令，出现“页眉和页脚工具”选项卡。在光标的位置输入页眉的内容，单击“页眉和页脚工具”→“设计”→“导航”→“转至页脚”按钮，可在页脚虚线处输入页脚的内容。

（3）若要返回至文档正文，单击“页眉和页脚工具”→“设计”→“关闭页眉和页脚”按钮，如图 7.22 所示。

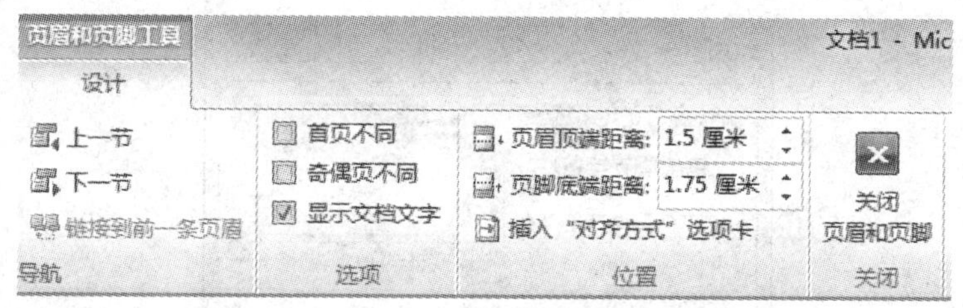


图 7.22　“关闭页眉和页脚”按钮

“页眉和页脚”工具栏中的其他工具按钮如下。

“页码”：用于设置页码在文档中插入的位置、格式等。

“日期和时间”：将当前的系统日期或时间插入文档中。

“文档部件”：插入可重复使用的文档片段，包括域和文档属性等。

页眉和页脚属于页面设置的一项内容。在“页面布局”选项卡上的“页面设置”组中，单击“页面设置”右下角的对话框启动器，打开“页面设置”对话框。在“版式”选项卡中的“页眉和页脚”选项组中或在“页眉和页脚工具”→“设计”→“选项”组中有两个复选框，分别是“首页不同”和“奇偶页不同”。如果选中“首页不同”复选框，则本节中首页的页眉和页脚与其他页的页眉和页脚不同，要分别设置首页的页眉、页脚和普通页的页眉、页脚；若选中“奇偶页不同”复选框，则奇偶页面的页眉和页脚的内容可以不同；若“首页不同”和“奇偶页不同”两个复选框同时选中，则首页、奇数页、偶数页要分别设置各自的页眉和页脚。例如，在一本书中经常是偶数页页眉上写书名，奇数页页眉上写章节名，首页不添加页眉内容等。

在页面上添加页眉和页脚之后，如果需要修改或删除，则可以单击“插入”→“页眉和页脚”→“页眉”（或“页脚”）下拉按钮，在弹出的下拉列表中选择所需的项目进行操作；还可以在页眉和页脚上双击，将原来的页眉和页脚激活，此时，就可以对页眉和页脚的内容进行修改和删除操作。

2. 插入页码

在文档中插入页码的具体操作步骤如下。

（1）单击“插入”→“页眉和页脚”→“页码”下拉按钮。

（2）在弹出的下拉列表中包含“页面顶端”“页面底端”“页边距”“当前位置”“设置页码格式”和“删除页码”选项，可以从中选择其一进行设置。

（3）选择“设置页码格式”命令，打开如图 7.23 所示的“页码格式”对话框，其中包括“编号格式”“包含章节号”和“页码编号”选项组。

① 在“编号格式”下拉列表中选择页码的编号格式。

② 若选中“包含章节号”复选框，则页码中包含所在的章节号。

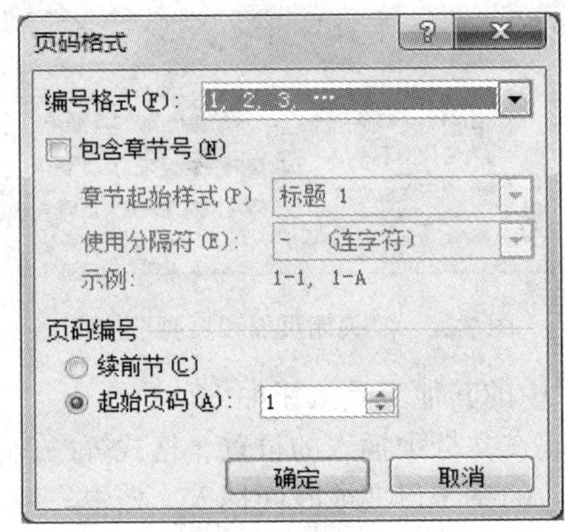


图 7.23 “页码格式”对话框

③ “页码编号”选项组中包括“续前节”和“起始页码”两个单选按钮。若选中“续前节”单选按钮，则当前节的起始页码与前一节最后一页的页码连续编号。例如，选择“下一页”的分节符，上一节最后一页的页码为“31”，则本节的起始页码就从“32”开始，与上一节连续编排页码。若选中“起始页码”单选按钮，则需输入本节页码的起始页码，如输入“1”，则表示本节从“1”开始编排页码。

（4）设置完成后单击“确定”按钮，即可插入页码。

**【例 7-5】**为“D:\Word 实例\ word.docx”文档添加页眉，并将当前页中样式为“标题 1，章标题”的文字自动显示在每章首页页眉区域中，奇数页不显示页眉，偶数页不显示页眉；首页不显示页脚，奇数页页脚显示页码，居左对齐，偶数页页脚显示页码，居右对齐。

**操作步骤：**

（1）打开“word.docx”文档，双击文档页眉处，进入页眉、页脚的编辑状态。

（2）将光标定位在文档页眉处，选中“页眉和页脚工具”→“设计”→“选项”→“首页不同”和“奇偶页不同”两个复选框。

（3）设置页眉。选中第一章首页页眉处，选择“插入”→“文本”→“文档部件”→“域”命令，在打开的对话框中分别将“类别”“域名”和“域属性”设置为“链接和引用”“StyleRef”和“标题1，章标题”。奇偶页页眉不显示，不必设置。

（4）设置页脚。选中第一章第一个奇数页页脚处，单击“插入”→“页眉和页脚”→“页码”下拉按钮，在弹出的下拉列表中选择“设置页码格式”命令，在打开的“页码格式”对话框中将起始页码设为“1”，单击“确定”按钮。再次单击“插入”→“页眉和页脚”→“页码”下拉按钮，在弹出的下拉列表中选择“当前位置”→“普通数字”命令，插入页码后，选中页码，设置其对齐方式为“左对齐”。

选中第一章第一个偶数页页脚处，单击“插入”→“页眉和页脚”→“页码”下拉按钮，在弹出的下拉列表中选择“当前位置”→“普通数字”命令，插入页码后，选中页码，设置其对齐方式为“右对齐”。

依次选中其他章第一个奇数页页脚处，单击“页眉和页脚工具”→“设计”→“页眉和页脚”→“页码”下拉按钮，在弹出的下拉列表中选择“设置页码格式”命令，在打开的“页码格式”对话框中将“页码编号”设为“续前节”。其他章的页脚均做“续前节”的设置。

### 7.1.6 使用项目符号、编号和多级列表

在编辑文档时，为了使文档条理清晰，经常使用项目符号、编号和多级列表。在Word 2010中，可以使用“开始”→“段落”→“项目符号”按钮、“编号”按钮和“多级列表”按钮为选定的段落添加项目符号、编号和多级列表。

#### 1. 添加项目符号和编号

在文本原有的行中添加项目符号或编号，具体操作步骤如下。

（1）选定需要添加项目符号或编号的段落文本。

（2）单击“项目符号”按钮或“编号”按钮，可以实现项目符号或编号的插入。

#### 2. 更改项目符号和编号

对已经设置项目符号或编号的段落，若想要更改项目符号或编号，方法如下。

（1）选定需要更改项目符号或编号的段落文本。

（2）单击“项目符号”下拉按钮或“编号”下拉按钮，在弹出的下拉列表中可以选择需要的项目符号或编号类型，如果找不到用户所需的项目符号或编号，则可选择“定义新项目符号”或“定义新编号格式”命令，打开相应的对话框进行设置，如图7.24和图7.25所示。

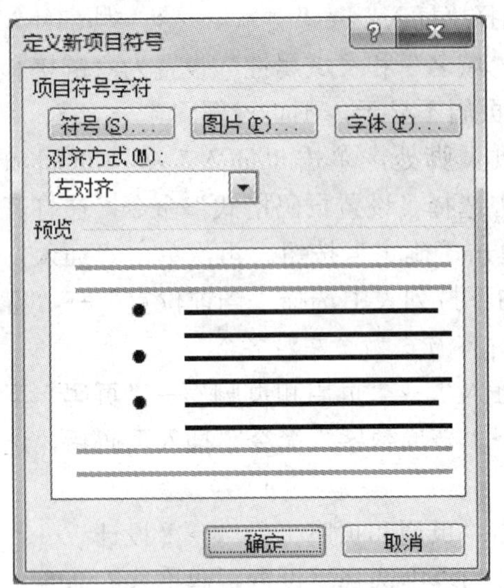


图 7.24 “定义新项目符号”对话框

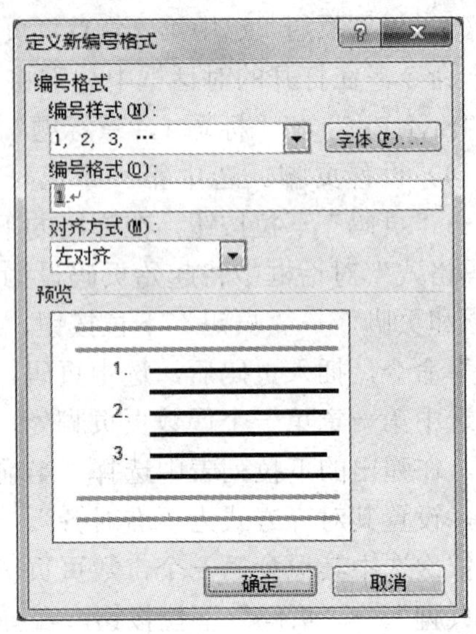


图 7.25 “定义新编号格式”对话框

3. 删除项目符号及编号

如果文档中的项目符号及编号不再使用，可以按下列操作方法删除项目符号或编号。

（1）选择需要删除项目符号或编号的段落。

（2）单击“项目符号”按钮或“编号”按钮，项目符号或编号即被删除。

4. 定义多级列表编号

我们在使用 Word 2010 编辑文档的过程中，很多时候需要插入多级列表编号，以便更清晰地标示出段落之间的层次关系。具体操作步骤如下。

（1）设置文档中的各级样式。

（2）单击“多级列表”下拉按钮，弹出下拉列表，可以根据需要选择列表库中的多级列表编号格式，如果找不到所需列表编号，则可选择“定义新的多级列表”或“定义新的列表样式”命令，打开相应的对话框进行设置，如图 7.26 和图 7.27 所示。

（3）在“定义新多级列表”对话框中，单击左下角的“更多”按钮，打开如图 7.28 所示的对话框。从“单击要修改的级别”中选择 1；设置编号格式，如“1”“第 1 章”等，其中的数字“1”不可删除；设置该级别的位置；在右侧“将级别链接到样式”下拉列表中，默认是无样式，按照级别，把一级列表链接到标题一，则多级列表中第一级编号格式设置完成。按照上述方法选择级别 2；设置编号格式，如“1-1”，其中左侧第一个“1”表示章号，第二个“1”表示节号，同样数字不可删除，数字之间的分隔符可以修改、删除；在右侧“将级别链接到样式”下拉列表中，把二级列表链接到标题二，则多级列表中第二级编号格式设置完成。依此类推设置其他级别。

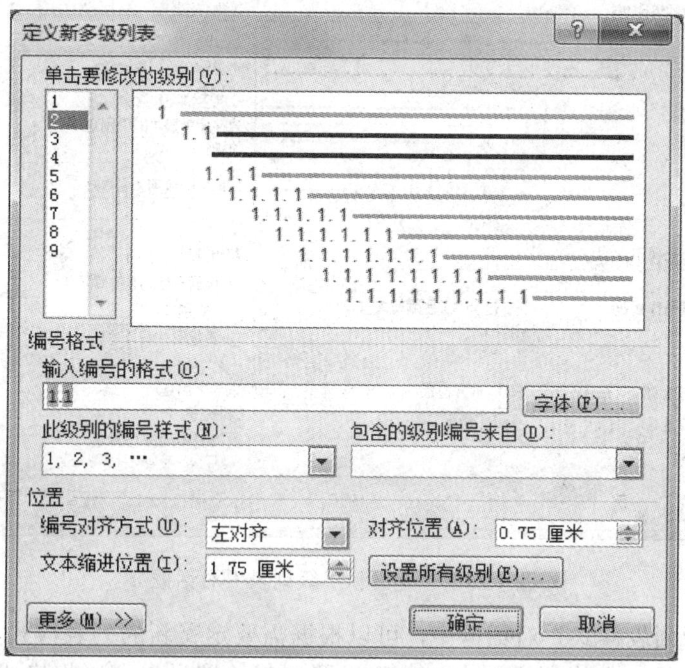


图 7.26 “定义新多级列表”对话框

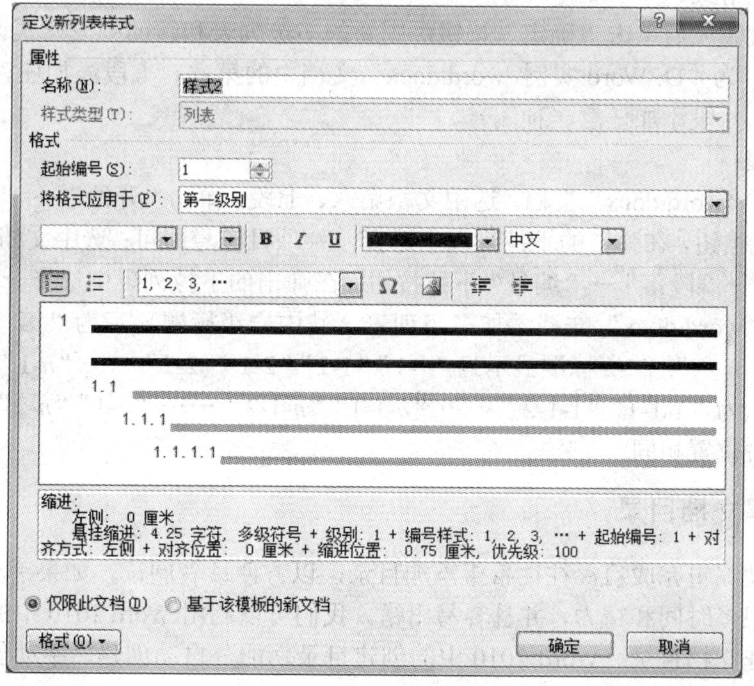


图 7.27 “定义新列表样式”对话框

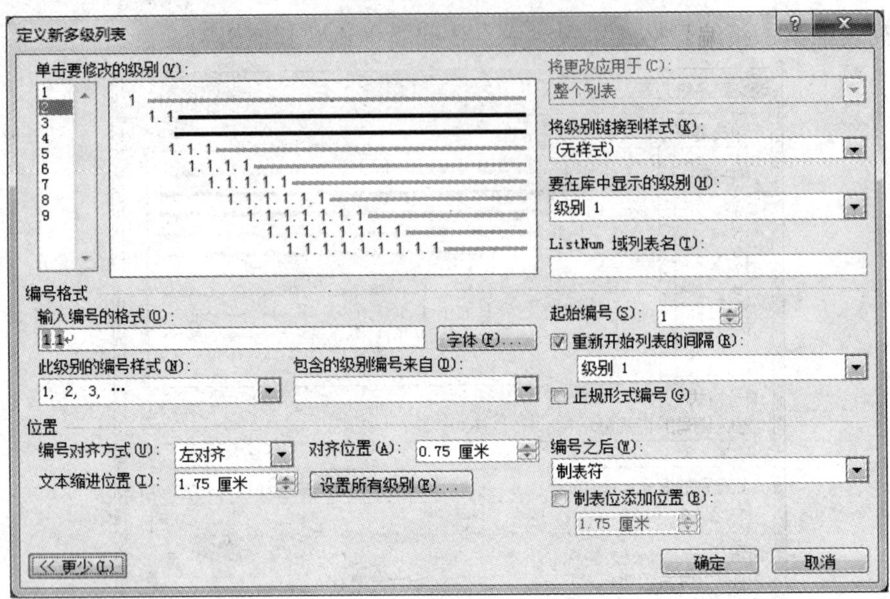

图 7.28 “定义新多级列表”对话框

在“定义新列表样式”对话框中，可以根据需要定义新的列表样式，分别输入列表“名称”“格式”等。在格式设置中，分别设置“起始编号”和“将格式应用于”，按照不同级别设置格式。

（4）设置完成后单击“确定”按钮，则新的多级列表和新的列表样式设置完成。

**【例 7-6】** 为“D:\Word 实例\ word.docx”文档中的第六、七段添加任意一种项目符号，为第八、九段添加任意一种编号。

**操作步骤：**

（1）打开“word.docx”文档，选中文档第六、七段，单击“开始”→“段落”→“项目符号”下拉按钮，在弹出的下拉列表中选择一种项目符号即可；选中文档第八、九段，单击“开始”→“段落”→“编号”下拉按钮，在弹出的下拉列表中选择一种编号即可。

（2）为“word.docx”文档添加多级列表，其中一级标题显示为“第 1 章”“第 2 章”……“第 *n* 章”；二级标题显示为“1-1”“1-2”“2-1”“2-2”……“*n*-1”“*n*-2”……；三级标题显示为“1-1-1”“1-1-2”……“*n*-1-1”“*n*-1-2”……“*n*-1”“*n*-2”……，且与二级标题缩进位置相同。

### 7.1.7 创建文档目录

长篇文档编辑完成后，往往希望添加目录，以方便读者阅读，如果手动输入目录，势必要耗费很多时间和精力，并且容易出错。我们可以利用 Word 2010 中的创建目录功能，轻松创建文档目录。Word 2010 中的创建目录功能分自动创建、手动创建和自定义创建 3 种方法。具体操作步骤如下。

（1）使用 Word 2010 打开长篇文档，并将光标定位到放置目录的位置。

（2）单击“引用”→“目录”→“目录”下拉按钮，弹出如图 7.29 所示的下拉列表，单击某个内置的目录样式（包括手动目录和自动目录），即可基于选中的目录格式快速生成当前文档的目录明细，如果系统内置的样式没有满足条件的，可以自定义目录。

（3）选择图 7.29 中的“插入目录”命令，打开如图 7.30 所示的“目录”对话框。

（4）分别设置“显示页码”“页码右对齐”“制表符前导符”“格式”“显示级别”等选项。若要按特殊格式显示目录，单击“选项”按钮，可打开如图 7.31 所示的“目录选项”对话框；单击“修改”按钮，可打开如图 7.32 所示的“样式”对话框。

（5）在“目录选项”对话框中，将不需要显示的目录级别对应的数字删除，保留需要显示的目录级别，单击“确定”按钮，返回“目录”对话框；在“样式”对话框中创建目录样式，单击“确定”按钮，返回“目录”对话框。

（6）单击“目录”对话中的“确定”按钮，完成自定义目录的创建。

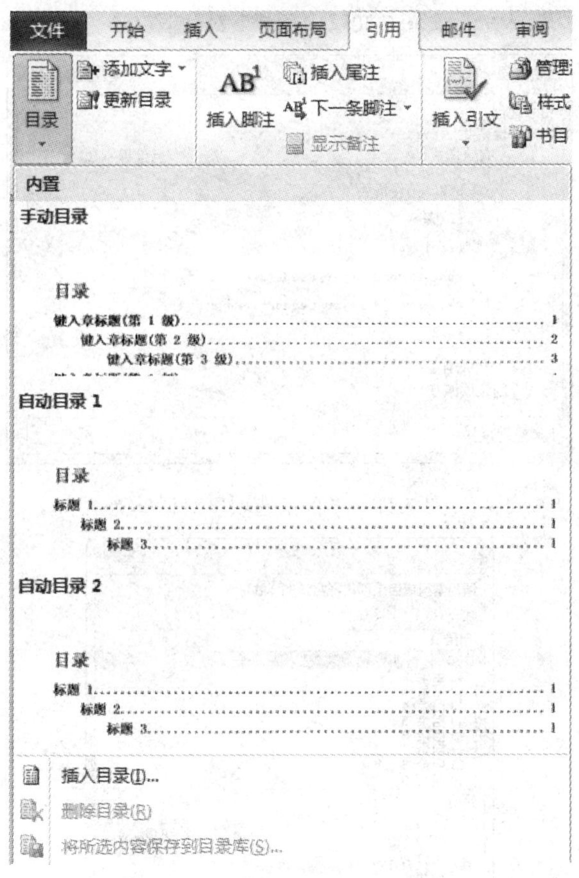


图 7.29　“目录”下拉列表

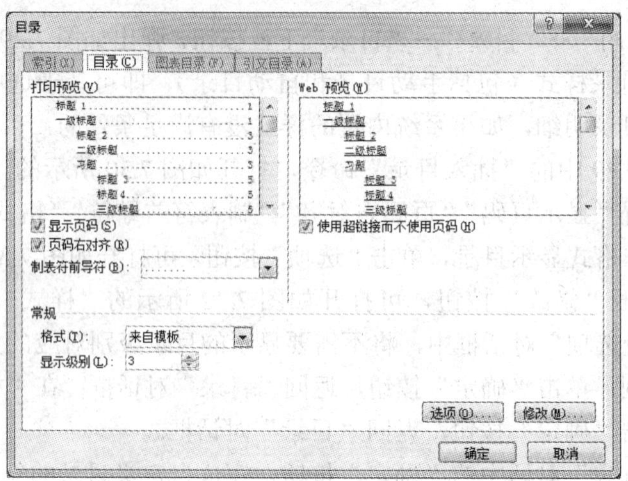

图 7.30 “目录”对话框

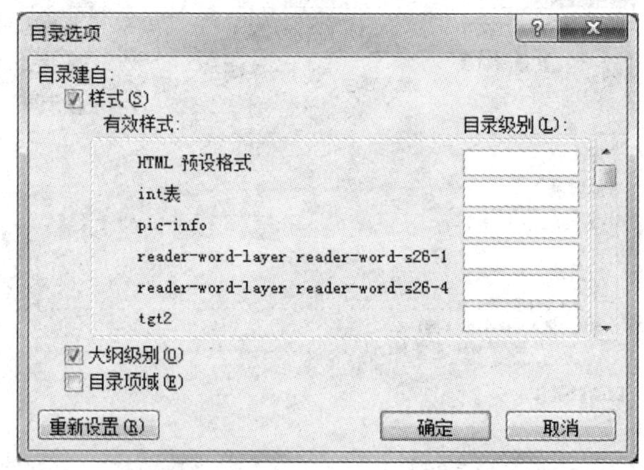

图 7.31 “目录选项”对话框

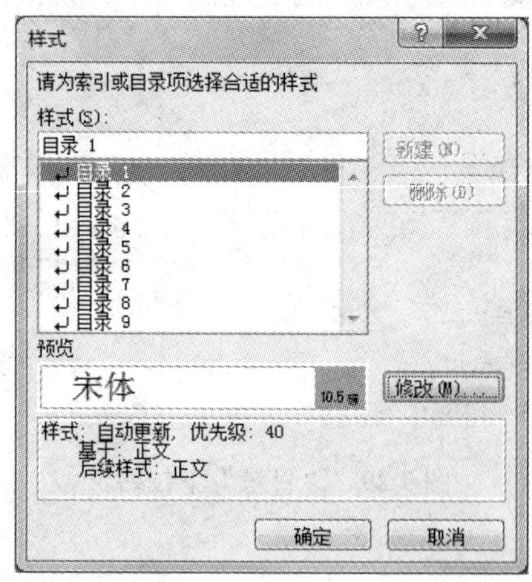

图 7.32 “样式”对话框

在目录中，将鼠标指针指向某目录标题，按 Ctrl 键的同时，单击即可快速跳转到指定的正文中。当文档中的某些标题被修改后，只需单击目录控件顶部的“更新目录”按钮，在打开的“更新目录”对话框中选择更新的内容，单击“确定”按钮，即可快速更新整个目录。

**【例 7-7】** 打开“D:\Word 实例\ word.docx”文档，在文档的第 1 页与第 2 页之间，插入新的空白页，并将文档目录插入该页，文档目录要求包含标题第 1～3 级及对应页号。

**操作步骤：**

（1）打开“word.docx”文档，将光标定位在文档第 1 页，单击“页面布局”→“页面设置”→“分隔符”下拉按钮，在弹出的下拉列表中选择“下一页”命令，插入空白页。

（2）将光标定位在第一节首，选择“引用”→“目录”→“插入目录”命令，打开“目录”对话框并设置相应的选项完成目录的插入。

### 7.1.8 首字下沉

在 Word 中，可以把段落的第一个字符设置成一个大的下沉字符，以达到引人注目的效果，具体操作步骤如下。

（1）将光标定位于要设置首字下沉的段落中。

（2）单击“插入”→“文本”→“首字下沉”下拉按钮，在弹出的下拉列表中选择“首字下沉选项”命令，打开“首字下沉”对话框，如图 7.33 所示。

（3）在“位置”选项组中选择“下沉”选项，并在“选项”选项组中设置字体、下沉的行数和距离正文的位置。

（4）设置完毕后单击“确定”按钮，即可完成设置。

**【例 7-8】** 打开“D:\Word 实例\ word.docx”文档，为文档中的第一个字符设置首字下沉，下沉 3 行，距正文 1.5 厘米。

**操作步骤：**

选中文档中的第一个字符，单击“插入”→“文本”→“首字下沉”下拉按钮，在弹出的下拉列表中选择“首字下沉选项”命令，打开“首字下沉”对话框，按要求设置下沉行数和距正文的位置。

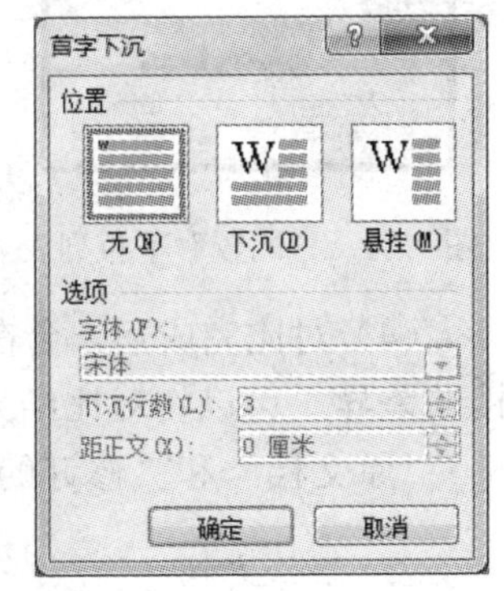


图 7.33 “首字下沉”对话框

## 7.2 文档的修订

### 7.2.1 快速比较、合并文档

在文档的编辑中，有时需要对同一文档进行多次修改而形成不同的版本，有时可能多位作者对同一文档进行了修改。可以通过快速比较文档的方法对同一文档的不同版本进行比较，也可以将多位作者的修订组合到一个文档中。具体步骤如下。

1. 比较文档

（1）打开指定的 Word 文档，单击“审阅”→“比较”→“比较”下拉按钮，弹出如图 7.34 所示的下拉列表。

（2）在下拉列表中有“比较”和“合并”两个选项，选择“比较”选项。

（3）分别选择原文档和修订的文档，并分别标注修订者，单击“更多”按钮，打开如图 7.35 所示的“比较文档”对话框，设置“比较设置”选项组和“显示修订”选项组，单击“确定”按钮，系统就会自动对比两个版本的文档。

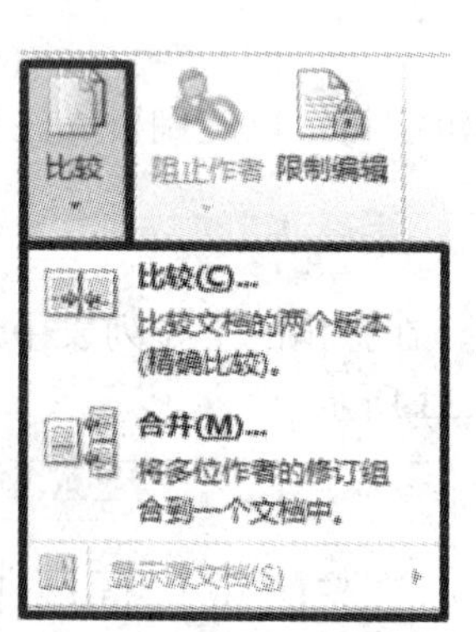


图 7.34 “比较”下拉列表

比较文档
原文档(O)
修订的文档(R)
修订者显示为(E)
修订者显示为(B)
<< 更少(L)
确定
取消
比较设置
插入和删除
移动(V)
批注(N)
格式(F)
大小写更改(G)
空白区域(P)
表格(A)
页眉和页脚(H)
脚注和尾注(D)
文本框(X)
域(S)
显示修订
修订的显示级别:
字符级别(C)
字词级别(W)
修订的显示位置:
原文档(T)
修订后文档(I)
新文档(U)

图 7.35 “比较文档”对话框

（4）对比完成后，会在一个新的窗口给出详细的对比结果，可以清晰地看出两个文档的差异，可以将对比结果单独保存。对比结果分 4 部分，分别是“修订”“比较的文档”“原文档”和“修订的文档”。

2. 合并文档

（1）打开指定的 Word 文档，单击“审阅”→“比较”→“比较”下拉按钮，弹出如图 7.34 所示的下拉列表。

（2）在下拉列表中有“比较”和“合并”两个选项，此时选择“合并”选项。

（3）分别选择原文档和修订的文档，并分别标注修订者，单击“更多”按钮，弹出如图 7.36 所示的“合并文档”对话框，设置“比较设置”选项组和“显示修订”选项组，单击“确定”按钮，弹出如图 7.37 所示的提示框，单击“继续合并”按钮，系统就会自动合并两个版本的文档。

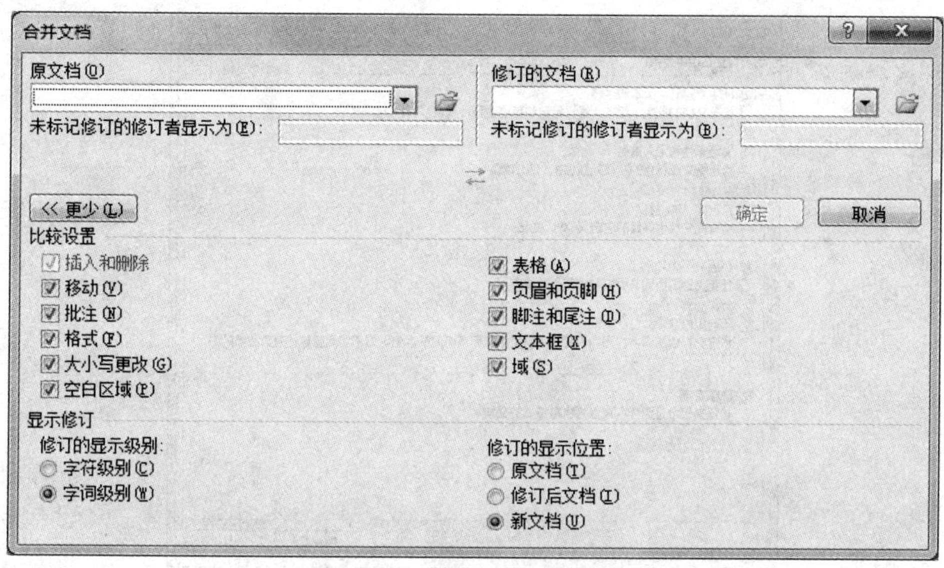


图 7.36　“合并文档”对话框

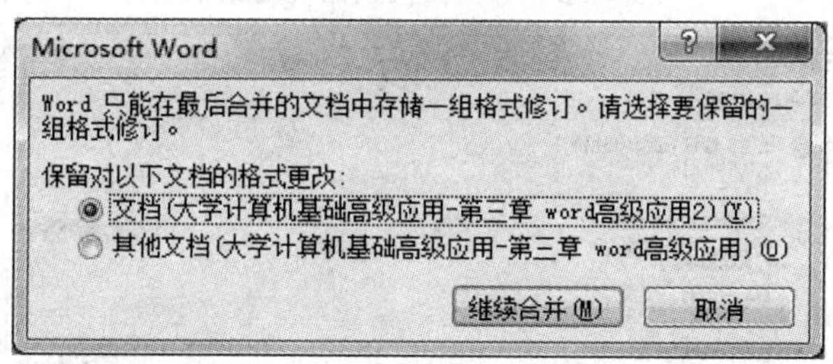


图 7.37　提示框

## 7.2.2　删除文档中的个人信息

Word 文档在保存时，通常随文档保存隐藏文档属性等原数据或个人信息。Word 文档属性包括作者、标题、主题、关键词、类别、状态和备注等项目；个人信息包括作者、相关日期等，通过设置 Word 文档属性和个人信息，有助于管理 Word 文档；使用文档检查器可以从文档中删除所有文档属性和个人信息。具体步骤如下。

（1）选择“文件”→“信息”→“检查问题”→“检查文档”命令，打开如图 7.38 所示的“文档检查器”对话框。

（2）选中“文档属性和个人信息”复选框，单击“检查”按钮，打开如图 7.39 所示的对话框。

（3）单击“文档属性和个人信息”右侧的“全部删除”按钮，再单击“关闭”按钮，完成个人信息的删除。

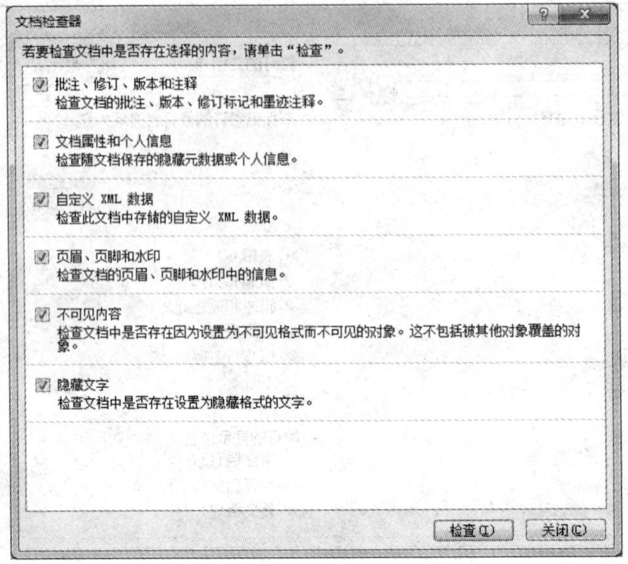


图 7.38 “文档检查器”对话框

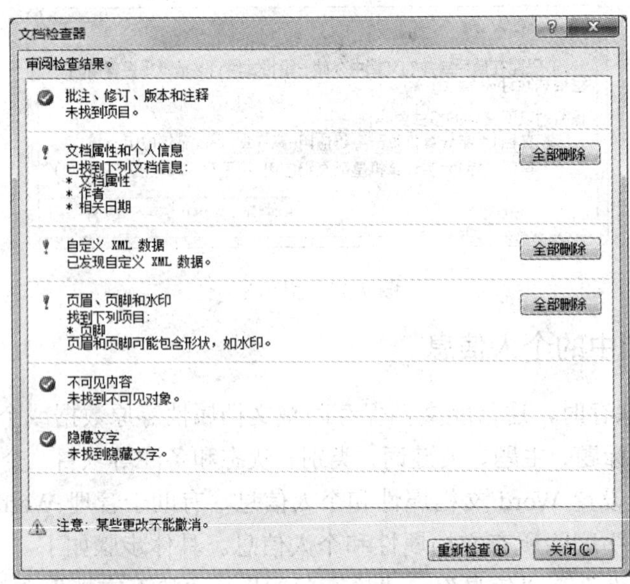


图 7.39 审阅检查结果

## 7.2.3 修订文档

1. 修订

修订是对 Word 文档所做的插入和删除等操作。可以查看插入或删除的内容、修改的作者及修改的时间。对文档进行修订有助于整合每次编辑之后的结果。

为了便于用户间的交流和文档的修改，Word 2010 提供了审阅修订模式。启动修订模式后，Word 将标记出所有用户对该文件的修改。具体步骤如下。

（1）单击“审阅”→“修订”→“修订”按钮，“修订”按钮呈黄色高亮显示，表示修订模式启动。

（2）在修订模式下，单击“显示以供审阅”下拉按钮，从弹出的下拉列表中选择任意一种文档的显示方式。显示方式分为如下 4 种。

“原始状态”：只显示原文（不含任何标记）。

“最终状态”：只显示修订后的内容（不含任何标记）。

“原始：显示标记”：显示原文的内容（有修订标记，并在右侧显示出修订操作，如添加的内容、删除的内容、添加的批注等）。

“最终：显示标记”：显示修订后的内容（有修订标记，并在右侧显示出对原文的操作，如删除、格式调整等）。

（3）在修订模式下，单击“显示标记”下拉按钮，弹出如图 7.40 所示的下拉列表，对各种显示标记进行设置，前面打对号的标记则会被显示。

（4）单击“审阅窗格”下拉按钮，弹出如图 7.41 所示的下拉列表，从中选择一种审阅窗格的方式，例如，选择“垂直审阅窗格”命令，则在屏幕左侧显示审阅窗格。在审阅窗格中可显示当前文档的修订情况。

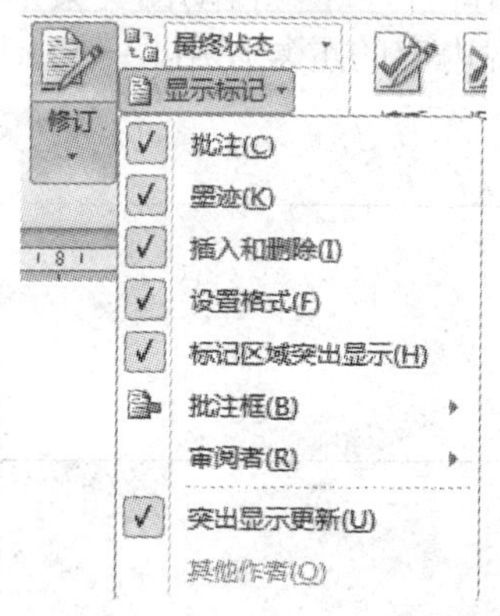


图 7.40 “显示标记”下拉列表

图 7.41 “审阅窗格”下拉列表

（5）修订完成后，再次单击“修订”按钮，“修订”按钮变暗，表示退出文档的修订模式。

2. 修订的更改

对文档进行修订之后，可以接受或拒绝修订，具体方法如下。

（1）单击“审阅”→“更改”→“接受”下拉按钮，在弹出的下拉列表中包含“接受并移到下一条”“接受修订”“接受所有显示的修订”“接受对文档的所有修订”4 个选项，从中选择其一，对修订结果进行接受。

（2）单击“审阅”→“更改”→“拒绝”下拉按钮，在弹出的下拉列表中包含“拒绝并移到下一条”“拒绝修订”“拒绝所有显示的修订”“拒绝对文档的所有修订”4 个选项，从中选择其一，对修订结果进行拒绝。

（3）接受或拒绝之后，在“修订”组选择“最终状态”命令。

### 7.2.4 使用文档部件

在 Word 文档编辑过程中，同一内容有时要被重复使用。这些内容可以是文档或页眉与页脚中的表格、文字、标题、图片、符号或公式等对象。利用 Word 2010 中的文档部件，可以实现文档内容的重用。文档部件库是可在其中创建、存储和查找可重复使用的内容片段的库，内容片段包括自动图文集、文档属性（如标题和作者）和域。

#### 1. 3 种文档部件的使用方法

Word 2010 中的文档部件包括 3 种，分别为“自动图文集”“文档属性”“域”。从 3 种文档部件中选择其一实现文档部件的使用。具体方法如下。

（1）“自动图文集”：选中需要重复使用的内容，选择“插入”→“文本”→“文档部件”→“自动图文集”→“将所选内容保存到自动图文集库”命令（图 7.42），打开如图 7.43 所示的“新建构建基块”对话框，分别设置构建基块的名称、库（采用默认库名）、类别、说明、保存位置、选项等内容，单击“确定”按钮，则所选内容被保存到指定库。再次选择“插入”→“文本”→“文档部件”→“自动图文集”命令，在弹出的级联菜单中选择下方新保存的部件，即可实现内容的重复使用。

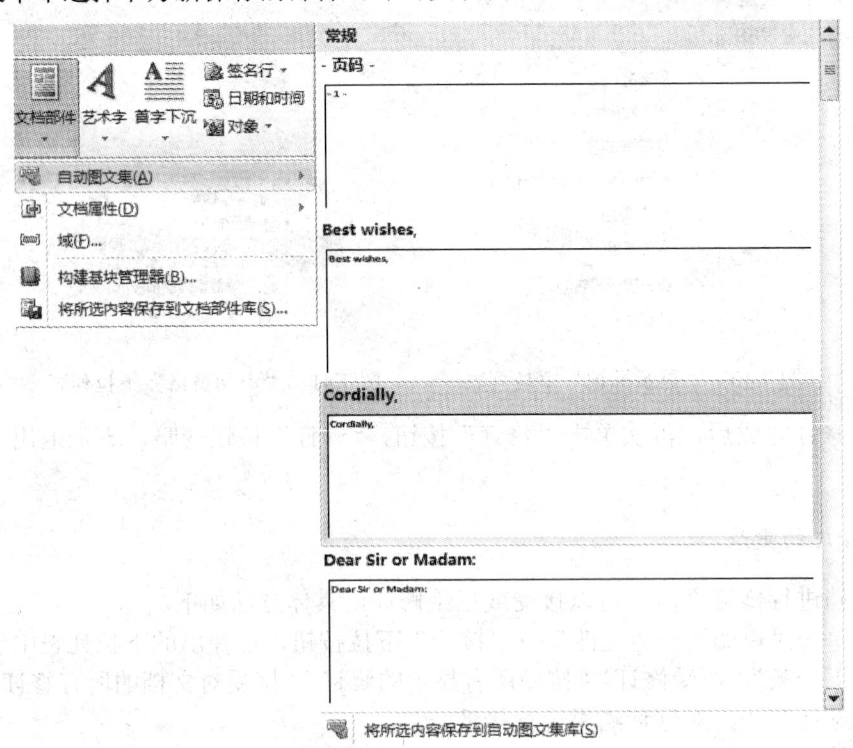


图 7.42 “自动图文集”下拉列表

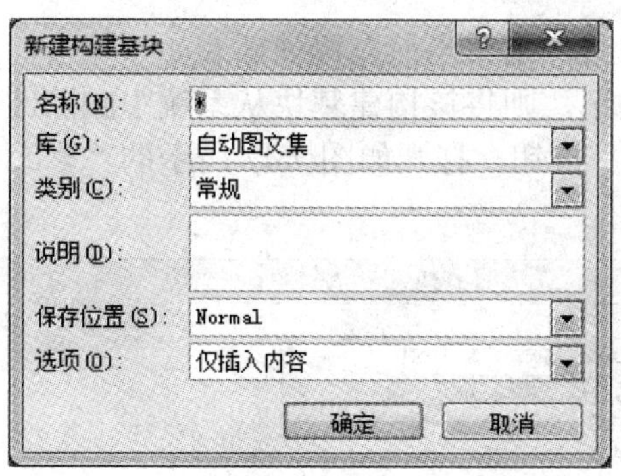


图 7.43 “新建构建基块”对话框

（2）“文档属性”：定位光标，选择“插入”→“文本”→“文档部件”→“文档属性”命令，弹出如图 7.44 所示的“文档属性”级联菜单，从中选择一种文档属性，则插入对应的属性到指定位置，插入属性后，可以编辑属性中的内容。

（3）“域”：定位光标，选择“插入”→“文本”→“文档部件”→“域”命令，打开如图 7.45 所示的“域”对话框，从中选择域并设置域属性，则插入系统中对应的域，插入域后，可以编辑域中的内容。

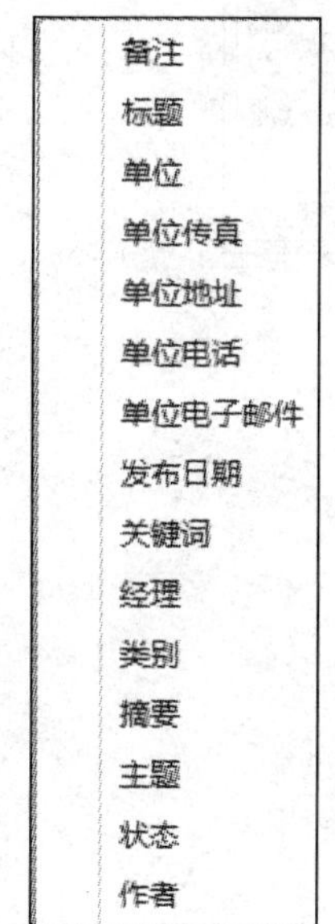


图 7.44 “文档属性”级联菜单

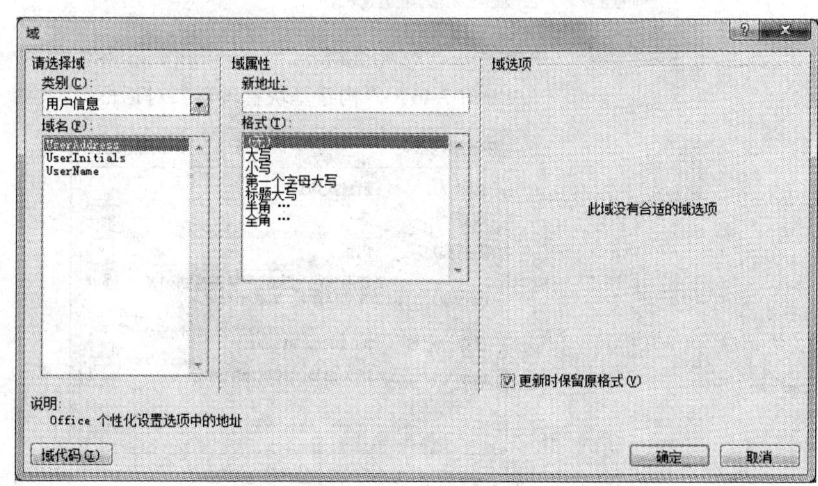


图 7.45 “域”对话框

## 2. 对系统中构建基块进行编辑

选择“插入”→“文本”→“文档部件”→“构建基块管理器”命令，打开如图 7.46 所示的“构建基块管理器”对话框，在“构建基块”选项组中选择待编辑的构建基块名称。

（1）单击“插入”按钮，则在当前光标处插入如预览窗口所示的构建基块。

（2）单击“删除”按钮，则将该构建基块从系统中删除。

（3）单击“编辑属性”按钮，打开如图 7.47 所示的“修改构建基块”对话框，修改之后单击“确定”按钮。

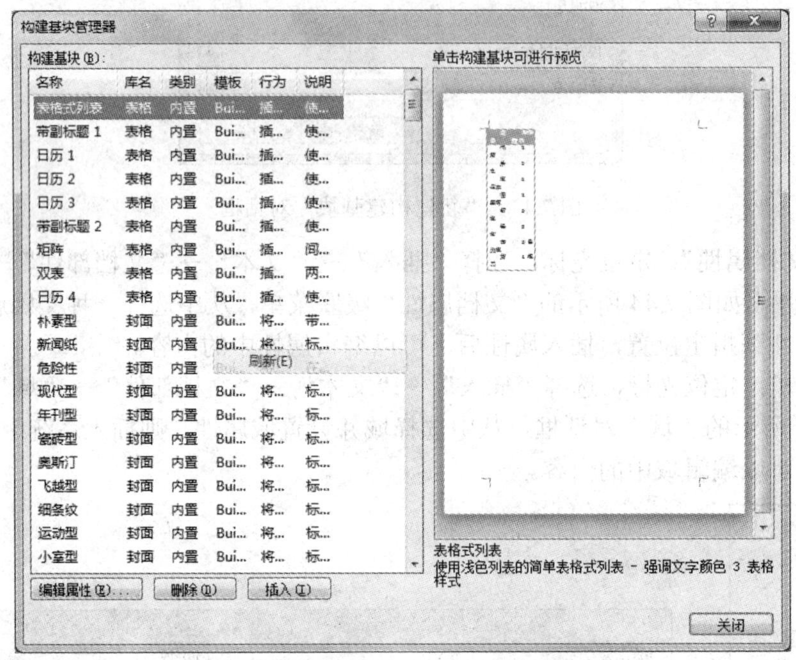


图 7.46　“构建基块管理器”对话框

图 7.47　“修改构建基块”对话框

3. 将所选内容保存到文档部件库

选中文档中待重复使用的内容，选择“插入”→“文本”→“文档部件”→“将所选内容保存到文档部件库”命令，打开如图 7.43 所示的“新建构建基块”对话框，分别设置构建基块的名称、库、类别、说明、保存位置及选项后，单击“确定”按钮，则所选内容保存到文档部件库。

### 7.2.5　中文简繁转换

中文汉字分简体字和繁体字，Word 文档中的文字在默认状态下以中文简体显示，在文档的编辑过程中可以实现简体字和繁体字之间的转换，具体操作步骤如下。

（1）选中待转换文本，单击“审阅”→“中文简繁转换”→“简转繁”按钮，则选中文本中的所有简体字转换为繁体字显示。

（2）选中待转换文本，单击“审阅”→“中文简繁转换”→“繁转简”按钮，则选中文本中的所有繁体字转换为简体字显示。

（3）选中待转换文本，单击“审阅”→“中文简繁转换”→“简繁转换”按钮，打开如图 7.48 所示的“中文简繁转换”对话框，按照实际要求设置“转换方向”选项组和“常用词汇”选项组，单击“确定”按钮，实现自定义转换。

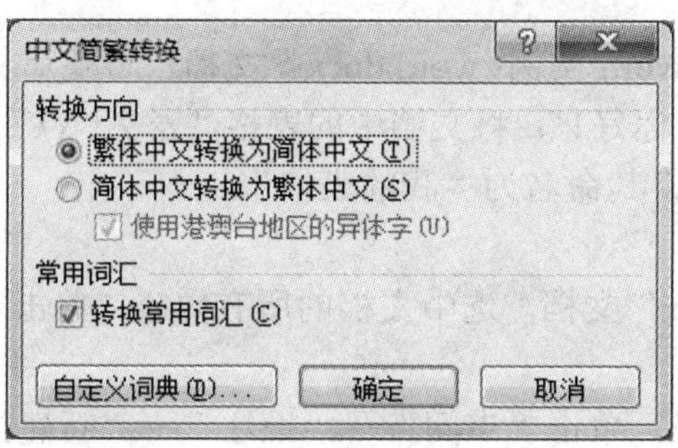


图 7.48　“中文简繁转换”对话框

### 7.2.6　使用批注

批注功能用于审阅他人的 Word 文档。批注是读者在阅读 Word 文档时所提出的注释、问题、建议或其他想法。批注本身不是文档的一部分，只是对文档的编辑提出建议。

#### 1. 新建批注

选中文档中需要添加批注的对象，单击“审阅”→“批注”→“新建批注”按钮，则在文档左侧出现批注栏，在批注栏中输入批注内容即可。

#### 2. 删除批注

选择“审阅”→“批注”→“删除”命令，弹出如图 7.49 所示的下拉列表。

（1）选择“删除”命令，则选中的批注被删除。

（2）选择“删除所有显示的批注”命令，则所有显示出来的批注被删除。

（3）选择“删除文档中的所有批注”命令，则文档中的所有批注均被删除。

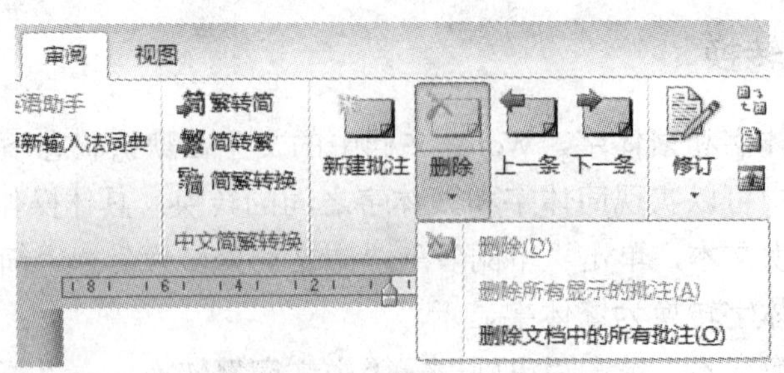


图 7.49 “删除”下拉列表

3. 查看批注

单击“审阅”→“批注”→“上一条”或“下一条”按钮，可以在各个批注间切换，实现批注的查看。

【例 7-9】打开“D:\Word 实例\ word.docx”文档，将整篇文档以中文繁体字显示；为文档第一段添加批注“你好！”；将文档中的表格“表 2.1 VC++中的整数类型”内容保存至“表格部件库”，并将其命名为“我的表格”。

**操作步骤：**

（1）打开“word.docx”文档，选中文档的所有内容，单击“审阅”→“中文简繁转换”→“简转繁”按钮。

（2）选中文档第一段，单击“审阅”→“批注”→“新建批注”按钮，并输入批注内容“你好！”。

（3）选中文档中的表格“表 2.1 VC++中的整数类型”内容，单击“插入”→“文本”→“文档部件”下拉按钮，在弹出的下拉列表中选择“将所选内容保存到文档部件库”命令，在打开的“新建构建基块”对话框中分别将“名称”和“库”设置为“我的表格”和“表格”。

# 7.3 使用邮件合并功能批量处理文档

## 7.3.1 认识邮件合并

1. 初识邮件合并

“邮件合并”最初是在批量处理“邮件文档”时提出的。Word 2010 中的“邮件合并”功能用于帮助用户在文档中完成信函、电子邮件、信封、标签和目录的邮件合并工作，采用分步完成的方式进行，显著提高工作效率。

### 2. 使用邮件合并的条件

日常办公过程中，经常需要根据已有数据表（如 Excel 表、Access 数据表等）中的数据信息（如姓名、性别、单位、职称等）批量制作信函、电子邮件、信封、标签和目录。如果通过普通的复制、粘贴等方式完成，工作量过大，且效率低下。在此，我们给出邮件合并的一般使用条件：

（1）需要制作的数量比较大。

（2）要制作的文档内容分为固定不变的内容和变化的内容。例如，某公司要向所有客户发送邀请信件，要制作信封文档，信封文档包含多个信封信息。所有信封上的寄信人地址和邮政编码等信息固定不变，而收信人地址、邮编等信息则属于变化的内容。其中变化的内容保存在另一个文档中，如 Word 文档、Excel 表格或 Access 数据表等文件中，如图 7.50 所示。其中包含的字段为“姓名”“职务”“单位”；接下来的每条记录，存储着每个客户的相应信息。

| 姓名 | 职务 | 单位 |
|---|---|---|
| 王明 | 董事长 | 方正公司 |
| 李显 | 总经理 | 同方公司 |
| 江涛 | 财务总监 | 万邦达公司 |
| 朱玲 | 董事长 | 万隆药业有限公司 |

（a）Word 文档

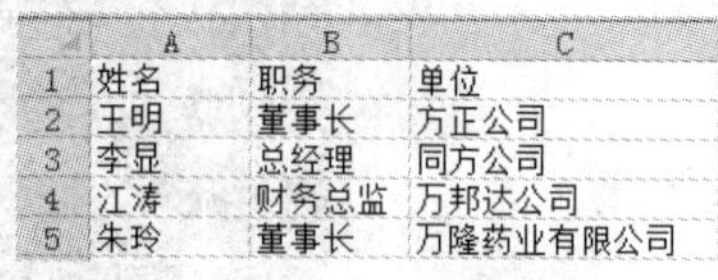

| | A | B | C |
|---|---|---|---|
| 1 | 姓名 | 职务 | 单位 |
| 2 | 王明 | 董事长 | 方正公司 |
| 3 | 李显 | 总经理 | 同方公司 |
| 4 | 江涛 | 财务总监 | 万邦达公司 |
| 5 | 朱玲 | 董事长 | 万隆药业有限公司 |

（b）Excel 表格

图 7.50　数据表

在满足上述两个条件的情况下，可以考虑使用 Word 邮件合并功能来实现信函、电子邮件、信封等的制作。

### 3. 邮件合并的基本过程

运用邮件合并功能解决实际任务的基本过程如下。

1）建立主文档

建立主文档就是建立一个主文件，保存邮件合并中固定不变的信息，如信封中的落款、信函中的对每个收信人都不变的内容等。

2）准备好数据源

数据源就是存放邮件合并过程中变化部分的数据表文件，通常是一张二维表格。数据源表格可以是 Word 文档、Excel 表格、Access 数据表或 Outlook 中的联系人记录表。

在实际工作中，数据源通常现成存在，不必重新制作。如制作大量客户信封，客户信息保存在 Excel 文件中，包含“姓名”“职务”“单位”“地址”“邮编”等制作信封需要用到的字段。若没有，则要根据需要建立“数据源”文件，实际工作中常使用 Excel

制作“数据源”文件。

3）把“数据源”合并到“主文档”

建立“主文档”“数据源”后，可将数据源中的相应字段合并到主文档，“数据源”表格中记录行数决定主文档生成的份数。

整个过程将利用“邮件合并向导”进行。邮件合并功能可以手动进行，也可以通过“邮件合并分步向导”完成。

## 7.3.2 使用邮件合并功能制作信封

根据现有文件创建信封，具体操作步骤如下。

（1）创建主文档。打开 Word 2010 文档编辑软件，新建一个空白文档。

（2）单击“邮件”→“创建”→“中文信封”按钮，打开如图 7.51 所示的“信封制作向导”对话框，开始分步制作信封。

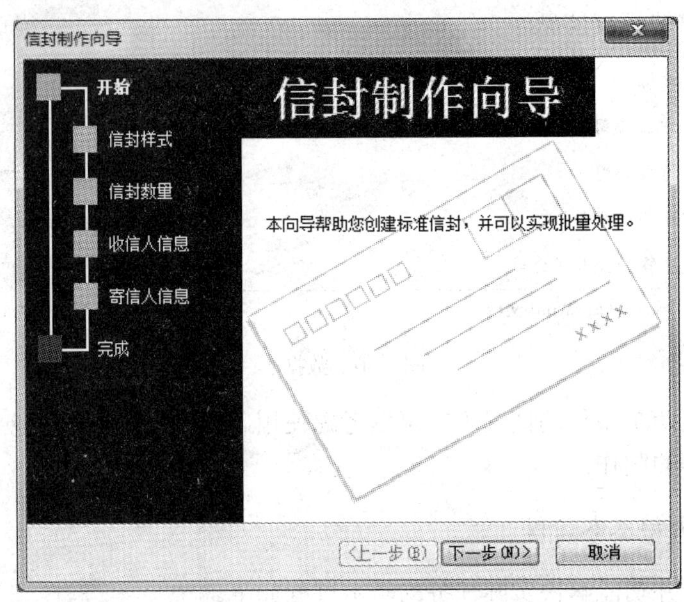


图 7.51 “信封制作向导”对话框

（3）在开始向导窗口中单击“下一步”按钮，进入如图 7.52 所示的“选择信封样式”界面，根据需要选择信封样式及各选项，并单击“下一步”按钮，进入如图 7.53 所示的“选择生成信封的方式和数量”界面，其中有两个选项“键入收件人信息，生成单个信封”和“基于地址簿文件，生成批量信封”。

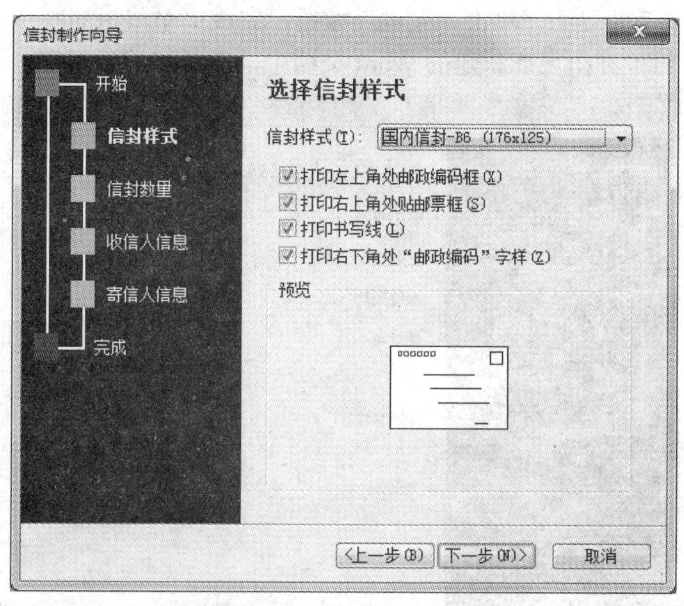


图 7.52　设置信封样式

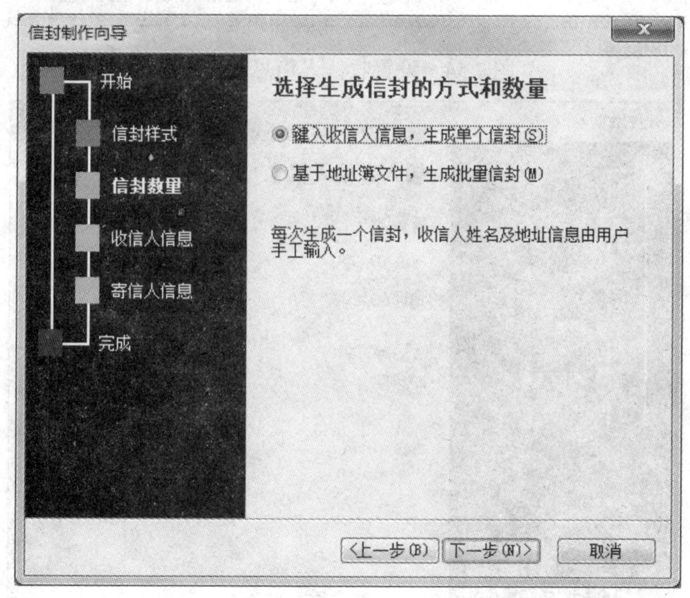


图 7.53　设置生成信封的方式和数量

① 选中“键入收件人信息，生成单个信封”单选按钮，每次生成一个信封，收件人姓名及地址信息由用户输入，单击“下一步”按钮，进入“输入收信人信息”界面，如图 7.54 所示，按照实际要求输入收信人的“姓名”“称谓”“单位”“地址”和“邮编”信息，单击“下一步”按钮，进入如图 7.55 所示的“输入寄信人信息”界面，同样按照实际要求输入寄信人的“姓名”“单位”“地址”和“邮编”信息，单击“下一步”按钮，

进入如图 7.56 所示的界面，单击“完成”按钮，完成单个信封的制作，效果如图 7.57 所示。生成的信封单独出现在新建的 Word 文档中，需要修改后保存。

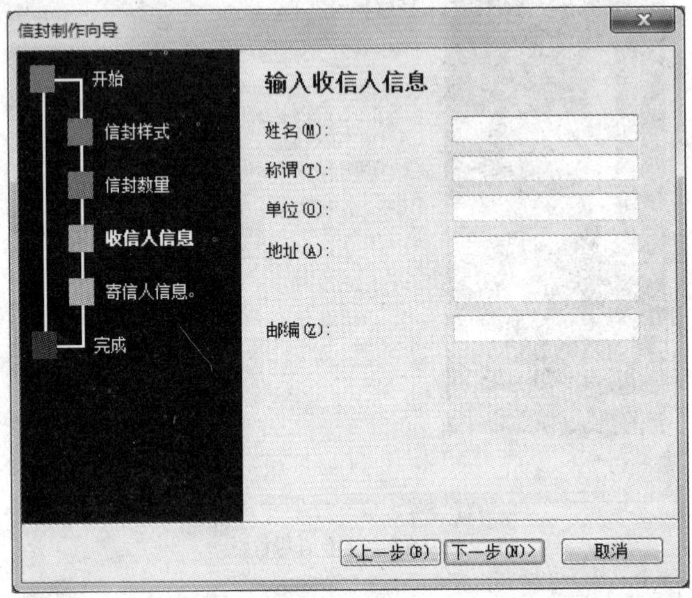


图 7.54 设置收信人信息（一）

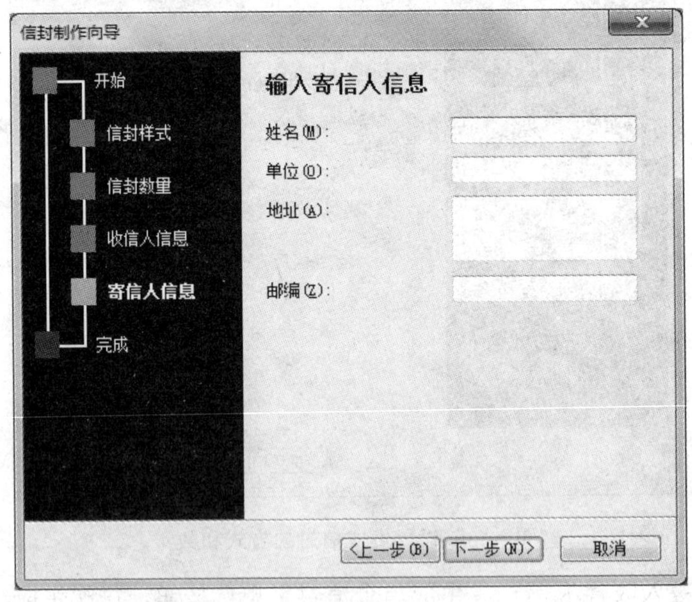


图 7.55 设置寄信人信息

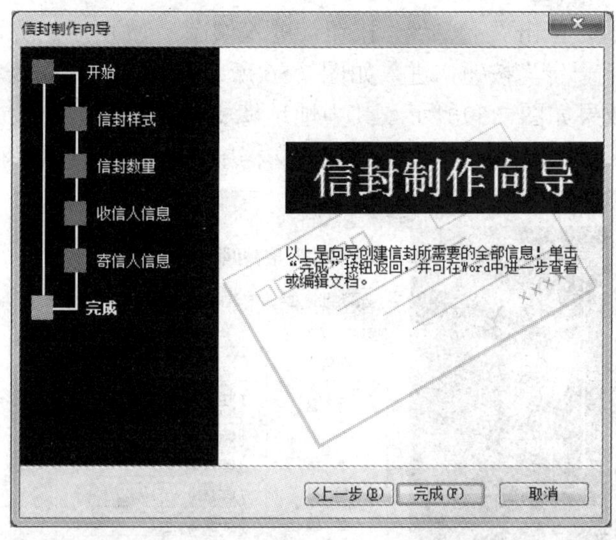


图 7.56　完成信封制作

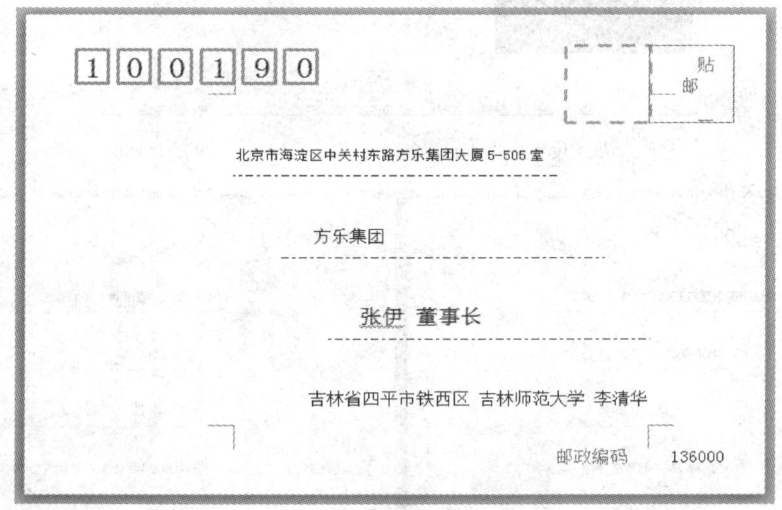


图 7.57　单个信封

② 选中“基于地址簿文件，生成批量信封”单选按钮，地址簿文件含有收信人信息，可以是 Excel 工作表或以 Tab 键分割的文本文件，并且带有标题行。收信人信息应适当分解，如姓名、街道、城市、邮编等，向导提供对收信人信息与地址簿中不同字段或域之间进行匹配的操作。单击“下一步”按钮，进入如图 7.58 所示的“从文件中获取并匹配收信人信息”界面，单击“选择地址簿”按钮，打开“打开”对话框。若地址簿文件是文本文件，则选择指定位置的地址簿文件；若地址簿文件是 Excel 文件，则单击右下角的“Text”下拉按钮，在弹出的下拉列表中选择“Excel”命令，则指定文件夹下所有 Excel 文件出现，选择指定的地址簿对应的文件。单击“打开”按钮，返回图 7.58 所示界面。设置匹配收件人信息中的“姓名”“称谓”“单位”“地址”和“邮编”所对

应的地址簿中的字段，单击“下一步”按钮，进入如图 7.55 所示的界面，输入寄信人的各项信息后单击“下一步”按钮，进入如图 7.56 所示的界面，单击“完成”按钮，完成批量信封的制作，效果如图 7.59 所示。其中地址簿文件中记录的个数就是生成信封的个数，生成的所有信封单独出现在新建的 Word 文档中，需要修改后保存。

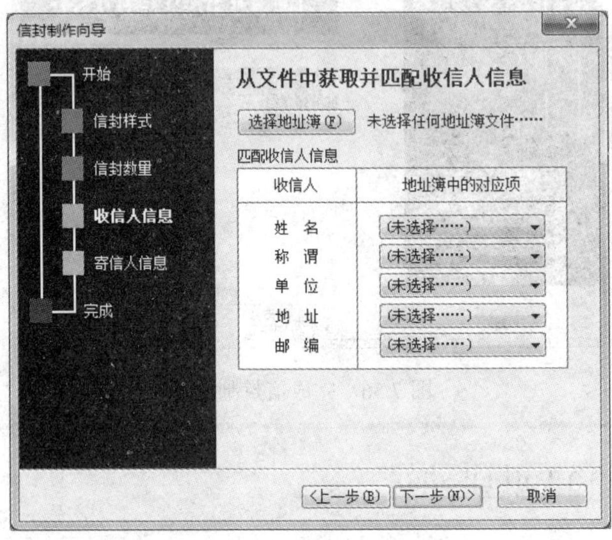


图 7.58　设置收信人信息（二）

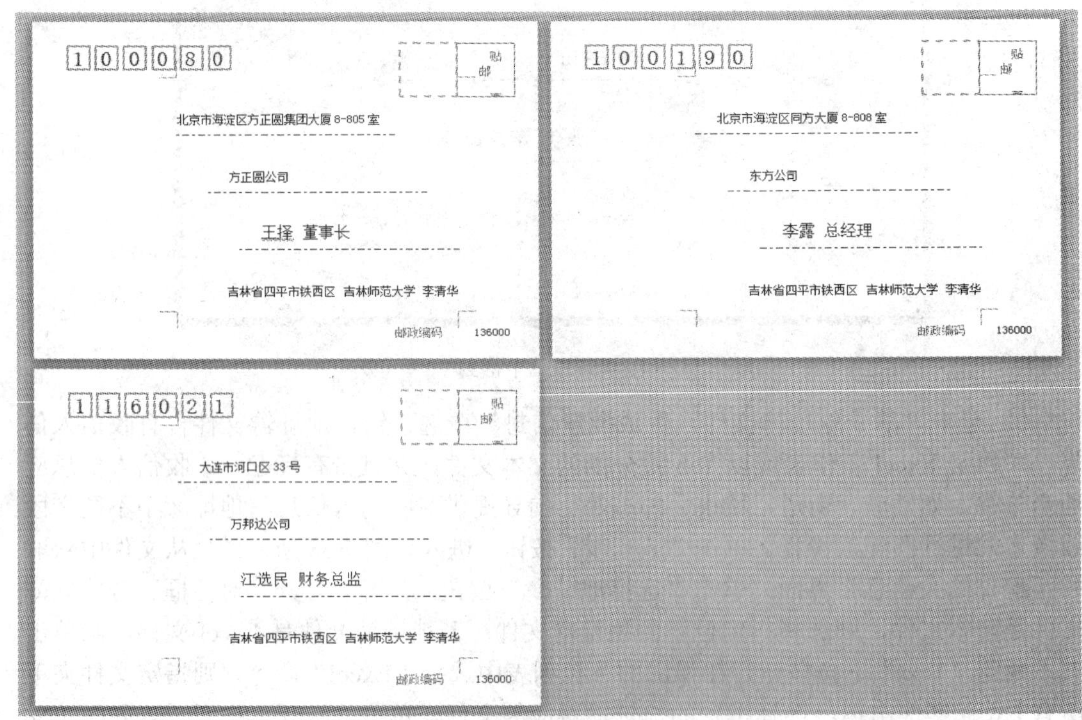


图 7.59　批量信封效果图

### 7.3.3　使用邮件合并功能制作邀请函

邮件合并功能不但能批量制作信封，还能批量制作邀请函，分步制作邀请函的具体步骤如下。

（1）创建主文档。打开 Word 文档编辑软件，新建一个空白文档，按格式输入邀请函中固定不变的内容，并设置适当的格式，效果如图 7.60 所示，变化的内容通过邮件合并过程中选取的数据源确定。

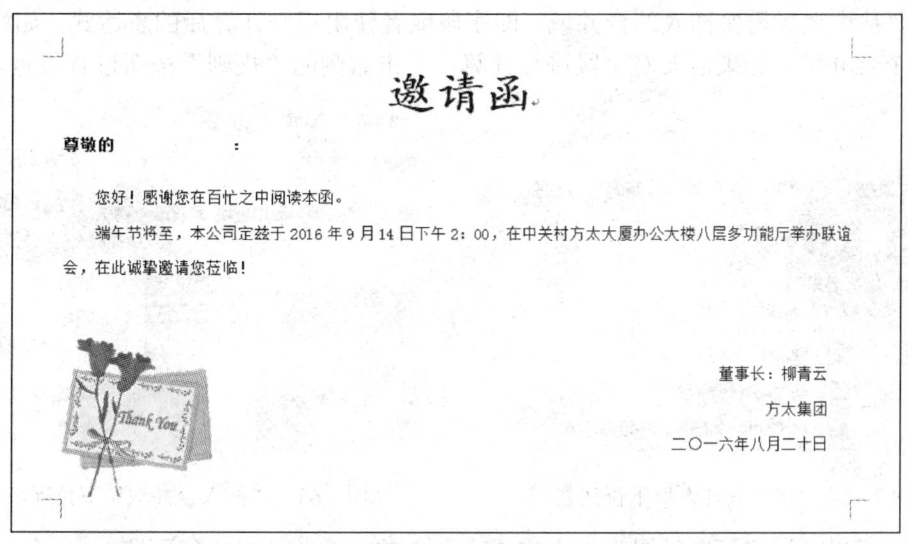

邀请函

尊敬的　　　　　　　　：

您好！感谢您在百忙之中阅读本函。

端午节将至，本公司定兹于 2016 年 9 月 14 日下午 2：00，在中关村方太大厦办公大楼八层多功能厅举办联谊会，在此诚挚邀请您莅临！

董事长：柳青云

方太集团

二〇一六年八月二十日

图 7.60　邀请函主文档

（2）单击“邮件”→“开始邮件合并”→“开始邮件合并”下拉按钮，弹出如图 7.61 所示的下拉列表，从中选择“信函”命令，开始邀请函的制作。

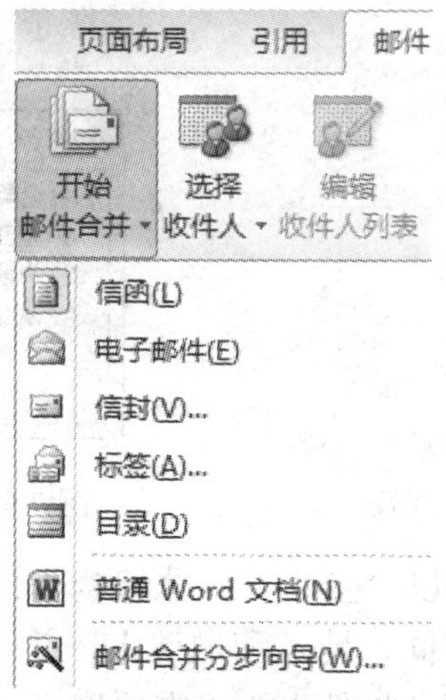


图 7.61　“开始邮件合并”下拉列表

（3）单击“邮件”→“开始邮件合并”→“选择收件人”下拉按钮，弹出如图 7.62 所示的下拉列表。若收件人列表不存在，选择“键入新列表”命令；若收件人列表存在，选择“使用现有列表”命令，打开“选取数据源”对话框，从中选择收件人信息所在的文件，可以是 Word 文档，也可以是 Excel 文件。若为 Excel 文件，还要进一步选择工作表。

（4）将光标定位在主文档需要插入合并域字段的位置，如定位在“尊敬的”之后，单击“邮件”→“编写和插入域”→“插入合并域”下拉按钮，弹出如图 7.63 所示的下拉列表，从中选择需要插入的合并域，即字段或者使用规则计算后的表达式，如姓名和职务两个合并域。如果需要对字段进行计算，单击右侧的“规则”按钮进行设置。

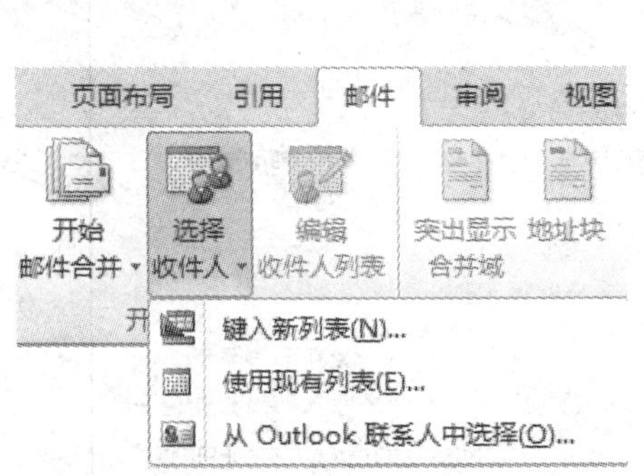


图 7.62 “选择收件人”下拉列表

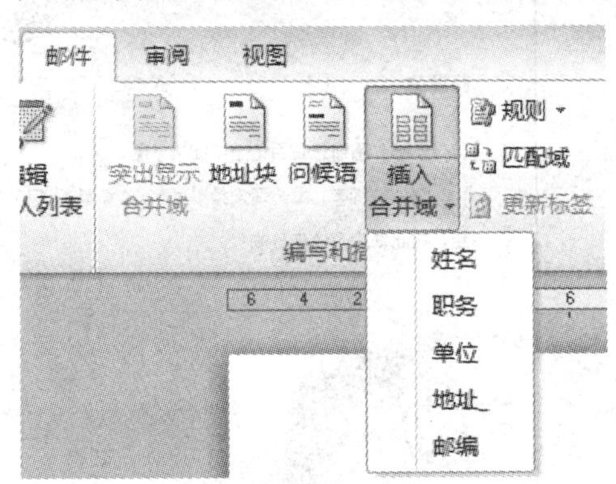


图 7.63 “插入合并域”下拉列表

（5）可以通过“预览结果”组在完成合并之前对合并结果进行预览。

（6）单击“邮件”→“完成”→“完成并合并”下拉按钮，弹出如图 7.64 所示的下拉列表，选择“编辑单个文档”命令，打开如图 7.65 所示的对话框，选中“全部”单选按钮，所有记录对应的邀请函将保存在一个新建的 Word 文档中，可以对其进行修改后保存。

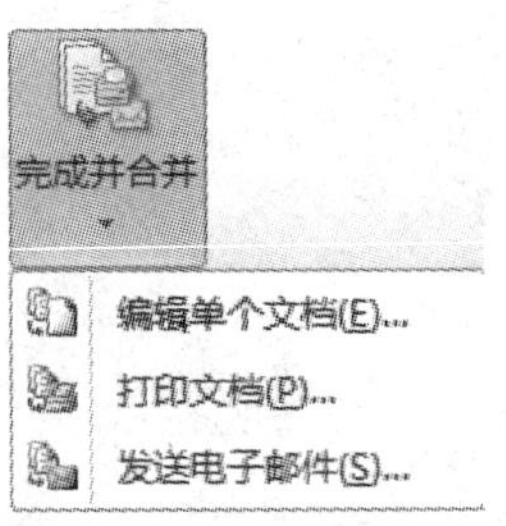


图 7.64 “完成并合并”下拉列表

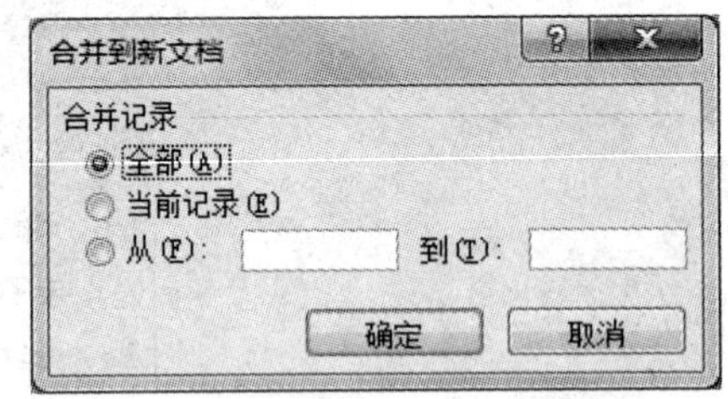


图 7.65 “合并到新文档”对话框

**【例 7-10】**制作一份请柬，以“董事长：张晓梅”的名义发出邀请，请柬中需包含标题、收件人名称、车展开幕时间、地点和邀请人，并设置适当的格式。运用邮件合并功能制作内容相同、收件人不同（收件人为“重要客人名录.docx”中的每个人，采用导入方式）的多份请柬，要求先将合并主文档以“请柬 1.docx”为文件名保存在“D:\Word

实例\”文件夹中，再生成可以单独编辑的单个文档以“请柬 2.docx”为文件名保存在“D:\Word 实例\”文件夹中。请柬内容如下。

> 请　柬
>
> 尊敬的　　　　　　　：
>
> 我公司将于 2016 年 10 月 20 日下午 2：00 在四平市英雄广场举行华美汽车车展开幕仪式，在此诚挚邀请您莅临！
>
> 董事长：张晓梅
>
> 2016 年 10 月 10 日

**操作步骤：**

（1）新建一个 Word 文档，按要求录入请柬内容，并设置页面格式、字体格式和段落格式。

（2）将光标定位在“尊敬的”之后，单击“邮件”→“开始邮件合并”→“开始邮件合并”下拉按钮，在弹出的下拉列表中选择“信函”命令。

（3）单击“邮件”→“开始邮件合并”→“选择收件人”下拉按钮，在弹出的下拉列表中选择“使用现有列表”命令，在打开的“选取数据源”对话框中选择“重要客人名录.docx”文件。

（4）单击“邮件”→“编写和插入域”→“插入合并域”下拉按钮，在弹出的下拉列表中选择“姓名”命令和“职务”命令。

（5）单击“邮件”→“完成”→“完成并合并”下拉按钮，在弹出的下拉列表中选择“编辑单个文档”命令。

（6）将主文档保存为“请柬 1.docx”，将生成的可以单独编辑的单个文档保存为“请柬 2.docx”。

# 习 题 演 练

## 一、选择题

1．在 Word 2010 中，页眉和页脚的建立方法相似，都使用（　　）选项卡中“页眉和页脚”组中的命令进行设置。

A．开始　　B．工具　　C．插入　　D．视图

2．在 Word 2010 的“审阅”选项卡中，“字数统计”选项不能用于统计（　　）。

A．字数　　B．行数　　C．页数　　D．图片

3．在 Word 2010 中，可通过“开始”选项卡（　　）组中的命令设置和修改文本的样式。

A．剪贴板　　B．字体　　C．段落　　D．样式

4．在 Word 2010 中编辑长文档时，在默认状态下，Word 文档分（　　）显示。

A．一栏　　B．两栏　　C．三栏　　D．四栏

5．在默认方式下，Word 2010 将整个文档视为一“节”，所以对文档的设置应用于整篇文档。若需要在一页之内或多页之间采用不同的版面布局，只需插入（　　）将文档分成几个模块，然后根据需要设置每个模块的格式。

A．分栏符　　B．分页符　　C．分节符　　D．分隔符

6．在编辑文档时，为了使文档条理清晰，经常使用项目符号和编号。Word 2010 可以使用“开始”选项卡“段落”组中的（　　）按钮来设置项目符号。

A．☰　　B．☰　　C．☰　　D．☰

7．Word 2010 中的（　　）功能用于帮助用户在文档中完成信函、电子邮件、信封、标签和目录的邮件合并工作。

A．邮件合并　　B．引用　　C．审阅　　D．插入

## 二、操作题

1．在“D:\Word 习题\”文件夹中建立 Word 文档，命名为“myword1.docx”，并按照要求完成下述操作并保存文档。

（1）录入以下文档内容。

> 海上日出
>
> 为了看日出，我常常早起。那时天还没有大亮，周围很静，只听见船里机器的声音。
>
> 天空还是一片浅蓝，颜色很浅。转眼间天边出现了一道红霞，慢慢地在扩大它的范围，加强它的亮光。我知道太阳要从天边升起来了，便不转眼地望着那里。果然，过了一会儿，在那个地方出现了太阳的小半边脸，红是红得很，却没有亮光。太阳好像负着什么重担似的慢慢地、一纵一纵地使劲儿向上升。到了最后，它终于冲破了云霞，完全跳出了海面。一刹那间，这深红的圆东西发出了夺目的亮光，它旁边的云也突然有了光彩。
>
> 太阳躲进云里。阳光透过云缝直射到水面上。很难分辨出哪里是水，哪里是天，只看见一片灿烂的亮光。
>
> 有时候天边有黑云，云还很厚，太阳升起来，人看不见它。它的光芒给黑云镶了一道光亮的金边。后来，太阳慢慢冲出重围，出现在天空，把一片片云染成了紫色或者红色。这时候，不仅是太阳、云和海水，连我自己也成了明亮的了。
>
> 这不是伟大的奇观么？

（2）新建样式命名为“我的标题”，样式格式为小二号字、宋体、加粗、段前 1 行、段后 3 行，单倍行距，居中对齐。对文中标题“海上日出”应用该样式。

（3）文中除标题外的其他文本应用“正文”样式，并将正文样式格式设置为小四号字、中文宋体，西文为 Times New Roman、不加粗，1.25 倍行距，段前、段后各 6 磅，

两端对齐，首行缩进 2 字符。

（4）将“我的标题”样式重命名为“文章标题”。

（5）在文档中使用“独特”样式修饰页面。

2．在“D:\ Word 习题\”文件夹中建立 Word 文档，命名为“myword2.docx”，并按照要求完成下述操作并保存文档。

（1）录入以下文档内容。

> 云计算
>
> 云计算是基于互联网的相关服务的增加、使用和交付模式，通常涉及通过互联网来提供动态易扩展且经常是虚拟化的资源。云是网络、互联网的一种比喻说法。过去在图中往往用云来表示电信网，后来也用来表示互联网和底层基础设施的抽象。
>
> 狭义云计算指 IT 基础设施的交付和使用模式，指通过网络以按需、易扩展的方式获得所需资源。
>
> 广义云计算指服务的交付和使用模式，指通过网络以按需、易扩展的方式获得所需服务。这种服务可以是 IT 和软件、互联网相关，也可是其他服务。它意味着计算能力也可作为一种商品通过互联网进行流通。

（2）将文档内容（除标题外）设置为两栏显示，中间加分隔线。

（3）在文档中第一段之后插入一个分页符。

（4）为文档添加页码，页码在页面底端居中对齐。

（5）对文档第二段（狭义云计算）和第三段（广义云计算）使用项目符号。

（6）为文档的第一个字符“云”设置首字下沉、黑体三号字、下沉两行，距正文 1.5 厘米。

3．某高校学生会计划举办一场“互联网+创新创业交流会”的活动，拟邀请部分老师和专家进行演讲。因此，校学生会需制作一批邀请函，并分别递送给相关的专家和老师。

请按如下要求完成邀请函的制作。

（1）在“D:\ Word 习题\”文件夹中建立 Word 文档，命名为“myword3.docx”。

（2）调整文档版面，要求页面高度为 20 厘米，宽度为 32 厘米，页边距上、下为 2 厘米，左、右为 3 厘米。

（3）任选一张图片作为邀请函的背景。

（4）修改邀请函内容的字符格式（字体、字号、颜色等）和段落格式（对齐方式、行间距、段落间距等），使其美观符合中国人的审美观。

（5）在“尊敬的”和“（老师）”文字之间，插入拟邀请的专家和老师的姓名，自己新建收件人列表，每页邀请函中只能包含一位专家或老师的姓名，所有邀请函页面另外保存在一个名为“myword3-邀请函.docx”文件中。

（6）邀请函文档制作完成后，保存“myword3.docx”文件。

# 第 8 章　Excel 2010 基础

电子表格处理软件 Excel 2010 是办公软件 Office 2010 的重要组件之一，是一款主要进行数据处理的常用软件。它能够方便地制作各种电子表格，帮助人们快速地记录与整理数据，进行数据统计和数据分析，以图表形式显示数据，还可以通过局域网或 Internet 与其他用户协同工作，方便信息的传递和共享等。

本章以中文版 Excel 2010 为例，介绍 Excel 的主要功能与基本操作方法。主要内容包括 Excel 2010 工作表的建立与编辑操作、格式化工作表等。

## 8.1　Excel 2010 的基本操作

本节主要介绍Excel 2010的工作窗口的相关概念及基本操作方法，通过本节的学习，我们可以掌握 Excel 2010 的基本操作。

### 8.1.1　Excel 2010 的工作窗口

启动 Excel 2010，进入 Excel 2010 的工作窗口。窗口由快速访问工具栏、标题栏、功能区、编辑栏、工作表标签、工作表区、状态栏等部分组成，如图 8.1 所示。其中，快速访问工具栏、标题栏、功能区和状态栏与 Word 2010 基本相同，下面我们来介绍一下 Excel 2010 特有的组成部分。

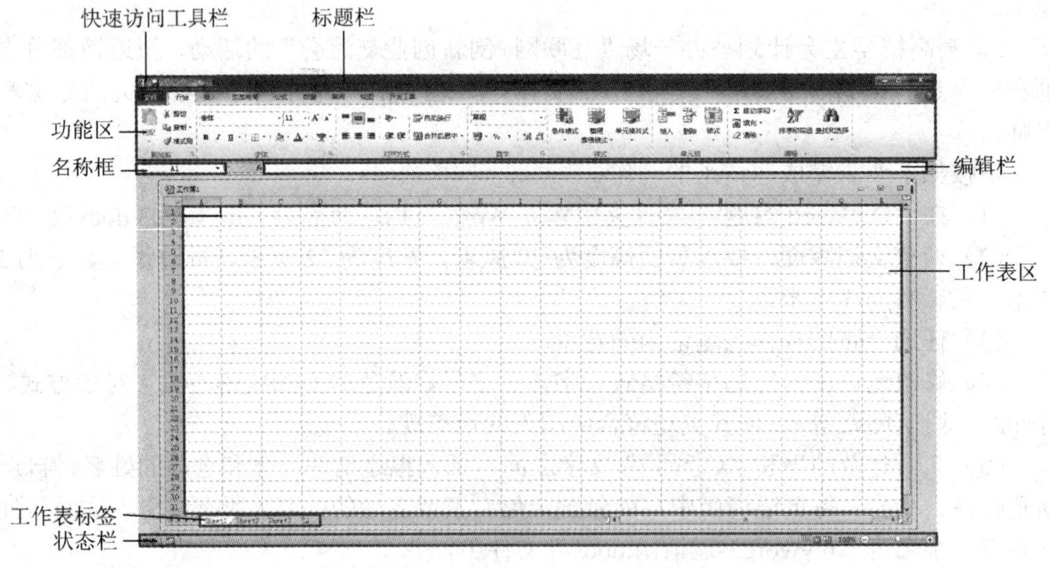


图 8.1　Excel 2010 工作界面

1. 名称框

名称框用来显示当前选定的单元格（或区域）的地址或名称。

2. 编辑栏

编辑栏是用户输入和编辑单元格中的数据或公式的位置。

3. 工作表区

工作表区占据了整个窗口最主要的区域，也是用户在 Excel 操作时最主要的工作区域。

4. 工作表标签

工作表标签用于显示工作表的名称，单击工作表标签将激活相应工作表。默认一个新工作簿打开 3 个工作表。

### 8.1.2 工作簿、工作表和单元格

1. 工作簿

工作簿是 Excel 存储数据的基本单位，它的扩展名为.xlsx。默认情况下，一个新工作簿有 3 个工作表，且分别以 Sheet1、Sheet2、Sheet3 命名。通过“文件”选项卡的“选项”命令可以设置新建工作簿时包含的工作表数，最大值是 255。根据需要，也可以在使用中随时插入新工作表，在 Excel 2010 中最多可以建立 5449 个工作表。

2. 工作表

工作表是由 10048576 个行和 16384 个列所构成的一个表格，工作表的行编号由上到下为 1～1048576，列编号从左到右为 A～XFD。每一个行和列的坐标所组成的虚线矩形格称为单元格。

3. 单元格和单元格区域

单元格是组成工作表的最小单位。工作表中每一个行列交叉处即为一个单元格。每个单元格由所在的列号和行号来标志，如位于表中第 C 列、第 3 行的单元格表示为 C3。由于一个工作簿可以有多个工作表，为了区分不同工作表的单元格，可在单元格地址前加上工作表名来区别，例如，Sheet1!C3 表示为 Sheet1 工作表中的 C3 单元格。

单元格区域是用两个对角（左上角和右下角）单元格表示的矩形单元格区域。例如，单元格区域 A1:B2 表示由 A1、A2、B1 和 B2 这 4 个单元格组成的矩形区域。

### 8.1.3 数据的输入

在 Excel 2010 中可以有多种数据类型，如文本、数字、日期和时间等。输入数据时可以选定要输入数据的单元格，即可在单元格中输入数据。输入的内容同时出现在活动单元格和编辑栏上。如果输入过程中出现错误，可以在确认前按 Backspace 键删除光标前的字符，或单击数据编辑栏中的“取消”按钮删除单元格中的内容。单击数据编辑栏中的“输入”按钮，或按 Enter 键完成数据输入，也可以直接将单元格光标移到下一个单元格，准备输入下一项。

1. 文本的输入

文本可以是任何字符串，包括字母、汉字、数字、空格等。在单元格中输入文本时自动左对齐。在实际应用中，我们经常会输入一些由多位数字组成但不需要做算数运算的数据，如学生的学号、电话号码、身份证号码等。在默认的情况下 Excel 将其视为数字形式，并以科学计数法的形式来显示，这会造成数据显示不正确。因此，我们在输入此类数据的时候，需要将数字作为文本输入，方法有 3 种，具体操作步骤如下。

方法一：在数字前面加上英文输入状态下的单引号，例如，输入学生的学号 201611020101，应输入'201611020101。

方法二：在数字前面加上一个等号并把输入的数字用双引号括起来。例如，学号应输入="201611020101"。注意，单引号和双引号均要求是英文半角符号。

方法三：先设置单元格的格式为文本，再输入数据。具体操作步骤：首先选中将要输入数据的单元格区域，单击“开始”→“单元格”→“格式”下拉按钮，在弹出的下拉列表中选择“设置单元格格式”命令，或右击此单元格，在弹出的快捷菜单中选择“设置单元格格式”命令（或按 Ctrl+1 组合键），打开“设置单元格格式”对话框，如图 8.2 所示。在“数字”选项卡的“分类”列表框中选择“文本”命令，单击“确定”按钮，直接在单元格中输入数据即可。

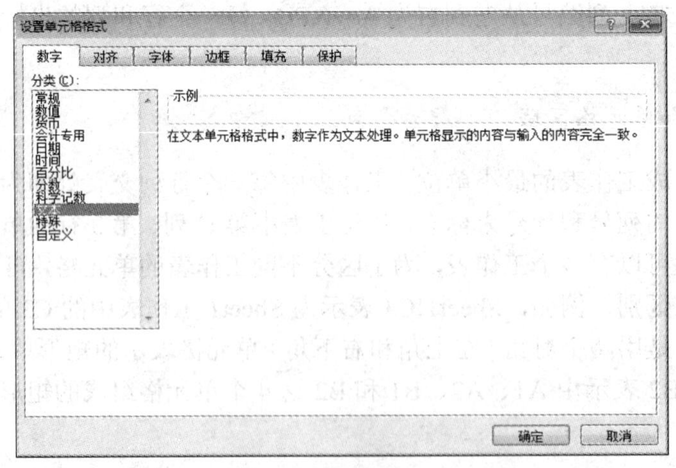


图 8.2 “设置单元格格式”对话框

2. 数字的输入

在工作表中，有效的数字包括数字字符 0～9 和一些特殊的数学字符，如“+”“-”“()”“,”“$”“%”“.”等，这些字符的功能见表 8.1。在默认状态下所输入单元格的数字将自动右对齐。单元格内默认显示 11 个字符，也就是说，只显示 11 位数值，如果输入的数值多于 11 位，就用科学计数法来表示，例如，1234567891234 表示为 1.23457E+12。当单元格中放不下这个数字时，就以若干个“#”号代替（如###)，此时只需增大列宽即可正常显示。

表 8.1 数字输入允许的字符及功能

| 字符 | 功能 |
| --- | --- |
| 0～9 | 阿拉伯数字的任意组合 |
| + | 表示正数，与 E 在一起时表示指数，如 2.14E+4 |
| - | 表示负数，如-456.78 |
| () | 表示负数，如（213）表示-213 |
| , | 千位分隔符，如 123, 568, 000 |
| / | 表示代分数，如 3 1/2 表示三又二分之一，注意数字 3 和 1 之间用空格符分隔 |
| / / | 表示日期分隔符，如 2016/8/30 表示 2016 年 8 月 30 日 |
| $ | 表示金额，如$200 表示 200 美元 |
| % | 表示百分比，如 97% |
| . | 表示小数点 |
| E 和 e | 科学计数法中指数表示符号，如 2.14E+4 表示 21400 |
| : | 时间分隔符，如 12：30 表示 12 点 30 分 |

3. 日期的输入

在单元格中需要按照“年/月/日”或“年-月-日”的格式输入日期，才能被 Excel 识别为有效的日期。注意，年、月、日之间用英文半角符号斜杠或短横线进行分隔，如 2016/9/1 或 2016-9-1。

如果要输入当前系统日期，可以使用快捷键 Ctrl+;快速地输入；如果要输入当前时间，可以使用快捷键 Ctrl+Shift+:。注意，分号和冒号均要求是英文半角符号。

4. 多个单元格中相同数据的输入

如果要在多个单元格中输入相同的数据，可以仅一次输入即可实现。具体操作步骤为首先选中要输入相同数据的单元格，接着在活动单元格中输入数据，最后按 Ctrl+Enter 键，即可实现在所选中的多个单元格中输入相同的数据。

5. 使用自动填充输入数据

Excel 2010 提供了自动填充功能，可以对有一定规律的数据以行或列的方向进行快速填充，如等差/等比数列、日期序列或是类似“甲”到“癸”、“子”到“亥”这样事先已经在序列列表中定义的有规律数据。

1）填充句柄

通常“自动填充”功能是通过“填充句柄”来实现的。所谓“填充句柄”是指位于当前选定区域右下角的一个小黑方块。将鼠标指针移到填充句柄时，指针的形状就变为黑色十字。此时，按住鼠标左键向目标位置拖动，即可完成自动填充。

利用“填充句柄”自动填充数据，具体操作步骤如下。

（1）单击选中要填充区域中的第一个单元格，然后在此单元格中输入序列起始值或公式。例如，在 A1 单元格中输入文字“星期一”。

（2）拖动 A1 单元格右下角的填充句柄，横向拖动或纵向拖动均可。

（3）释放鼠标左键，即可完成自动填充，如图 8.3 所示。

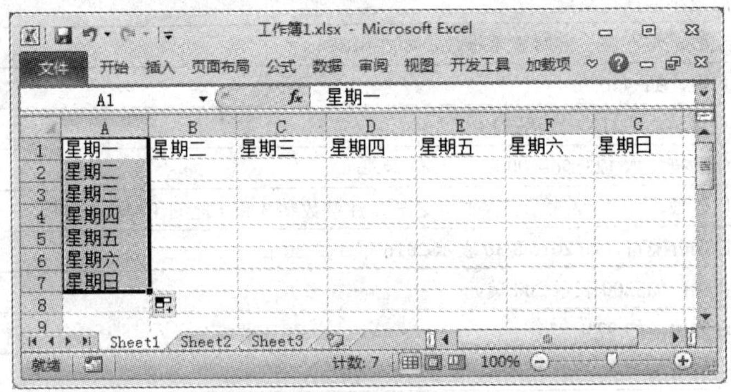


图 8.3　用“填充句柄”自动填充数据

2）“序列”对话框

如果填充的数据是数字类型，那么使用填充句柄默认以等差序列的形式来自动填充。若要填充等比数列，那么需要通过“序列”对话框来实现。通过“序列”对话框还可以对填充序列进行具体的设置。具体操作步骤如下。

（1）选定需要输入序列的第一个单元格并输入序列数据的第一个数据。例如，在 A3 单元格中输入 1。

（2）单击“开始”→“编辑”→“填充”下拉按钮，在弹出的下拉列表中选择“系列”命令，打开“序列”对话框，如图 8.4 所示。

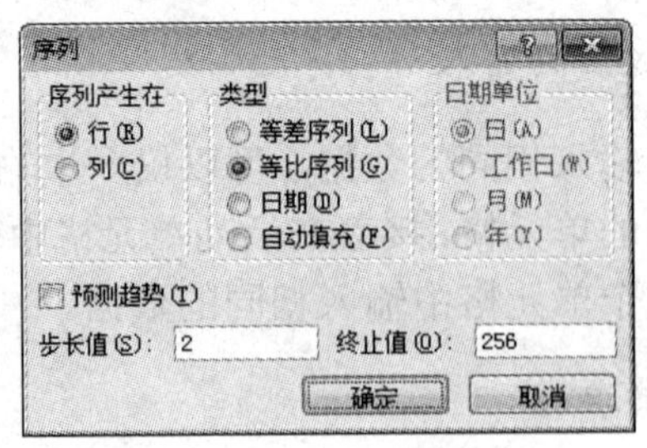


图 8.4　“序列”对话框

（3）根据序列数据输入的需要，在“序列产生在”选项组中选中“行”或“列”单选按钮，这里我们设置按行产生序列。

（4）在“类型”选项组中根据需要选中“等差序列”“等比序列”“日期”或“自动填充”单选按钮，这里我们选中“等比序列”单选按钮。

（5）根据输入数据的类型设置相应的其他选项，设置完毕，单击“确定”按钮即可。我们在“序列”对话框的“步长值”文本框和“终止值”文本框中分别输入 2 和 256，确定后就生成了一个 1∶2 的等比序列，如图 8.5 所示。

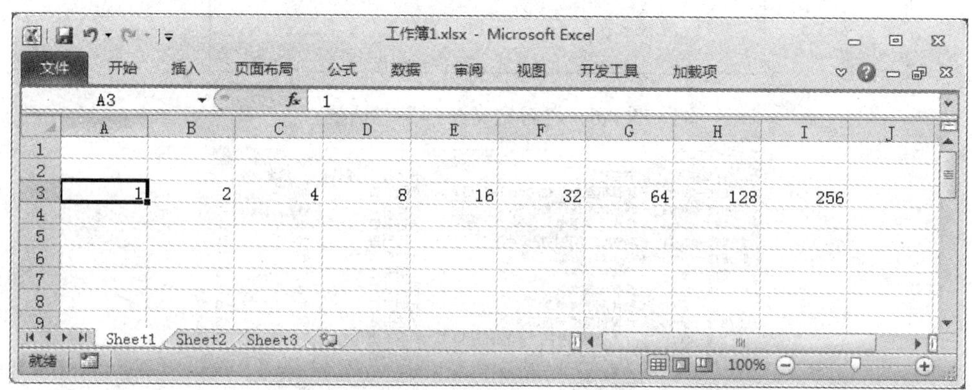


图 8.5　生成的“等比序列”

3）自定义序列

Excel 2010 中仅提供了部分常用的序列，如果有些特殊数据序列要经常使用，用户可以通过自定义序列功能，将其定义为一个序列，这样就可以使用自动填充功能将这些数据快速输入到工作表中。

具体操作步骤如下。

（1）选择“文件”→“选项”命令，打开“Excel 选项”对话框。

（2）在对话框中选择“高级”命令，在“常规”选项组中单击“编辑自定义列表”按钮，打开“自定义序列”对话框。

（3）在“输入序列”列表框中输入要自定义的序列，每一数据项之间可用 Enter 键或英文半角逗号进行分隔。然后单击“添加”按钮，将其添加到左侧“自定义序列”列表框中。例如，定义班级序列“一班，二班，三班，四班，五班，六班，七班，八班，九班，十班”，如图 8.6 所示。

（4）单击“确定”按钮，返回“Excel 选项”对话框中。

（5）单击“确定”按钮，完成自定义序列的设置。

**【例 8-1】**新建工作簿文件“图书销售订单明细表.xlsx”，在工作表 Sheet1 中输入如图 8.7 所示的内容。

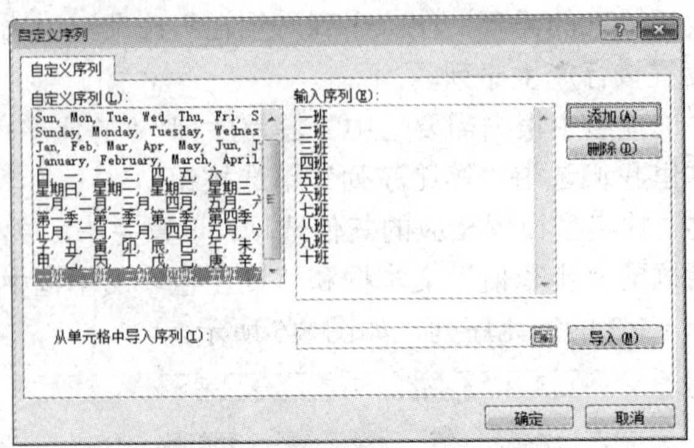

图 8.6 “自定义序列”对话框

| | A | B | C | D | E |
|---|---|---|---|---|---|
| 1 | 订单编号 | 图书名称 | 书店名称 | 单价 | 销量（本） |
| 2 | BTW-08001 | 《计算机基础及MS Office应用》 | 光明书店 | 36 | 12 |
| 3 | BTW-08002 | 《嵌入式系统开发技术》 | 兴达书店 | 44 | 5 |
| 4 | BTW-08003 | 《操作系统原理》 | 兴达书店 | 39 | 41 |
| 5 | BTW-08004 | 《MySQL数据库程序设计》 | 兴达书店 | 40 | 21 |
| 6 | BTW-08005 | 《MS Office高级应用》 | 光明书店 | 39 | 32 |
| 7 | BTW-08006 | 《网络技术》 | 光明书店 | 43 | 3 |
| 8 | BTW-08007 | 《数据库技术》 | 兴达书店 | 41 | 1 |
| 9 | BTW-08008 | 《软件测试技术》 | 光明书店 | 36 | 3 |
| 10 | BTW-08009 | 《计算机组成与接口》 | 兴达书店 | 40 | 43 |
| 11 | BTW-08010 | 《计算机基础及Photoshop应用》 | 新华书店 | 34 | 22 |
| 12 | BTW-08011 | 《C语言程序设计》 | 光明书店 | 42 | 31 |
| 13 | BTW-08012 | 《信息安全技术》 | 新华书店 | 39 | 19 |
| 14 | BTW-08013 | 《数据库原理》 | 光明书店 | 37 | 43 |
| 15 | BTW-08014 | 《VB语言程序设计》 | 新华书店 | 38 | 39 |
| 16 | BTW-08015 | 《Java语言程序设计》 | 光明书店 | 39 | 30 |
| 17 | BTW-08016 | 《Access数据库程序设计》 | 光明书店 | 41 | 43 |
| 18 | BTW-08017 | 《软件工程》 | 光明书店 | 43 | 40 |
| 19 | BTW-08018 | 《计算机基础及MS Office应用》 | 光明书店 | 36 | 44 |
| 20 | BTW-08019 | 《嵌入式系统开发技术》 | 兴达书店 | 44 | 33 |
| 21 | BTW-08020 | 《操作系统原理》 | 光明书店 | 39 | 35 |

图 8.7 图书销售订单明细表

**操作步骤：**

（1）启动 Excel 2010，系统自动创建了一个默认名为“工作簿 1”的空白工作簿，选择“文件”→“保存”命令，打开“另存为”对话框，如图 8.8 所示，位置选择“D:\”，文件名设置为“图书销售订单明细表”，单击“保存”按钮。

图 8.8 “另存为”对话框

（2）光标首先定位到 Sheet1 工作表的 A1 单元格，按照图 8.7 所示内容依次输入数据。其中，在输入“订单编号”列的数据时，在 A2 单元格中输入“BTW-08001”后，拖动该单元格右下角的填充句柄，自动填充下方数据即可。

### 6. 获取外部数据

在 Excel 2010 中可以将 Access、网站、文本等文件中的数据导入工作表中，这样用户就不必重新输入已有的数据，从而实现与外部数据共享，提高数据的使用效率。下面我们以文本文件为例，讲解数据导入的过程。

Excel 2010 可以导入两种不同类型的文本文件数据：带分隔符和固定宽度。在用文本导入向导的操作中，根据文本文件使用的格式进行选择。

**注**：文本文件是将每一条记录放在单独的一行上，带分隔符的文本文件通常以逗号或制表符作为字段的分隔符，而固定宽度的文本文件中每条记录里的字段是定长的，如果字段内容不够长，加空格补位。

**【例 8-2】**已知在 F 盘存在一个“图书编号对照.txt”文本文件，其结构和数据如图 8.9 所示，将其导入“图书销售订单明细表.xlsx”的工作表 Sheet2 中，自 A1 单元格开始。

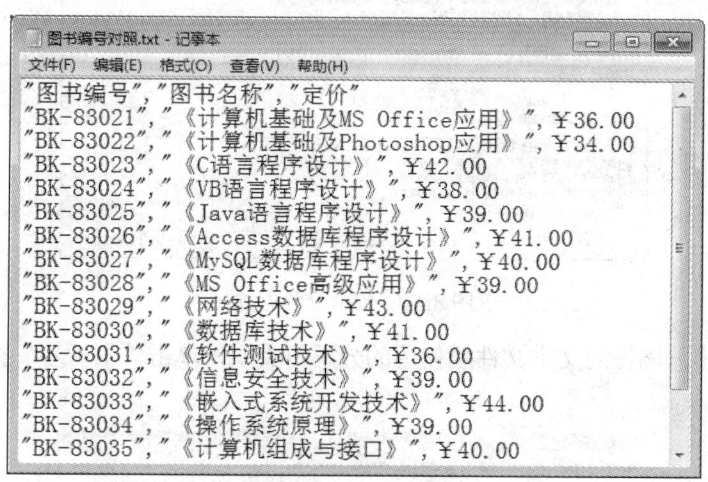

"图书编号","图书名称","定价"
"BK-83021","《计算机基础及MS Office应用》",￥36.00
"BK-83022","《计算机基础及Photoshop应用》",￥34.00
"BK-83023","《C语言程序设计》",￥42.00
"BK-83024","《VB语言程序设计》",￥38.00
"BK-83025","《Java语言程序设计》",￥39.00
"BK-83026","《Access数据库程序设计》",￥41.00
"BK-83027","《MySQL数据库程序设计》",￥40.00
"BK-83028","《MS Office高级应用》",￥39.00
"BK-83029","《网络技术》",￥43.00
"BK-83030","《数据库技术》",￥41.00
"BK-83031","《软件测试技术》",￥36.00
"BK-83032","《信息安全技术》",￥39.00
"BK-83033","《嵌入式系统开发技术》",￥44.00
"BK-83034","《操作系统原理》",￥39.00
"BK-83035","《计算机组成与接口》",￥40.00

图 8.9　图书编号对照

**操作步骤：**

（1）打开“图书销售订单明细表.xlsx”工作簿，将光标定位在 Sheet2 工作表的 A1 单元格中，单击“数据”→“获取外部数据”→“自文本”按钮，打开“导入文本文件”对话框，在文件列表框中选中“图书编号对照.txt”，单击“导入”按钮，如图 8.10 所示。

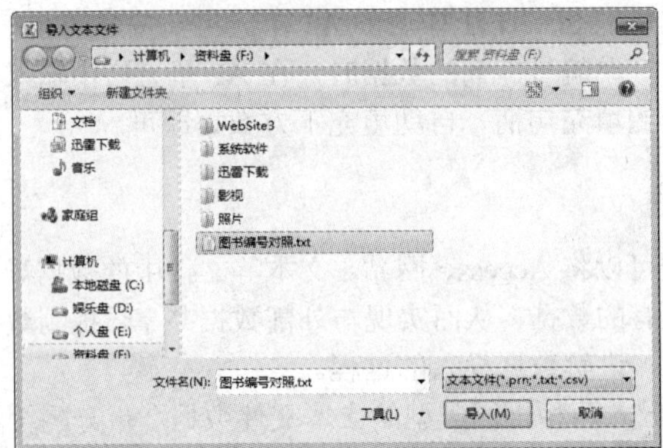


图 8.10 “导入文本文件”对话框

（2）“文本导入向导”自动识别文本文件是带分隔符的还是有固定宽度的。单击“下一步”按钮，如图 8.11 所示。

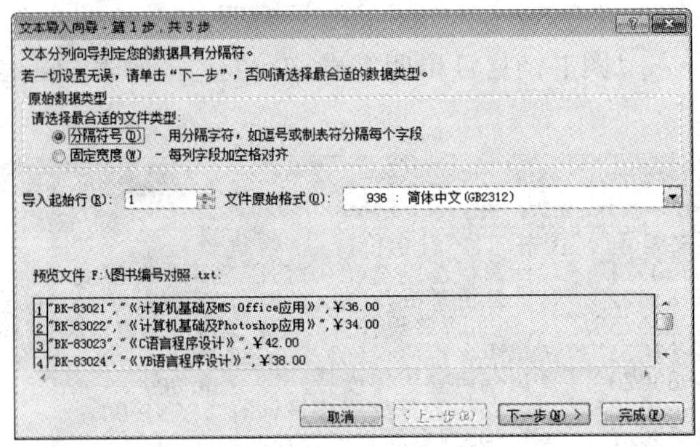


图 8.11 数据分隔方式

（3）确定带分隔符的文本文件里使用的分隔符类型，单击“下一步”按钮，如图 8.12 所示。

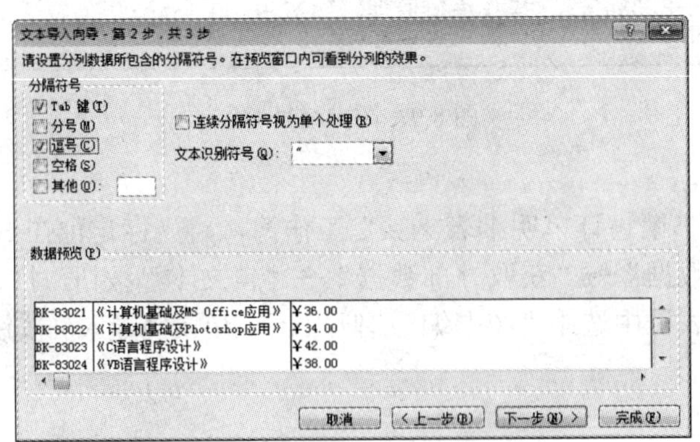


图 8.12 确定分列数据的分隔符

（4）选择各列并设置其相应的数据格式，然后单击“完成”按钮，如图 8.13 所示。

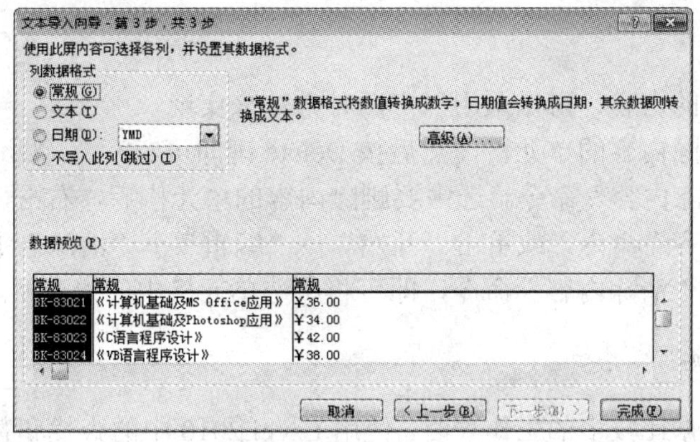


图 8.13 设置数据格式

（5）如图 8.14 所示，在打开的“导入数据”对话框中，确认数据放置的开始位置后，单击“确定”按钮，文本文件即可成功地导入工作表 Sheet2 中，如图 8.15 所示。

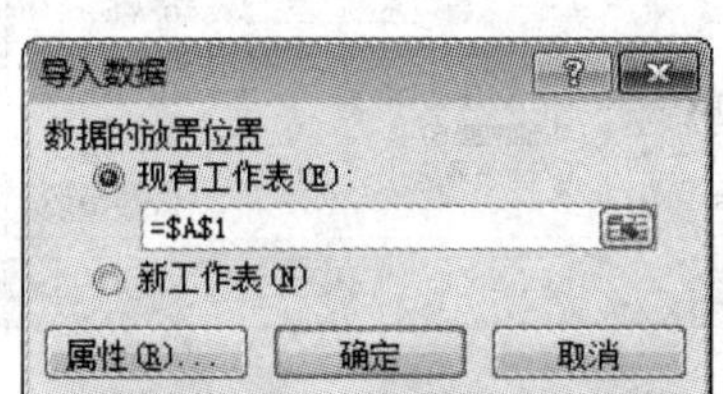


图 8.14 “导入数据”对话框

图书销售订单明细表.xlsx

| | A | B | C | D |
|---|---|---|---|---|
| 1 | 图书编号 | 图书名称 | 定价 | |
| 2 | BK-83021 | 《计算机基础及MS Office应用》 | ¥36.00 | |
| 3 | BK-83022 | 《计算机基础及Photoshop应用》 | ¥34.00 | |
| 4 | BK-83023 | 《C语言程序设计》 | ¥42.00 | |
| 5 | BK-83024 | 《VB语言程序设计》 | ¥38.00 | |
| 6 | BK-83025 | 《Java语言程序设计》 | ¥39.00 | |
| 7 | BK-83026 | 《Access数据库程序设计》 | ¥41.00 | |
| 8 | BK-83027 | 《MySQL数据库程序设计》 | ¥40.00 | |
| 9 | BK-83028 | 《MS Office高级应用》 | ¥39.00 | |
| 10 | BK-83029 | 《网络技术》 | ¥43.00 | |
| 11 | BK-83030 | 《数据库技术》 | ¥41.00 | |
| 12 | BK-83031 | 《软件测试技术》 | ¥36.00 | |
| 13 | BK-83032 | 《信息安全技术》 | ¥39.00 | |
| 14 | BK-83033 | 《嵌入式系统开发技术》 | ¥44.00 | |
| 15 | BK-83034 | 《操作系统原理》 | ¥39.00 | |
| 16 | BK-83035 | 《计算机组成与接口》 | ¥40.00 | |
| 17 | BK-83036 | 《数据库原理》 | ¥37.00 | |
| 18 | BK-83037 | 《软件工程》 | ¥43.00 | |
| 19 | | | | |

Sheet1 Sheet2 Sheet3

图 8.15 文本文件导入成功

## 8.1.4 数据的编辑和修改

在输入数据的过程中难免会出错需要修改，或对已输入的数据进一步地编辑完善，下面将学习如何修改和编辑工作表中的数据。

1. 修改数据

（1）双击需要修改数据的单元格，这时在单元格中出现插入光标，同时在编辑栏中也显示该单元格的内容。在单元格或编辑栏中定位光标到要修改的字符右侧。

（2）按 Backspace 键将输入错的内容删除，再重新输入正确的内容即可。

（3）如果整个单元格的内容都要删除，就选定这个单元格，然后输入新的内容，新内容会自动取代原来的内容。

### 2. 删除数据

删除单元格中的内容，可以采用以下两种方法来实现。

（1）选中要删除内容的单元格，然后按 Delete 键即可。

（2）利用“清除内容”命令。选中要删除内容的单元格后，右击，在弹出的快捷菜单中选择“清除内容”命令，或单击“开始”→“编辑”→“清除”下拉按钮，在弹出的下拉列表中选择“清除内容”命令，即可将所选单元格中的内容删除。

### 3. 查找和替换

在编辑一个数据比较多的工作表时，使用 Excel 2010 中的查找和替换功能可以迅速准确地查找和替换所要编辑修改的数据。

查找数据内容，具体操作步骤如下。

（1）单击“开始”→“编辑”→“查找和选择”下拉按钮，在弹出的下拉列表中选择“查找”命令，或按 Ctrl+F 组合键，打开“查找和替换”对话框，如图 8.16 所示。如果进行高级操作，单击“选项”按钮，则会打开如图 8.17 所示的带选项的“查找和替换”对话框。在“查找和替换”对话框中的“查找内容”文本框中，输入要查找的数据内容，然后在“范围”“搜索”“查找范围”下拉列表中选择查找条件。

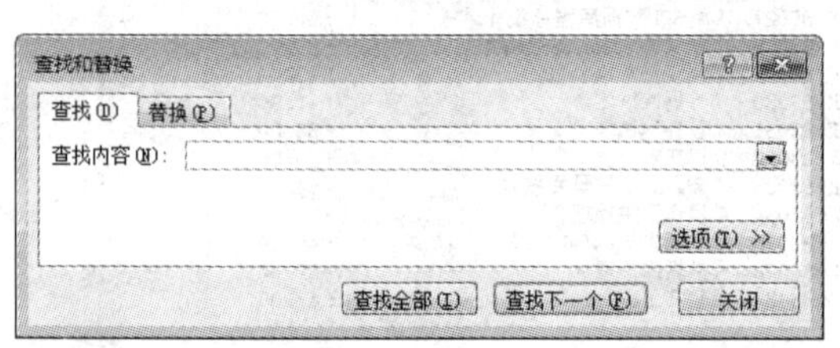


图 8.16 “查找和替换”对话框（一）

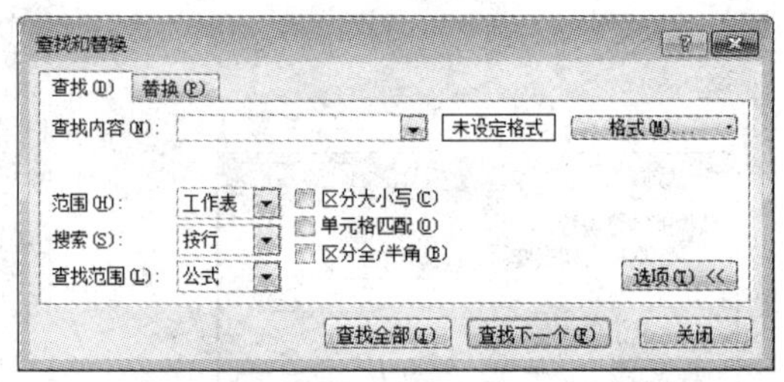


图 8.17 带选项的“查找和替换”对话框（一）

① 范围：单击“范围”下拉按钮，在弹出的下拉列表中选择是在“工作簿”还是在“工作表”中查找数据。

② 搜索：单击“搜索”下拉按钮，在弹出的下拉列表中选择“按列”命令，查找将沿列向下进行；选择“按行”命令，查找将按行向右进行。

③ 查找范围：单击“查找范围”下拉按钮，在弹出的下拉列表中选择查找数据的范围。

（2）设置完毕后，单击“查找下一个”按钮，即可在工作表中查找在“查找内容”文本框中所输入的内容，查找到的数据所在单元格将被选中。

替换数据内容，具体操作步骤如下。

① 单击“开始”→“编辑”→“查找和选择”下拉按钮，在弹出的下拉列表中选择“替换”命令，或按 Ctrl+H 组合键，打开“查找和替换”对话框，如图 8.18 所示。

如果进行高级操作，单击“选项”按钮，则会打开带选项的“查找和替换”对话框，如图 8.19 所示。

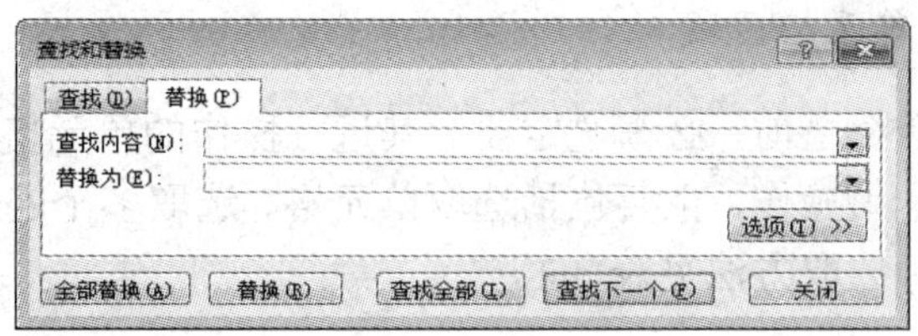


图 8.18 “查找和替换”对话框（二）

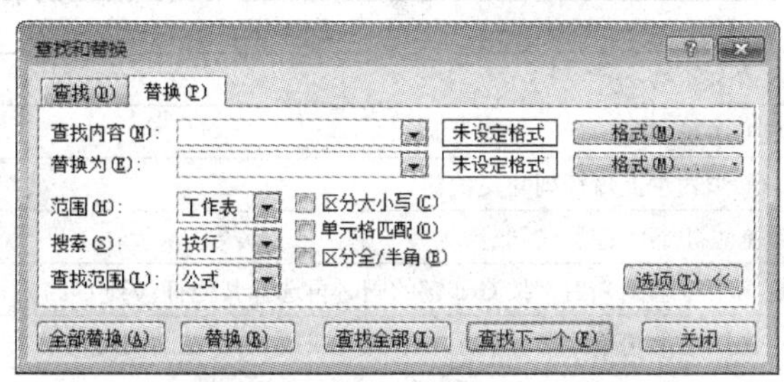


图 8.19 带选项的“查找和替换”对话框（二）

② 在“查找内容”文本框中输入要查找的数据内容，然后在“替换为”文本框中输入所要替换成的数据内容。

③ 单击“全部替换”按钮，将工作表中所有和查找内容相同的数据替换成“替换为”文本框中所输入的数据；如果只需要将部分查找内容替换为替换内容，可以单击“查找下一个”按钮，查找到需要替换的对象后，单击“替换”按钮即可将其替换。

**【例 8-3】**打开工作簿“图书销售订单明细表.xlsx”，将 Sheet1 表中所有的“光明书店”修改为“联众书店”。

**操作步骤：**

（1）将光标定位在 Sheet1 工作表数据区域的任一单元格中，选择“开始”→“编辑”→“查找和选择”→“替换”命令，打开“查找和替换”对话框。

（2）在“查找内容”文本框中输入“光明书店”，在“替换为”文本框中输入“联众书店”，如图 8.20 所示，单击“全部替换”按钮，工作表中的 11 个“光明书店”全部替换为“联众书店”，如图 8.21 所示。

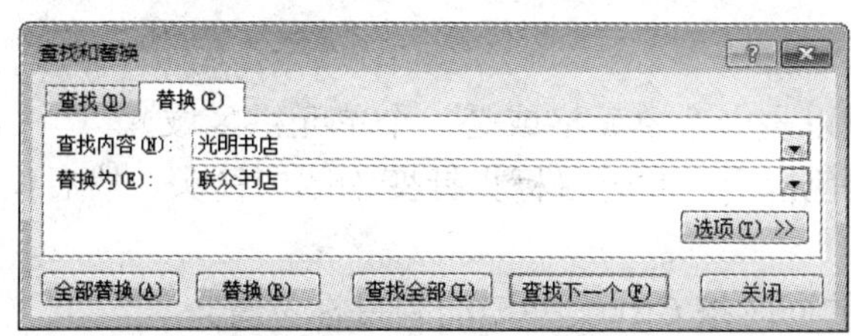


图 8.20 定义“替换”选项卡

图 8.21 提示对话框

### 8.1.5 单元格、行和列的编辑

1. 选取单元格或单元格区域

在执行绝大部分命令之前，必须选定要对其进行操作的单元格或单元格区域。选取单元格是电子表格的常用操作，主要包括选取单元格、选取多个连续单元格及选取多个不连续单元格等。各种选取方法见表 8.2。

表 8.2 选取单元格及单元格区域的方法

| 选取区域 | 操作方法 |
|---|---|
| 单元格 | 单击该单元格 |
| 整行（列） | 单击工作表相应的行号（列号） |
| 整张工作表 | 单击工作表左上角行列交叉按钮 |
| 相邻行（列） | 指针拖过相邻的行号（列号） |
| 不相邻行（列） | 选定第一行（列）后，按 Ctrl 键的同时再选择其他行（列） |
| 相邻单元格区域 | 单击区域左上角单元格，拖至右下角（或按 Shift 键的同时再单击右下角单元格） |
| 不相邻单元格区域 | 选定第一个区域后，按 Ctrl 键的同时再选择其他区域 |

如果要取消区域选定，只需单击工作表内任意一个单元格即可。

2. 复制或移动单元格

具体操作步骤如下。

方法一：

（1）在工作表中选择要复制或移动的单元格。

（2）在“开始”选项卡的“剪贴板”组中，执行以下操作之一即可。

① 若要复制选定区域，单击“复制”按钮，或在选中的单元格上右击，在弹出的快捷菜单中选择“复制”命令，或按 Ctrl+C 组合键。

② 若要移动选定区域，单击“剪切”按钮，或在选中的单元格上右击，在弹出的快捷菜单中选择“剪切”命令，或按 Ctrl+X 组合键。

③ 选择粘贴区域左上角的单元格。

④ 单击“开始”→“剪贴板”→“粘贴”按钮，或右击，在弹出的快捷菜单中选择“粘贴”命令，或按 Ctrl+V 组合键。

方法二：

（1）选中要复制或移动的单元格（可以是一个单元格或是一个单元格区域）。

（2）将鼠标指针移到选中单元格的黑色框上，此时鼠标指针变为四向箭头，然后执行以下操作之一即可。

① 若要实现复制操作，按鼠标左键的同时按 Ctrl 键并拖动到目标位置。

② 若要实现移动操作，则按鼠标左键直接拖动到目标位置。

### 3. 复制或移动行和列

具体操作步骤如下。

（1）在工作表中选择要复制或移动的行或列。

（2）在“开始”选项卡的“剪贴板”组中，执行以下操作之一即可。

① 若要复制行或列，单击“复制”按钮，或在选中的行或列上右击，在弹出的快捷菜单中选择“复制”命令，或按Ctrl+C组合键。

② 若要移动行或列，单击“剪切”按钮，或在选中的行或列上右击，在弹出的快捷菜单中选择“剪切”命令，或按Ctrl+X组合键。

（3）选择目标位置下方或右侧的行或列，然后执行以下操作之一即可。

① 当复制行或列时，单击“开始”→“单元格”→“插入”下拉按钮，在弹出的下拉列表中选择“插入复制单元格”命令，或右击，在弹出的快捷菜单中选择“插入复制单元格”命令。

② 当移动行或列时，单击“开始”→“单元格”→“插入”下拉按钮，在弹出的下拉列表中选择“插入剪切单元格”命令，或右击，在弹出的快捷菜单中选择“插入剪切单元格”命令。

**注**：如果不用“插入复制单元格”/“插入剪切单元格”命令，而是用“粘贴”命令，那么执行复制或移动后，目标单元格的内容将全部被替换。

### 4. 插入单元格

具体操作步骤如下。

（1）选定需要插入单元格的位置，使之成为活动单元格。

（2）单击“开始”→“单元格”→“插入”下拉按钮，在弹出的下拉列表中选择“插入单元格”命令，或在所选的单元格上右击，在弹出的快捷菜单中选择“插入”命令，打开“插入”对话框，如图8.22所示。

（3）选择单元格的插入方式，单击“确定”按钮。插入后，原有单元格做相应移动。

### 5. 删除单元格

具体操作步骤如下。

（1）选定要删除的单元格或单元格区域。

（2）单击“开始”→“单元格”→“删除”下拉按钮，在弹出的下拉列表中选择“删除单元格”命令，或在所选的单元格上右击，在弹出的快捷菜单中选择“删除”命令，打开“删除”对话框，如图8.23所示。

（3）在“删除”对话框中，根据需要选择删除方式，单击“确定”按钮。

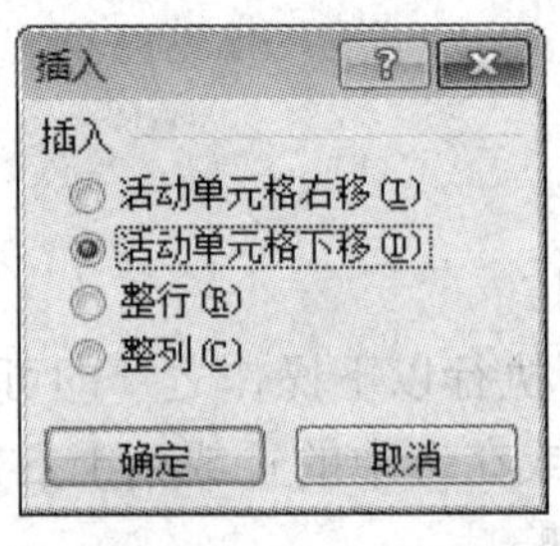


图 8.22 “插入”对话框

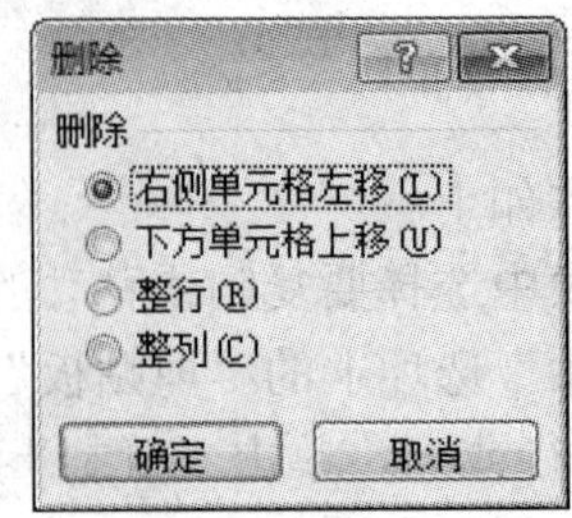


图 8.23 “删除”对话框

6. 插入行和列

具体操作步骤如下。

（1）在工作表中单击选择一个行号。

（2）单击“开始”→“单元格”→“插入”下拉按钮，在弹出的下拉列表中选择“插入工作表行”命令，或在所选的行上右击，在弹出的快捷菜单中选择“插入”命令，即可将一个空白的行插入指定位置。插入后，原有行中的内容依次下移一行。

向工作表中插入空白列的步骤与插入空白行的步骤相似，定位一个列号后，单击“开始”→“单元格”→“插入”下拉按钮，在弹出的下拉列表中选择“插入工作表列”命令，插入的列位于所选列的左侧。

**注：**若要连续插入多行/多列，可以事先选定多行/多列后，再执行插入操作，那么将插入和选定的行/列数目相同的行/列。

7. 删除行和列

具体操作步骤如下。

（1）单击选择工作表中需要删除的行或列。

（2）单击“开始”→“单元格”→“删除”下拉按钮，在弹出的下拉列表中选择“删除工作表行”或“删除工作表列”命令，或在所选的行、列上右击，然后在弹出的快捷菜单中选择“删除”命令，选定的行或列就被删除了。

**【例 8-4】**打开工作簿“图书销售订单明细表.xlsx”，按照要求完成下列操作。

（1）在第一行上面插入一行，输入标题“图书销售订单明细表”。

（2）在“图书名称”列前面增加“日期”列，输入数据如图 8.24 所示。

（3）将“图书名称”列移到“书店名称”列之后。

| | A | B | C | D | E | F |
|---|---|---|---|---|---|---|
| 1 | 订单编号 | 日期 | 图书名称 | 书店名称 | 单价 | 销量（本） |
| 2 | BTW-08001 | 2016/1/2 | 《计算机基础及MS Office应用》 | 联众书店 | 36 | 12 |
| 3 | BTW-08002 | 2016/1/4 | 《嵌入式系统开发技术》 | 兴达书店 | 44 | 5 |
| 4 | BTW-08003 | 2016/1/4 | 《操作系统原理》 | 兴达书店 | 39 | 41 |
| 5 | BTW-08004 | 2016/1/5 | 《MySQL数据库程序设计》 | 兴达书店 | 40 | 21 |
| 6 | BTW-08005 | 2016/1/6 | 《MS Office高级应用》 | 联众书店 | 39 | 32 |
| 7 | BTW-08006 | 2016/1/9 | 《网络技术》 | 联众书店 | 43 | 3 |
| 8 | BTW-08007 | 2016/1/9 | 《数据库技术》 | 兴达书店 | 41 | 1 |
| 9 | BTW-08008 | 2016/1/10 | 《软件测试技术》 | 联众书店 | 36 | 3 |
| 10 | BTW-08009 | 2016/1/10 | 《计算机组成与接口》 | 兴达书店 | 40 | 43 |
| 11 | BTW-08010 | 2016/1/11 | 《计算机基础及Photoshop应用》 | 新华书店 | 34 | 22 |
| 12 | BTW-08011 | 2016/1/11 | 《C语言程序设计》 | 联众书店 | 42 | 31 |
| 13 | BTW-08012 | 2016/1/12 | 《信息安全技术》 | 新华书店 | 39 | 19 |
| 14 | BTW-08013 | 2016/1/12 | 《数据库原理》 | 联众书店 | 37 | 43 |
| 15 | BTW-08014 | 2016/1/13 | 《VB语言程序设计》 | 新华书店 | 38 | 39 |
| 16 | BTW-08015 | 2016/1/15 | 《Java语言程序设计》 | 联众书店 | 39 | 30 |
| 17 | BTW-08016 | 2016/1/16 | 《Access数据库程序设计》 | 联众书店 | 41 | 43 |
| 18 | BTW-08017 | 2016/1/16 | 《软件工程》 | 联众书店 | 43 | 40 |
| 19 | BTW-08018 | 2016/1/17 | 《计算机基础及MS Office应用》 | 联众书店 | 36 | 44 |
| 20 | BTW-08019 | 2016/1/18 | 《嵌入式系统开发技术》 | 兴达书店 | 44 | 33 |
| 21 | BTW-08020 | 2016/1/19 | 《操作系统原理》 | 联众书店 | 39 | 35 |

图 8.24　图书销售订单明细表

**操作步骤：**

（1）在行号 1 上右击，在弹出的快捷菜单中选择“插入”命令，或选择“开始”→“单元格”→“插入”→“插入工作表行”命令，在第 1 行插入一个空行。定位 A1 单元格输入“图书销售订单明细表”即可。

（2）在“图书名称”列号上右击，在弹出的快捷菜单中选择“插入”命令，或选择“开始”→“单元格”→“插入”→“插入工作表列”命令，在 B 列插入一个空列。定位 B2 单元格，输入“日期”，从 B3 单元格开始，依次输入如图 8.24 所示的日期即可。

（3）在“图书名称”列号上右击，在弹出的快捷菜单中选择“剪切”命令，或单击“开始”→“剪贴板”→“剪切”按钮，在“书店名称”列之后的 E 列上右击，在弹出的快捷菜单中选择“插入剪切的单元格”命令，即可将“图书名称”列移动到“书店名称”列之后。

以上 3 个操作结果如图 8.25 所示。

| | A | B | C | D | E | F |
|---|---|---|---|---|---|---|
| 1 | 图书销售订单明细表 | | | | | |
| 2 | 订单编号 | 日期 | 书店名称 | 图书名称 | 单价 | 销量（本） |
| 3 | BTW-08001 | 2016/1/2 | 联众书店 | 《计算机基础及MS Office应用》 | 36 | 12 |
| 4 | BTW-08002 | 2016/1/4 | 兴达书店 | 《嵌入式系统开发技术》 | 44 | 5 |
| 5 | BTW-08003 | 2016/1/4 | 兴达书店 | 《操作系统原理》 | 39 | 41 |
| 6 | BTW-08004 | 2016/1/5 | 兴达书店 | 《MySQL数据库程序设计》 | 40 | 21 |
| 7 | BTW-08005 | 2016/1/6 | 联众书店 | 《MS Office高级应用》 | 39 | 32 |
| 8 | BTW-08006 | 2016/1/9 | 联众书店 | 《网络技术》 | 43 | 3 |
| 9 | BTW-08007 | 2016/1/9 | 兴达书店 | 《数据库技术》 | 41 | 1 |
| 10 | BTW-08008 | 2016/1/10 | 联众书店 | 《软件测试技术》 | 36 | 3 |
| 11 | BTW-08009 | 2016/1/10 | 兴达书店 | 《计算机组成与接口》 | 40 | 43 |
| 12 | BTW-08010 | 2016/1/11 | 新华书店 | 《计算机基础及Photoshop应用》 | 34 | 22 |
| 13 | BTW-08011 | 2016/1/11 | 联众书店 | 《C语言程序设计》 | 42 | 31 |
| 14 | BTW-08012 | 2016/1/12 | 新华书店 | 《信息安全技术》 | 39 | 19 |
| 15 | BTW-08013 | 2016/1/12 | 联众书店 | 《数据库原理》 | 37 | 43 |
| 16 | BTW-08014 | 2016/1/13 | 新华书店 | 《VB语言程序设计》 | 38 | 39 |
| 17 | BTW-08015 | 2016/1/15 | 联众书店 | 《Java语言程序设计》 | 39 | 30 |
| 18 | BTW-08016 | 2016/1/16 | 联众书店 | 《Access数据库程序设计》 | 41 | 43 |
| 19 | BTW-08017 | 2016/1/16 | 联众书店 | 《软件工程》 | 43 | 40 |
| 20 | BTW-08018 | 2016/1/17 | 联众书店 | 《计算机基础及MS Office应用》 | 36 | 44 |
| 21 | BTW-08019 | 2016/1/18 | 兴达书店 | 《嵌入式系统开发技术》 | 44 | 33 |
| 22 | BTW-08020 | 2016/1/19 | 联众书店 | 《操作系统原理》 | 39 | 35 |

图 8.25　操作结果

### 8.1.6 单元格数据格式的设置

在工作表中有各种各样的数据，它们大多以数字形式保存，如数字、日期、时间等，但由于代表的意义不同，因而显示的数字格式也不同。数字格式用来改变数据的外表，而不改变数据本身。也就是说，无论为单元格定义何种数字格式，都只会改变单元格的显示形式，而不会改变单元格存储的真正内容。反之，人们在工作表上看到的单元格内容并不一定是其真正的内容，而可能是原始内容经过数字格式变化后的一种表现形式。Excel 2010 内置的数字格式见表 8.3。

表 8.3 数字格式及说明

| 数字格式 | 说明 |
|---|---|
| 常规 | 默认数字格式，不包含任何特定的数字格式，即将数字以输入的方式显示 |
| 数值 | 用于一般数值的表示，可定义数值的小数位数和是否显示千位分隔符 |
| 货币 | 用于表示一般货币数值，可定义数值的小数位数和货币符号 |
| 会计专用 | 用于表示货币数值，并且可对一列数值进行货币符号和小数点对齐 |
| 日期 | 将日期和时间系列数值显示为日期值，其中以星号（*）开头的日期格式响应系统特定的区域日期和时间设置更改 |
| 时间 | 将日期和时间系列数值显示为时间值，其中以星号（*）开头的日期格式响应系统特定的区域日期和时间设置更改 |
| 百分比 | 将单元格中数值乘以 100，并以百分数形式显示 |
| 分数 | 将小数四舍五入为值最接近的分数，可以选择分母值和分母的位数 |
| 科学记数 | 以指数表示法显示数字 |
| 文本 | 将数字作为文本处理，单元格显示的内容与输入的内容一致 |
| 特殊 | 将数字显示为邮政编码，或转换为中文大/小写数字，可用于跟踪数据列表及数据库的值 |
| 自定义 | 以现在格式为基础，生成自定义的数字格式 |

#### 1. 设置内置的数字格式

设置数字格式有以下两种方法。

1）用数字格式的各种按钮设置

选定需要设置数字格式的单元格或单元格区域，单击“开始”→“数字”→“常规”下拉按钮，弹出“常规”下拉列表，如图 8.26 所示，根据需要选择相应的命令即可。

2）用“设置单元格格式”对话框中的“数字”选项卡设置

选定需要设置数字格式的单元格或单元格区域，单击“开始”→“单元格”→“格式”下拉按钮，在弹出的下拉列表中选择“设置单元格格式”命令，或右击，在弹出的快捷菜单中选择“设置单元格格式”命令，打开“设置单元格格式”对话框，如图 8.27 所示，选择“数字”选项卡，根据需要设置相应的选项，设置完毕，单击“确定”按钮即可。

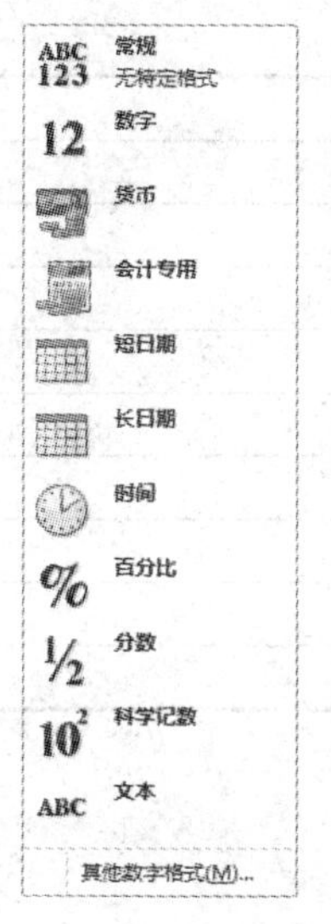


图 8.26　“常规”下拉列表

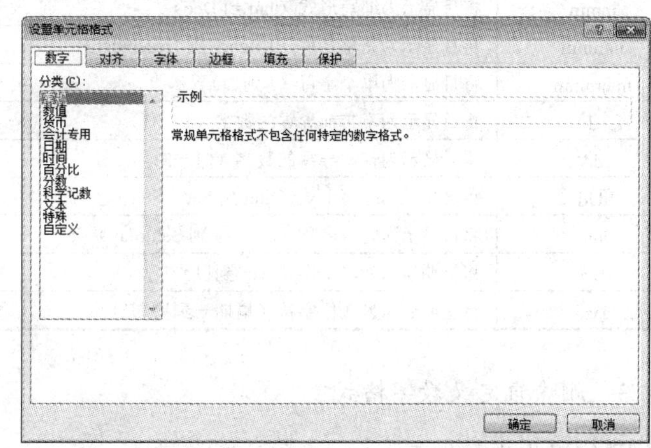


图 8.27　“设置单元格格式”对话框

2. 创建自定义数字格式

如果系统内置的数字格式无法满足需要，我们可以自定义数字格式以满足需要。具体操作步骤如下。

（1）打开要创建并存储自定义数字格式的工作簿，打开“设置单元格格式”对话框。

（2）在“分类”列表框中选择“自定义”命令。

（3）在“类型”列表框中选择一种内置数字格式，Excel 将创建该数字格式的可自定义副本，并将其显示在“类型”文本框中。

（4）在“类型”列表框中，按照自定义数字格式的准则进行相应的更改后，单击“确定”按钮即可。新定义的数字格式将会保存在自定义的“类型”列表框中。

**注：**“类型”列表框中的内置数字格式是不能更改或删除的。自定义数字格式存储在创建该格式的工作簿中，在任何其他工作簿中都不可用。若要在新的工作簿中使用自定义格式，可以将当前工作簿另存为 Excel 模板，并在该模板基础上创建新工作簿。

Excel 2010 定义了有关包含文本和添加空格的准则，使用小数位、空格、颜色和条件的准则，还有日期和时间格式的准则。下面给出最常用的更改日期格式所使用的代码，见表 8.4。

**表 8.4　日期格式代码及含义**

| 代码 | 含义 |
|---|---|
| yy | 将年显示为两位数字（00～99） |
| yyyy | 将年显示为 4 位数字（1900～9999） |
| m | 将月显示为不带前导零的数字（1～12） |
| mm | 将月显示为带前导零的数字（01～12） |

续表

| 代码 | 含义 |
| --- | --- |
| mmm | 将月显示为缩写形式（Jan 到 Dec） |
| mmmm | 将月显示为完整名称（January 到 December） |
| mmmmm | 将月显示为单个字母（J 到 D） |
| d | 将日显示为不带前导零的数字（1～31） |
| dd | 将日显示为带前导零的数字（01～31） |
| ddd | 将日显示为缩写形式（Sun 到 Sat） |
| dddd | 将日显示为完整名称（Sunday 到 Saturday） |
| aaa | 将星期显示为单个字符（一到日） |
| aaaa | 将星期显示为 3 位字符（星期一到星期日） |

3. 删除自定义数字格式

具体操作步骤如下。

（1）打开包含要删除的自定义数字格式的工作簿。

（2）在“开始”选项卡中，单击“数字”组右下角的对话框启动器，打开“设置单元格格式”对话框。

（3）在“分类”列表框中选择“自定义”命令。

（4）在“类型”列表框中选择要删除的自定义数字格式。

（5）单击“删除”按钮。

**注：**“类型”列表框中的内置数字格式不能删除。自定义格式被删除后，原来设置该格式的所有单元格都将以默认的“常规”格式来显示。

**【例 8-5】**打开工作簿“图书销售订单明细表.xlsx”，按照要求完成下列操作。

（1）将“单价”列的数据设置为货币类型，保留一位小数，并显示人民币符号。

（2）将“日期”列的数据设置为“××××年××月××日”的格式显示，并标注出每个日期属于星期几，例如，日期为“2016/1/2”的单元格应显示为“2016 年 01 月 02 日星期六”。

**操作步骤：**

（1）选中 E3:E22，在选中的区域上右击，在弹出的快捷菜单中选择“设置单元格格式”命令，或选择“开始”→“单元格”→“格式”→“设置单元格格式”命令，打开“设置单元格格式”对话框，在“数字”选项卡的“分类”列表框中选择“货币”命令，在右侧的“小数位数”微调框中输入 1，设置“货币符号”为￥，如图 8.28 所示，单击“确定”按钮。

（2）选中 B3:B22，选择“开始”→“数字”→“常规”→“其他数字格式”命令，打开“设置单元格格式”对话框，在“数字”选项卡的“分类”列表框中选择“自定义”命令，然后在右侧的“类型”列表框中选择“yyyy‘年’m‘月’d‘日’”数字格式，接着在“类型”文本框中，将数字格式修改为“yyyy‘年’mm‘月’dd‘日’aaaa”，

这时在示例栏里可看到题目中要求的日期显示样式，如图 8.29 所示，单击“确定”按钮。

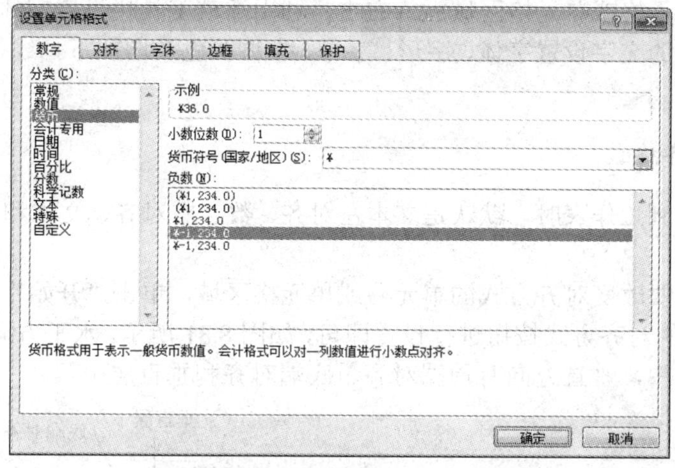


图 8.28　设置“单价”数字格式

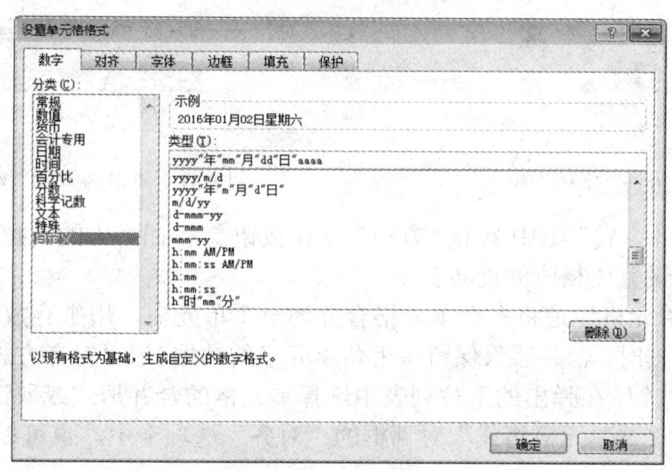


图 8.29　设置“日期”数字格式

### 8.1.7　单元格格式化操作

Excel 2010 中可通过数字格式设置来改变数据在单元格中的显示形式，除此之外，还可以进行设置字体格式、数据对齐方式、边框、底纹，以及调整单元格高度和宽度等格式化工作表操作，使工作表更加清晰、美观。

1. 设置字体

设置字体有以下 3 种方法。

（1）在“开始”选项卡的“字体”组中，有设置修饰文字的下拉列表和按钮，如图 8.30 所示，根据需要进行相应设置即可。

（2）在“设置单元格格式”对话框中，选择“字体”选项卡，根据需要设置相应的选项，设置完毕，单击“确定”按钮即可。

（3）选中单元格或单元格区域后，右击，利用浮动工具栏设置字体。

为工作表中的文字设置字体、字形、字号、字体颜色及增加下画线等操作，与 Word 中的操作一样。

### 2. 设置对齐格式

在输入数据到工作表时，默认是文本左对齐、数字右对齐、文本和数字都在单元格内垂直居中。

（1）选定需要改变对齐方式的单元格或单元格区域，单击“开始”选项卡的“对齐方式”组中相应的对齐方式按钮进行设置即可，如图 8.31 所示。水平方向有文本左对齐、文本右对齐、居中，垂直方向有顶端对齐、底端对齐和垂直居中等。

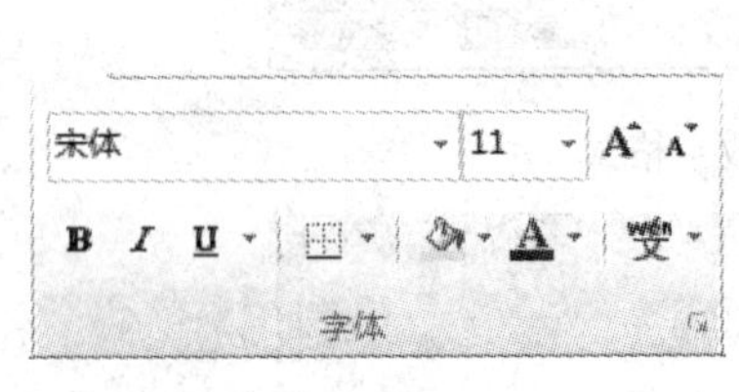


图 8.30 “字体”组

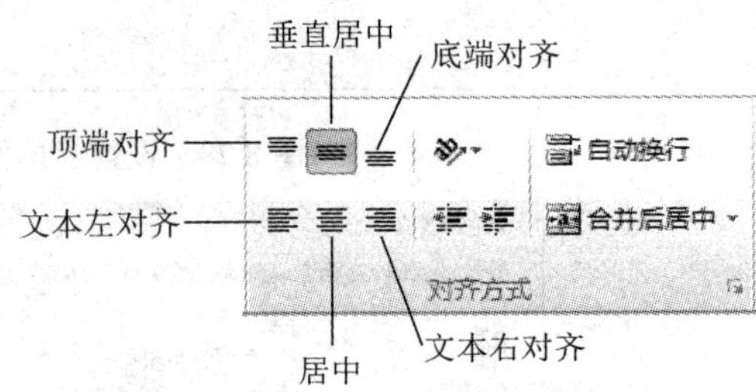


图 8.31 “对齐方式”组

（2）在“对齐方式”组中单击“方向”下拉按钮，在弹出的下拉列表中选择某一命令，可将文本设置成相应的旋转效果。

（3）“合并单元格”是将多个单元格合并为一个单元格，用来存放长数据。当多个单元格都包含数据时，合并后只保留左上角单元格的数据。在“对齐方式”组中单击“合并后居中”下拉按钮，在弹出的下拉列表中选择单元格的合并形式或取消单元格的合并。

另外，在“设置单元格格式”对话框的“对齐”选项卡中，也可以进行上述设置。

### 3. 设置边框线

默认情况下，Excel 2010 的表格线都是统一的淡虚线，在打印预览时是看不见的，如果需要打印边框线，可以进行专门的设置。

具体操作步骤如下。

（1）选定需要设置单元格边框的单元格区域，右击，在弹出的快捷菜单中选择“设置单元格格式”命令，或者单击“开始”→“单元格”→“格式”下拉按钮，在弹出的下拉列表中选择“设置单元格格式”命令，打开“设置单元格格式”对话框，选择“边框”选项卡，如图 8.32 所示。

（2）在“样式”列表框中选择一种线条样式，在“颜色”下拉列表中设置边框的颜色，单击“外边框”按钮，即可设置表格的外边框；单击“内部”按钮，即可设置表格的内部连线；也可以使用“边框”组中的 8 个边框按钮，或直接在预览草图的边框位置上单击，即可设置需要的边框。

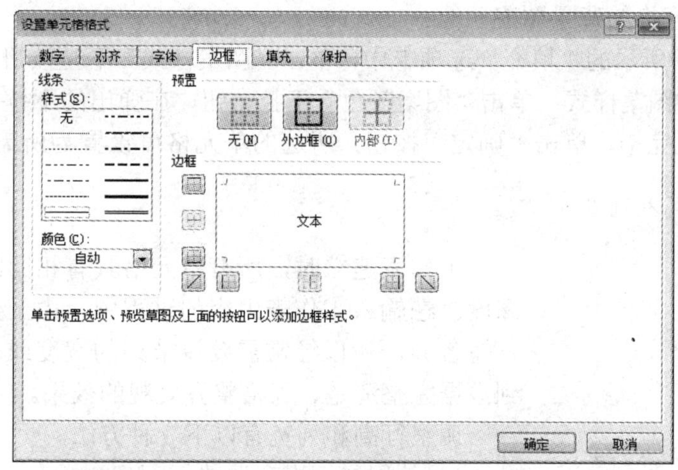

图 8.32 “边框”选项卡

（3）设置完毕，单击“确定”按钮即可。

#### 4. 设置背景

设置合适的背景图案可以使工作表更为美观、生动。

1）设置单元格的背景色

选定需要设置的单元格区域，打开“设置单元格格式”对话框，选择“填充”选项卡，如图 8.33 所示。

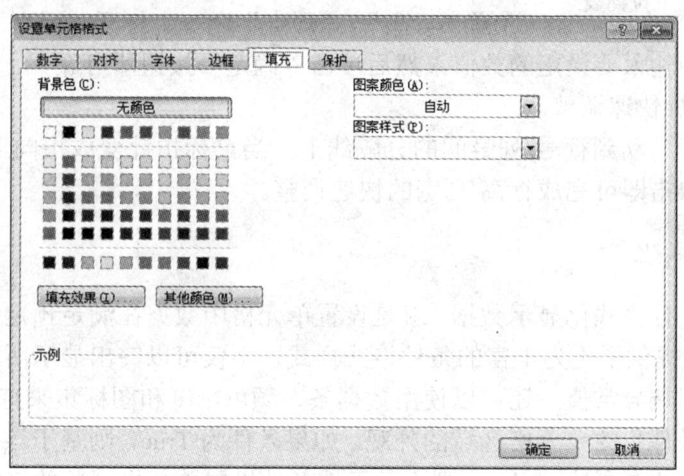

图 8.33 “填充”选项卡

在“背景色”选项组中选择一种颜色，或单击“其他颜色”按钮，在打开的“颜色”对话框中选择一种颜色。单击“填充效果”按钮，打开“填充效果”对话框，可设置不同的填充效果，设置完毕，单击“确定”按钮，返回“填充”选项卡。单击“确定”按钮即可完成单元格背景色的设置。

2）设置单元格的背景图案

在如图 8.33 所示的“填充”选项卡中，单击“图案样式”下拉按钮，在弹出的下拉列表中选择一种图案样式；单击“图案颜色”下拉按钮，在弹出的下拉列表中选择一种图案颜色。设置完毕，单击“确定”按钮，所选的单元格可设置为所需要的背景图案。

### 5. 调整行高和列宽

工作表建立时，所有单元格具有相同的默认的宽度和高度。在输入工作表内容的过程中，由于数据大小不同、长短各异，所以经常需要调节列的宽度或行的高度，以达到数据完整清楚、表格整齐美观的效果。

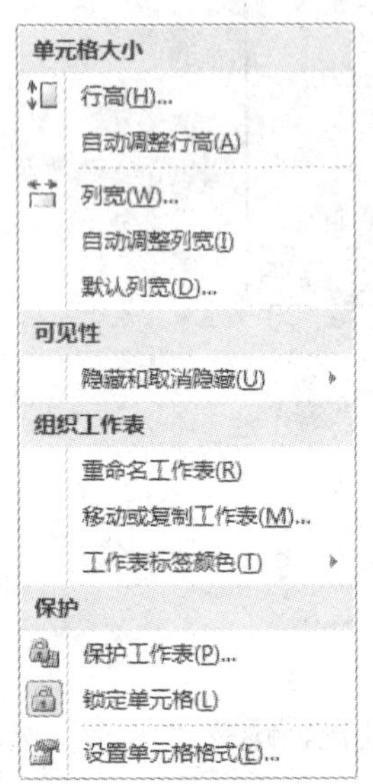

图 8.34 “格式”下拉列表

调整行高和列宽有以下 3 种方法。

1）使用鼠标拖动调整

将鼠标指针移动到工作表两个行序号之间，此时鼠标指针变为指向上下方向的双向箭头。按住鼠标左键不放，向上或向下拖动，就会缩小或增加行高。释放鼠标左键，则行高调整完毕。调整列宽的方法相同。

2）使用行高/列宽对话框设置

选定要调整列宽或行高的相关列或行，单击“开始”→“单元格”→“格式”下拉按钮，弹出如图 8.34 所示的下拉列表。或在行号/列号上右击，在弹出的快捷菜单中选择“行高”/“列宽”命令，打开“行高”/“列宽”对话框，在文本框中输入要设定的数值，然后单击“确定”按钮即可。

3）使用鼠标快速调整

将鼠标指针移动到行号/列号间的分隔线上，当鼠标指针变成指向上下/左右方向的双向箭头时，双击即可完成行高/列宽的快速调整。

### 6. 条件格式化

所谓使用条件格式化显示数据，就是设置单元格中数据在满足预定条件时的显示方式。Excel 2010 提供了更为丰富的条件格式样式，不仅可以突出显示所关注的单元格或单元格区域，强调异常值，还可以使用数据条、颜色刻度和图标集来直观地显示数据。条件格式基于条件更改单元格区域的外观。如果条件为 True，则基于该条件设置单元格区域的格式；如果条件为 False，则不基于该条件设置单元格区域的格式。下面以常用的“突出显示单元格规则”为例，介绍一下实现方法。具体操作步骤如下。

（1）选择要使用条件格式化显示的单元格区域。

（2）单击“开始”→“样式”→“条件格式”下拉按钮，弹出如图 8.35 所示的“条件格式”下拉列表。

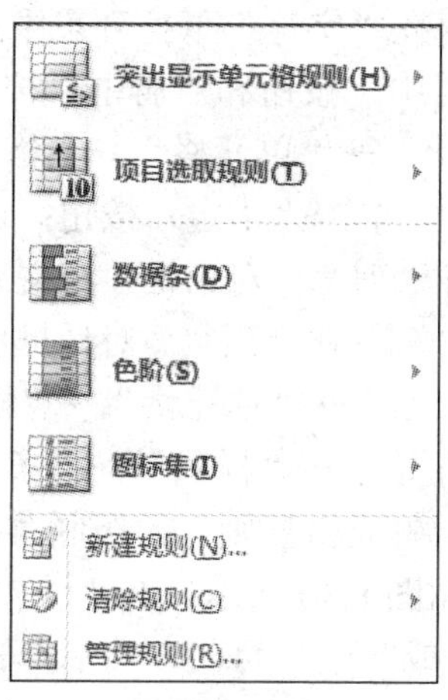


图 8.35 “条件格式”下拉列表

（3）在“突出显示单元格规则”的级联菜单中选择所需的命令，如“介于”“文本包含”或“发生日期”等。

（4）输入具体条件值，选择定义格式，单击“确定”按钮。

“项目选取规则”的应用方法与“突出显示单元格规则”相似，后 3 项应用时仅需两步即可实现，第一步选择要使用条件格式化显示的单元格区域，第二步选择“数据条”/“色阶”/“图标集”即可。条件格式化的各项规则功能见表 8.5。

**表 8.5 条件格式化规则及功能**

| 规则 | 功能 |
|---|---|
| 突出显示单元格规则 | 基于比较运算符设置条件 |
| 项目选取规则 | 根据指定的截止值查找单元格区域中的最高值和最低值 |
| 数据条 | 用于查看某个单元格相对于其他单元格的值，数据条的长度代表单元格中的值 |
| 色阶 | 一种直观的指示，反映数据分布和数据变化 |
| 图标集 | 对数据进行注释，并可以按阈值将数据分为 3～5 个类别，每个图标代表一个值的范围 |

**【例 8-6】** 打开工作簿“图书销售订单明细表.xlsx”，按照要求完成下列操作。

（1）将标题“图书销售订单明细表”放于整个表的上端，垂直、水平均居中，微软雅黑 16 号字；表内文字为宋体 12 号字，居中显示。

（2）设置 A 列宽度为 9，B 列宽度为 25，C、E、F 列的宽度为 15，D 列为自动调整列宽。

（3）利用“条件格式化”将销量不超过 10 本的数据字体设置为红色加粗，单元格用黄色填充。

**操作步骤：**

（1）选中 A1:F1，单击“开始”→“对齐方式”→“合并后居中”按钮，然后在“开始”选项卡的“字体”组的“字体”下拉列表中选择“微软雅黑”命令，在“字号”下拉列表中选择“16”命令。选定 A2:F22，在“开始”选项卡的“字体”组的“字体”

下拉列表中选择“宋体”命令，在“字号”下拉列表中选择“12”命令；然后单击“开始”→“对齐方式”→“垂直居中”按钮和“居中”按钮即可。

（2）选中 A 列，选择“开始”→“单元格”→“格式”→“列宽”命令，打开“列宽”对话框，在文本框中输入 9，单击“确定”按钮；选中 B 列，右击，在弹出的快捷菜单中选择“列宽”命令，打开“列宽”对话框，在文本框中输入 25，单击“确定”按钮；同样的方法，选中 C、E、F 列，在“列宽”对话框中的文本框中输入 15，单击“确定”按钮；选中 D 列，选择“开始”→“单元格”→“格式”→“自动调整列宽”命令。

（3）选择 F3:F22，单击“开始”→“样式”→“条件格式”下拉按钮，弹出“条件格式”下拉列表，在“突出显示单元格规则”的级联菜单中选择“其他规则”命令，打开“新建格式规则”对话框，如图 8.36 所示。在“编辑规则说明”选项组的条件行中，依次设置为“单元格值”“小于或等于”“10”，然后单击“格式”按钮，在打开的“设置单元格格式”对话框的“字体”选项卡中设置字体为“红色加粗”，在“填充”选项卡中设置单元格用“黄色”填充，然后单击“确定”按钮。

以上 3 个操作结果如图 8.37 所示。

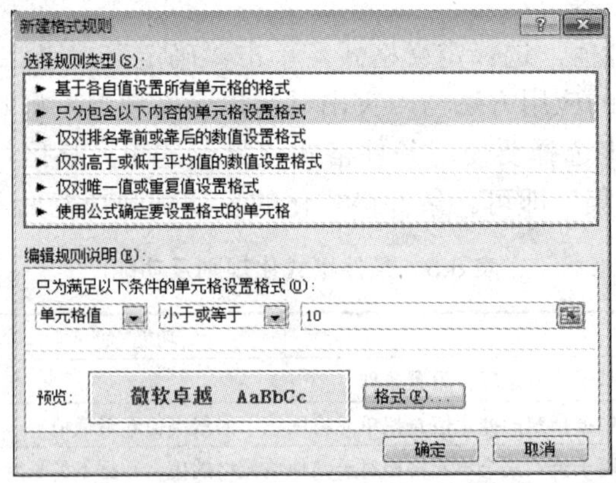


图 8.36 “新建格式规则”对话框

| | A | B | C | D | E | F |
|---|---|---|---|---|---|---|
| 1 | 图书销售订单明细表 | | | | | |
| 2 | 订单编号 | 日期 | 书店名称 | 图书名称 | 单价 | 销量（本） |
| 3 | BTW-08001 | 2016年01月02日星期六 | 联众书店 | 《计算机基础及MS Office应用》 | ¥36.0 | 12 |
| 4 | BTW-08002 | 2016年01月04日星期一 | 兴达书店 | 《嵌入式系统开发技术》 | ¥44.0 | 5 |
| 5 | BTW-08003 | 2016年01月04日星期一 | 兴达书店 | 《操作系统原理》 | ¥39.0 | 41 |
| 6 | BTW-08004 | 2016年01月05日星期二 | 兴达书店 | 《MySQL数据库程序设计》 | ¥40.0 | 21 |
| 7 | BTW-08005 | 2016年01月06日星期三 | 联众书店 | 《MS Office高级应用》 | ¥39.0 | 32 |
| 8 | BTW-08006 | 2016年01月09日星期六 | 联众书店 | 《网络技术》 | ¥43.0 | 3 |
| 9 | BTW-08007 | 2016年01月09日星期六 | 兴达书店 | 《数据库技术》 | ¥41.0 | 1 |
| 10 | BTW-08008 | 2016年01月10日星期日 | 联众书店 | 《软件测试技术》 | ¥36.0 | 3 |
| 11 | BTW-08009 | 2016年01月10日星期日 | 兴达书店 | 《计算机组成与接口》 | ¥40.0 | 43 |
| 12 | BTW-08010 | 2016年01月11日星期一 | 新华书店 | 《计算机基础及Photoshop应用》 | ¥34.0 | 22 |
| 13 | BTW-08011 | 2016年01月11日星期一 | 联众书店 | 《C语言程序设计》 | ¥42.0 | 31 |
| 14 | BTW-08012 | 2016年01月12日星期二 | 新华书店 | 《信息安全技术》 | ¥39.0 | 19 |
| 15 | BTW-08013 | 2016年01月12日星期二 | 联众书店 | 《数据库原理》 | ¥37.0 | 43 |
| 16 | BTW-08014 | 2016年01月13日星期三 | 新华书店 | 《VB语言程序设计》 | ¥38.0 | 39 |
| 17 | BTW-08015 | 2016年01月15日星期五 | 联众书店 | 《Java语言程序设计》 | ¥39.0 | 30 |
| 18 | BTW-08016 | 2016年01月16日星期六 | 联众书店 | 《Access数据库程序设计》 | ¥41.0 | 43 |
| 19 | BTW-08017 | 2016年01月16日星期六 | 联众书店 | 《软件工程》 | ¥43.0 | 40 |
| 20 | BTW-08018 | 2016年01月17日星期日 | 联众书店 | 《计算机基础及MS Office应用》 | ¥36.0 | 44 |
| 21 | BTW-08019 | 2016年01月18日星期一 | 兴达书店 | 《嵌入式系统开发技术》 | ¥44.0 | 33 |
| 22 | BTW-08020 | 2016年01月19日星期二 | 联众书店 | 《操作系统原理》 | ¥39.0 | 35 |

图 8.37 操作结果

7. 自动套用格式

所谓自动套用格式是指一整套可以迅速应用于某一数据区域的内置格式和设置的集合，它包括字体大小、图案和对齐方式等设置信息。通过自动套用格式功能，可以迅速构建带有特定格式的表格。Excel 2010 提供了多种可供选择的工作表格式。

设置自动套用格式，具体操作步骤如下。

（1）选定需要应用自动套用格式的单元格区域。

（2）单击“开始”→“样式”→“套用表格格式”下拉按钮，弹出如图 8.38 所示的“套用表格格式”下拉列表。

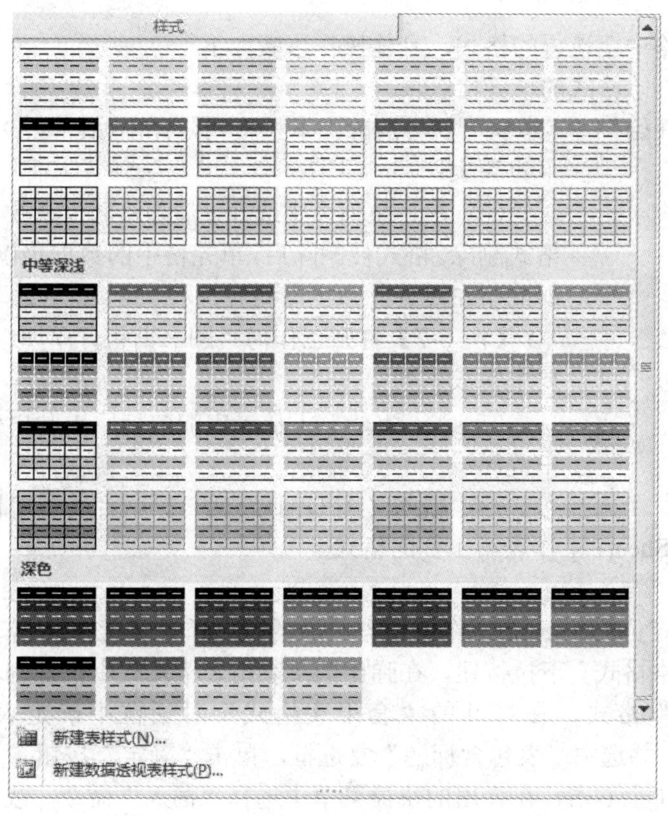


图 8.38 “套用表格格式”下拉列表

（3）在示例下拉列表中，根据需要选择一种格式。

（4）在打开的“套用表格式”对话框中，设置表数据的来源，以及“表包含标题”选项，单击“确定”按钮。

**注：**自动套用格式时，“表包含标题”选项指的是数据的各列标题，而不是表标题。所以当表既有表标题，又有列标题时，表数据的来源应排除表标题所在单元格。

### 8. 格式的复制

格式的复制是指对所选对象所用的格式进行复制。具体操作步骤如下。

（1）选中有相应格式的单元格作为样板单元格。

（2）单击“开始”→“剪贴板”→“格式刷”按钮，鼠标指针变成刷子形状。

（3）用刷子形指针选中目标区域，即完成格式复制。

如果需要将选定的格式复制多次，可双击“格式刷”按钮，复制完毕之后，再次单击“格式刷”按钮或按 Esc 键，即可取消复制状态。

### 9. 格式的删除

要删除单元格中已设置的格式，具体操作步骤如下。

（1）选中要删除格式的单元格区域。

（2）单击“开始”→“编辑”→“清除”下拉按钮，弹出如图 8.39 所示的“清除”下拉列表。

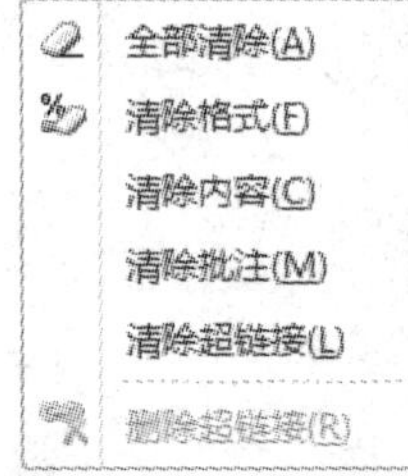

图 8.39 “清除”下拉列表

（3）在下拉列表中选择“清除格式”命令，即可把应用的格式删除。格式被删除后，单元格中的数据仍以常规格式表示，即文字左对齐，数字右对齐。

**【例 8-7】**打开工作簿“图书销售订单明细表.xlsx”，按照要求完成下列操作。

（1）将 Sheet2 工作表中的数据应用套用格式中“表样式中等深浅 12”格式。

（2）在第一行上面插入一行，输入“图书编号对照表”，合并居中使其成为表的标题，并复制应用 Sheet1 工作表第 1 行的格式。

**操作步骤：**

（1）将光标定位在 Sheet2 工作表数据区域的任一单元格上，单击“开始”→“样式”→“套用表格格式”下拉按钮，在弹出的“套用表格格式”下拉列表中选择“表样式中等深浅 12”格式，在打开的“套用表格式”对话框中确定表数据的来源为“=$A$1:$C$18”，并选中“表包含标题”复选框，单击“确定”按钮。

（2）在行号 1 上右击，在弹出的快捷菜单中选择“插入”命令，或选择“开始”→“单元格”→“插入”→“插入工作表行”命令，在第 1 行插入一个空行。在 A1 单元格中输入“图书编号对照表”。选中 A1:C1，单击“开始”→“对齐方式”→“合并后居中”按钮。选中 Sheet1 工作表的 A1 单元格，单击“开始”→“剪贴板”→“格式刷”按钮，鼠标指针变成刷子形状，用刷子形指针选中 Sheet2 工作表的 A1 单元格，即完成格式复制。

以上两个操作结果如图 8.40 所示。

|  | A | B | C |
|---|---|---|---|
| 1 | 图书编号对照表 | | |
| 2 | 图书编号 | 图书名称 | 定价 |
| 3 | BK-83021 | 《计算机基础及MS Office应用》 | ￥36.00 |
| 4 | BK-83022 | 《计算机基础及Photoshop应用》 | ￥34.00 |
| 5 | BK-83023 | 《C语言程序设计》 | ￥42.00 |
| 6 | BK-83024 | 《VB语言程序设计》 | ￥38.00 |
| 7 | BK-83025 | 《Java语言程序设计》 | ￥39.00 |
| 8 | BK-83026 | 《Access数据库程序设计》 | ￥41.00 |
| 9 | BK-83027 | 《MySQL数据库程序设计》 | ￥40.00 |
| 10 | BK-83028 | 《MS Office高级应用》 | ￥39.00 |
| 11 | BK-83029 | 《网络技术》 | ￥43.00 |
| 12 | BK-83030 | 《数据库技术》 | ￥41.00 |
| 13 | BK-83031 | 《软件测试技术》 | ￥36.00 |
| 14 | BK-83032 | 《信息安全技术》 | ￥39.00 |
| 15 | BK-83033 | 《嵌入式系统开发技术》 | ￥44.00 |
| 16 | BK-83034 | 《操作系统原理》 | ￥39.00 |
| 17 | BK-83035 | 《计算机组成与接口》 | ￥40.00 |
| 18 | BK-83036 | 《数据库原理》 | ￥37.00 |
| 19 | BK-83037 | 《软件工程》 | ￥43.00 |

图 8.40　操作结果

# 8.2　工作簿的建立与管理

本节主要介绍在 Excel 2010 中有关工作簿和工作表的基本操作，包括工作簿文件的新建、打开、保存、关闭、编辑、隐藏和保护等。

## 8.2.1　工作簿的基本操作

1. 新建空白工作簿

在启动 Excel 2010 后，系统将自动创建一个新的工作簿。如果用户需要自己重新创建工作簿，可以选择“文件”→“新建”命令，在“可用模板”列表框中双击“空白工作簿”选项，即可新建一个空白工作簿，如图 8.41 所示。若要快速创建一个新的空白工作簿，也可以按 Ctrl+N 组合键。

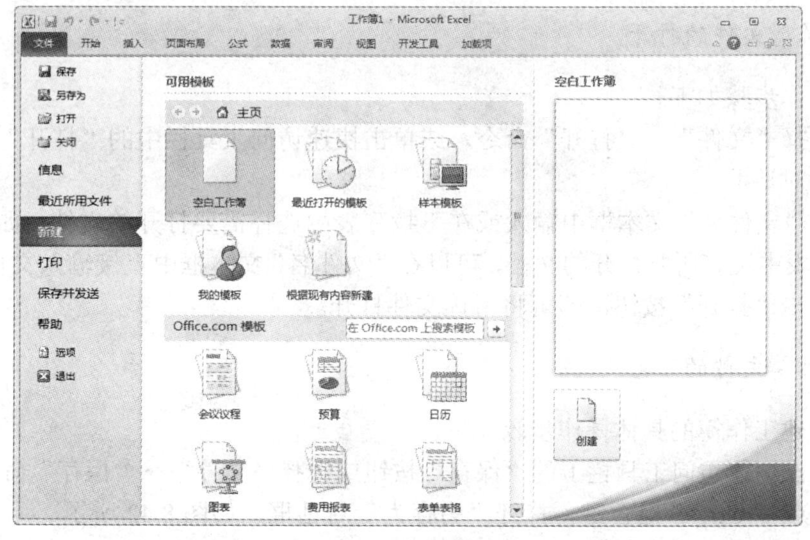


图 8.41　“新建”对话框

### 2. 基于现有工作簿创建新工作簿

如果要用现有的一个工作簿作为模板新建一个工作簿，则单击“文件”→“新建”→“可用模板”→“根据现有内容新建”按钮，在打开的“根据现有工作簿新建”对话框中，浏览至包含要打开的工作簿的驱动器、文件夹或 Internet 位置，选择该工作簿，然后单击“新建”按钮即可。

### 3. 使用模板建立工作簿

Excel 2010 提供了很多精美的模板，模板是有样式和内容的文件。用户可以根据需要，找到一款适合的模板，然后在此基础上快速新建一个工作簿。

（1）选择“文件”→“新建”命令。

（2）根据不同的情况执行下列操作之一即可。

① 若要使用 Excel 2010 中系统自带的模板，则在“可用模板”列表框中单击“样本模板”按钮，然后双击所需的示例模板之一。

② 若要使用最近使用的模板，则在“可用模板”列表框中单击“最近打开的模板”按钮，然后双击所需的模板。

③ 若要使用自己的模板，则在“可用模板”列表框中单击“我的模板”按钮，然后在打开的“新建”对话框中的“个人模板”选项卡中双击所需的模板。

**注：**“个人模板”选项卡列出了已创建的模板。自定义的模板一般存储在 Templates 文件夹中，才可以在“个人模板”选项卡中显示出来。Templates 文件夹通常位于 C:\Users\Administrator\AppData\Roaming\Microsoft 中。

④ 若要获得更多的工作簿模板，则在“Office.com 模板”列表框中选择所需的模板类别，然后双击想要下载的模板，即可从 Microsoft Office.com 中将模板下载使用。

### 4. 工作簿文件的打开

具体操作步骤如下。

（1）选择“文件”→“打开”命令，或单击快速访问工具栏中的“打开”按钮，打开“打开”对话框。

（2）在“文件名”文本框中输入或在下拉列表中选择需要打开的文件。如果“文件名”下拉列表中没有所要打开的文档，可以在“文件名”文本框中直接输入文件的路径。

（3）单击“打开”按钮，即可将所选文件打开。

### 5. 工作簿文件的保存

保存新建工作簿的具体操作步骤如下。

（1）单击快速访问工具栏上的“保存”按钮或选择“文件”→“保存”命令/“另存为”命令，或按 Ctrl+S 组合键，打开“另存为”对话框，如图 8.42 所示。

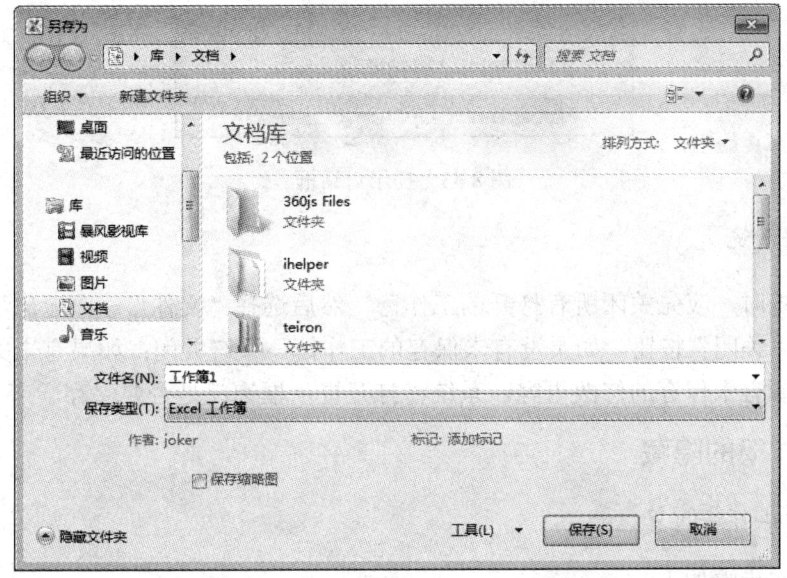


图 8.42　“另存为”对话框

（2）在“另存为”对话框的“文件名”文本框中输入所需要保存文件的文件名，然后选择文件的保存位置。

（3）设置完毕后，单击“保存”按钮，即可将文件保存到所选的目录下，默认工作簿文件的扩展名是.xlsx。

**注：**若需要在 Excel 2003 之前的版本中编辑这个文件，保存的时候需要选择文件类型为“Excel 97-2003 工作簿”。

保存已有的工作簿，只需单击快速访问工具栏上的“保存”按钮，或选择“文件”→“保存”命令，或按 Ctrl+S 组合键即可，该工作簿将按照原来的文件名和存放位置进行保存。

### 6. 关闭工作簿文件

当对多个工作簿逐一进行编辑操作时，可以将使用完毕的工作簿关闭，利用“打开”命令打开其他工作簿进行操作。这时 Excel 2010 始终处于运行状态，可方便快速地打开其他工作簿进行操作，这样不但节省了启动软件的时间，而且节约了内存空间，还可以避免因打开文件太多而引起的混乱。

首先对工作簿的修改进行保存，然后选择“文件”→“关闭”命令，或单击右上角的“关闭”按钮 ⊠，即可将工作簿关闭。

**注：**如果没有对修改后的工作簿进行保存，就执行了关闭命令，此时将显示提示对话框，如图 8.43 所示。提示框中提示用户是否对修改后的文件进行保存，单击“保存”按钮则保存对文件的修改并关闭文件，单击“不保存”按钮则关闭文件而不保存对文件的修改。

图 8.43 提示对话框

7. 退出系统

退出系统时，应先关闭所有打开的工作簿，然后选择“文件”→“退出”命令或单击右上角的“关闭”按钮。如果没有未保存的工作簿，系统关闭；如果有未关闭的工作簿，或工作簿有未保存的修改内容，系统将打开提示框询问是否要保存。

## 8.2.2 工作簿的隐藏

1. 隐藏工作簿窗口

具体操作步骤如下。

（1）打开需要隐藏的工作簿。

（2）单击“视图”→“窗口”→“隐藏”按钮，即可实现对当前工作簿的隐藏，如图 8.44 所示。

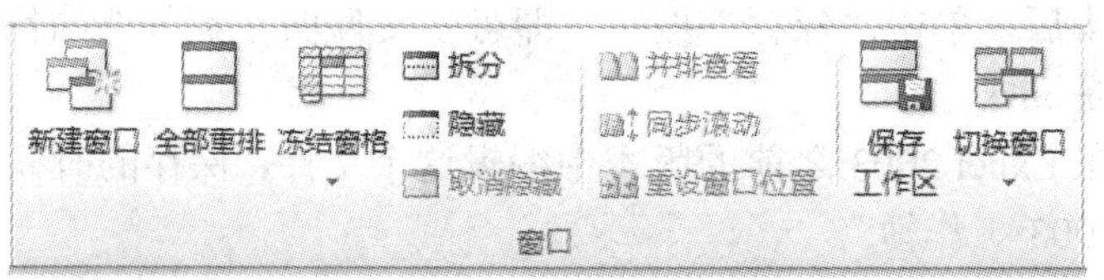


图 8.44 “窗口”组

**注**：当退出 Excel 时，系统会询问用户是否要保存对隐藏的工作簿窗口所做的更改。如果希望下次打开该工作簿时仍隐藏工作簿窗口，单击“是”按钮即可。

2. 显示隐藏的工作簿窗口

具体操作步骤如下。

（1）打开需要取消隐藏的工作簿。

（2）单击“视图”→“窗口”→“取消隐藏”按钮。

（3）在打开的“取消隐藏”对话框中选择要显示的工作簿文件，单击“确定”按钮，或直接双击要显示的工作簿文件，即可显示工作簿窗口。

**注**：如果“取消隐藏”按钮不可用，则说明不包含隐藏的工作簿窗口。

**【例 8-8】**新建一个空白工作簿文件，以文件名“我的工作簿.xlsx”保存到 D 盘，然后将该工作簿窗口隐藏。

**操作步骤：**

（1）启动 Excel 2010，系统自动创建了一个默认名为“工作簿 1”的空白工作簿，选择“文件”→“保存”命令，打开“另存为”对话框，位置选择“D:\”，在“文件名”文本框中输入“我的工作簿”，单击“保存”按钮。

（2）单击“视图”→“窗口”→“隐藏”按钮，隐藏该工作簿，然后选择“文件”→“退出”命令，在系统提示对话框中保存对该工作簿所做的更改。

### 8.2.3　工作簿的保护

若要防止其他用户对工作簿进行查看或修改，如进行添加、移动、删除、重命名或隐藏工作表等操作，可以对该工作簿设置密码进行保护。

#### 1. 保护工作簿

具体操作步骤如下。

（1）打开需要保护的工作簿。

（2）单击“审阅”→“更改”→“保护工作簿”按钮。

（3）在打开的“保护结构和窗口”对话框中设置对工作簿的结构和窗口进行保护，在“密码”文本框中输入一个密码，单击“确定”按钮，如图 8.45 所示。

（4）在打开的“确认密码”对话框中，重新输入密码，单击“确定”按钮，即可实现对当前工作簿的保护，如图 8.46 所示。

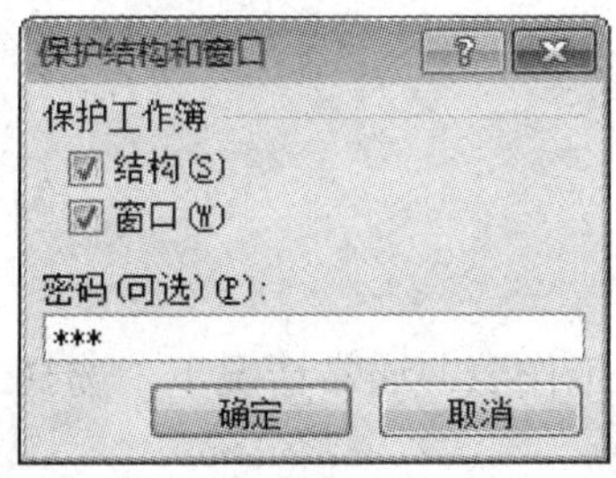

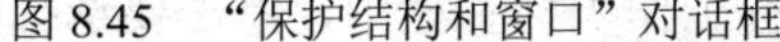

图 8.45　“保护结构和窗口”对话框

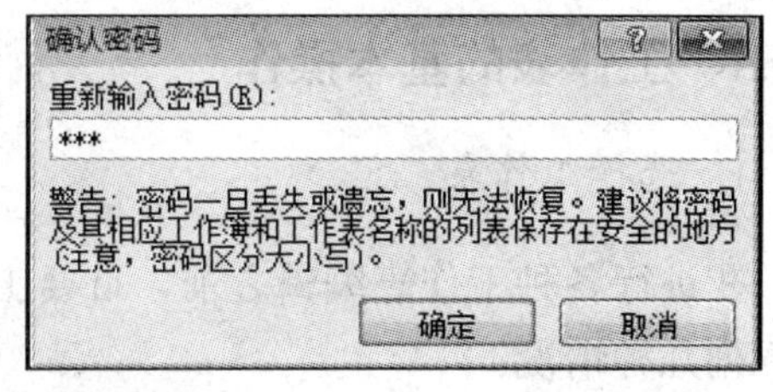


图 8.46　“确认密码”对话框

工作簿受保护后，在“文件”选项卡“信息”命令右侧面板的“保护工作簿”选项中明确指明了受保护的工作簿的结构已被锁定，此时插入工作表、删除工作表、重命名工作表、移动或复制工作表、隐藏和取消隐藏工作表的选项均变成灰色不可用状态。

#### 2. 撤销保护工作簿

具体操作步骤如下。

（1）打开需要撤销保护的工作簿。

（2）单击“审阅”→“更改”→“保护工作簿”按钮。

（3）在打开的“撤销工作簿保护”对话框中输入保护工作簿时设置的密码，单击

“确定”按钮。

**【例 8-9】**打开工作簿“我的工作簿.xlsx”，为该工作簿设置保护，密码为“abc123”。

**操作步骤：**

（1）若 Excel 2010 软件处于运行状态，则选择“文件”→“打开”命令，打开“打开”对话框，选择“我的工作簿.xlsx”，单击“打开”按钮。否则直接双击“我的工作簿.xlsx”，打开工作簿文件。因为在例 8-8 中对该工作簿进行了隐藏操作，所以首先单击“视图”→“窗口”→“取消隐藏”按钮，在打开的“取消隐藏”对话框中选择“我的工作簿.xlsx”，单击“确定”按钮，对该工作簿窗口取消隐藏后，才能对该工作簿进行操作。

（2）单击“审阅”→“更改”→“保护工作簿”按钮，在打开的“保护结构和窗口”对话框中输入密码“abc123”，单击“确定”按钮；在打开的“确认密码”对话框中再次输入密码“abc123”，单击“确定”按钮即可。

# 8.3 工作表的建立与管理

在 Excel 中，工作簿相当于文件夹，工作表则是存放在文件夹里的表格。本节主要介绍在工作簿中如何建立与管理工作表，其中包括工作表的建立、编辑和保护，以及对多工作表的操作等。

## 8.3.1 工作表的基本操作

### 1. 选择工作表

在进行各种工作表编辑之前，首要工作就是选择工作表。通常情况下，选择工作表有下列几种情况。

（1）打开工作表所在的工作簿。在工作簿底端的工作表标签栏中，单击要选择的工作表标签，即可将其选中。

（2）如果所要选择的多个工作表是连续的，首先单击选中第一个工作表标签，其次按 Shift 键，然后选择最后一个工作表标签即可。

（3）如果所要选择的多个工作表是间隔的，首先单击选中其中一个工作表标签，其次按 Ctrl 键，然后选择其他的几个工作表即可。

（4）在工作簿底部任意一个工作表标签上右击，在弹出的快捷菜单中选择“选定全部工作表”命令，即可将工作簿中的所有工作表选中，如图 8.47 所示。

图 8.47　选择“选定全部工作表”命令

2. 切换工作表

前面提到了一个工作簿中可以包含多个工作表，这些工作表不可能同时显示出来，所以在使用工作簿中的其他工作表时，必须要进行切换。

如果想要切换到的工作表标签已经显示在工作簿窗口底端，则单击工作表标签即可从当前工作表切换到所选工作表。

如果工作簿中的工作表比较多，由于屏幕长度的限制，有些工作表的标签名称没有显示在工作簿底端，这时可以用以下两种方法切换到用户希望编辑的工作表。

1）使用工作表标签

（1）单击工作表标签切换按钮，将想要切换到的工作表标签显示出来。

⏮：单击此按钮，可以显示第一张工作表和其后的能够显示的工作表标签。

◀：每单击一次此按钮，工作表标签向右移动一个。如果工作簿底端最左端显示的一个工作表标签是 Sheet2，单击此按钮则最左端的工作表标签将变为 Sheet1。

▶：单击此按钮，工作表标签向左移动一个。

⏭：单击此按钮可以显示最后一张工作表和其前的能够显示的工作表标签。

（2）在想切换到的工作表标签显示出来后，单击此工作表标签，即可将其切换到当前状态。

2）使用快捷菜单

在工作表标签栏左端的任意一个滚动按钮上右击，弹出如图 8.48 所示的快捷菜单，在快捷菜单中选择要切换的工作表名称，即可从当前工作表切换到所选工作表。

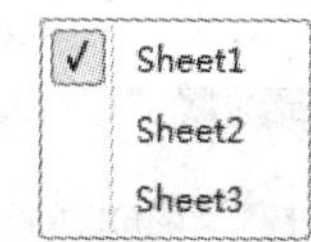


图 8.48　切换快捷菜单

### 3. 插入工作表

在默认状态下一个工作簿中只包含 3 个工作表。如果这 3 个工作表不能满足需要，可以向原工作簿中插入新的工作表，通常使用以下方法。

（1）在工作簿底端工作表标签上右击，在弹出的快捷菜单中选择“插入”命令，打开“插入”对话框，如图 8.49 所示。

图 8.49 “插入”对话框

（2）在“常用”选项卡中单击“工作表”图标，然后单击“确定”按钮，此时在原工作表标签左侧插入了一个新工作表。也可以单击工作簿底端已有工作表标签最右侧的“插入工作表”按钮，或单击“开始”→“单元格”→“插入”下拉按钮，在弹出的如图 8.50 所示的下拉列表中选择“插入工作表”命令，即可在已有工作表的左侧插入一个新工作表。

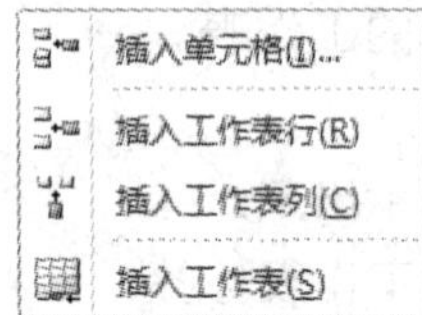


图 8.50 “插入”下拉列表

### 4. 删除工作表

工作簿中若存在不用的工作表，应及时将其删除，以释放所占用的空间。

方法一：在工作簿底端工作表标签上右击，在弹出的快捷菜单中选择“删除”命令，即可将所选工作表删除。如果是空白工作表，直接删除；如果工作表中有数据，则弹出如图 8.51 所示的提示框询问是否将数据全部删除。

方法二：单击“开始”→“单元格”→“删除”下拉按钮，在弹出的如图 8.52 所示的下拉列表中选择“删除工作表”命令。

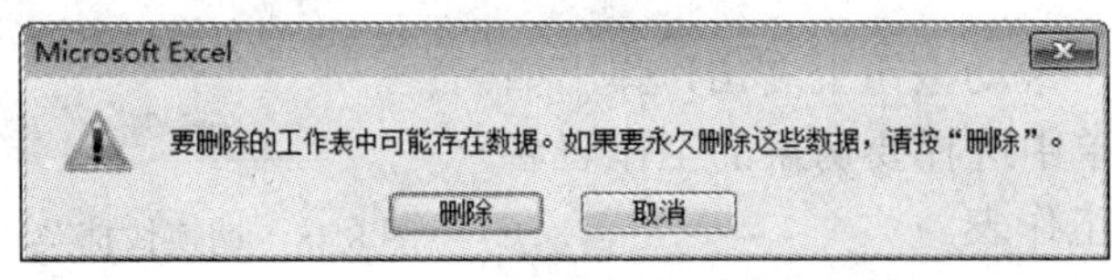


图 8.51 删除提示框

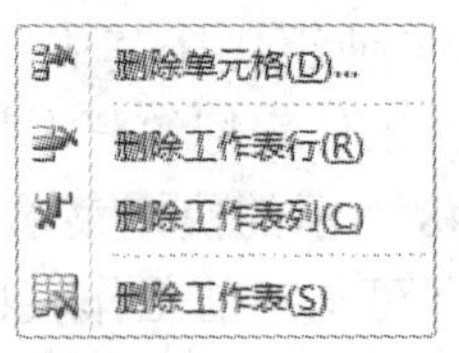


图 8.52 “删除”下拉列表

### 5. 移动工作表

在工作中，经常需要在一个工作簿或不同工作簿之间复制或移动工作表。

（1）在同一个工作簿中移动工作表，具体操作步骤如下。

① 在工作簿底端工作表标签上右击，在弹出的快捷菜单中选择“移动或复制工作表”命令，打开“移动或复制工作表”对话框，如图 8.53 所示。

② 在“下列选定工作表之前”列表框中选择工作表要移动的位置，然后单击“确定”按钮即可。

（2）在不同工作簿之间移动工作表，具体操作步骤如下。

① 将原工作簿和目标工作簿均打开。

② 在原工作簿底端工作表标签上右击，在弹出的快捷菜单中选择“移动或复制工作表”命令，打开“移动或复制工作表”对话框，如图 8.53 所示。

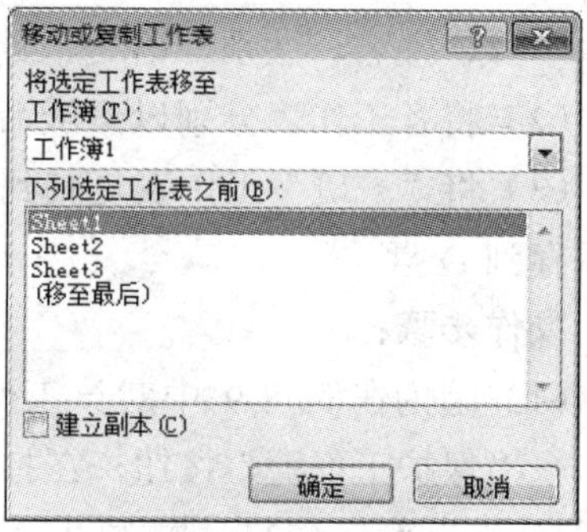

图 8.53 “移动或复制工作表”对话框（一）

③ 单击“工作簿”下拉按钮，在弹出的下拉列表中选择工作表要移动到的目标工作簿，然后在“下列选定工作表之前”列表框中选择工作表移动的位置。

④ 设置完毕后，单击“确定”按钮。

### 6. 复制工作表

可以在同一个工作簿或不同工作簿之间复制工作表，操作过程与移动工作表基本相同，仅需在如图 8.53 所示的“移动或复制工作表”对话框中选中“建立副本”复选框，即可实现对工作表的复制。

**注：**

（1）在一个工作簿中，按住鼠标左键拖动工作表标签，在目标位置释放鼠标，即可将工作表移动到此位置；按 Ctrl 键的同时拖动工作表的标签，可以将所选工作表复制到目标位置。

（2）如果使用鼠标在两个工作簿之间复制和移动工作表，首先要单击“视图”→“窗口”→“全部重排”按钮，在打开的“全部重排”对话框中选中“平铺”单选按钮，使原工作簿和目标工作簿并列显示在屏幕当中后，再按上述操作方法即可将原工作簿中的工作表复制或移动到目标工作簿中。

### 7. 重命名工作表

在系统默认状态下，工作簿中的工作表标签都是以“Sheet1，Sheet2，…”来命名的，这种命名方式有一定的弊端，用户很难在短时间内找到需要的工作表。为了解决这一问题，用户可以对工作表的标签进行重命名。具体操作步骤如下。

（1）选择需要重命名的工作表。

（2）在所选工作表标签上右击，在弹出的快捷菜单中选择“重命名”命令，或在工作表标签上双击，此时所选工作表标签变黑。

（3）输入工作表的新名称，然后按 Enter 键即可。

**【例 8-10】**打开工作簿“我的工作簿.xlsx”，按照要求完成下列操作。

（1）工作簿中包含 5 个工作表，分别用来描述 5 个班的学生成绩，且表结构相同，均由学号、姓名、性别、语文、数学、英语、计算机这 7 列构成。

（2）将各工作表分别以班级命名，以“一班”“二班”……的形式命名。

（3）将“一班”工作表复制到一个新的工作簿中，并将工作簿以“一班成绩表”为名保存到 D 盘。

**操作步骤：**

（1）因为在例 8-9 中对该工作簿进行了保护操作，所以首先单击“审阅”→“更改”→“保护工作簿”按钮，在打开的“取消工作簿保护”对话框中输入保护工作簿时设置的密码“abc123”，单击“确定”按钮。取消对工作簿的保护后，才可以对工作簿进行更改。

（2）两次单击工作表标签最右侧的“插入工作表”按钮，插入 Sheet4 和 Sheet5 两个新工作表。单击 Sheet1，按 Shift 键的同时单击 Sheet5，将 5 个工作表同时选中。将光标定位在 A1 单元格，在第一行各列上依次输入标题“学号”“姓名”“性别”“语文”“数学”“英语”“计算机”，这样 5 个工作表就同时输入了数据。然后单击除当前活动工作表 Sheet1 以外的任一工作表标签，释放工作组选定状态后，就可依次切换工作表查看数据了。

（3）在 5 个工作表标签上依次右击，在弹出的快捷菜单中选择“重命名”命令，或直接在工作表标签上双击，当工作表标签名称处于选定状态后，分别输入新的工作表名称“一班”“二班”“三班”“四班”“五班”即可。

（4）在工作表“一班”上右击，在弹出的快捷菜单中选择“移动或复制”命令，打开“移动或复制工作表”对话框，在“工作簿”下拉列表中选择“(新工作簿)”命令，选中对话框左下角的“建立副本”复选框，如图 8.54 所示，然后单击“确定”按钮。然后在打开的名为“工作簿 1”的工作簿中选择“文件”→“保存”命令，打开“另存为”对话框，位置选择“D:\”，在“文件名”文本框中输入“一班成绩表”，如图 8.55 所示，单击“保存”按钮即可。

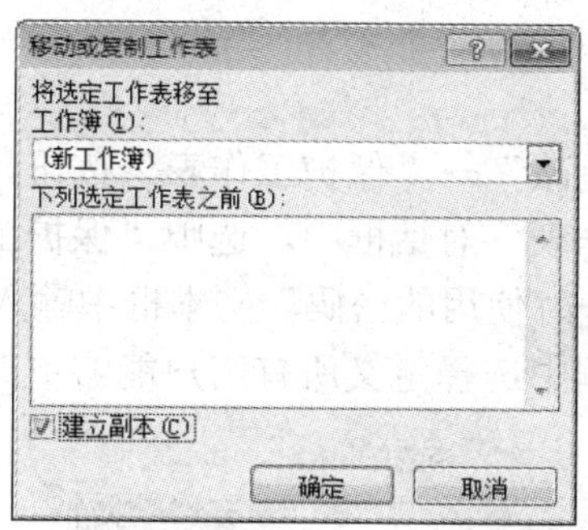


图 8.54 “移动或复制工作表”对话框（二）

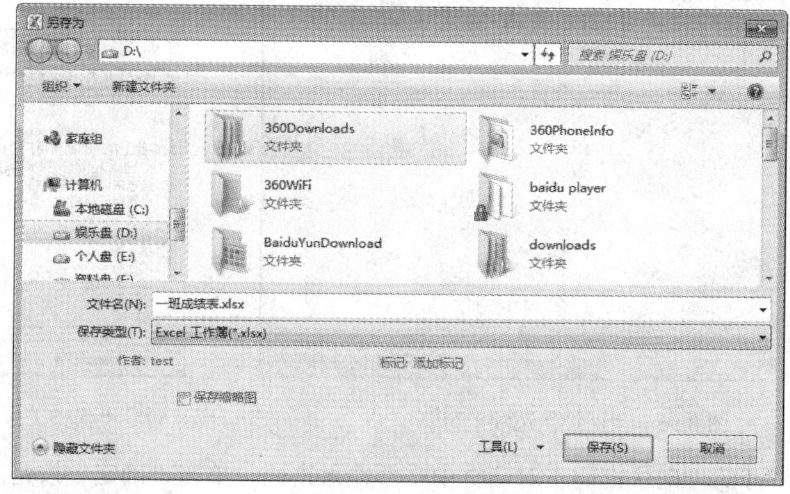


图 8.55 “另存为”对话框

## 8.3.2 保护工作表

若要防止其他用户意外或故意更改、移动或删除工作表中的数据，可以将想保护的单元格锁定，然后设置保护工作表的密码。默认状态下，Excel 2010 中所有的单元格均处于锁定状态，若有部分单元格允许其他用户编辑，可以先解除对这些单元格的锁定，再进行工作表的保护设置。当对锁定的单元格进行被禁止的操作时，只有正确输入密码，撤销工作表的保护设置才可以操作。具体操作步骤如下。

### 1. 对可编辑的单元格解除锁定

（1）在工作簿中选择想要保护的工作表。

（2）选择其他用户可以编辑的单元格或单元格区域。

（3）右击，在弹出的快捷菜单中选择“设置单元格格式”命令。

（4）打开“设置单元格格式”对话框，选择“保护”选项卡，然后取消选中“锁定”复选框，如图 8.56 所示。

2. 保护工作表

（1）单击“审阅”→“更改”→“保护工作表”按钮。

（2）在打开的“保护工作表”对话框中，选中“保护工作表及锁定的单元格内容”复选框，在“取消工作表保护时使用的密码”文本框中输入密码，并在下方“允许此工作表的所有用户进行”列表框中选择定义所有用户能够更改的操作项，如图 8.57 所示，然后单击“确定”按钮。

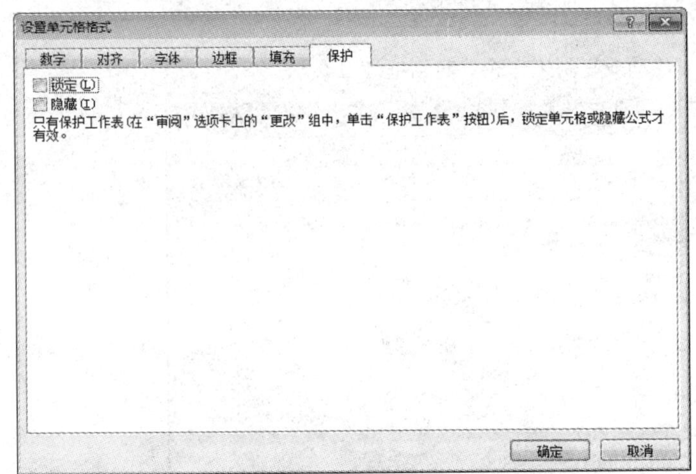


图 8.56 “保护”选项卡

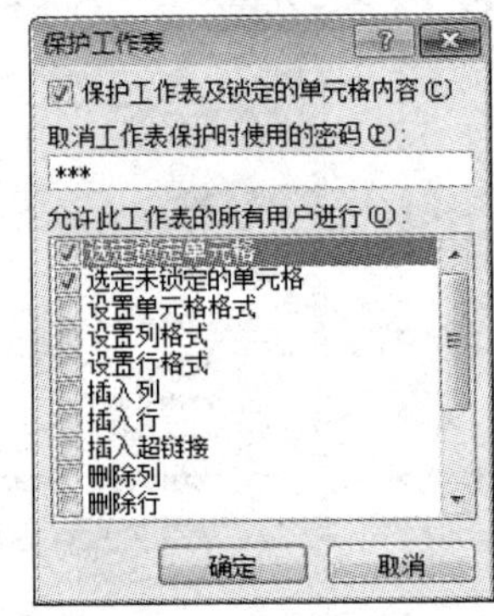


图 8.57 “保护工作表”对话框

（3）在打开的“确认密码”对话框中重新输入密码，单击“确定”按钮，即可实现对当前工作表的保护。

**【例 8-11】**打开工作簿“图书销售订单明细表.xlsx”，对工作表 Sheet1 进行保护，密码为“book”，其中仅允许其他用户修改销量数据。

**操作步骤：**

（1）在工作表 Sheet1 中选择单元格区域 F3:F22，右击，在弹出的快捷菜单中选择“设置单元格格式”命令，打开“设置单元格格式”对话框，选择“保护”选项卡，然后取消选中“锁定”复选框，单击“确定”按钮。

（2）单击“审阅”→“更改”→“保护工作表”按钮。

（3）在打开的“保护工作表”对话框中，选中“保护工作表及锁定的单元格内容”复选框，在“取消工作表保护时使用的密码”文本框中输入密码“book”，然后单击“确定”按钮；在打开的“确认密码”对话框中，重新输入密码“book”，单击“确定”按钮，即可实现对工作表 Sheet1 的保护。

### 8.3.3 工作窗口的视图控制

在使用 Excel 2010 过程中，当处理数据量大的工作表或同时编辑多个工作表时，一般都需要频繁地单击切换工作表，或者进行查找定位等烦琐的操作。其实，这些操作可以通过 Excel 2010 中的视图控制来简化，从而提高工作效率。

### 1. 新建窗口

当需要将一个工作簿中不同的工作表内容进行对照时，可以使用“新建窗口”功能为当前工作簿新建一个窗口，对窗口进行重排后，在不同的窗口中选择不同的工作表，即可方便地对两个工作表中的内容进行比较。具体操作步骤如下。

（1）打开工作簿，单击右上角的“还原窗口”按钮，将当前工作表切换为窗口模式。

（2）单击“视图”→“窗口”→“新建窗口”按钮，即可创建一个新的窗口视图。

**注：** 新窗口是原窗口的一个副本，新窗口的内容与原工作簿窗口的内容完全一样，对文件所做的各种编辑操作在两个窗口中同时有效，唯一的不同是工作簿名称不同，假定原窗口中工作簿名称为“工作簿 1.xlsx”，在打开新窗口后，原窗口中工作簿名称变为“工作簿 1.xlsx：1”，新窗口中工作簿名称为“工作簿 1.xlsx：2”。

### 2. 切换窗口

在工作表的窗口模式下，可以直接通过单击工作表内容将表格切换为当前工作表；如果工作窗口是全屏模式，可以单击“视图”→“窗口”→“切换窗口”下拉按钮，在弹出的如图 8.58 所示的下拉列表中选择需要切换的工作表名称即可。

另外，我们还可以用更简便的快捷键来执行切换窗口操作。使用快捷键 Ctrl+F6 或 Ctrl+Tab 可以依次切换到下一个工作表窗口，使用快捷键 Shift+Ctrl+F6 或 Shift+Ctrl+Tab 可以向上依次切换窗口。

### 3. 重排窗口

在同时编辑多个工作表时，可以利用窗口重排功能对所有的工作表窗口进行按需排列。窗口重排功能可以通过手动排列，用鼠标依次拖动窗口到某个位置，使它们平铺显示；也可以单击“视图”→“窗口”→“全部重排”按钮，在打开的“重排窗口”对话框中选择适当的窗口排列方式，如图 8.59 所示。

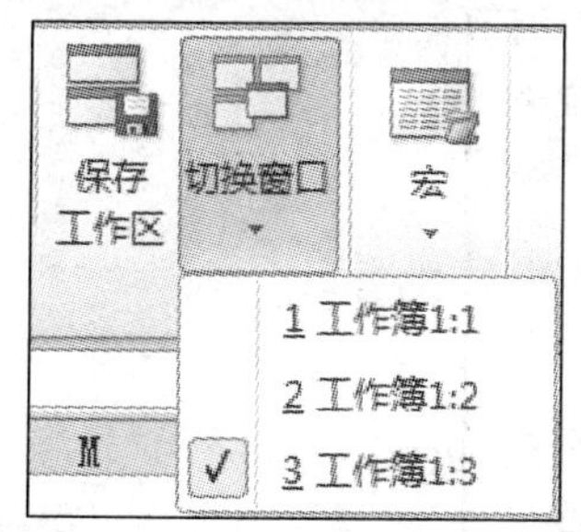


图 8.58　“切换窗口”下拉列表

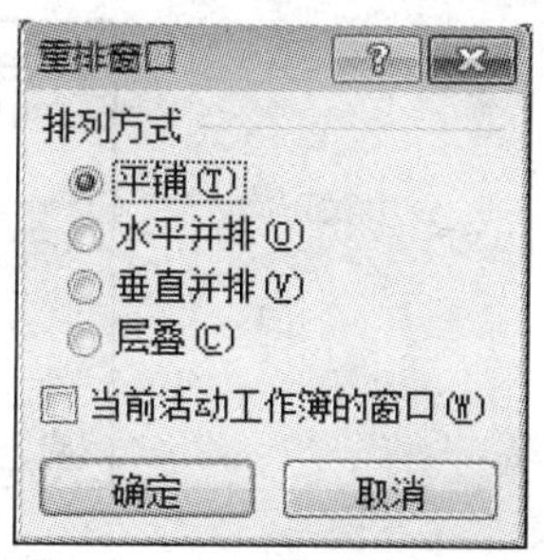


图 8.59　“重排窗口”对话框

4. 并排查看

如果在操作中需要对两个工作表进行单元格内容的比较，可以使用并排查看功能。需要注意的是，这个方式只适用于对两个工作表窗口进行并排查看，如果存在多个工作表窗口，需要自行选择其中两个工作表。通过单击“视图”→“窗口”→“并排查看”按钮即可实现比较显示模式，而且可以同步滚动操作。若是多个工作表窗口，则要在“并排比较”对话框中选择需要的另一个文件，如图 8.60 所示。如果想退出这个模式，再次单击“并排查看”按钮即可。

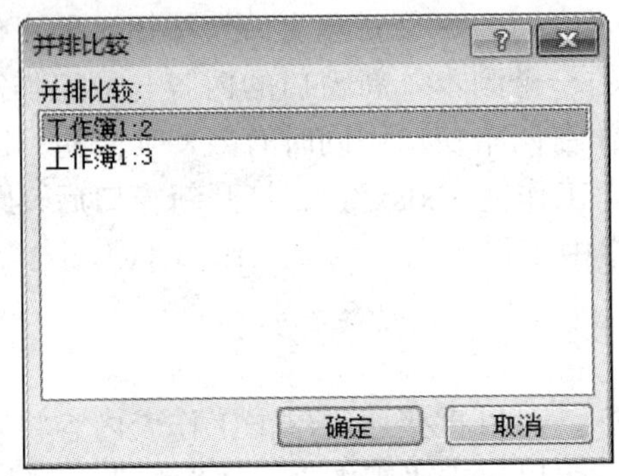


图 8.60 “并排比较”对话框

5. 冻结窗口

在对页面很大的表格进行操作时，需要将行标题或列标题冻结，以便于编辑其他行或列时标题仍保持可见。

1）冻结首行

冻结首行可以固定行标题来方便检索数据，具体操作步骤如下。

（1）单击“视图”→“窗口”→“冻结窗格”下拉按钮。

（2）在弹出的如图 8.61 所示的下拉列表中选择“冻结首行”命令，即可实现冻结首行效果。此时拖动右侧的行滚动条，会发现第一行将始终位于首行位置。

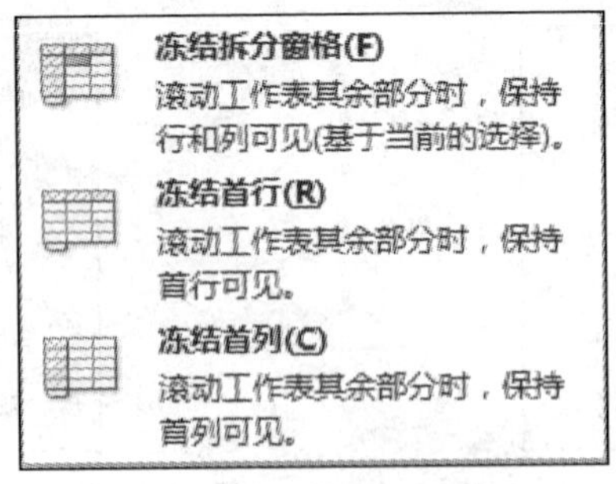


图 8.61 “冻结窗格”下拉列表

（3）取消“冻结首行”效果。单击“视图”→“窗口”→“冻结窗格”下拉按钮，在弹出的下拉列表中选择“取消冻结窗格”命令即可。

2）冻结首列

冻结首列可以固定列标题来方便检索数据，具体操作步骤如下。

（1）单击“视图”→“窗口”→“冻结窗格”下拉按钮。

（2）在弹出的下拉列表中选择“冻结首列”命令，即可实现冻结首列效果。此时拖动下面的列滚动条，会发现第一列将始终位于首列位置。

（3）取消“冻结首列”效果。单击“视图”→“窗口”→“冻结窗格”下拉按钮，在弹出的下拉列表中选择“取消冻结窗格”命令即可。

3）冻结拆分窗格

冻结拆分窗格可以自定义冻结选中的单元格并拆分出 4 个窗格，具体操作步骤如下。

（1）如果需要冻结前 $n$ 行前 $m$ 列，则需要单击单元格 $xy$（$x$ 为从 A 开始数第 $m$+1 列，$y$ 为第 $n$+1 行），我们以冻结前两行前三列为例，首先选中单元格 D3。

（2）单击“视图”→“窗口”→“冻结窗格”下拉按钮，在弹出的下拉列表中选择“冻结拆分窗格”命令，即可实现冻结效果。此时拖动行或列滚动条，会发现前三列和前两行始终保持可见。

（3）取消冻结效果。单击“视图”→“窗口”→“冻结窗格”下拉按钮，在弹出的下拉列表中选择“取消冻结窗格”命令即可。

### 6. 拆分窗口

当编辑操作单独的一个工作表，数据又比较多时，可以使用窗口拆分功能。它选定的一个单元格作为拆分窗口的位置，将窗口拆分为不同的窗格，这些窗格可单独滚动。

拆分窗格的具体操作步骤如下。

（1）选择要拆分定位的基准单元格。我们以 D3 单元格为例，拆分之后将划分为 4 个窗格，即 A1、A2、B1、B2、C1 和 C2 这 6 个单元格为第一窗格，第一行剩余部分和第二行剩余部分为第二窗格，第一列剩余部分、第二列剩余部分和第三列剩余部分为第三窗格，其余部分为第四窗格。

（2）单击“视图”→“窗口”→“拆分”按钮，即可实现拆分效果，如图 8.62 所示。

（3）如果要进行水平拆分，要选择第一列的单元格；如果要进行垂直拆分，要选择第一行的单元格。注意，所选单元格不能是合并的单元格。

（4）取消拆分。此时“视图”选项卡的“窗口”组中的“拆分”按钮已经处于选中状态，再次单击“拆分”按钮即可取消拆分效果。

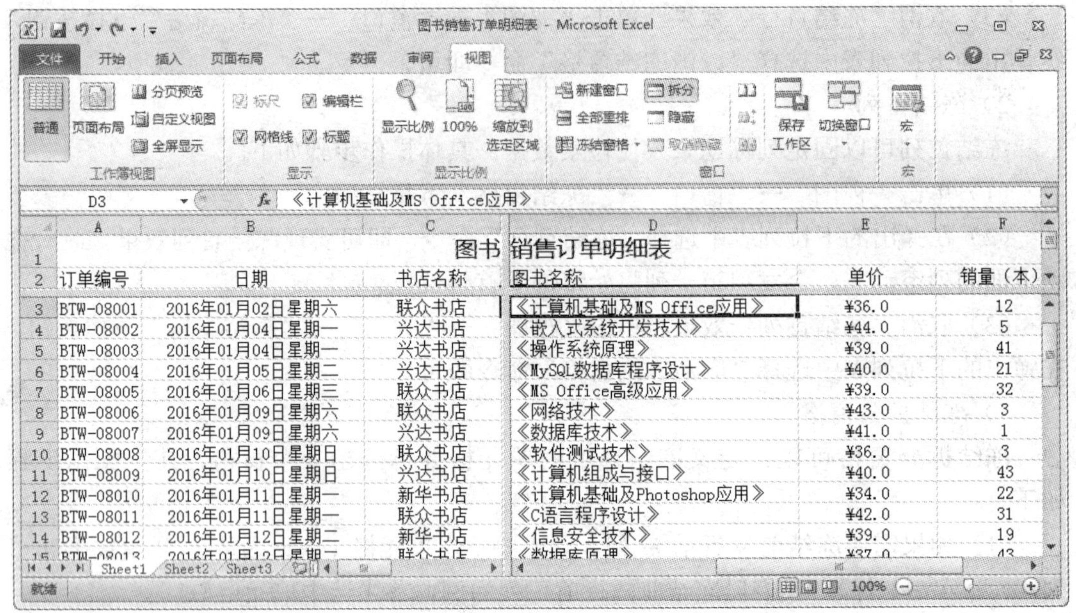

图 8.62 拆分效果

7. 设置窗口显示比例

如果所编辑的工作表内容多而且文字小，不方便浏览，可以单击“视图”→“显示比例”→“显示比例”按钮，如图 8.63 所示，也可以单击状态栏右下角的“缩放级别”按钮，打开“显示比例”对话框，如图 8.64 所示。在其中设置合适的比例大小，然后单击“确定”按钮，即可改变窗口的显示比例。还可以拖动状态栏右下角显示比例的缩放滑块，或按 Ctrl 键的同时向上滑动鼠标滚轮增大显示比例，按 Ctrl 键的同时向下滑动鼠标滚轮缩小显示比例，从而快速直观地改变窗口的显示比例。

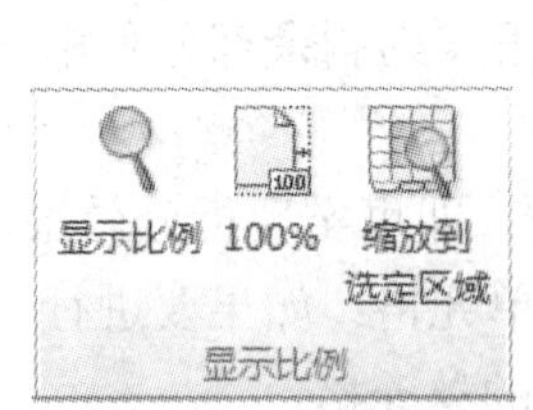

图 8.63 “显示比例”组

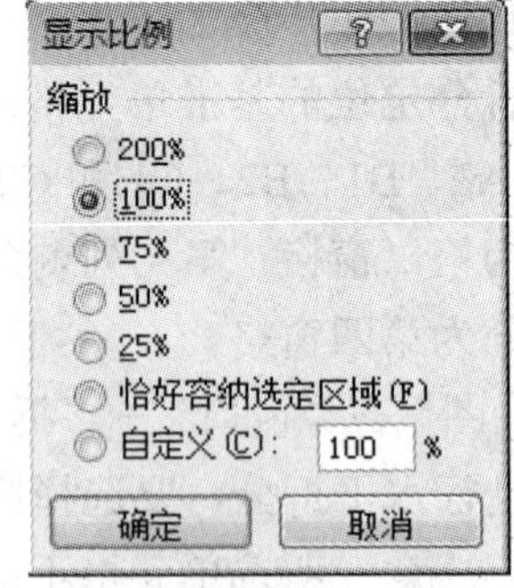


图 8.64 “显示比例”对话框

另外，单击“视图”→“显示比例”→“缩放到选定区域”按钮，可以直接放大显示选中的单元格内容。单击“100%”按钮即可返回正常显示模式。

# 习 题 演 练

## 一、选择题

1．若希望在 Excel 的每个工作簿中输入数据时，字体、字号总能自动设为黑体、12 号，最优的操作方法是（　　）。

A．先输入数据，然后选中这些数据并设置其字体、字号

B．先选中整个工作表并设置字体、字号，之后将其保存为模板，再依据该模板创建新工作簿并输入数据

C．通过后台视图的“常规”选项设置新建工作簿时默认的字体、字号，再新建工作簿并输入数据

D．先选中整个工作表，设置字体、字号后再输入数据

2．小王要对 Excel 工作表的 D、E、F 3 列设置相同的格式，同时选中这 3 列的最快捷的操作方法是（　　）。

A．用鼠标指针直接在 D、E、F 3 列的列标上拖动完成选择

B．按 Ctrl 键的同时依次单击 D、E、F 3 列的列标

C．在名称框中输入地址“D:F”，按 Enter 键完成选择

D．在名称框中输入地址“D,E,F”，按 Enter 键完成选择

3．高一年级各班的成绩单分别保存在独立的 Excel 工作簿文件中，刘老师需要将这些成绩单合并到一个工作簿文件中进行管理，最优的操作方法是（　　）。

A．将各班成绩单中的数据分别通过复制、粘贴的命令整合到一个工作簿中

B．打开一个班的成绩单，将其他班级的数据录入到同一个工作簿的不同工作表中

C．通过插入对象功能，将各班成绩单整合到一个工作簿中

D．通过移动或复制工作表功能，将各班成绩单整合到一个工作簿中

4．某公司需要在 Excel 中统计各类商品的全年销量冠军，最优的操作方法是（　　）。

A．分别对每类商品的销量进行排序，将销量冠军用特殊颜色标记

B．通过设置条件格式，分别标出每类商品的销量冠军

C．在销量表中直接找到每类商品的销量冠军，并用特殊的颜色标记

D．通过自动筛选功能，分别找出每类商品的销量冠军，并用特殊的颜色标记

5．在 Excel 工作表多个不相邻的单元格中输入相同的数据，最优的操作方法是（　　）。

A．同时选中所有不相邻的单元格，在活动单元格中输入数据，然后按 Ctrl+Enter 组合键

B．在输入区域最左上方的单元格中输入数据，双击填充句柄，将其填充到其他单元格

C．在其中一个位置输入数据，然后逐次将其复制到其他单元格

D．在其中一个位置输入数据，将其复制后，利用 Ctrl 键选择其他全部输入区域，再粘贴内容

6．小王要将一份通过 Excel 整理的调查问卷统计结果送交经理审阅，这份调查表包含统计结果和中间数据两个工作表。他希望经理无法看到其存放中间数据的工作表，最优的操作方法是（　　）。

A．将存放中间数据的工作表隐藏，然后设置保护工作簿结构

B．将存放中间数据的工作表删除

C．将存放中间数据的工作表移动到其他工作簿保存

D．将存放中间数据的工作表隐藏，然后设置保护工作表隐藏

7．马会计正在 Excel 中计算员工本年度的年终奖学金，他希望与存放在不同工作簿中的前三年奖金发放情况进行比较，最优的操作方法是（　　）。

A．分别打开前三年的奖金工作簿，将它们复制到同一个工作表中进行比较

B．打开前三年的奖金工作簿，需要比较时在每个工作簿窗口之间进行切换查看

C．通过全部重排功能，将 4 个工作簿平铺在屏幕上进行比较

D．通过并排查看功能，分别将今年与前三年的数据两两进行比较

8．赵经理正在审阅借助 Excel 统计的产品销售情况，他希望能够同时查看这个千行千列的超大工作表的不同部分，最优的操作方法是（　　）。

A．在工作表合适的位置拆分窗口，然后分别查看不同的部分

B．在工作表新建几个窗口，重排窗口在每个窗口中查看不同的部分

C．在工作表合适的位置冻结拆分窗格，然后分别查看不同的部分

D．将该工作簿另存几个副本，然后打开并重排这几个工作簿以分别查看不同的部分

## 二、操作题

在 D 盘上新建工作簿文件“学生成绩表.xlsx”，在工作表 Sheet1 中输入如图 8.65 所示的内容。

完成以下操作。

（1）在第一行上面插入一行，将 A1～J1 单元格合并，输入标题“学生成绩表”，设置字号为 20，字体为黑体；设置各列标题的字号为 14，字体为宋体，加粗；下方数据内容字号为 13，字体为宋体；所有数据垂直、水平均居中。

（2）将所有成绩列的数据设置为保留一位小数。

| | A | B | C | D | E | F | G | H | I | J |
|---|---|---|---|---|---|---|---|---|---|---|
| 1 | 学号 | 姓名 | 班级 | 语文 | 数学 | 英语 | 生物 | 地理 | 历史 | 政治 |
| 2 | 20160104 | 李超 | 1班 | 102 | 116 | 113 | 78 | 88 | 86 | 73 |
| 3 | 20160103 | 高明 | 1班 | 95 | 85 | 99 | 98 | 92 | 92 | 88 |
| 4 | 20160105 | 杨苏铁 | 1班 | 88 | 98 | 101 | 89 | 73 | 95 | 91 |
| 5 | 20160102 | 刘畅 | 1班 | 110 | 95 | 98 | 99 | 93 | 93 | 92 |
| 6 | 20160101 | 胡超君 | 1班 | 97.5 | 106 | 108 | 98 | 99 | 99 | 96 |
| 7 | 20160106 | 唐婧 | 1班 | 90 | 111 | 116 | 72 | 95 | 93 | 95 |
| 8 | 20160203 | 安宁 | 2班 | 93 | 99 | 92 | 86 | 86 | 73 | 92 |
| 9 | 20160206 | 郭严夫 | 2班 | 100.5 | 103 | 104 | 88 | 89 | 78 | 90 |
| 10 | 20160204 | 郑江泉 | 2班 | 95.5 | 92 | 96 | 84 | 95 | 91 | 92 |
| 11 | 20160201 | 韩金珍 | 2班 | 93.5 | 107 | 96 | 100 | 93 | 92 | 93 |
| 12 | 20160202 | 高林迪 | 2班 | 86 | 107 | 89 | 88 | 92 | 88 | 89 |
| 13 | 20160205 | 丁楠楠 | 2班 | 103.5 | 105 | 105 | 93 | 93 | 90 | 86 |
| 14 | 20160305 | 李奕莹 | 3班 | 91.5 | 89 | 94 | 92 | 91 | 86 | 86 |
| 15 | 20160301 | 谢春艳 | 3班 | 99 | 98 | 101 | 95 | 91 | 95 | 78 |
| 16 | 20160306 | 樊美余 | 3班 | 101 | 94 | 99 | 90 | 87 | 95 | 93 |
| 17 | 20160302 | 成进君 | 3班 | 78 | 95 | 94 | 82 | 90 | 93 | 84 |
| 18 | 20160304 | 杨欣予 | 3班 | 95 | 97 | 102 | 93 | 95 | 92 | 88 |
| 19 | 20160303 | 丛英娜 | 3班 | 84 | 100 | 97 | 87 | 78 | 89 | 93 |

图 8.65 学生成绩表

（3）设置第一行高度为 35，第二行高度为 25，其他行高度均为 18；设置 A 列宽度为 12，B 列宽度为 10，C 列为自动调整列宽，D～J 列的宽度为 8。

（4）使用“条件格式化”功能进行下列设置：将语文、数学、英语 3 科中成绩不低于 110 分的单元格以绿色填充，其他 4 科中高于 90 分的数据设置为红色。

（5）按照图 8.65 所示，设置相应的表格线。

（6）将表中前两行冻结，即冻结表标题和字段标题。

（7）将工作表 Sheet1 重命名为“第一学期期末成绩”。

（8）复制工作表“第一学期期末成绩”，将副本放置到原表右侧；设置该副本工作表标签的颜色为红色，并重命名为“成绩分析”。

（9）保护工作表“成绩分析”，密码为“201601”。

（10）保存以上所有操作，并另存为可以在 Excel 2003 软件中打开和编辑的文件，文件名保持不变。

# 第 9 章　Excel 2010 高级应用

Excel 2010 不仅具有丰富的表格功能，而且具有强大的数据处理与分析能力。本章将进一步学习 Excel 2010 的相关应用，其中包括数据的排序与统计、常见函数的应用、分析工作表中的数据等内容。

## 9.1　Excel 公式和函数

在大型的数据报表中，统计、计算工作不可避免，Excel 的强大功能正是体现在计算上。通过在单元格中输入公式和函数，可以对表中的数据进行总计、平均、汇总及其他更复杂的统计运算，这样可以有效避免手工计算的繁杂和容易出错的缺点。当报表中的数据有改动时，公式的计算结果会相应更新，比手工计算更加方便高效。

### 9.1.1　使用公式的基本方法

Excel 中的公式遵循着一个特定的语法，公式以“=”开始，后面是参与计算的元素，这些参与计算的元素通过运算符连接。元素不仅限于数值，还包括参与运算的单元格地址、引用的单元格区域、标志、名称和工作表函数。

1. 运算符

运算符对公式中的元素进行特定类型的运算。算术运算符、关系运算符和引用运算符是 Excel 中常用的 3 种运算符类型。常用的运算符和功能见表 9.1。其中，A1=1000，B1=500，C1=300。

**表 9.1　常用的运算符和功能**

| 类型 | 运算符 | 运算符含义 | 样本公式 | 运算结果 |
|---|---|---|---|---|
| 算术运算符 | + | 加法运算 | =A1+B1 | 1500 |
| | – | 减法运算或负数 | =A1–B1 | 500 |
| | * | 乘法 | =A1*2 | 2000 |
| | / | 除法 | =A1/2 | 500 |
| | ^ | 乘幂 | =A1^2 | 1000000 |
| | % | 百分比 | =A1% | 10 |

续表

| 类型 | 运算符 | 运算符含义 | 样本公式 | 运算结果 |
|---|---|---|---|---|
| 关系运算符 | = | 等于 | =A1=B1 | FALSE |
| | > | 大于 | =A1>B1 | TRUE |
| | < | 小于 | =A1<B1 | FALSE |
| | >= | 大于或等于 | =A1>=B1 | TRUE |
| | <= | 小于或等于 | =A1<=B1 | FALSE |
| | <> | 不相等 | =A1<>B1 | TRUE |
| 引用运算符 | : | 区域运算符，对包括在两个引用之间的所有单元格的引用 | A1:B2 | 引用 4 个单元格 A1、A2、B1 和 B2 |
| | , | 联合运算符，将多个引用合并为一个引用 | A1:B2, C3 | 引用 5 个单元格 A1、A2、B1、B2 和 C3 |
| | （空格） | 交叉运算符，引用空格左右两边的两个引用共有的单元格 | A1:B3 B2:C4 | 引用两个引用相交部分的两个单元格 B2 和 B3 |
| 其他 | () | 括号，可以改变运算优先级 | =(A1+B1+C1)/3 | 600 |

表 9.1 中列出了常用的基本运算符和对应的运算法则，在使用公式计算单元格数据时供大家参考。

2. 公式输入

**【例 9-1】**对指定单元格中的数据求和。

图 9.1 是对学生第一学期相关成绩的考核列表，现要计算张龙的 3 科成绩总和，也就是 B3 到 D3 这 3 个单元格中的数据之和。

使用公式计算可直接提取单元格地址进行输入，操作方法：先选中计算结果要存放的单元格 E3，再输入公式“=B3+C3+D3”，最后按 Enter 键或单击编辑栏中的“✓”按钮，即可计算出张龙 3 科成绩的总分。

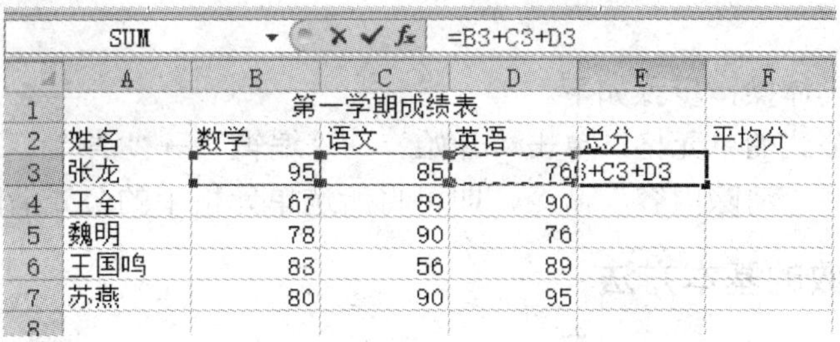

SUM　=B3+C3+D3

| | A | B | C | D | E | F |
|---|---|---|---|---|---|---|
| 1 | | | 第一学期成绩表 | | | |
| 2 | 姓名 | 数学 | 语文 | 英语 | 总分 | 平均分 |
| 3 | 张龙 | 95 | 85 | 76 | 3+C3+D3 | |
| 4 | 王全 | 67 | 89 | 90 | | |
| 5 | 魏明 | 78 | 90 | 76 | | |
| 6 | 王国鸣 | 83 | 56 | 89 | | |
| 7 | 苏燕 | 80 | 90 | 95 | | |
| 8 | | | | | | |

图 9.1　公式的输入方法

采用单元格地址输入公式时需要注意：选中要输入公式的单元格 E3，输入“=”表示开始输入公式。单击要在公式中加入地址的单元格，如 B3，此时该单元格周围出现虚线框，当需要多个单元格数据进行运算时，要输入对应的运算符，如“+”，再单击要连接的数据单元格，直到最后一个单元格地址拾取完毕，按 Enter 键结束输入。

3. 显示公式

在单元格中输入公式后，显示在单元格中的不是所输入的公式，而是使用此公式计算单元格数据的结果。如果用户需要查看单元格数据计算所使用的公式，可以根据下面的方法进行操作。

单击“公式”→“公式审核”→“显示公式”按钮，即将工作表单元格中的公式显示出来。

4. 隐藏公式

单击“公式”→“公式审核”→“显示公式”按钮，“显示公式”按钮退出突出显示状态，即可将单元格中的公式隐藏，显示计算结果。

此外，按键盘上的 Ctrl+ `键（Tab 键上方的键），可以在显示公式和显示计算结果之间切换。将计算结果选中，所使用的计算公式将自动显示在编辑栏中。

5. 编辑公式

将公式输入工作表的单元格后，它就相当于一个普通的数据，可以对它进行与普通数据相同的各种编辑操作。

修改公式的具体操作步骤如下。

（1）选中要修改公式的单元格。

（2）在编辑栏中，将光标定位到公式要修改的位置或按 F2 键，进入数据的编辑模式，然后就可以对公式进行必要的修改。

（3）公式修改完毕后，单击编辑栏上的“输入”按钮或按 Enter 键，即可将修改后的公式输入到单元格。

6. 删除公式

删除公式的具体操作步骤如下。

选中要删除公式的单元格，单击“开始”→“编辑”→“清除”下拉按钮，在弹出的下拉列表中选择“清除内容”命令，即可将所选单元格中的公式清除。

### 9.1.2 使用函数的基本方法

公式适用于报表中待计算的数据较少的情况，当数据较多或要进行复杂统计时，更适合使用函数进行计算。Excel 中提供了几百个可以单独使用或与其他公式或函数使用的函数，如求和、取平均值、取最大值等。

函数的语法结构为“函数名称(参数 1, 参数 2, …)”，其中的参数可以是常量、单元格、区域、区域名和其他函数。

1．输入函数

输入函数有两种方法：插入函数法和直接输入法。

（1）由于 Excel 有几百个函数，记住函数的所有参数及用法难度很大，为此，Excel 提供了插入函数的方法，引导用户正确输入函数。以图 9.1 操作为例，具体操作方法为先选择要输入函数的单元格，然后单击编辑栏旁边的“插入函数”按钮，或单击“公式”→“函数库”→“插入函数”按钮，打开如图 9.2 所示的“插入函数”对话框。

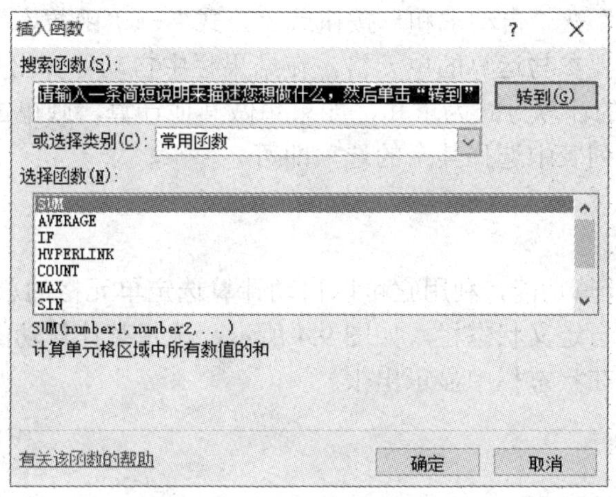


图 9.2　“插入函数”对话框

（2）在“或选择类别”下拉列表中选择函数的类别（本例中可以选择“常用函数”和“数学与三角函数”），在“选择函数”列表框中选择函数名称（本例选择 SUM），单击“确定”按钮，打开如图 9.3 所示的“函数参数”对话框。

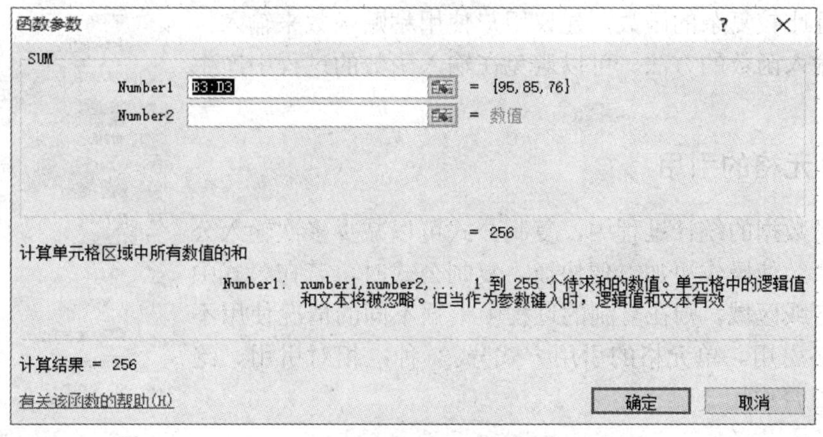


图 9.3　“函数参数”对话框

（3）在“函数参数”对话框中，根据参数描述提示输入正确格式的参数，用户可选择直接输入参数 B3:D3，也可单击右侧的单元格拾取按钮，回到操作界面点选或拖拽参与运算的单元格或单元格区域，本例中要选择参与计算的 3 个单元格 B3、C3、D3，如果参与运算的不是连续的单元格区域，可以继续在 Number2 文本框中输入要进行计算的单元格名称。

#### 2. 自动求和

如果对所选单元格进行求和、均值、最大值、最小值等简单的运算，用户可以选用自动求和功能，以求和操作为例，具体操作方法为选中显示计算结果的单元格 E3，单击“开始”→“编辑”→“自动求和”按钮或“公式”→“函数库”→“自动求和”按钮，系统会自动选择要参与运算的单元格，在结果栏中自动计算出数据的和。

Excel 提供默认的计算方式为求和，如果想做其他计算，则单击“自动求和”下拉按钮，在弹出的下拉列表中选择其余的选项即可。

#### 3. 自动计算

Excel 提供自动计算功能，利用它可以自动计算选定单元格的总和、均值、计数等。右击状态栏，可显示自定义状态栏，如图 9.4 所示，选择某计算功能后，选定单元格区域时，其计算结果会在状态栏中显示出来。

#### 4. 手动输入函数

（1）首先选中需要输入函数的单元格，然后在单元格中输入一个等号“=”。

（2）输入所要使用的函数。例如，在所选单元格中输入函数“=SUM(B3:B6)”，计算工作表中一月份的工资总额。

（3）手动输入函数方法主要适用于一些简单的函数，对于参数较多且比较复杂的函数，建议用户使用粘贴函数来输入。使用这种输入函数的方法，可以避免在输入函数的过程中产生输入错误。

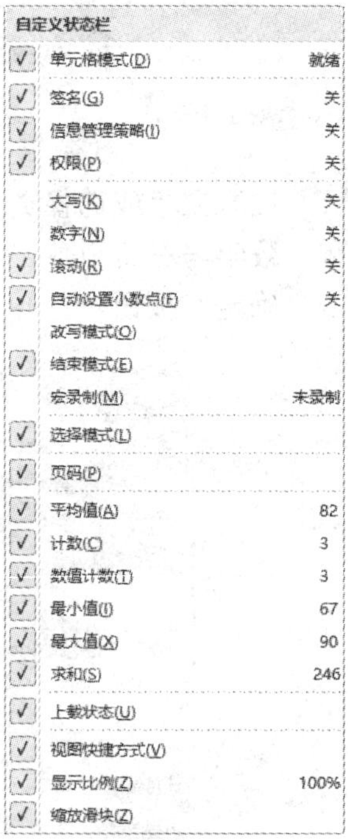

图 9.4 自定义状态栏

### 9.1.3 单元格的引用

在大量数据的统计过程中，复制公式可以减少多次输入公式的工作量，使操作更加方便快捷。复制公式时，若在公式中使用单元格或区域，则在复制的过程中根据不同的情况使用不同的单元格引用。单元格的引用方式分 3 种：相对引用、绝对引用和混合引用。

#### 1. 相对引用

在创建公式时，单元格或单元格区域的引用通常是相对于包含公式的单元格的相对位置，在复制包含相对引用的公式时，Excel 将自动调整复制公式中的引用，根据目的单元格的相对位置的变化自动更新源操作单元格的位置。例如，E3=B3+C3+D3，当公式复制到单元格 E4 时，其中的公式已经改为=B4+C4+D4。

2. 绝对引用

如果在复制的过程中不希望引用的单元格发生变化，绝对引用是最佳选择。具体的操作方法是在引用的源单元格地址的行标、列标前均加上“$”符号，在进行公式复制时，单元格的引用地址不会发生改变。例如，E3=$B$3+$C$3+$D$3，则复制到 E4 单元格后，显示的公式为“=$B$3+$C$3+$D$3”，计算结果保持不变。

3. 混合引用

混合引用是指在公式的输入过程中既有相对引用又有绝对引用，需要改变的行号或列号使用相对引用，反之使用绝对引用。例如，E3=$B$3+$C$3+D3，在复制的过程中，D3 单元格会随填充规律发生变化，B3、C3 单元格不会变化。

在使用 3 种引用方式时，可以按 F4 键进行随意切换，节省了手动输入的时间。

## 9.1.4 Excel 中常用函数的应用

**【例 9-2】**使用 RANK 函数对指定单元格区域中的数据进行排名统计。

图 9.5 是某年级学生成绩一览表，表中需要对总分、排名、总评字段进行填充，这些字段的填充需要用到几个常用的函数，下面我们将对这些函数的用法进行详细的说明。

I11

| | A | B | C | D | E | F | G | H | I |
|---|---|---|---|---|---|---|---|---|---|
| 1 | 学号 | 姓名 | 性别 | 英语 | 数学 | 语文 | 总分 | 排名 | 总评 |
| 2 | 001 | 安静 | 女 | 80.9 | 91.0 | 87.0 | 258.9 | | |
| 3 | 002 | 宋京 | 女 | 78.0 | 84.0 | 58.0 | 220.0 | | |
| 4 | 003 | 李好 | 男 | 89.2 | 86.9 | 58.5 | 234.6 | | |
| 5 | 004 | 王率 | 男 | 56.7 | 66.0 | 69.0 | 191.7 | | |
| 6 | 005 | 高朋 | 男 | 67.0 | 76.0 | 66.0 | 209.0 | | |
| 7 | 006 | 辛心 | 男 | 78.0 | 74.5 | 79.5 | 232.0 | | |
| 8 | 007 | 程欣 | 女 | 68.0 | 60.0 | 77.0 | 205.0 | | |
| 9 | 008 | 郑燕 | 女 | 90.5 | 74.0 | 80.0 | 244.5 | | |
| 10 | 009 | 黄京 | 女 | 95.6 | 81.0 | 66.0 | 242.6 | | |
| 11 | 010 | 王亮亮 | 男 | 45.0 | 89.0 | 65.0 | 199.0 | | |
| 12 | 011 | 张冬冬 | 男 | 78.0 | 63.0 | 81.0 | 222.0 | | |
| 13 | 012 | 孙华 | 男 | 90.0 | 90.0 | 63.0 | 243.0 | | |
| 14 | 013 | 吴熙熙 | 女 | 76.0 | 80.0 | 72.0 | 228.0 | | |
| 15 | 014 | 李侃 | 男 | 74.0 | 98.0 | 63.0 | 235.0 | | |
| 16 | 015 | 张欢 | 女 | 85.5 | 77.0 | 72.5 | 235.0 | | |
| 17 | 016 | 荆京 | 女 | 89.5 | 89.0 | 69.0 | 247.5 | | |
| 18 | 017 | 佳雪 | 女 | 67.0 | 78.0 | 66.0 | 211.0 | | |
| 19 | 018 | 刘恒恒 | 男 | 69.0 | 56.0 | 89.0 | 214.0 | | |
| 20 | 019 | 张会 | 女 | 73.0 | 60.5 | 98.0 | 231.5 | | |
| 21 | | | | | | | | | |

学生成绩一览表 / Sheet2 / Sheet3

图 9.5 学生成绩一览表

在这张表中，要根据计算出的总分对各位学生进行排名次，RANK 函数是常用进行排名的函数，其结果是返回一个数组在一组数值中的排名。

RANK 函数的语法结构：RANK(number,ref,order)。
其中，number 为需要求排名的数值或单元格名称；ref 为排名的参照数值区域；order 的值为 0 和 1，默认不输入或输入值为 0 时，得到的就是降序的排名，若想求升序排名，order 的值为 1。

在本例中，首先选中要填入最终名次的 H2 单元格，在编辑栏中输入“=RANK(G2,$G$2:$G$20,0)”，然后按 Enter 键或单击编辑栏旁边的“✓”按钮结束输入，即可得到第一个人的名次，之后拖动填充句柄填充其余同学的名次。在这个函数中，G2 为待排序的单元格地址，$G$2:$G$20 为所有学生总成绩所占的单元格区域，第三个参数为 0 则排名按总分降序排列。

在填写函数参数的过程中有以下几点特殊说明：

（1）参数中的单元格地址和区域可以通过点选或拖拽的方法进行填写。

（2）填写的第二个参数要选择绝对引用的方式，这样是为了保证之后在计算学生的名次复制公式时所有学生总成绩区域不发生变化。如果采用相对引用则会在复制公式时随之发生变化。

（3）第三个参数为 0 或省略表示分数由大至小进行排序，保证分数最高的同学排在第一位，结果如图 9.6 所示。

H2　fx　=RANK(G2,$G$2:$G$20,0)

| | A | B | C | D | E | F | G | H | I |
|---|---|---|---|---|---|---|---|---|---|
| 1 | 学号 | 姓名 | 性别 | 英语 | 数学 | 语文 | 总分 | 排名 | 总评 |
| 2 | 001 | 安静 | 女 | 80.9 | 91.0 | 87.0 | 258.9 | 1 | |
| 3 | 002 | 宋京 | 女 | 78.0 | 84.0 | 58.0 | 220.0 | 13 | |
| 4 | 003 | 李好 | 男 | 89.2 | 86.9 | 58.5 | 234.6 | 8 | |
| 5 | 004 | 王率 | 男 | 56.7 | 66.0 | 69.0 | 191.7 | 19 | |
| 6 | 005 | 高朋 | 男 | 67.0 | 76.0 | 66.0 | 209.0 | 16 | |
| 7 | 006 | 辛心 | 男 | 78.0 | 74.5 | 79.5 | 232.0 | 9 | |
| 8 | 007 | 程欣 | 女 | 68.0 | 60.0 | 77.0 | 205.0 | 17 | |
| 9 | 008 | 郑燕 | 女 | 90.5 | 74.0 | 80.0 | 244.5 | 3 | |
| 10 | 009 | 黄京 | 女 | 95.6 | 81.0 | 66.0 | 242.6 | 5 | |
| 11 | 010 | 王亮亮 | 男 | 45.0 | 89.0 | 65.0 | 199.0 | 18 | |
| 12 | 011 | 张冬冬 | 男 | 78.0 | 63.0 | 81.0 | 222.0 | 12 | |
| 13 | 012 | 孙华 | 男 | 90.0 | 90.0 | 63.0 | 243.0 | 4 | |
| 14 | 013 | 吴熙熙 | 女 | 76.0 | 80.0 | 72.0 | 228.0 | 11 | |
| 15 | 014 | 李侃 | 男 | 74.0 | 98.0 | 63.0 | 235.0 | 6 | |
| 16 | 015 | 张欢 | 女 | 85.5 | 77.0 | 72.5 | 235.0 | 6 | |
| 17 | 016 | 荆京 | 女 | 89.5 | 89.0 | 69.0 | 247.5 | 2 | |
| 18 | 017 | 佳雪 | 女 | 67.0 | 78.0 | 66.0 | 211.0 | 15 | |
| 19 | 018 | 刘恒恒 | 男 | 69.0 | 56.0 | 89.0 | 214.0 | 14 | |
| 20 | 019 | 张会 | 女 | 73.0 | 60.5 | 98.0 | 231.5 | 10 | |
| 21 | | | | | | | | | |

学生成绩一览表 / Sheet2 / Sheet3

图 9.6　RANK 函数的应用

【例 9-3】使用 IF 函数确定学生的总评结果。

在 Excel 中，利用 IF 函数可以非常方便地进行条件判断。在本例中，以数学成绩作为参照，数学成绩大于等于 90 分的学生总评成绩为优秀，小于 90 分但大于等于 60 分的为及格，小于 60 分的为不及格。

IF 函数的语法结构：IF(Logical_test,[Value_if_true],[Value_if_false])。
其中，Logical_test 是必填参数。在 IF 函数中，首先计算 Logical_test 的值，若返回的值为真，则返回[Value_if_true]的值，反之，返回[Value_if_false]的值；若省略第二、三个参数，则函数返回的结果为 TRUE 或 FALSE。

想要得出正确的判断结果，首先选中 I2 单元格，在编辑栏中输入“=IF(E2>=90,"优秀",IF(E2>=60,"及格","不及格"))”，然后按 Enter 键或单击编辑栏旁边的“✓”按钮结束输入，其余同学的总评成绩可以拖拽填充句柄填充。本例使用单个 IF 函数无法实现最终的判断，需要多个 IF 函数嵌套使用，另外函数中涉及的文字部分需要用英文输入法下的双引号括起来，结果如图 9.7 所示。

I2 fx =IF(E2>=90,"优秀",IF(E2>=60,"及格","不及格"))

| | A | B | C | D | E | F | G | H | I |
|---|---|---|---|---|---|---|---|---|---|
| 1 | 学号 | 姓名 | 性别 | 英语 | 数学 | 语文 | 总分 | 排名 | 总评 |
| 2 | 001 | 安静 | 女 | 80.9 | 91.0 | 87.0 | 258.9 | 1 | 优秀 |
| 3 | 002 | 宋京 | 女 | 78.0 | 84.0 | 58.0 | 220.0 | 13 | 及格 |
| 4 | 003 | 李好 | 男 | 89.2 | 86.9 | 58.5 | 234.6 | 8 | 及格 |
| 5 | 004 | 王率 | 男 | 56.7 | 66.0 | 69.0 | 191.7 | 19 | 及格 |
| 6 | 005 | 高朋 | 男 | 67.0 | 76.0 | 66.0 | 209.0 | 16 | 及格 |
| 7 | 006 | 辛心 | 男 | 78.0 | 74.5 | 79.5 | 232.0 | 9 | 及格 |
| 8 | 007 | 程欣 | 女 | 68.0 | 60.0 | 77.0 | 205.0 | 17 | 及格 |
| 9 | 008 | 郑燕 | 女 | 90.5 | 74.0 | 80.0 | 244.5 | 3 | 及格 |
| 10 | 009 | 黄京 | 女 | 95.6 | 81.0 | 66.0 | 242.6 | 5 | 及格 |
| 11 | 010 | 王亮亮 | 男 | 45.0 | 89.0 | 65.0 | 199.0 | 18 | 及格 |
| 12 | 011 | 张冬冬 | 男 | 78.0 | 63.0 | 81.0 | 222.0 | 12 | 及格 |
| 13 | 012 | 孙华 | 男 | 90.0 | 90.0 | 63.0 | 243.0 | 4 | 优秀 |
| 14 | 013 | 吴熙熙 | 女 | 76.0 | 80.0 | 72.0 | 228.0 | 11 | 及格 |
| 15 | 014 | 李侃 | 男 | 74.0 | 98.0 | 63.0 | 235.0 | 6 | 优秀 |
| 16 | 015 | 张欢 | 女 | 85.5 | 77.0 | 72.5 | 235.0 | 6 | 及格 |
| 17 | 016 | 荆京 | 女 | 89.5 | 89.0 | 69.0 | 247.5 | 2 | 及格 |
| 18 | 017 | 佳雪 | 女 | 67.0 | 78.0 | 66.0 | 211.0 | 15 | 及格 |
| 19 | 018 | 刘恒恒 | 男 | 69.0 | 56.0 | 89.0 | 214.0 | 14 | 不及格 |
| 20 | 019 | 张会 | 女 | 73.0 | 60.5 | 98.0 | 231.5 | 10 | 及格 |
| 21 | | | | | | | | | |

学生成绩一览表 / Sheet2 / Sheet3

图 9.7 IF 函数的应用

**【例 9-4】**使用 VLOOKUP 函数实现不同工作表中数据的引用。

图 9.8 为公司员工档案信息表，其中包含 4 个工作表，员工档案信息表、员工联系电话表、员工学历情况表和员工职称情况表，其中员工学历情况表如图 9.9 所示，其中的第一学历需要通过员工档案信息表中提供的信息填充，两个工作表通过工号这一共同字段进行连接，最终成功填充第一学历字段。VLOOKUP 函数是按列查找，最终返回该列所需查询列序所对应的值，可以用来解决这个问题。

VLOOKUP 函数的语法结构：VLOOKUP（Lookup_value,Table_array,Col_index_num,Range_lookup）。

公司员工档案管理

| 工号 | 姓名 | 性别 | 籍贯 | 部门 | 职务 | 职称 | 参加工作日期 | 出生日期 | 身份证号码 | 第一学历 | 办公电话 | 联系电话 |
|---|---|---|---|---|---|---|---|---|---|---|---|---|
| 4009001 | 张　英 | 女 | 山东 | A部门 | 经理 | 工程师 | 1995/7/1 | 1974/7/6 | xxxxxx19740706xx02 | 本科 | 4028556 | 13705438899 |
| 4009002 | 王振才 | 男 | 山东 | A部门 | 职员 | 工程师 | 1984/5/1 | 1963/5/7 | xxxxxx19630507xx12 | 本科 | 4028555 | 13978851122 |
| 4009003 | 马建民 | 男 | 北京 | A部门 | 职员 | 工程师 | 1994/7/2 | 1968/7/7 | xxxxxx19680707xx14 | 本科 | 4028555 | 13319551133 |
| 4009015 | 朱思华 | 女 | 湖南 | B部门 | 职员 | 工程师 | 1996/5/1 | 1974/12/30 | xxxxxx19741091xx01 | 专科 | 4028595 | 13754318899 |
| 4009005 | 王建美 | 女 | 湖南 | B部门 | 职员 | 高工 | 1994/2/4 | 1971/2/9 | xxxxxx19710209xx07 | 本科 | 4028525 | 13973118283 |
| 4009007 | 艾晓敏 | 女 | 北京 | B部门 | 职员 | 技师 | 2000/7/6 | 1979/12/12 | xxxxxx19791212xx00 | 专科 | 4028270 | 13574856435 |
| 4009016 | 陈关敏 | 女 | 山东 | B部门 | 副经理 | 工程师 | 1996/6/1 | 1974/8/13 | xxxxxx19740813xx05 | 本科 | 4028596 | 13854340998 |
| 4009008 | 刘方明 | 男 | 湖南 | B部门 | 职员 | 技师 | 2002/9/7 | 1981/9/12 | xxxxxx19810912xx10 | 专科 | 4028250 | 13187111633 |
| 4009004 | 王　霞 | 女 | 山东 | C部门 | 职员 | 技师 | 2000/5/3 | 1979/9/9 | xxxxxx19790909xx28 | 专科 | 4028660 | 13887116270 |
| 4009011 | 刘凤昌 | 男 | 重庆 | C部门 | 副经理 | 高工 | 1992/7/10 | 1971/12/16 | xxxxxx19711216xx10 | 专科 | 4028591 | 13548955678 |
| 4009006 | 王　磊 | 男 | 湖北 | C部门 | 职员 | 技术员 | 2004/1/5 | 1983/1/10 | xxxxxx19830110xx11 | 专科 | 4028260 | 13677331214 |
| 4009009 | 刘大力 | 男 | 江苏 | D部门 | 职员 | 工程师 | 1997/8/8 | 1976/8/13 | xxxxxx19760813xx15 | 专科 | 4028885 | 13975858636 |
| 4009012 | 刘国明 | 男 | 四川 | D部门 | 职员 | 高工 | 1995/8/9 | 1973/1/13 | xxxxxx19730113xx10 | 专科 | 4028592 | 13867891213 |
| 4009013 | 孙海亭 | 男 | 湖南 | D部门 | 副经理 | 工程师 | 1993/8/10 | 1969/9/8 | xxxxxx19690908xx90 | 本科 | 4028593 | 18954330908 |
| 4009017 | 陈德华 | 男 | 山东 | D部门 | 职员 | 工程师 | 1997/7/1 | 1975/2/14 | xxxxxx19750214xx12 | 本科 | 4028597 | 13408077788 |
| 4009010 | 刘国强 | 男 | 上海 | E部门 | 副经理 | 工程师 | 2001/7/9 | 1980/2/14 | xxxxxx19800214xx12 | 研究生 | 4028262 | 13787551862 |
| 4009014 | 牟希雅 | 女 | 湖南 | E部门 | 职员 | 工程师 | 1994/8/11 | 1970/12/9 | xxxxxx19701209xx00 | 专科 | 4028594 | 13408090999 |
| 4009018 | 彭庆华 | 男 | 山东 | E部门 | 职员 | 高工 | 1992/7/1 | 1970/2/9 | xxxxxx19700209xx10 | 本科 | 4028598 | 13508066768 |

图 9.8　员工档案信息表

H12　　fx

| | A | B | C | D | E | F |
|---|---|---|---|---|---|---|
| 1 | 工号 | 姓名 | 第一学历 | | | |
| 2 | 4009001 | 张　英 | | | | |
| 3 | 4009002 | 王振才 | | | | |
| 4 | 4009003 | 马建民 | | | | |
| 5 | 4009015 | 朱思华 | | | | |
| 6 | 4009005 | 王建美 | | | | |
| 7 | 4009007 | 艾晓敏 | | | | |
| 8 | 4009016 | 陈关敏 | | | | |
| 9 | 4009008 | 刘方明 | | | | |
| 10 | 4009004 | 王　霞 | | | | |
| 11 | 4009011 | 刘凤昌 | | | | |
| 12 | 4009006 | 王　磊 | | | | |
| 13 | 4009009 | 刘大力 | | | | |
| 14 | 4009012 | 刘国明 | | | | |
| 15 | 4009013 | 孙海亭 | | | | |
| 16 | 4009017 | 陈德华 | | | | |

员工档案信息表 / 员工联系电话表 / 员工学历情况表 / 员工职称情况表

图 9.9　员工学历情况表

其中，Lookup_value 为需要在数据表第一列中进行查找的数值，Lookup_value 可以为数值、引用或文本字符串，当 VLOOKUP 函数第一参数省略查找值时，表示用 0 查找。Table_array 为需要在其中查找数据的数据表，使用对区域或区域名称的引用。Col_index_num 为 Table_array 中查找数据的数据列序号，Col_index_num 为 1 时，返回 table_array 第一列的数值；Col_index_num 为 2 时，返回 Table_array 第二列的数值，以此类推，如果 Col_index_num 小于 1，函数 VLOOKUP 返回错误值#VALUE!；如果 Col_index_num 大于 Table_array 的列数，函数 VLOOKUP 返回错误值#REF!。Range_lookup 为逻辑值，指明函数 VLOOKUP 查找时是精确匹配，还是近似匹配。如果为 FALSE 或 0，则返回精确匹配；如果找不到，则返回错误值#N/A。如果 Range_lookup 为 TRUE 或 1，函数 VLOOKUP 将查找近似匹配值，也就是说，如果找不到精确匹配值，则返回小于 Lookup_value 的最大数值。如果 Range_lookup 省略，则默认为近似匹配。

在本例中，首先选中员工学历情况表中的 C2 单元格，在编辑栏中输入“=VLOOKUP(A2,员工档案信息表!$A$3:$M$20,11,FALSE)”，其中 A2 工号是两表连接字段。第二个参数是要填充信息的查找区域，这个区域采用的是绝对引用方式，为了保证之后的人员在复制公式时所引用的区域不发生变化。第三个参数为要填充的字段在参考区域中的列号，本例中的列号为 11。最后一个参数我们采用精确匹配，选择 FALSE 值。

这个函数在应用时需要注意，如果两个表中有多个连接字段，要选择最具有唯一性的字段进行索引，否则索引不到正确结果，最终效果如图 9.10 所示。

C2 =VLOOKUP(A2,员工档案信息表!$A$3:$M$20,11,FALSE)

| | A | B | C | D | E | F | G |
|---|---|---|---|---|---|---|---|
| 1 | 工号 | 姓名 | 第一学历 | | | | |
| 2 | 4009001 | 张　英 | 本科 | | | | |
| 3 | 4009002 | 王振才 | 本科 | | | | |
| 4 | 4009003 | 马建民 | 本科 | | | | |
| 5 | 4009015 | 朱思华 | 专科 | | | | |
| 6 | 4009005 | 王建美 | 本科 | | | | |
| 7 | 4009007 | 艾晓敏 | 专科 | | | | |
| 8 | 4009016 | 陈关敏 | 本科 | | | | |
| 9 | 4009008 | 刘方明 | 专科 | | | | |
| 10 | 4009004 | 王　霞 | 专科 | | | | |
| 11 | 4009011 | 刘凤昌 | 专科 | | | | |
| 12 | 4009006 | 王　磊 | 专科 | | | | |
| 13 | 4009009 | 刘大力 | 专科 | | | | |
| 14 | 4009012 | 刘国明 | 专科 | | | | |
| 15 | 4009013 | 孙海亭 | 本科 | | | | |
| 16 | 4009017 | 陈德华 | 本科 | | | | |

员工档案信息表 / 员工联系电话表 / 员工学历情况表 / 员工职称情况表

图 9.10　VLOOKUP 函数的应用

**【例 9-5】**使用 MID 函数提取文本单元格中的指定字符。

在图 9.9 的所有数据右侧插入一新列为“车间”，数据表“工号”列数据设为“文本”类型并且最后两位数字为该名员工所在的车间，例如，4009001 表示该名员工在 01 车间，4009013 表示该名员工在 13 车间。本例中需要在指定字符串中的指定位置提取指定个数的字符，使用 MID 函数来提取。

MID 函数的语法结构：MID（Text, Start_num,Nnum_chars）。

其中，参数 Text 为要截取的字符串，Start_num 为从左起第几位开始截取，Num_chars 为要向右截取的字符个数。

具体操作步骤如下：单击 D2 单元格，单击编辑栏左侧的“*fx*”按钮，打开“插入函数”对话框，在“选择函数”列表框中找到 MID 函数，单击“确定”按钮，打开“函数参数”对话框，如图 9.11 所示。根据题目需要填写 3 个参数，其中参数 text 为 A2 单元格地址，参数 Start_num 为 6，代表从字符串的第六位开始提取，参数 Num_chars 为 2，代表向右取两位。

执行结果显示，在单元格中仅能显示对应拾取的数字，若想在数字后连接字符“车间”，则需要在数字和字符间插入符号“&”（该符号为字符连接符），最终显示的效果如图 9.12 所示。

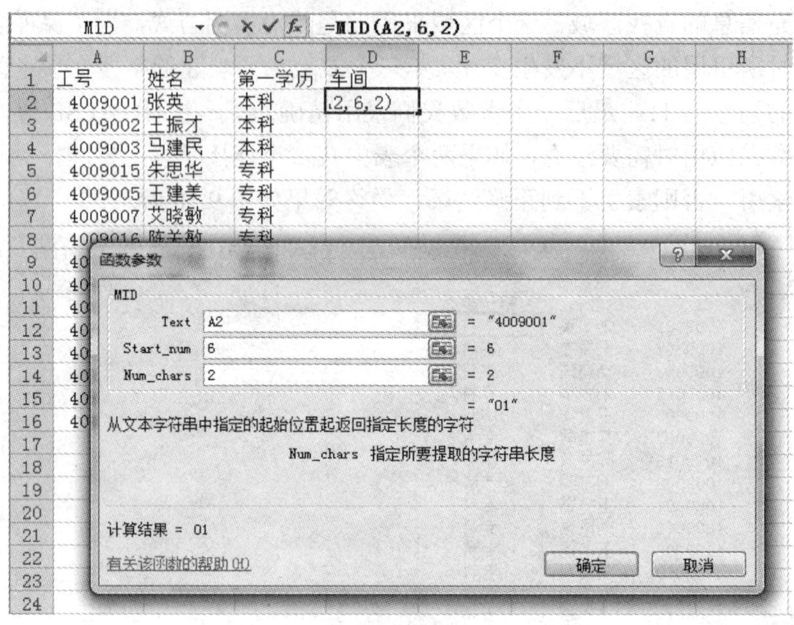


图 9.11 MID 函数的使用

D2 =MID(A2,6,2)&"车间"

| | A | B | C | D | E |
|---|---|---|---|---|---|
| 1 | 工号 | 姓名 | 第一学历 | 车间 | |
| 2 | 4009001 | 张英 | 本科 | 01车间 | |
| 3 | 4009002 | 王振才 | 本科 | 02车间 | |
| 4 | 4009003 | 马建民 | 本科 | 03车间 | |
| 5 | 4009015 | 朱思华 | 专科 | 15车间 | |
| 6 | 4009005 | 王建美 | 专科 | 05车间 | |
| 7 | 4009007 | 艾晓敏 | 专科 | 07车间 | |
| 8 | 4009016 | 陈关敏 | 专科 | 16车间 | |
| 9 | 4009008 | 刘方明 | 专科 | 08车间 | |
| 10 | 4009004 | 王霞 | 专科 | 04车间 | |
| 11 | 4009011 | 刘凤昌 | 专科 | 11车间 | |
| 12 | 4009006 | 王磊 | 专科 | 06车间 | |
| 13 | 4009009 | 刘大力 | 专科 | 09车间 | |
| 14 | 4009012 | 刘国明 | 专科 | 12车间 | |
| 15 | 4009013 | 孙海亭 | 本科 | 13车间 | |
| 16 | 4009017 | 陈德华 | 专科 | 17车间 | |

图 9.12 数字与字符连接效果图

**【例 9-6】**利用函数的嵌套功能根据给定的身份证号求性别。

创建如图 9.13 所示的 Excel 数据表，数据表中分别建立学号、姓名、身份证号和性别 4 个字段。其中学号列的类型设为“文本”类型，可按照前面讲述的方法来操作。由于 Excel 单元格只能接收不超过 11 位的数字，为了使 18 位的身份证号完全显示在单元格中，也需要将身份证号列的数据类型设为“文本”类型。

| | A | B | C | D |
|---|---|---|---|---|
| 1 | 学号 | 姓名 | 身份证号 | 性别 |
| 2 | 001 | 马天宇 | xxxxxx19990801xx24 | |
| 3 | 002 | 莫一明 | xxxxxx20000129xx79 | |
| 4 | 003 | 徐霞客 | xxxxxx19981024xx31 | |
| 5 | 004 | 苏玉敏 | xxxxxx19990807xx28 | |
| 6 | 005 | 徐鹏飞 | xxxxxx19981001xx18 | |
| 7 | 006 | 李杰 | xxxxxx19981004xx27 | |
| 8 | 007 | 康秋林 | xxxxxx19990616xx22 | |
| 9 | 008 | 陈家洛 | xxxxxx19990929xx25 | |
| 10 | 009 | 李莉莉 | xxxxxx20000204xx35 | |
| 11 | 010 | 陈万地 | xxxxxx19990506xx58 | |
| 12 | 011 | 苏国强 | xxxxxx19990623xx61 | |
| 13 | 012 | 吉莉莉 | xxxxxx19991013xx35 | |
| 14 | 013 | 安琪 | xxxxxx20000111xx80 | |

图 9.13　函数嵌套求性别数据表

在 18 位数字构成的身份证号中，第 17 位可以决定学生的性别，如果第 17 位数字可以被 2 整除，则该学生的性别为女，否则该学生的性别为男。因此为了快速地解决这个问题，我们把问题分为 3 个步骤：第一步先用 MID 函数取出身份证号中的第 17 位数字；第二步将取出的数字与 2 相除；第三步通过与 2 相除的余数值在相应单元格中判断对应的性别。

单击 D2 单元格，在编辑栏中输入公式“=IF(mod(MID(C2,17,1),2)=0,"女","男")”，即可在 D2 单元格中显示公式计算结果。在本例中，我们共使用了 3 个函数，内层函数的结果作为外层函数的参数进行显示，这种函数的使用形式即为函数的嵌套。函数在使用时也可以通过“插入函数”命令进行操作，首先插入 IF 函数，打开“函数参数”对话框，各参数的设置如图 9.14 所示。单击编辑栏中 MOD 函数后的空括号，即可弹出 MOD 函数参数列表对话框，其中 Number 参数为身份证号的第 17 位，Divisor 参数为要做求余运算的除数，本例中该参数设置数字 2，结果如图 9.15 所示。

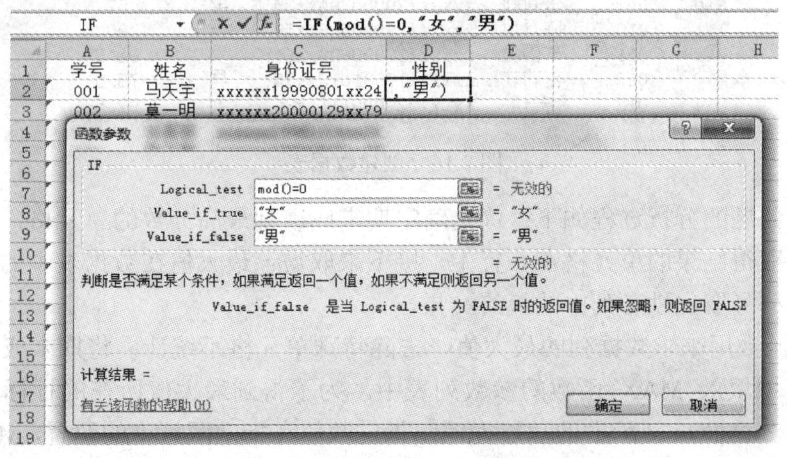


图 9.14　IF 函数参数对话框

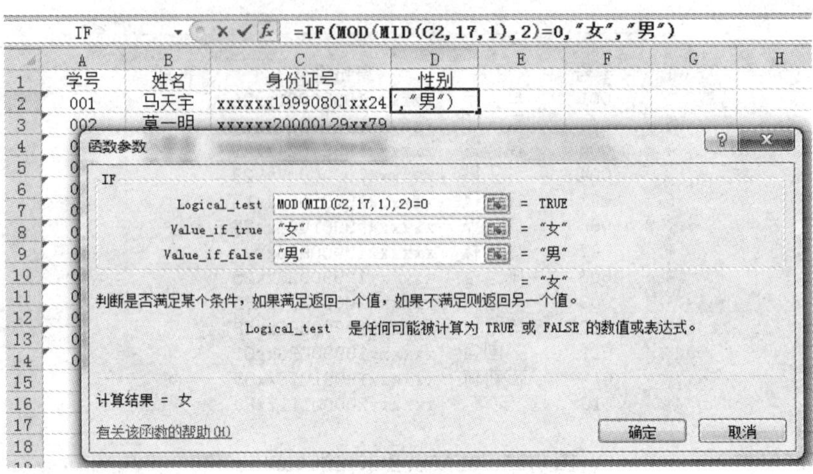


图 9.15 函数嵌套运算结果

**【例 9-7】**利用函数的嵌套功能取出指定单元格的值。

在图 9.13 的数据表中的最右侧插入一空白新列，字段名为期末成绩，如图 9.16 所示，求得期末成绩最高的学生姓名并填写在 F5 单元格中。在进行数据统计的过程中，“李杰”同学并未参加期末考试，其对应的单元格显示为“缓考”，在统计时需要剔除该单元格的数据。

| | A | B | C | D | E |
|---|---|---|---|---|---|
| 1 | 学号 | 姓名 | 身份证号 | 性别 | 期末成绩 |
| 2 | 001 | 马天宇 | xxxxxx19990801xx24 | 女 | 95.2 |
| 3 | 002 | 莫一明 | xxxxxx20000129xx79 | 男 | 98.6 |
| 4 | 003 | 徐霞客 | xxxxxx19981024xx31 | 男 | 53.4 |
| 5 | 004 | 苏玉敏 | xxxxxx19990807xx28 | 女 | 65 |
| 6 | 005 | 徐鹏飞 | xxxxxx19981001xx18 | 男 | 87 |
| 7 | 006 | 李杰 | xxxxxx19981004xx27 | 女 | 缓考 |
| 8 | 007 | 康秋林 | xxxxxx19990616xx22 | 女 | 77 |
| 9 | 008 | 陈家洛 | xxxxxx19990929xx25 | 女 | 76.5 |
| 10 | 009 | 李莉莉 | xxxxxx20000204xx35 | 男 | 67 |
| 11 | 010 | 陈万地 | xxxxxx19990506xx58 | 男 | 90 |
| 12 | 011 | 苏国强 | xxxxxx19990623xx61 | 女 | 91.2 |
| 13 | 012 | 吉莉莉 | xxxxxx19991013xx35 | 男 | 75.5 |
| 14 | 013 | 安琪 | xxxxxx20000111xx80 | 女 | 92.5 |

图 9.16 创建数据表

解决该问题的分析过程如下：首先确定期末成绩列最高分数的单元格，因为该单元格与最终要取得结果的单元格在一行上，接下来取得该最大值在数据表中的行标，最后通过行标和列号取出姓名列中的最终结果。

MAX 函数用来求数据列的最大值，去除特殊单元格不统计，将期末成绩列分为两个连续的区域填入 MAX 函数的参数列表中。为了得到最大值所在的行标，可以使用 MATCH 函数，MATCH 函数的功能为返回指定数值在指定区域中的位置，MATCH 函数是 Excel 中主要的查找函数之一。

MATCH 函数的语法结构：MATCH(Lookup_value, Lookup_array, Match_type)。其中，Lookup_value 参数为需要在数据表中查找的值，该值可以为数值（数字、文本或逻辑值）或对数字、文本或逻辑值的单元格引用，包含通配符、星号（*）和问号（？），星号可以匹配任何字符序列，问号可以匹配单个字符。Lookup_array 参数包含所有要查找数值的连续的单元格区域，区域必须是某一行或某一列。Match_type 参数表示查询的指定方式，用数字-1、0 或 1 表示。当值为 1 时，查找小于或等于 Lookup_value 的最大数值在 Lookup_array 中的位置，Lookup_array 必须按升序排列。当值为 0 时，查找等于 Lookup_value 的第一个数值，Lookup_array 按任意顺序排列。当值为-1 时，查找大于或等于 Lookup_value 的最小数值在 Lookup_array 中的位置，Lookup_array 必须按降序排列。利用 MATCH 函数查找数据时，当查找条件存在时，MATCH 函数结果为该数值的具体位置，否则显示#N/A 错误。行号得到后，确定最终结果的列标，取出当前单元格的内容，可以考虑用 INDEX 函数实现。INDEX 函数的功能是返回表或区域中的值或对值的引用，应用时主要有两种形式，即数组形式和引用形式。数组形式通常返回数值或数值数组，引用形式通常返回引用。

INDEX 函数的两种语法结构：INDEX(Array,Row_num,Column_num) 和 INDEX (Reference,Row_num,Column_num,Area_num)。本例使用前者，采用数组形式引用。其中，Array 为单元格区域或数组常数；Row_num 为数组中某行的行序号，函数从该行返回数值，如果省略 Row_num，则必须有 Column_num；Column_num 是数组中某列的列序号，函数从该列返回数值，当选定区域只有一列时，该参数可以省略。

选定 F5 单元格，在编辑栏中输入公式“=INDEX(B2:B14,MATCH(MAX (E2:E6,E8:E14),E2:E14,0),1)”，即在单元格中得到最终结果。也可选择插入函数的方法在参数列表中写入各部分参数，结果如图 9.17 所示。

F5　fx　=INDEX(B2:B14,MATCH(MAX(E2:E6,E8:E14),E2:E14,0),1)

| | A | B | C | D | E | F | G |
|---|---|---|---|---|---|---|---|
| 1 | 学号 | 姓名 | 身份证号 | 性别 | 期末成绩 | | |
| 2 | 001 | 马天宇 | xxxxxx19990801xx24 | 女 | 95.2 | | |
| 3 | 002 | 莫一明 | xxxxxx20000129xx79 | 男 | 98.6 | | |
| 4 | 003 | 徐霞客 | xxxxxx19981024xx31 | 男 | 53.4 | | |
| 5 | 004 | 苏玉敏 | xxxxxx19990807xx28 | 女 | 65 | 莫一明 | |
| 6 | 005 | 徐鹏飞 | xxxxxx19981001xx18 | 男 | 87 | | |
| 7 | 006 | 李杰 | xxxxxx19981004xx27 | 女 | 缓考 | | |
| 8 | 007 | 康秋林 | xxxxxx19990616xx22 | 女 | 77 | | |
| 9 | 008 | 陈家洛 | xxxxxx19990929xx25 | 女 | 76.5 | | |
| 10 | 009 | 李莉莉 | xxxxxx20000204xx35 | 男 | 67 | | |
| 11 | 010 | 陈万地 | xxxxxx19990506xx58 | 男 | 90 | | |
| 12 | 011 | 苏国强 | xxxxxx19990623xx61 | 女 | 91.2 | | |
| 13 | 012 | 吉莉莉 | xxxxxx19991013xx35 | 男 | 75.5 | | |
| 14 | 013 | 安琪 | xxxxxx20000111xx80 | 女 | 92.5 | | |

图 9.17　单元格位置函数的应用

## 9.1.5　公式与函数的常见问题及解决方法

在指定单元格输入公式或函数后，运行实现时会遇到一些常见错误。下面我们来了解这些常见错误并熟悉它们的解决方法，保证最终能够得到正确的结果。

1. 单元格出现####

当运行公式或函数后，若单元格出现该错误，则产生错误的原因之一为输入单元格中的数值太长或公式产生的结果太长，单元格容纳不下。解决该问题的方法是可以适当增加该列的宽度。产生错误的另一个原因为单元格包含的日期或时间值格式不正确，解决该问题的方法为正确设置该单元格的格式，以及确保日期和时间为正值。

2. 单元格出现#DIV/0!

产生该错误的原因之一为在公式的使用中，函数使用了指向空单元格或包含零值单元格的引用方式，在 Excel 中如果运算对象是空白单元格，Excel 将此空值当作零值。解决该问题的方法为修改单元格的引用，或者在作除数的单元格中输入不为零的值。产生该错误的另一个原因为输入的公式中包含明显的除数零，例如，误操作为 1/0，需要重新查找公式将零改为非零值。

3. 单元格出现#N/A

产生该错误的原因为在函数或公式中没有可用的数值。解决该问题的方法为重新读取公式，查看错误原因。

4. 单元格出现#NAME?

产生错误的原因为在公式中使用了 Excel 无法识别的文本。例如，区域名称或函数名称拼写错误，或者删除了某个公式引用的名称。解决该问题的方法为确定使用的名称确实存在。如果所需的名称没有被列出，则添加相应的名称；如果名称存在拼写错误，则修改拼写错误的名称。

5. 单元格出现#NULL!

产生错误的原因为试图为两个不相交的区域指定交叉点。解决该问题的方法为如果要引用两个不相交的区域，使用联合运算符（逗号）。

6. 单元格出现#NUM!

产生错误的原因为单元格引用无效。例如，如果删除了某个公式所引用的单元格，该公式将返回该错误。解决该问题的方法为更改公式，在删除或粘贴单元格之后，立即单击“撤销”按钮以恢复工作表中的单元格。

7. 单元格出现#REF!

产生错误的原因为单元格区域引用无效。例如，如果删除了某个公式所引用的单元格区域，该公式将返回#NUM!错误。

8. #VALUE!

产生错误的原因为公式所包含的单元格有不同的数据类型。例如，如果单元格 A1 包含一个数字，单元格 A2 包含文本，则公式“=A1+A2”将返回错误值#VALUE!。解决该错误的方法为确认公式或函数所需的参数或运算符是否正确，并且确认公式引用的单元格所包含的均是有效的数值。

# 9.2　在 Excel 中创建图表

图表是 Excel 中常用的对象之一，是根据选定工作表中的数据区域按照一定的图表系列而生成的，是工作表数据的图形表示方法。图表为数字数据提供了更加直观的、图形化的表示，Excel 2010 提供了丰富的图表功能，可以利用其方便地绘制不同的图表。其中常用的图表类型包括柱形图、折线图、饼图等。例如，使用折线图，年度利润增长趋势变得更有说服力。

## 9.2.1　创建图表

在 Excel 2010 中创建图表的方式有两种，一种是嵌入式图表，就是将图表创建在工作表中，作为工作表的一部分；另一种为单独式图表，就是将图表创建在单独的空白工作表中。用这两种方式创建图表的最大区别就是，第二种方式将图表创建在一个空白的工作表中，可以单独打印。不论是哪种方式的图表，其依据都是工作表中的数据源，当工作表中的数据源改变时，图表也将做相应的变动，以反映出图表数据的变动情况。

生成图表，首先必须有数据源。这些数据要求以列或行的方式存放在工作表指定的区域中，根据题目描述要求确定 *X* 轴数据和 *Y* 轴数据。以图 9.18 所示的数据来创建柱形图。

| | A | B | C | D | E | F | G | H |
|---|---|---|---|---|---|---|---|---|
| 1 | 学号 | 姓名 | 语文 | 数学 | 英语 | 生物 | 地理 | 总分 |
| 2 | 4009001 | 张　英 | 91.5 | 89 | 94 | 92 | 91 | 457.5 |
| 3 | 4009002 | 王振才 | 93 | 99 | 92 | 86 | 86 | 456 |
| 4 | 4009003 | 马建民 | 102 | 116 | 113 | 78 | 88 | 497 |
| 5 | 4009015 | 朱思华 | 99 | 98 | 101 | 95 | 91 | 484 |
| 6 | 4009005 | 王建美 | 101 | 94 | 99 | 90 | 87 | 471 |
| 7 | 4009007 | 艾晓敏 | 100.5 | 103 | 104 | 88 | 89 | 484.5 |
| 8 | 4009016 | 陈关敏 | 78 | 95 | 94 | 82 | 90 | 439 |
| 9 | 4009008 | 刘方明 | 95.5 | 92 | 96 | 84 | 95 | 462.5 |
| 10 | 4009004 | 王　霞 | 93.5 | 107 | 96 | 100 | 93 | 489.5 |
| 11 | 4009011 | 刘凤昌 | 95 | 97 | 102 | 93 | 95 | 482 |
| 12 | 4009006 | 王　磊 | 95 | 85 | 99 | 98 | 92 | 469 |
| 13 | 4009009 | 刘大力 | 88 | 98 | 101 | 89 | 73 | 449 |
| 14 | 4009012 | 刘国明 | 86 | 107 | 89 | 88 | 92 | 462 |
| 15 | 4009013 | 孙海亭 | 103.5 | 105 | 105 | 93 | 93 | 499.5 |
| 16 | 4009017 | 陈德华 | 110 | 95 | 98 | 99 | 93 | 495 |
| 17 | | | | | | | | |

图 9.18　图表数据源

1. 嵌入式图表

【例 9-8】利用表格中的数据源，建立嵌入式图表。

以图 9.18 所示表格中的数据作为数据源，建立嵌入式图表，具体操作步骤如下。

（1）选定建立图表的数据区域部分，本例中只用到姓名列和总分列数据，故首先选中姓名列数据，按 Ctrl 键的同时选中总分列数据，然后单击“插入”→“图表”组右下角的对话框启动器，打开“插入图表”对话框，如图 9.19 所示。

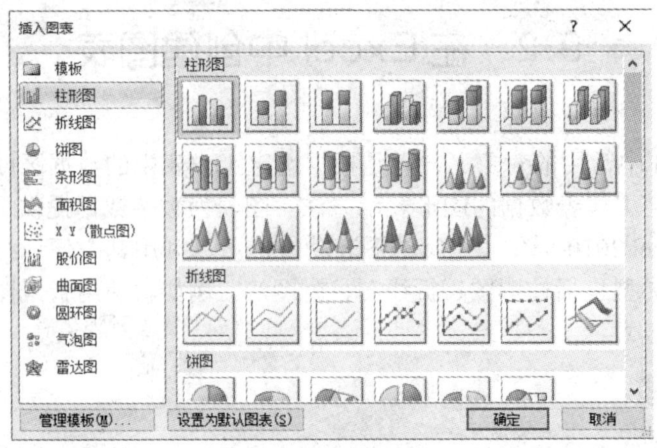


图 9.19 “插入图表”对话框

（2）在左侧列表框中选择“柱形图”命令，然后在右边列表框中选择具体的柱形图。将鼠标指针在某个图标上面稍微停留几秒，就会有提示出现，这里选择“簇状柱形图”命令，单击“确定”按钮。

（3）新创建的图表将插入当前工作表中，如图 9.20 所示。

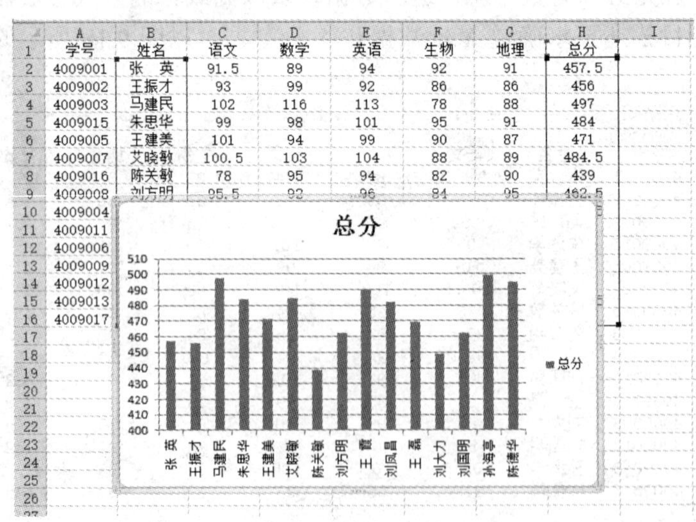


图 9.20 嵌入工作表的图表

此外，当图表嵌入工作表后，图表处于选中状态时，它所代表的数据单元格将显示不同的颜色，这样有利于观察图表数据。图表嵌入工作表后，使用鼠标可以根据需要对其进行适当的缩放和位置的调整。

### 2. 创建单独放置的图表

**【例 9-9】** 利用表格中的数据源，建立图表工作表。

以图 9.18 所示表格中的数据作为数据源，创建单独放置在空白工作表的图表，具体操作步骤如下。

（1）选择所需要的数据列，创建嵌入式图表，此时会显示“图表工具”上下文选项卡，在其中选择“设计”选项卡，单击“位置”→“移动图表”按钮，打开如图 9.21 所示的“移动图表”对话框。

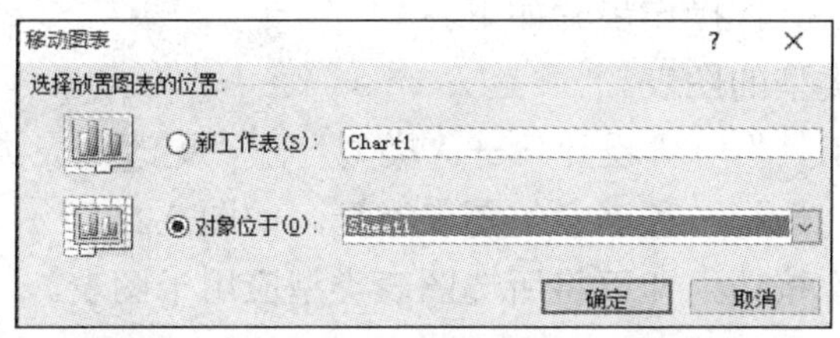


图 9.21　“移动图表”对话框

（2）选中“新工作表”单选按钮，在其后的文本框中输入新的工作表名，然后单击“确定”按钮，将创建单独放置的图表，如图 9.22 所示，这种类型的图表可以单独打印出来供用户使用。

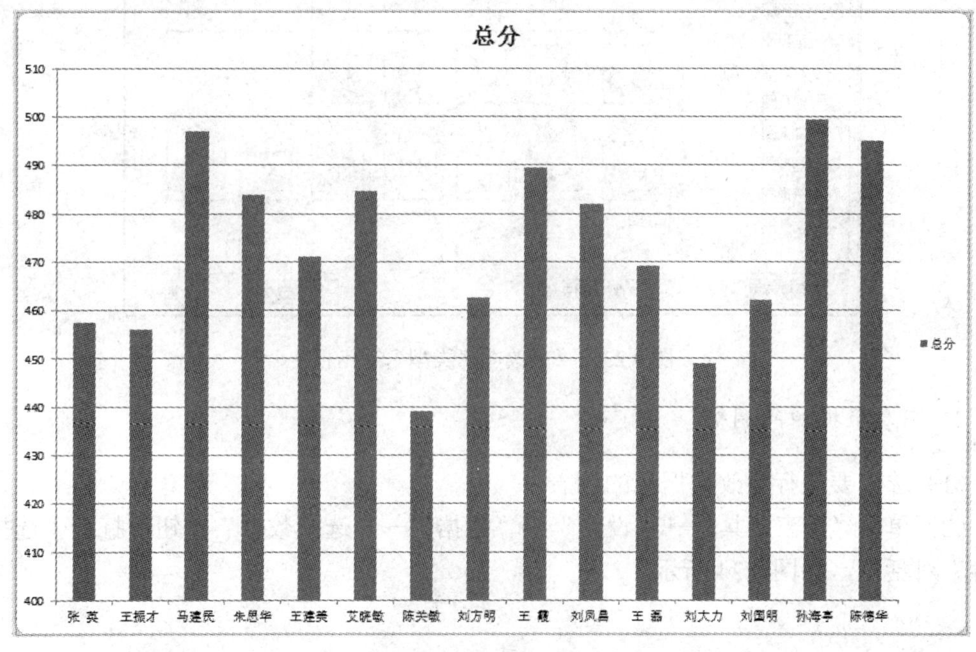


图 9.22　单独放置的图表

## 9.2.2 编辑图表

无论是创建嵌入式图表还是单独放置的图表，一般情况下都无法一次性达到用户的要求，往往需要对图表做一些适当的修改。一个完整的图表包括图表区和绘图区两部分，选定图表区或绘图区后右击，即可对图表进行编辑和修改，当数据图表的数据源表格中的数据发生变化时，图表的状态会自动更新。

### 1. 图表类型的转换

在图表创建完成后，通常需要更改图表的类型、位置（插入位置）和所代表的数据源。

更改图表的类型，具体操作步骤如下。

（1）选中要更改类型的图表。

（2）单击“图表工具”→“设计”→“类型”→“更改图表类型”按钮，打开“更改图表类型”对话框，选择一种满意的图表类型，如图 9.23 所示。

（3）单击“确定”按钮，即可将所选图表类型应用于图表。

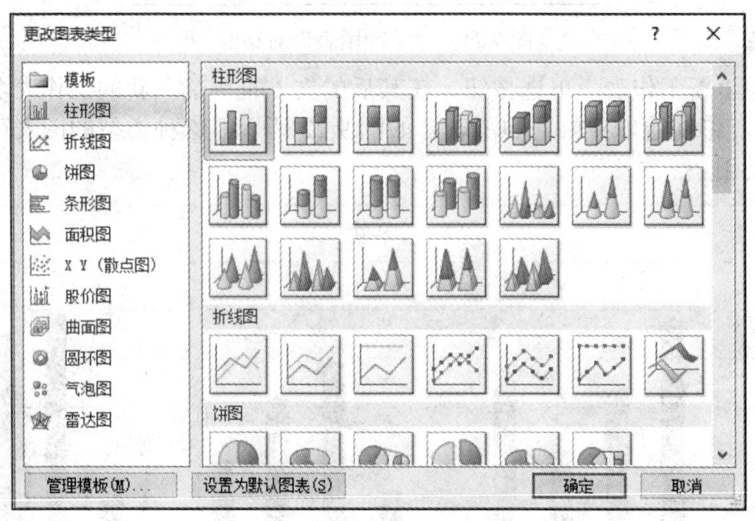


图 9.23 “更改图表类型”对话框

### 2. 图表数据源的调整

（1）选中要进行更改数据源的图表。

（2）单击“图表工具”→“设计”→“数据”→“选择数据”按钮，打开“选择数据源”对话框，如图 9.24 所示。

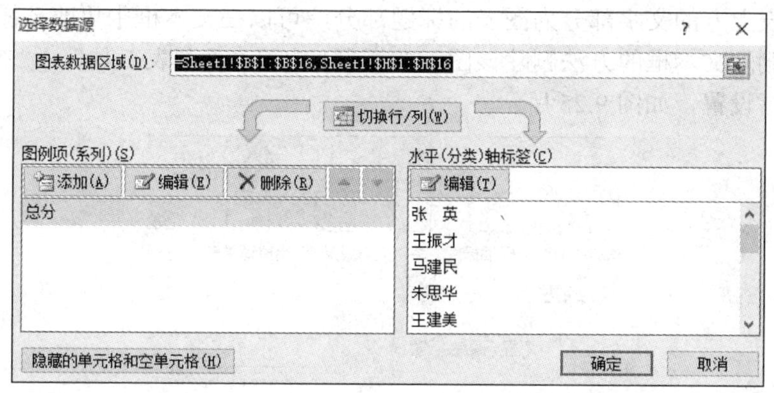


图 9.24 “选择数据源”对话框

(3) 在“图表数据区域”文本框中，更改图表数据源的区域。

(4) 单击“确定”按钮，图表将根据所更改的数据源区域进行相应的改动。

### 3. 更改图表的位置

图表插入工作表后，可以对图表的位置进行调整，增强图表的可视性和美观程度。

方法一：拖动图表到适当的位置，释放鼠标即可。

方法二：在工作表之间进行图表位置的调整，可以对“嵌入式图表”和“单独式图表”进行相互转换。首先选中需要更改位置的图表，然后单击“设计”→“位置”→“移动图表”按钮，打开“移动图表”对话框，在“移动图表”对话框中设置需要修改图表的位置，单击“确定”按钮，即可将图表调整到所设置的位置。

### 4. 图表格式的设置

图表格式的设置是通过对图表的不同组成部分分别设置格式来实现的。

(1) 在图表区空白区域右击，在弹出的快捷菜单中选择“设置图表区域格式”命令，在打开的“设置图表区格式”对话框中可以对图表区的边框、填充样式等进行设置。在“边框颜色”选项卡和“边框样式”选项卡中，可以设置图表边框的颜色和样式，设置完毕后，单击“关闭”按钮，即可将所设置的边框颜色和边框样式应用于所选图表。在设置图表填充效果时，首先将要设置图案填充的图表选中，在图表区空白区域右击，在弹出的快捷菜单中选择“设置图表区域格式”命令，打开“设置图表区格式”对话框，在“填充”选项卡中可以设置纯色填充、渐变填充、图片或纹理填充、图案填充和无填充效果，选择一种填充效果，对其进行设置，单击“关闭”按钮即将所设置的效果应用于图表。在图表区空白区域右击，在弹出的快捷菜单中选择“字体”命令，打开“字体”对话框，可以对图表的字体、字号、颜色、字符间距及效果等进行设置。

(2) 在绘图区空白区域右击，在弹出的快捷菜单中选择“设置绘图区格式”命令，在打开的“设置绘图区格式”对话框中可以对绘图区的边框、填充样式等进行设置。

（3）图表上方的文字部分为图表的标题部分，可以在文本框中更改该图表的标题，也可以通过删除文本框的方法删除该图表的标题，也可在“图表工具”→“布局”→“标签”组中进行设置，如图 9.25 所示。

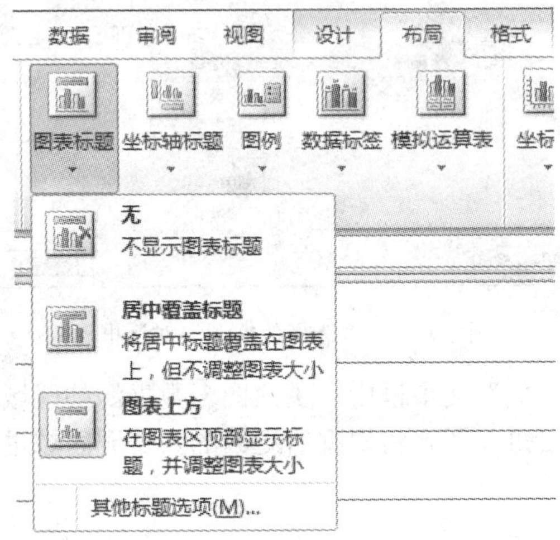


图 9.25　图表标题的设置

### 5. 图表数据的删除

删除图表中的某组数据，具体操作步骤如下。

（1）选中图表，右击在图表中要删除的数据系列。

（2）在弹出的快捷菜单中选择“删除”命令，即可将所选数据系列从图表中删除。

### 6. 添加或修改横（纵）坐标标题

（1）选中要修改或需要修改的图表，在“图表工具”→“设计”→“图表布局”组中选择合适的含有坐标轴标题的图表标题布局。

（2）选中要修改的坐标轴标题，右击，在弹出的快捷菜单中选择“编辑文字”命令即可修改文字。然后右击，在弹出的快捷菜单中选择“退出文本编辑”命令即可。

### 7. 图例的设置

图例在图表中，可以自由地控制是否显示图例、图例的显示位置、图例的格式等相关设置。单击“图表工具”→“布局”→“标签”→“图例”下拉按钮，在弹出的下拉列表中选择“其他图例选项”命令，打开“设置图例格式”对话框，在其中进行图例的格式设置即可。

### 8. 数据标签的设置

为图表添加数据标签有利于快速读取图表中的相关数据。数据标签链接到工作表中的数值会随源数值的变化而自动更新。

在数据标签中可以显示系列名称、类别名称和百分比等。可以通过单击“图表工具”→“布局”→“标签”→“数据标签”下拉按钮，在弹出的下拉列表中选择相关选项来实现设置。

### 9.2.3 创建及编辑迷你图

迷你图是 Excel 中加入的一种全新的图表制作工具，它以单元格为绘图区域，简单便捷地为我们绘制出简明的数据小图表。在图 9.18 中欲为每位同学的各科成绩设置迷你折线图，具体的操作方法为首先选中要产生迷你图的单元格 I2，然后单击“插入”→“迷你图”→“折线图”按钮，打开“创建迷你图”对话框，如图 9.26 所示。在该对话框中选择所需数据的范围，单击“确定”按钮即可。其余的迷你图可通过拖拽填充句柄进行填充。

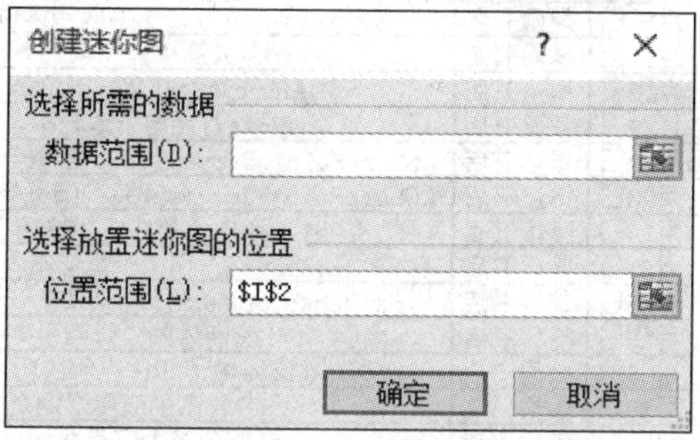

创建迷你图 ? ×
选择所需的数据
数据范围(D):
选择放置迷你图的位置
位置范围(L): $I$2
确定 取消

图 9.26 “创建迷你图”对话框

迷你图产生后需要对其格式和样式进行编辑，在产生的迷你图上右击，在弹出的快捷菜单中通过选择迷你图选项设置迷你图的位置、产生迷你图的数据及删除迷你图等。

**【例 9-10】**在新建的工作簿中，创建两个工作表，分别命名为“销售订单”和“订单统计”。利用“销售订单”表中的数据源进行统计，将统计结果填入到“订单统计”工作表中，并绘制迷你图，以显示数据的变化趋势。

销售订单的数据如图 9.27 所示。

订单统计表的数据如图 9.28 所示。

在“订单统计”数据表中，若想统计各本书在第一季度各月的销量，需要使用 SUMIFS 函数。以统计《Office 商务办公好帮手》在 1 月的销量为例，操作步骤如下。

（1）单击“订单统计”工作表中的 B2 单元格，在编辑栏中输入公式“=SUMIFS(销售订单 1!E2:E33,销售订单 1!D2:D33,[@图书名称],销售订单 1!B2:B33,">=2012-1-1",销售订单 1!B2:B33,"<=2012-1-31")”，在此例中涉及求和中的两个条件，一个条件为图书销售的月份，另一个条件为图书名称。

（2）在进行 2 月图书销量统计时，仅需复制 1 月统计的公式，将公式中的时间条件进行调整，时间段设置为 2012 年 2 月 1 日至 2012 年 2 月 29 日。

（3）根据产生的数据，在 E2 单元格中单击“插入”→“迷你图”→“折线图”按钮，在打开的“创建迷你图”对话框的数据表中拖选数据源，即可产生第一季度各月的销售变化趋势。

| 订单编号 | 日期 | 书店名称 | 图书名称 | 销量（本） |
|---|---|---|---|---|
| BY-08001 | 2012年1月2日 | 鼎盛书店 | 《Office商务办公好帮手》 | 12 |
| BY-08002 | 2012年1月4日 | 博达书店 | 《Excel办公高手应用案例》 | 5 |
| BY-08003 | 2012年1月4日 | 博达书店 | 《Word办公高手应用案例》 | 41 |
| BY-08004 | 2012年1月5日 | 博达书店 | 《PowerPoint办公高手应用案例》 | 21 |
| BY-08005 | 2012年1月6日 | 鼎盛书店 | 《OneNote万用电子笔记本》 | 32 |
| BY-08006 | 2012年1月9日 | 鼎盛书店 | 《Outlook电子邮件应用技巧》 | 3 |
| BY-08007 | 2012年1月9日 | 博达书店 | 《Office商务办公好帮手》 | 1 |
| BY-08008 | 2012年1月10日 | 鼎盛书店 | 《SharePoint Server安装、部署与开发》 | 3 |
| BY-08009 | 2012年1月10日 | 博达书店 | 《Excel办公高手应用案例》 | 43 |
| BY-08010 | 2012年1月11日 | 隆华书店 | 《SharePoint Server安装、部署与开发》 | 22 |
| BY-08011 | 2012年1月11日 | 鼎盛书店 | 《OneNote万用电子笔记本》 | 31 |
| BY-08012 | 2012年1月12日 | 隆华书店 | 《Excel办公高手应用案例》 | 19 |
| BY-08013 | 2012年1月12日 | 鼎盛书店 | 《Exchange Server安装、部署与开发》 | 43 |
| BY-08014 | 2012年1月13日 | 隆华书店 | 《Office商务办公好帮手》 | 39 |
| BY-08015 | 2012年1月15日 | 鼎盛书店 | 《Outlook电子邮件应用技巧》 | 30 |
| BY-08016 | 2012年1月16日 | 鼎盛书店 | 《PowerPoint办公高手应用案例》 | 43 |
| BY-08017 | 2012年1月16日 | 鼎盛书店 | 《PowerPoint办公高手应用案例》 | 40 |
| BY-08018 | 2012年1月17日 | 鼎盛书店 | 《Word办公高手应用案例》 | 44 |
| BY-08019 | 2012年1月18日 | 博达书店 | 《Office商务办公好帮手》 | 33 |
| BY-08020 | 2012年1月19日 | 鼎盛书店 | 《OneNote万用电子笔记本》 | 35 |
| BY-08021 | 2012年1月22日 | 博达书店 | 《SharePoint Server安装、部署与开发》 | 22 |
| BY-08022 | 2012年1月23日 | 博达书店 | 《SharePoint Server安装、部署与开发》 | 38 |
| BY-08023 | 2012年1月24日 | 隆华书店 | 《Outlook电子邮件应用技巧》 | 5 |
| BY-08024 | 2012年1月24日 | 鼎盛书店 | 《OneNote万用电子笔记本》 | 32 |
| BY-08025 | 2012年1月25日 | 鼎盛书店 | 《Exchange Server安装、部署与开发》 | 19 |
| BY-08026 | 2012年1月26日 | 隆华书店 | 《Office商务办公好帮手》 | 38 |
| BY-08027 | 2012年1月26日 | 鼎盛书店 | 《Outlook电子邮件应用技巧》 | 29 |
| BY-08028 | 2012年1月29日 | 鼎盛书店 | 《Word办公高手应用案例》 | 45 |
| BY-08029 | 2012年1月30日 | 鼎盛书店 | 《Excel办公高手应用案例》 | 4 |
| BY-08030 | 2012年1月31日 | 鼎盛书店 | 《Exchange Server安装、部署与开发》 | 7 |
| BY-08031 | 2012年1月31日 | 隆华书店 | 《Word办公高手应用案例》 | 34 |
| BY-08032 | 2012年2月1日 | 博达书店 | 《SharePoint Server安装、部署与开发》 | 18 |

图 9.27 销售订单数据表

| 图书名称 | 1月 | 2月 | 3月 | 销售趋势 |
|---|---|---|---|---|
| 《Office商务办公好帮手》 | | | | |
| 《Word办公高手应用案例》 | | | | |
| 《Excel办公高手应用案例》 | | | | |
| 《PowerPoint办公高手应用案例》 | | | | |
| 《Outlook电子邮件应用技巧》 | | | | |
| 《OneNote万用电子笔记本》 | | | | |
| 《SharePoint Server安装、部署与开发》 | | | | |
| 《Exchange Server安装、部署与开发》 | | | | |

图 9.28 订单统计数据表

（4）其余书籍的销售趋势可通过拖拽填充句柄进行填充，最终效果图如 9.29 所示。

| 图书名称 | 1月 | 2月 | 3月 | 销售趋势 |
|---|---|---|---|---|
| 《Office商务办公好帮手》 | 13 | 72 | 38 | |
| 《Word办公高手应用案例》 | 89 | 34 | 41 | |
| 《Excel办公高手应用案例》 | 43 | 19 | 4 | |
| 《PowerPoint办公高手应用案例》 | 21 | 83 | 0 | |
| 《Outlook电子邮件应用技巧》 | 67 | 0 | 0 | |
| 《OneNote万用电子笔记本》 | 32 | 35 | 31 | |
| 《SharePoint Server安装、部署与开发》 | 3 | 78 | 22 | |
| 《Exchange Server安装、部署与开发》 | 69 | 0 | 0 | |

图 9.29 订单统计操作效果图

# 9.3　Excel 数据分析与处理

电子表格软件中的数据文件一般称为数据列表（或数据清单），又常常称为数据表。Excel 不仅具备简单的数据计算处理能力，而且在数据管理和分析方面具有数据库功能。Excel 2010 提供了一整套功能强大的命令，为数据列表的管理提供了更加方便快捷的处理方法。利用这些命令可以很容易地完成对数据的排序、筛选、分类汇总等操作。

如图 9.30 所示，创建学生学籍信息一览表，实现数据管理的相关功能。

| | A | B | C | D | E | F |
|---|---|---|---|---|---|---|
| 1 | 学生学籍信息一览表 | | | | | |
| 2 | 学号 | 姓名 | 性别 | 班级 | 籍贯 | 入学成绩 |
| 3 | 1 | 汪达 | 男 | 一班 | 吉林 | 228 |
| 4 | 2 | 张昊天 | 男 | 二班 | 北京 | 211 |
| 5 | 3 | 王凡 | 男 | 二班 | 重庆 | 216 |
| 6 | 4 | 张春婷 | 女 | 一班 | 山东 | 227 |
| 7 | 5 | 欧阳辉 | 男 | 三班 | 湖南 | 223 |
| 8 | 6 | 彭小兰 | 女 | 二班 | 河北 | 228 |
| 9 | 7 | 宋晓兵 | 男 | 一班 | 吉林 | 223 |
| 10 | 8 | 李闻雨 | 女 | 一班 | 北京 | 236 |
| 11 | 9 | 汤天横 | 男 | 三班 | 吉林 | 213 |
| 12 | 10 | 李馨竹 | 女 | 二班 | 上海 | 230 |
| 13 | 11 | 魏国名 | 男 | 三班 | 河南 | 255 |
| 14 | 12 | 张全 | 女 | 三班 | 河北 | 233 |
| 15 | | | | | | |

图 9.30　学生学籍信息数据表

## 9.3.1　数据排序

### 1. 简单排序

对图 9.30 中的入学成绩列进行数值排序，首先单击要排序列中的任意单元格，然后单击“数据”→“排序和筛选”→“升序”按钮 A↓Z 和“降序”按钮 Z↓A 进行排序。在排序的过程中，数值按照由大到小或由小到大的顺序排序，文字默认的方法是按照待排数据首字的字母顺序排序。

### 2. 高级排序

本例中对入学成绩列进行排序后，结果显示有几组相同成绩，此时无法精确排出次序，需要在数据表中另外选择其他字段作为排序的依据，这种情况一般采用高级排序的方法。首先选中数据表中的任意单元格，然后单击“数据”→“排序”按钮，打开如图 9.31 所示的“排序”对话框。

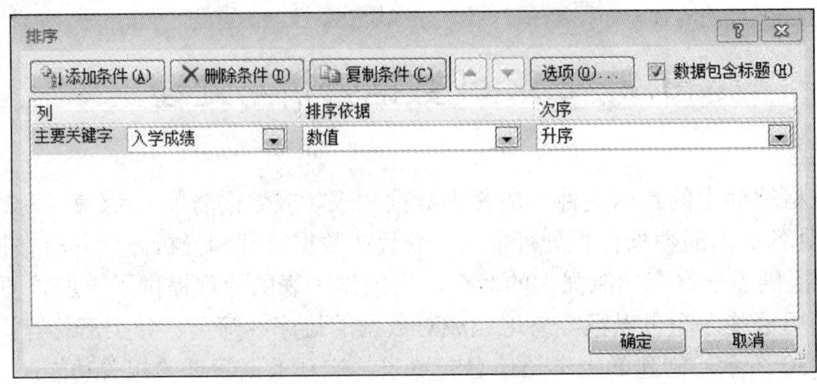


图 9.31 “排序”对话框

主要关键字为需要排序的基础字段，可以根据题目选择主关键字数值、单元格颜色、字体颜色或单元格图表作为排序依据，然后对所选项进行“升序”或“降序”的排列。如果指定的主要关键字中出现相同值，可以根据需要单击“添加条件”按钮添加次要关键字。在 Excel 2010 中，最多可以指定 63 个次要关键字。同时可以通过单击“删除条件”按钮对多余的次要关键字进行删除。

在对数据表排序的过程中，根据是否有标题行决定是否选中“数据包含标题”复选框，默认数据表中的各字段名为数据表的标题行。若选中“数据包含标题”复选框，则排序时字段行不参与排序，反之字段名也参与到排序操作中。

本例中，选择入学成绩作为第一排序字段，重复的记录按照籍贯的升序原则进行排序，条件选择结果如图 9.32 所示。

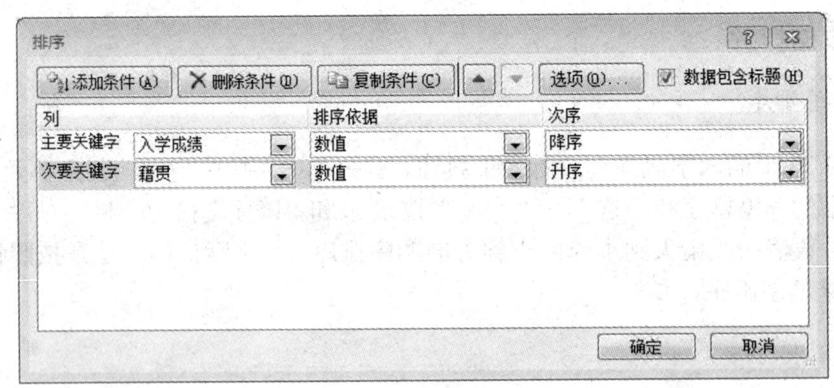


图 9.32 排序条件的选择

**【例 9-11】**将“订单明细”表中的数据按照“订单编号”关键字数值升序方式排序，将所有重复的订单编号数值标记为红色（标准色）字体，然后把重复订单编号记录排列在销售订单列表区域的顶端。

“订单明细”工作表中的数据如图 9.33 所示。

| 图书编号 | 出版日期 | 销售书店 | 图书名称 | 作者 | 销量 |
|---|---|---|---|---|---|
| BY-08001 | 2012年1月2日 | 鼎盛书店 | 《Office商务办公好帮手》 | 孟天祥 | 12 |
| BY-08002 | 2012年1月4日 | 博达书店 | 《Excel办公高手应用案例》 | 陈祥通 | 5 |
| BY-08003 | 2012年1月4日 | 博达书店 | 《Word办公高手应用案例》 | 王天宇 | 41 |
| BY-08001 | 2012年1月2日 | 鼎盛书店 | 《Office商务办公好帮手》 | 方文成 | 21 |
| BY-08005 | 2012年1月6日 | 鼎盛书店 | 《OneNote万用电子笔记本》 | 钱顺卓 | 32 |
| BY-08006 | 2012年1月9日 | 鼎盛书店 | 《Outlook电子邮件应用技巧》 | 王崇江 | 3 |
| BY-08007 | 2012年1月9日 | 博达书店 | 《Office商务办公好帮手》 | 黎浩然 | 1 |
| BY-08008 | 2012年1月10日 | 鼎盛书店 | 《SharePoint Server安装、部署与开发》 | 刘露露 | 3 |
| BY-08002 | 2012年1月4日 | 博达书店 | 《Excel办公高手应用案例》 | 陈祥通 | 5 |
| BY-08076 | 2012年1月11日 | 隆华书店 | 《SharePoint Server安装、部署与开发》 | 徐志晨 | 22 |
| BY-08011 | 2012年1月11日 | 鼎盛书店 | 《OneNote万用电子笔记本》 | 张哲宇 | 31 |
| BY-08060 | 2012年3月2日 | 博达书店 | 《Office商务办公好帮手》 | 方文成 | 29 |
| BY-08061 | 2012年3月6日 | 博达书店 | 《SharePoint Server安装、部署与开发》 | 陈祥通 | 14 |
| BY-08091 | 2012年3月7日 | 鼎盛书店 | 《Outlook电子邮件应用技巧》 | 张哲宇 | 23 |
| BY-08063 | 2012年3月8日 | 鼎盛书店 | 《OneNote万用电子笔记本》 | 唐小姐 | 2 |
| BY-08064 | 2012年3月9日 | 鼎盛书店 | 《Word办公高手应用案例》 | 钱顺卓 | 7 |
| BY-08061 | 2012年3月10日 | 博达书店 | 《PowerPoint办公高手应用案例》 | 方文成 | 8 |
| BY-08066 | 2012年3月12日 | 鼎盛书店 | 《Excel办公高手应用案例》 | 孟天祥 | 23 |
| BY-08067 | 2012年3月13日 | 隆华书店 | 《Word办公高手应用案例》 | 王欣荣 | 47 |
| BY-08068 | 2012年3月14日 | 隆华书店 | 《Word办公高手应用案例》 | 邹佳楠 | 9 |
| BY-08069 | 2012年3月15日 | 隆华书店 | 《SharePoint Server安装、部署与开发》 | 王炫皓 | 49 |
| BY-08070 | 2012年3月15日 | 鼎盛书店 | 《Word办公高手应用案例》 | 王海德 | 29 |
| BY-08071 | 2012年3月16日 | 博达书店 | 《Excel办公高手应用案例》 | 方文成 | 11 |
| BY-08591 | 2012年3月16日 | 鼎盛书店 | 《Word办公高手应用案例》 | 王崇江 | 40 |
| BY-08073 | 2012年3月19日 | 鼎盛书店 | 《Word办公高手应用案例》 | 唐小姐 | 38 |
| BY-08074 | 2012年3月20日 | 博达书店 | 《SharePoint Server安装、部署与开发》 | 陈祥通 | 37 |
| BY-08071 | 2012年3月21日 | 鼎盛书店 | 《SharePoint Server安装、部署与开发》 | 张哲宇 | 20 |
| BY-08076 | 2012年3月21日 | 隆华书店 | 《Exchange Server安装、部署与开发》 | 李雅洁 | 4 |
| BY-08077 | 2012年3月22日 | 鼎盛书店 | 《Outlook电子邮件应用技巧》 | 唐小姐 | 4 |
| BY-08078 | 2012年3月22日 | 鼎盛书店 | 《Word办公高手应用案例》 | 关天胜 | 50 |
| BY-08079 | 2012年3月23日 | 鼎盛书店 | 《Office商务办公好帮手》 | 钱顺卓 | 9 |
| BY-08080 | 2012年3月23日 | 鼎盛书店 | 《OneNote万用电子笔记本》 | 边金双 | 18 |
| BY-08081 | 2012年3月27日 | 隆华书店 | 《Word办公高手应用案例》 | 邹佳楠 | 2 |
| BY-08082 | 2012年3月27日 | 隆华书店 | 《Outlook电子邮件应用技巧》 | 赵琳艳 | 26 |
| BY-08083 | 2012年3月28日 | 隆华书店 | 《Word办公高手应用案例》 | 赵琳艳 | 19 |
| BY-08084 | 2012年3月28日 | 鼎盛书店 | 《Excel办公高手应用案例》 | 孟天祥 | 23 |
| BY-08085 | 2012年3月29日 | 鼎盛书店 | 《Excel办公高手应用案例》 | 刘露露 | 40 |
| BY-08086 | 2012年3月30日 | 隆华书店 | 《SharePoint Server安装、部署与开发》 | 徐亚楠 | 40 |
| BY-08087 | 2012年3月31日 | 隆华书店 | 《Word办公高手应用案例》 | 谢丽秋 | 48 |

图 9.33　“订单明细”数据表

**操作步骤：**

（1）按照指定关键字排序。单击“订单明细”表中的“图书编号”字段中的任意单元格，单击“数据”→“排序和筛选”→“排序”按钮，打开“排序”对话框，在“主要关键字”下拉列表中选择“图书编号”命令，在“排序依据”下拉列表中选择“数值”命令，在“次序”下拉列表中选择“升序”命令，单击“确定”按钮。

（2）重复记录标记红色字体。选中 A2:A40 区域，选择“开始”→“样式”→“条件格式”→“突出显示单元格规则”→“重复值”命令，在打开的“重复值”对话框中的“设置为”下拉列表中选择“红色文本”命令，如图 9.34 所示。

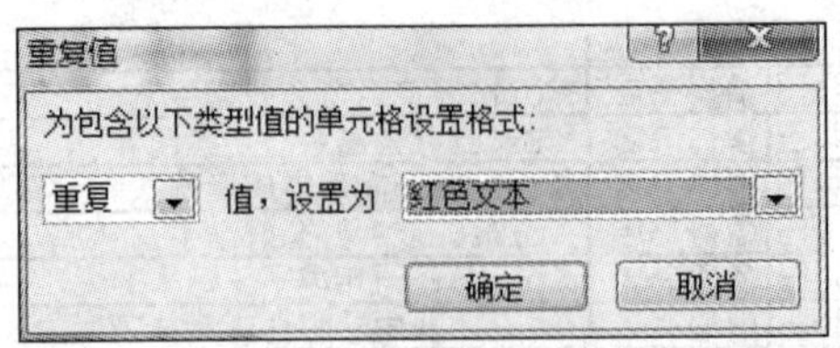


图 9.34 “重复值”对话框

（3）将重复记录排到列表区域顶端。单击数据表中的任意单元格，单击“排序”按钮，在打开的“排序”对话框中选中“数据包含标题”复选框，将字段名排除在排序范围之外，然后在“主要关键字”下拉列表中选择“订单编号”命令，在“排序依据”下拉列表中选择“字体颜色”命令，在“次序”下拉列表中选择“红色”调色板，位置为“在顶端”，单击“确定”按钮，设置后的效果如图 9.35 所示。

| | A | B | C | D–E | F | G |
|---|---|---|---|---|---|---|
| 1 | 图书编号 | 出版日期 | 销售书店 | 图书名称 | 作者 | 销量 |
| 2 | BY-08001 | 2012年1月2日 | 鼎盛书店 | 《Office商务办公好帮手》 | 孟天祥 | 12 |
| 3 | BY-08001 | 2012年1月2日 | 鼎盛书店 | 《Office商务办公好帮手》 | 方文成 | 21 |
| 4 | BY-08002 | 2012年1月4日 | 博达书店 | 《Excel办公高手应用案例》 | 陈祥通 | 5 |
| 5 | BY-08002 | 2012年1月4日 | 博达书店 | 《Excel办公高手应用案例》 | 陈祥通 | 5 |
| 6 | BY-08061 | 2012年3月6日 | 博达书店 | 《SharePoint Server安装、部署与开发》 | 陈祥通 | 14 |
| 7 | BY-08061 | 2012年3月10日 | 博达书店 | 《PowerPoint办公高手应用案例》 | 方文成 | 8 |
| 8 | BY-08071 | 2012年3月16日 | 博达书店 | 《Excel办公高手应用案例》 | 方文成 | 11 |
| 9 | BY-08071 | 2012年3月21日 | 鼎盛书店 | 《SharePoint Server安装、部署与开发》 | 张哲宇 | 20 |
| 10 | BY-08076 | 2012年1月11日 | 隆华书店 | 《SharePoint Server安装、部署与开发》 | 徐志晨 | 22 |
| 11 | BY-08076 | 2012年3月21日 | 隆华书店 | 《Exchange Server安装、部署与开发》 | 李雅洁 | 4 |
| 12 | BY-08003 | 2012年1月4日 | 博达书店 | 《Word办公高手应用案例》 | 王天宇 | 41 |
| 13 | BY-08005 | 2012年1月6日 | 鼎盛书店 | 《OneNote万用电子笔记本》 | 钱顺卓 | 32 |
| 14 | BY-08006 | 2012年1月9日 | 鼎盛书店 | 《Outlook电子邮件应用技巧》 | 王崇江 | 3 |
| 15 | BY-08007 | 2012年1月9日 | 博达书店 | 《Office商务办公好帮手》 | 黎浩然 | 1 |
| 16 | BY-08008 | 2012年1月10日 | 鼎盛书店 | 《SharePoint Server安装、部署与开发》 | 刘露露 | 3 |
| 17 | BY-08011 | 2012年1月11日 | 鼎盛书店 | 《OneNote万用电子笔记本》 | 张哲宇 | 31 |
| 18 | BY-08060 | 2012年3月2日 | 博达书店 | 《Office商务办公好帮手》 | 方文成 | 29 |
| 19 | BY-08063 | 2012年3月8日 | 鼎盛书店 | 《OneNote万用电子笔记本》 | 唐小姐 | 2 |
| 20 | BY-08064 | 2012年3月9日 | 鼎盛书店 | 《Word办公高手应用案例》 | 钱顺卓 | 7 |
| 21 | BY-08066 | 2012年3月12日 | 鼎盛书店 | 《Excel办公高手应用案例》 | 孟天祥 | 23 |
| 22 | BY-08067 | 2012年3月13日 | 隆华书店 | 《Word办公高手应用案例》 | 王欣荣 | 47 |
| 23 | BY-08068 | 2012年3月14日 | 隆华书店 | 《Word办公高手应用案例》 | 邹佳楠 | 9 |
| 24 | BY-08069 | 2012年3月15日 | 隆华书店 | 《SharePoint Server安装、部署与开发》 | 王炫皓 | 49 |
| 25 | BY-08070 | 2012年3月15日 | 鼎盛书店 | 《Word办公高手应用案例》 | 王海德 | 29 |
| 26 | BY-08073 | 2012年3月19日 | 鼎盛书店 | 《Word办公高手应用案例》 | 唐小姐 | 38 |
| 27 | BY-08074 | 2012年3月20日 | 博达书店 | 《SharePoint Server安装、部署与开发》 | 陈祥通 | 37 |
| 28 | BY-08077 | 2012年3月22日 | 鼎盛书店 | 《Outlook电子邮件应用技巧》 | 唐小姐 | 4 |
| 29 | BY-08078 | 2012年3月22日 | 鼎盛书店 | 《Word办公高手应用案例》 | 关天胜 | 50 |
| 30 | BY-08079 | 2012年3月23日 | 鼎盛书店 | 《Office商务办公好帮手》 | 钱顺卓 | 9 |
| 31 | BY-08080 | 2012年3月23日 | 鼎盛书店 | 《OneNote万用电子笔记本》 | 边金双 | 18 |
| 32 | BY-08081 | 2012年3月27日 | 隆华书店 | 《Word办公高手应用案例》 | 邹佳楠 | 2 |
| 33 | BY-08082 | 2012年3月27日 | 隆华书店 | 《Outlook电子邮件应用技巧》 | 赵琳艳 | 26 |
| 34 | BY-08083 | 2012年3月28日 | 隆华书店 | 《Word办公高手应用案例》 | 赵琳艳 | 19 |
| 35 | BY-08084 | 2012年3月28日 | 鼎盛书店 | 《Excel办公高手应用案例》 | 孟天祥 | 23 |
| 36 | BY-08085 | 2012年3月29日 | 鼎盛书店 | 《Excel办公高手应用案例》 | 刘露露 | 40 |
| 37 | BY-08086 | 2012年3月30日 | 隆华书店 | 《SharePoint Server安装、部署与开发》 | 徐亚楠 | 40 |
| 38 | BY-08087 | 2012年3月31日 | 隆华书店 | 《Word办公高手应用案例》 | 谢丽秋 | 48 |
| 39 | BY-08091 | 2012年3月7日 | 鼎盛书店 | 《Outlook电子邮件应用技巧》 | 张哲宇 | 23 |
| 40 | BY-08591 | 2012年3月16日 | 鼎盛书店 | 《Word办公高手应用案例》 | 王崇江 | 40 |

图 9.35 排序后的效果

## 9.3.2　数据筛选

筛选是查找和处理数据清单中数据子集的快捷方法。筛选清单仅显示满足条件的行，该条件由用户针对某列指定。

筛选分为两种：自动筛选和高级筛选。自动筛选能满足大部分要求，而对需要建立复杂条件的筛选操作，可选择高级筛选。

与排序不同，筛选不涉及重排数据，只是暂时隐藏不必要显示的行，只显示满足条件的数据。

### 1. 自动筛选

【例 9-12】以图 9.30 中的数据表为例，若要筛选出表中所有的男同学，具体操作步骤如下。

（1）单击列表区域。

（2）单击“数据”→“排序和筛选”→“筛选”按钮。

（3）单击性别字段的下拉按钮，弹出如图 9.36 所示的下拉列表。

（4）选择与显示的记录匹配的记录项目即可。

（5）单击“数据”→“排序和筛选”→“清除”按钮，重新显示列表中的所有记录。

（6）单击“数据”→“排序和筛选”→“筛选”按钮，取消筛选。

在例 9-12 中，如果要筛选性别为男并且入学成绩大于 225 的学生，则可以单击性别字段的下拉按钮，在弹出的下拉列表中选中“男”复选框，取消选中“女”复选框；再单击另外一个字段入学成绩的下拉按钮，在弹出的下拉列表中选择“数字筛选”→“大于或等于”命令，打开“自定义自动筛选方式”对话框，设置如图 9.37 所示。

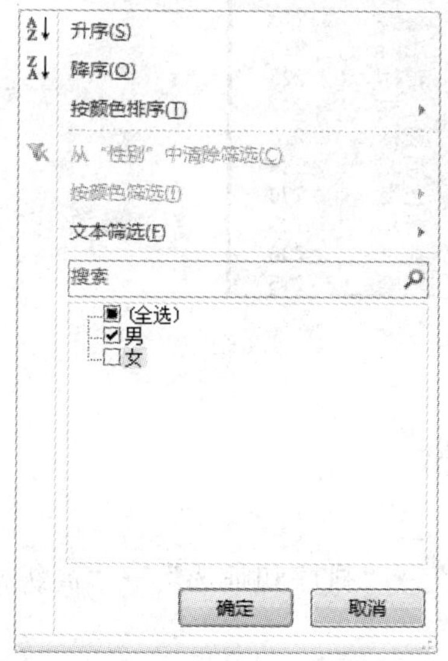


图 9.36　自动筛选条件项目

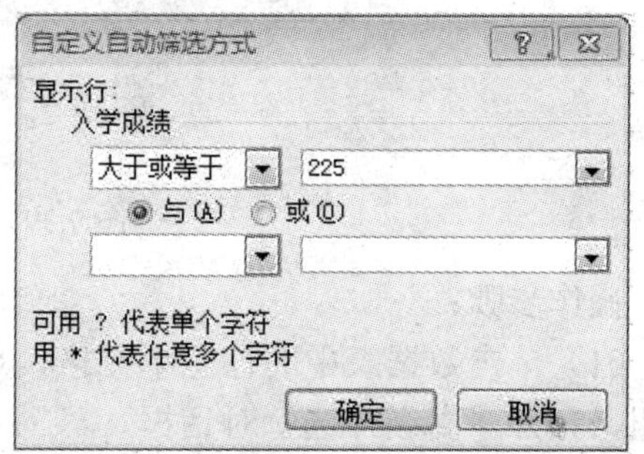


图 9.37　“自定义自动筛选方式”对话框

2. 高级筛选

高级筛选是在多个字段间设置筛选条件，显示的条件表达式有多个，且在表的条件区域中输入条件表达式。条件区域内容需要用户建立，这是使用高级筛选的前提。自动筛选以单一字段来建立筛选条件，不需建立条件区域。

在使用高级筛选的过程中，常用两种形式书写筛选字段，如图 9.38 所示。

| A | B |
|---|---|
| A1 | B1 |

（a）筛选字段 A 中符合 A1 条件且字段 B 中符合 B1 条件的所有记录

| A | B |
|---|---|
| A1 | |
| | B1 |

（b）筛选字段 A 中符合 A1 条件或字段 B 中符合 B1 条件的所有记录

图 9.38　常用的筛选字段形式

自动筛选的条件不影响高级筛选的运行和结果，两种方法相互独立。

**【例 9-13】**以图 9.30 中的数据表为例，在数据表中筛选出满足性别为男，入学成绩大于等于 225 的学生记录。

首先在数据表中建立条件区域，区域必须包括数据清单中与筛选相关的字段名。条件区域建立过程：题目中描述的需要满足的条件既要符合性别为男，并且入学成绩又要大于等于 225，应该采用条件写在一行的书写方法，如图 9.39 所示。

| | A | B | C | D | E | F |
|---|---|---|---|---|---|---|
| 1 | 学生学籍信息一览表 | | | | | |
| 2 | 学号 | 姓名 | 性别 | 班级 | 籍贯 | 入学成绩 |
| 3 | 2 | 张昊天 | 男 | 二班 | 北京 | 211 |
| 4 | 9 | 汤天横 | 男 | 三班 | 吉林 | 213 |
| 5 | 3 | 王凡 | 男 | 二班 | 重庆 | 216 |
| 6 | 5 | 欧阳辉 | 男 | 三班 | 湖南 | 223 |
| 7 | 7 | 宋晓兵 | 男 | 一班 | 吉林 | 223 |
| 8 | 4 | 张春婷 | 女 | 一班 | 山东 | 227 |
| 9 | 1 | 汪达 | 男 | 一班 | 吉林 | 228 |
| 10 | 6 | 彭小兰 | 女 | 二班 | 河北 | 228 |
| 11 | 10 | 李馨竹 | 女 | 二班 | 上海 | 230 |
| 12 | 12 | 张全 | 女 | 三班 | 河北 | 233 |
| 13 | 8 | 李闻雨 | 女 | 一班 | 北京 | 236 |
| 14 | 11 | 魏国名 | 男 | 三班 | 河南 | 255 |
| 15 | | | | | | |
| 16 | | 性别 | 入学成绩 | | | |
| 17 | | 男 | 225 | | | |
| 18 | | | | | | |

图 9.39　筛选条件的设置

**操作步骤：**

（1）单击数据表中的任意单元格，单击“数据”→“排序和筛选”→“高级筛选”按钮，打开“高级筛选”对话框。

（2）选择筛选结果的显示位置。若选择“在原有区域显示筛选结果”命令会覆盖原数据区域的内容；若选择“将筛选结果复制到其他位置”命令，则需要用户自己另外将

单元格地址或区域地址填写到指定文本框中。

（3）设置数据清单的列表区域、筛选条件区域和定义筛选结果存放位置，在设置过程中可返回数据区域位置用鼠标拖选单元格地址。

在本例中，为了保证原数据表的完整性，在“高级筛选”对话框中选中“将筛选结果复制到其他位置”单选按钮，文本框呈可修改状态，回到数据表中拖选条件区域，复制到单元格的位置，单击“确定”按钮。本例中筛选结果显示在以 A19 单元格为左上角的起始区域。“高级筛选”对话框的设置如图 9.40 所示。

使用高级筛选时需要注意以下几个问题。

（1）高级筛选必须指定一个条件区域，它可以与数据表格在一张工作表上，但是必须与数据之间有空白行隔开，条件区域也可以与数据表格不在一张工作表上。

（2）条件区域中的字段名必须与数据表中的字段名完全一致。

（3）条件区域可以定义多个条件，以便来筛选符合多个条件的记录。需要注意各条件书写时的“与”和“或”的关系。

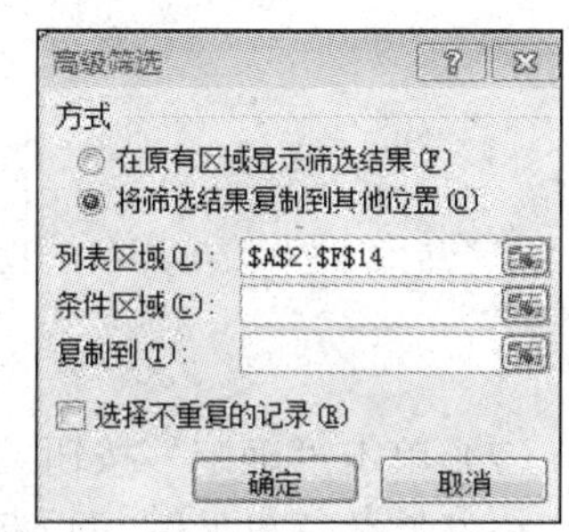


图 9.40 “高级筛选”对话框的设置

## 9.3.3 分类汇总及分级显示

### 1. 分类汇总

分类汇总是建立在已排序的基础上，将相同类别的数据进行统计汇总，Excel 可以对工作表中选定的列进行分类汇总，并通过设置将分类汇总结果插入相应类别数据行的最上端或最下端。

分类汇总并不局限于求和，也可以进行计数、求平均值等其他运算。

**【例 9-14】** 在图 9.30 所示的学生学籍信息一览表中，按性别对入学成绩进行分类汇总，汇总的方式取求和。

**操作步骤：**

（1）在数据表中按分类字段“性别”排序。

（2）单击数据区域中的任意单元格，单击“数据”→“分级显示”→“分类汇总”按钮，打开“分类汇总”对话框，如图 9.41 所示。

（3）在“分类字段”下拉列表中选择“性别”字段。

**注：** 这里选择的字段即是数据表中的排序字段。

（4）在“汇总方式”下拉列表中选择“求和”命令。

（5）在“选定汇总项”列表框中选中“入学成绩”复选框。

（6）如果题目要求数据分页，则选中“每组数据分页”复选框。

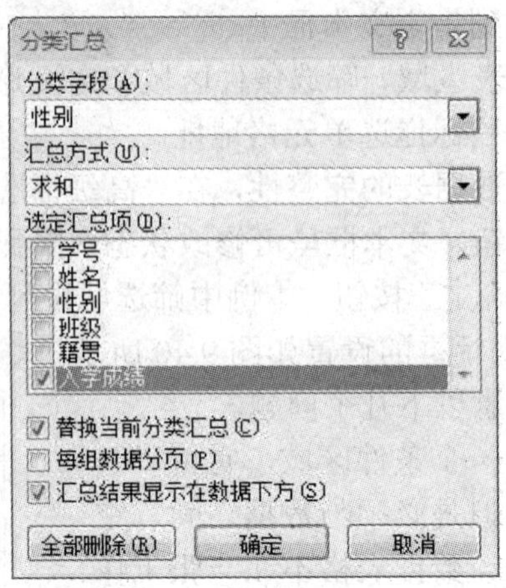


图 9.41 “分类汇总”对话框

（7）单击“确定”按钮。

分类汇总结果如图 9.42 所示。

如果在分类汇总前未排序或操作过程有误，需要撤销该分类汇总，可以选择数据表中的数据再次进入分类汇总页面，重新修改字段的设置或单击“全部删除”按钮，即可恢复原来的数据表状态。

2. 分级显示

从分类汇总结果可以看出，数据按分级显示，工作表的左边为分级显示区，列出各级分级符和分级按钮。

（1）在默认情况下，分级显示区分为三级，从左到右分别表示最高级、次高级和第三级，如图 9.43 所示。

| | A | B | C | D | E | F |
|---|---|---|---|---|---|---|
| 1 | 学生学籍信息一览表 | | | | | |
| 2 | 学号 | 姓名 | 性别 | 班级 | 籍贯 | 入学成绩 |
| 3 | 2 | 张昊天 | 男 | 二班 | 北京 | 211 |
| 4 | 9 | 汤天横 | 男 | 三班 | 吉林 | 213 |
| 5 | 3 | 王凡 | 男 | 二班 | 重庆 | 216 |
| 6 | 5 | 欧阳辉 | 男 | 三班 | 湖南 | 223 |
| 7 | 7 | 宋晓兵 | 男 | 一班 | 吉林 | 223 |
| 8 | 1 | 汪达 | 男 | 一班 | 吉林 | 228 |
| 9 | 11 | 魏国名 | 男 | 三班 | 河南 | 255 |
| 10 | | | 男 汇总 | | | 1569 |
| 11 | 4 | 张春婷 | 女 | 一班 | 山东 | 227 |
| 12 | 6 | 彭小兰 | 女 | 二班 | 河北 | 228 |
| 13 | 10 | 李馨竹 | 女 | 二班 | 上海 | 230 |
| 14 | 12 | 张全 | 女 | 三班 | 河北 | 233 |
| 15 | 8 | 李闻雨 | 女 | 一班 | 北京 | 236 |
| 16 | | | 女 汇总 | | | 1154 |
| 17 | | | 总计 | | | 2723 |
| 18 | | | | | | |

图 9.42 分类汇总结果

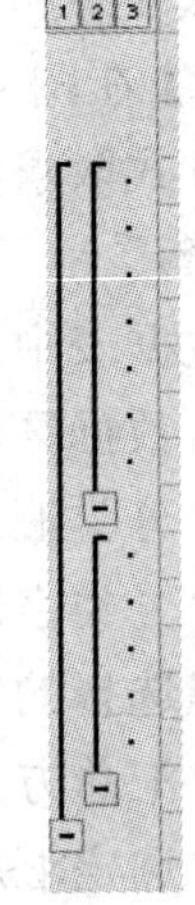

图 9.43 分级显示

（2）在这个分级显示图中，级别按钮1代表单击该按钮时，只显示总的汇总结果，在本例中为入学成绩的总计结果。级别按钮2代表单击该按钮时，只显示部分数据及其汇总结果，在本例中为男同学入学成绩的总计结果和女同学入学成绩的总计结果。级别按钮3代表单击该按钮时显示全部数据及其汇总结果。隐藏细节按钮-可以隐藏分级显示信息，显示细节按钮+可以显示分级显示信息。

**【例 9-15】**复制工作表“期末成绩”，将副本放置到原表之后；改变该副本表标签的颜色，并重新命名为“分类汇总”。通过分类汇总功能求出每个班各科的平均成绩，并将每组结果分页显示。以分类汇总结果为基础，创建图表，对每班各科平均成绩进行比较，并将该图表放置在一个名为“分析图”的新工作表中。

**操作步骤：**

（1）打开工作表“期末成绩”，表中的具体数据如图 9.44 所示。

| 学号 | 姓名 | 班级 | 语文 | 数学 | 英语 | 生物 | 地理 | 历史 | 总分 | 平均分 |
|---|---|---|---|---|---|---|---|---|---|---|
| 120305 | 包宏伟 | 3班 | 91.5 | 89.0 | 94.0 | 92.0 | 91.0 | 86.0 | 543.5 | 90.6 |
| 120203 | 陈万地 | 2班 | 93.0 | 99.0 | 92.0 | 86.0 | 86.0 | 73.0 | 529.0 | 88.2 |
| 120104 | 杜学江 | 1班 | 102.0 | 116.0 | 113.0 | 78.0 | 88.0 | 86.0 | 583.0 | 97.2 |
| 120301 | 符合 | 3班 | 99.0 | 98.0 | 101.0 | 95.0 | 91.0 | 95.0 | 579.0 | 96.5 |
| 120306 | 吉祥 | 3班 | 101.0 | 94.0 | 99.0 | 90.0 | 87.0 | 95.0 | 566.0 | 94.3 |
| 120206 | 李北大 | 2班 | 100.5 | 103.0 | 104.0 | 88.0 | 89.0 | 78.0 | 562.5 | 93.8 |
| 120302 | 李娜娜 | 3班 | 78.0 | 95.0 | 94.0 | 82.0 | 90.0 | 93.0 | 532.0 | 88.7 |
| 120204 | 刘康锋 | 2班 | 95.5 | 92.0 | 96.0 | 84.0 | 95.0 | 91.0 | 553.5 | 92.3 |
| 120201 | 刘鹏举 | 2班 | 93.5 | 107.0 | 96.0 | 100.0 | 93.0 | 92.0 | 581.5 | 96.9 |
| 120304 | 倪冬声 | 3班 | 95.0 | 97.0 | 102.0 | 93.0 | 95.0 | 92.0 | 574.0 | 95.7 |
| 120103 | 齐飞扬 | 1班 | 95.0 | 85.0 | 99.0 | 98.0 | 92.0 | 92.0 | 561.0 | 93.5 |
| 120105 | 苏解放 | 1班 | 88.0 | 98.0 | 101.0 | 89.0 | 73.0 | 95.0 | 544.0 | 90.7 |
| 120202 | 孙玉敏 | 2班 | 86.0 | 107.0 | 89.0 | 88.0 | 92.0 | 88.0 | 550.0 | 91.7 |
| 120205 | 王清华 | 2班 | 103.5 | 105.0 | 105.0 | 93.0 | 93.0 | 90.0 | 589.5 | 98.3 |
| 120102 | 谢如康 | 1班 | 110.0 | 95.0 | 98.0 | 99.0 | 93.0 | 93.0 | 588.0 | 98.0 |
| 120303 | 闫朝霞 | 3班 | 84.0 | 100.0 | 97.0 | 87.0 | 78.0 | 89.0 | 535.0 | 89.2 |
| 120101 | 曾令煊 | 1班 | 97.5 | 106.0 | 108.0 | 98.0 | 99.0 | 99.0 | 607.5 | 101.3 |
| 120106 | 张桂花 | 1班 | 90.0 | 111.0 | 116.0 | 72.0 | 95.0 | 93.0 | 577.0 | 96.2 |

图 9.44　期末成绩数据表

（2）复制工作表。右击“期末成绩”表标签，在弹出的快捷菜单中选择“移动或复制”命令，打开“移动或复制工作表”对话框，如图 9.45 所示。选择的位置在 Sheet2 工作表之前，并选中“建立副本”复选框，单击“确定”按钮。

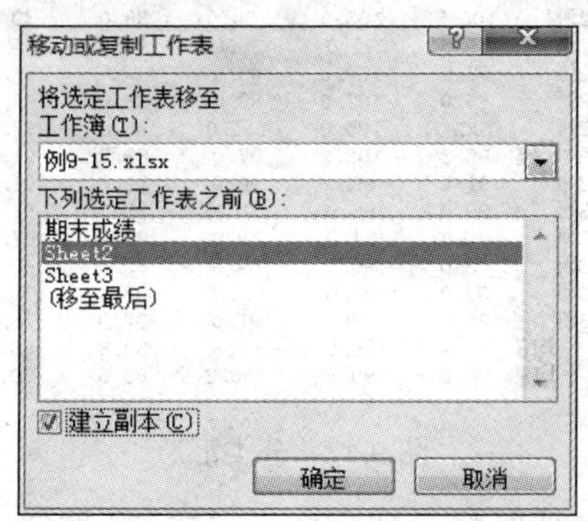


图 9.45　“移动或复制工作表”对话框

（3）为工作表重命名并添加标签颜色。在新工作表标签上双击，重命名为“分类汇总”，然后在该工作表标签上右击，在弹出的快捷菜单中选择“工作表标签颜色”命令，将标签颜色设置为标准色红色。

（4）数据表排序。单击“分类汇总”工作表中的数据区域的任意单元格，单击“数据”→“排序和筛选”→“排序”按钮，在打开的“排序”对话框中添加排序主要关键字为“班级”，排序后的效果如图 9.46 所示。

| 学号 | 姓名 | 班级 | 语文 | 数学 | 英语 | 生物 | 地理 | 历史 | 总分 | 平均分 |
|---|---|---|---|---|---|---|---|---|---|---|
| 120104 | 杜学江 | 1班 | 102.0 | 116.0 | 113.0 | 78.0 | 88.0 | 86.0 | 583.0 | 97.2 |
| 120103 | 齐飞扬 | 1班 | 95.0 | 85.0 | 99.0 | 98.0 | 92.0 | 92.0 | 561.0 | 93.5 |
| 120105 | 苏解放 | 1班 | 88.0 | 98.0 | 101.0 | 89.0 | 73.0 | 95.0 | 544.0 | 90.7 |
| 120102 | 谢如康 | 1班 | 110.0 | 95.0 | 98.0 | 99.0 | 93.0 | 93.0 | 588.0 | 98.0 |
| 120101 | 曾令煊 | 1班 | 97.5 | 106.0 | 108.0 | 98.0 | 99.0 | 99.0 | 607.5 | 101.3 |
| 120106 | 张桂花 | 1班 | 90.0 | 111.0 | 116.0 | 72.0 | 95.0 | 93.0 | 577.0 | 96.2 |
| 120203 | 陈万地 | 2班 | 93.0 | 99.0 | 92.0 | 86.0 | 86.0 | 73.0 | 529.0 | 88.2 |
| 120206 | 李北大 | 2班 | 100.5 | 103.0 | 104.0 | 88.0 | 89.0 | 78.0 | 562.5 | 93.8 |
| 120204 | 刘康锋 | 2班 | 95.5 | 92.0 | 96.0 | 84.0 | 95.0 | 91.0 | 553.5 | 92.3 |
| 120201 | 刘鹏举 | 2班 | 93.5 | 107.0 | 96.0 | 100.0 | 93.0 | 92.0 | 581.5 | 96.9 |
| 120202 | 孙玉敏 | 2班 | 86.0 | 107.0 | 89.0 | 88.0 | 92.0 | 88.0 | 550.0 | 91.7 |
| 120205 | 王清华 | 2班 | 103.5 | 105.0 | 105.0 | 93.0 | 93.0 | 90.0 | 589.5 | 98.3 |
| 120305 | 包宏伟 | 3班 | 91.5 | 89.0 | 94.0 | 92.0 | 91.0 | 86.0 | 543.5 | 90.6 |
| 120301 | 符合 | 3班 | 99.0 | 98.0 | 101.0 | 95.0 | 91.0 | 95.0 | 579.0 | 96.5 |
| 120306 | 吉祥 | 3班 | 101.0 | 94.0 | 99.0 | 90.0 | 87.0 | 95.0 | 566.0 | 94.3 |
| 120302 | 李娜娜 | 3班 | 78.0 | 95.0 | 94.0 | 82.0 | 90.0 | 93.0 | 532.0 | 88.7 |
| 120304 | 倪冬声 | 3班 | 95.0 | 97.0 | 102.0 | 93.0 | 95.0 | 92.0 | 574.0 | 95.7 |
| 120303 | 闫朝霞 | 3班 | 84.0 | 100.0 | 97.0 | 87.0 | 78.0 | 89.0 | 535.0 | 89.2 |

图 9.46 以“班级”字段进行排序

（5）数据表分类汇总。单击“数据”→“分级显示”→“分类汇总”按钮，在打开的“分类汇总”对话框中设置分类字段为“班级”，汇总方式为“平均值”，选定汇总项为各科课程名，在对话框左下角位置选中“每组数据分页”复选框，单击“确定”按钮。操作后的结果如图 9.47 所示。

| | A | B | C | D | E | F | G | H | I | J | K |
|---|---|---|---|---|---|---|---|---|---|---|---|
| 1 | 学号 | 姓名 | 班级 | 语文 | 数学 | 英语 | 生物 | 地理 | 历史 | 总分 | 平均分 |
| 2 | 120104 | 杜学江 | 1班 | 102.0 | 116.0 | 113.0 | 78.0 | 88.0 | 86.0 | 583.0 | 97.2 |
| 3 | 120103 | 齐飞扬 | 1班 | 95.0 | 85.0 | 99.0 | 98.0 | 92.0 | 92.0 | 561.0 | 93.5 |
| 4 | 120105 | 苏解放 | 1班 | 88.0 | 98.0 | 101.0 | 89.0 | 73.0 | 95.0 | 544.0 | 90.7 |
| 5 | 120102 | 谢如康 | 1班 | 110.0 | 95.0 | 98.0 | 99.0 | 93.0 | 93.0 | 588.0 | 98.0 |
| 6 | 120101 | 曾令煊 | 1班 | 97.5 | 106.0 | 108.0 | 98.0 | 99.0 | 99.0 | 607.5 | 101.3 |
| 7 | 120106 | 张桂花 | 1班 | 90.0 | 111.0 | 116.0 | 72.0 | 95.0 | 93.0 | 577.0 | 96.2 |
| 8 | | | **1班 平均值** | 97.1 | 101.8 | 105.8 | 89.0 | 90.0 | 93.0 | | |
| 9 | 120203 | 陈万地 | 2班 | 93.0 | 99.0 | 92.0 | 86.0 | 86.0 | 73.0 | 529.0 | 88.2 |
| 10 | 120206 | 李北大 | 2班 | 100.5 | 103.0 | 104.0 | 88.0 | 89.0 | 78.0 | 562.5 | 93.8 |
| 11 | 120204 | 刘康锋 | 2班 | 95.5 | 92.0 | 96.0 | 84.0 | 95.0 | 91.0 | 553.5 | 92.3 |
| 12 | 120201 | 刘鹏举 | 2班 | 93.5 | 107.0 | 96.0 | 100.0 | 93.0 | 92.0 | 581.5 | 96.9 |
| 13 | 120202 | 孙玉敏 | 2班 | 86.0 | 107.0 | 89.0 | 88.0 | 92.0 | 88.0 | 550.0 | 91.7 |
| 14 | 120205 | 王清华 | 2班 | 103.5 | 105.0 | 105.0 | 93.0 | 93.0 | 90.0 | 589.5 | 98.3 |
| 15 | | | **2班 平均值** | 95.3 | 102.2 | 97.0 | 89.8 | 91.3 | 85.3 | | |
| 16 | 120305 | 包宏伟 | 3班 | 91.5 | 89.0 | 94.0 | 92.0 | 91.0 | 86.0 | 543.5 | 90.6 |
| 17 | 120301 | 符合 | 3班 | 99.0 | 98.0 | 101.0 | 95.0 | 91.0 | 95.0 | 579.0 | 96.5 |
| 18 | 120306 | 吉祥 | 3班 | 101.0 | 94.0 | 99.0 | 90.0 | 87.0 | 95.0 | 566.0 | 94.3 |
| 19 | 120302 | 李娜娜 | 3班 | 78.0 | 95.0 | 94.0 | 82.0 | 90.0 | 93.0 | 532.0 | 88.7 |
| 20 | 120304 | 倪冬声 | 3班 | 95.0 | 97.0 | 102.0 | 93.0 | 95.0 | 92.0 | 574.0 | 95.7 |
| 21 | 120303 | 闫朝霞 | 3班 | 84.0 | 100.0 | 97.0 | 87.0 | 78.0 | 89.0 | 535.0 | 89.2 |
| 22 | | | **3班 平均值** | 91.4 | 95.5 | 97.8 | 89.8 | 88.7 | 91.7 | | |
| 23 | | | **总计平均值** | 94.6 | 99.8 | 100.2 | 89.6 | 90.0 | 90.0 | | |

图 9.47 分类汇总

（6）隐藏个别信息。在分级显示列表中，单击 [-] 按钮，将各班学生的详细信息隐藏起来，操作后如图 9.48 所示。

| | A | B | C | D | E | F | G | H | I | J | K |
|---|---|---|---|---|---|---|---|---|---|---|---|
| 1 | 学号 | 姓名 | 班级 | 语文 | 数学 | 英语 | 生物 | 地理 | 历史 | 总分 | 平均分 |
| 8 | | | 1班 平均值 | 97.1 | 101.8 | 105.8 | 89.0 | 90.0 | 93.0 | | |
| 15 | | | 2班 平均值 | 95.3 | 102.2 | 97.0 | 89.8 | 91.3 | 85.3 | | |
| 22 | | | 3班 平均值 | 91.4 | 95.5 | 97.8 | 89.8 | 88.7 | 91.7 | | |
| 23 | | | 总计平均值 | 94.6 | 99.8 | 100.2 | 89.6 | 90.0 | 90.0 | | |

图 9.48　隐藏无关信息

（7）根据数据源产生嵌入式图表。选择 C1:I22 区域，选择“插入”→“图表”→“柱形图”→“二维柱形图”→“簇状柱形图”命令，在工作表区域中产生图表，即嵌入式图表。根据题目要求，单击“图表”工具→“设计”→“数据”→“切换行/列”按钮，能更清楚地显示每班各科的成绩对比结果，如图 9.49 所示。

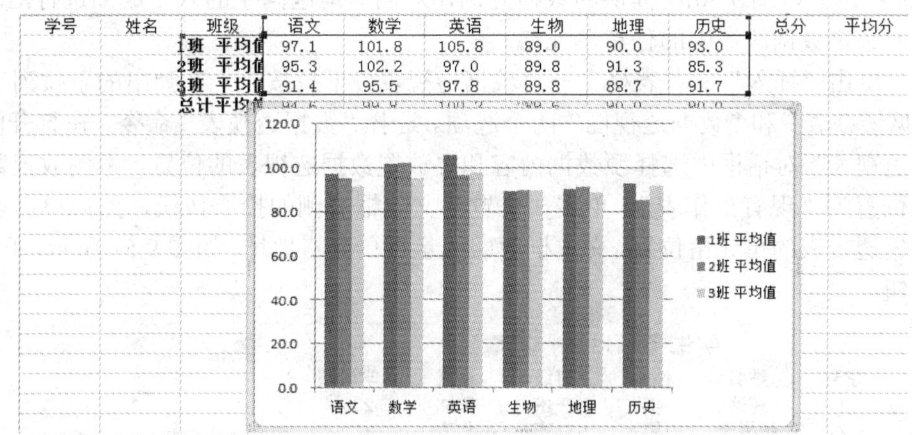


图 9.49　每班各科成绩对比

（8）转换图表类型。选择图表对象，单击“图表工具”→“设计”→“位置”→“移动图表”按钮，在打开的“移动图表”对话框中选中“新工作表”单选按钮，并在其后的文本框中输入“分析图”，单击“确定”按钮，即可产生图表工作表，如图 9.50 所示。

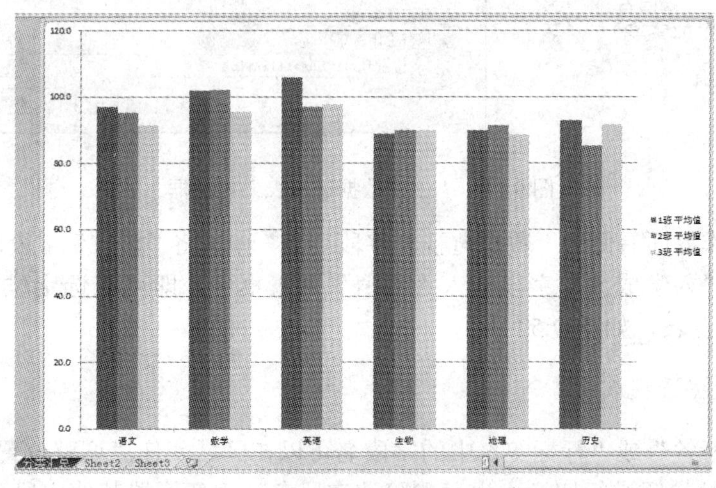


图 9.50　图表工作表

## 9.3.4 数据透视表和数据透视图

数据透视表是一种对大量数据快速汇总的交互式表格，可以通过行、列交叉的数据查看汇总后的不同结果，可以设置不同的显示页面来筛选数据，操作简单、易学。用户只需将字段进行适当的拖拽操作，即可在数据表中重新组织和统计数据，是集筛选、分类汇总于一体的多元化表格。

1. 创建数据透视表

【例 9-16】以图 9.30 所提供的数据为例，对同一地区同学的入学成绩进行汇总。

（1）选定数据区域中的任意单元格。

（2）单击“插入”→“表格”→“数据透视表”下拉按钮，在弹出的下拉列表中包含“数据透视表”和“数据透视图”两个选项。选择“数据透视表”命令，在打开的“创建数据透视表”对话框中选择源数据内容和要放置数据透视表的位置。本例放置数据透视表的位置为“现有工作表”，单击“位置”文本框右侧的拾取按钮，然后单击表中待放置数据透视表的单元格位置，文本框中即显示该单元格地址，如图 9.51 所示，单击“确定”按钮。

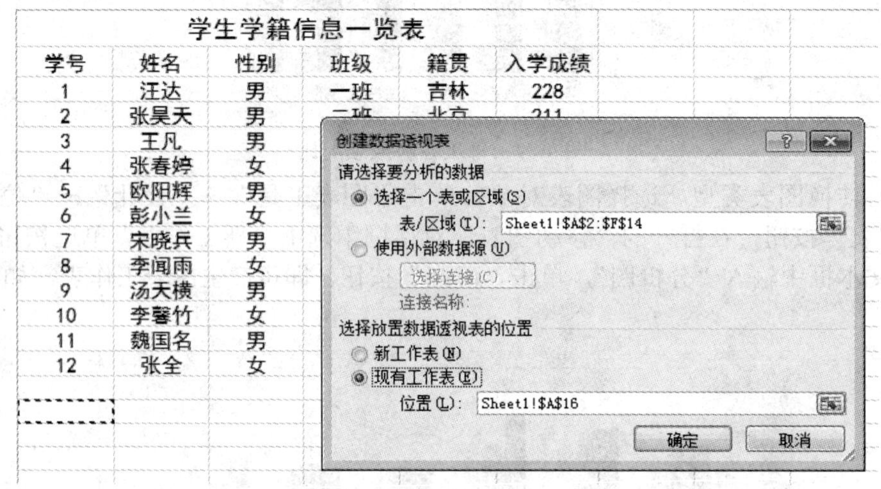


图 9.51 “创建数据透视表”对话框

（3）在操作界面右侧的“数据透视表字段列表”中，将“籍贯”字段拖入“行标签”列表框中，将“入学成绩”字段拖入“数值”列表框中，即可在选定位置处产生符合要求的数据透视表，如图 9.52 所示。

2. 编辑数据透视表

拖入“列标签”或“行标签”中的字段名可以在区域间任意调整位置，可以单击字段名右侧的下拉按钮进行切换，也可删除该字段名，重新拖拽其他字段名。“数值”列

表框中默认以字段求和的方式进行统计，可以单击字段名右侧的下拉按钮，在弹出的下拉列表中选择其他的汇总方式。

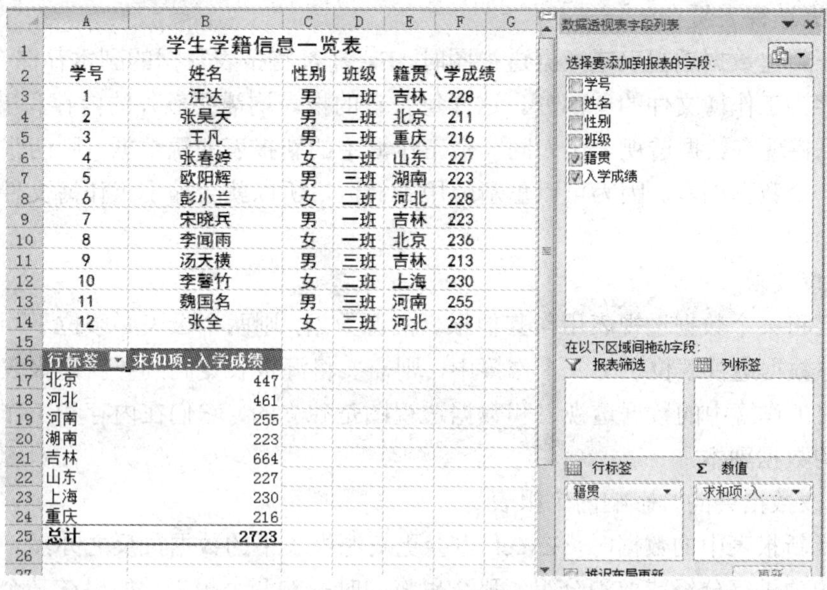


图 9.52　数据透视表的设置

3．数据透视图

数据透视图在数据透视表的基础上，以图表的方式显示，使用户看起来更加直观。在最终图表产生之前，仍需要在字段列表框中拖拽相关的字段名，数据透视图的结果如图 9.53 所示。

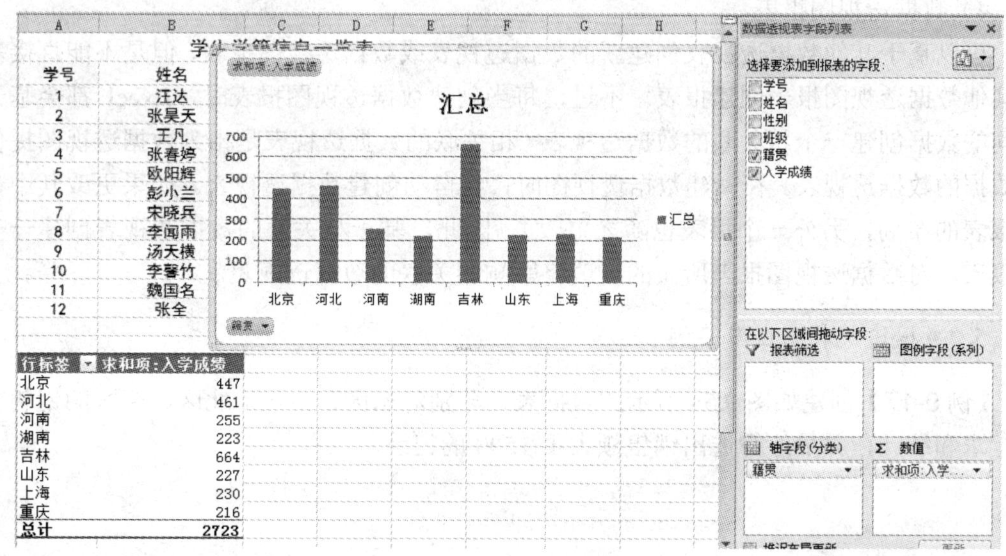


图 9.53　数据透视图

### 4. 使用数据透视表/图的注意事项

1）数据透视表缓存

每次在新建数据透视表或数据透视图时，Excel 都将报表数据的副本存储在内存中，并将其保存为工作簿文件的一部分。这样每张新的报表均需要额外的内存和磁盘空间。但是，如果将现有数据透视表作为同一个工作簿中的新报表的源数据，则两张报表就可以共享同一个数据副本。因为可以重新使用存储区，所以就会缩小工作簿文件，减少内存中的数据。

2）位置要求

如果要将某个数据透视表用作其他报表的源数据，则两个报表必须位于同一工作簿中，如果源数据透视表位于另一工作簿中，则需要将源报表复制到要新建报表的工作簿位置。不同工作簿中的数据透视表和数据透视图是独立的，它们在内存和工作簿文件中都有各自的数据副本。

3）更改数据会同时影响两个报表

在刷新新报表中的数据时，Excel 也会更新源报表中的数据，反之亦然。如果对某个报表中的项进行分组或取消分组，那么也将同时影响两个报表。如果在某个报表中创建了计算字段（计算字段是指数据透视表或数据透视图中的字段，该字段使用用户创建的公式。计算字段可使用数据透视表或数据透视图中其他字段中的内容执行计算）或计算项（计算项是指数据透视表字段或数据透视图字段中的项，该项使用用户创建的公式。计算项使用数据透视表或数据透视图中相同字段的其他项的内容进行计算），则也将同时影响两个报表。

4）数据透视图报表

可以基于其他数据透视表创建新的数据透视表或数据透视图报表，但是不能直接基于其他数据透视图报表创建报表。不过，每当创建数据透视图报表时，Excel 都会基于相同的数据创建一个相关联的数据透视表（相关联的数据透视表是指为数据透视图提供源数据的数据透视表。在新建数据透视图时，将自动创建数据透视表。如果更改其中一个报表的布局，另外一个报表也随之更改）。因此，基于相关联的数据透视表创建一个新报表，对数据透视图报表所做的更改将影响相关联的数据透视表。

### 5. 数据透视表的应用实例

**【例 9-17】** 创建如图 9.54 所示的数据表，分别对东区、南区、北区、西区的销售额进行求和统计，并最终筛选出销售额大于 1500 的记录。

| 书店名称 | 图书名称 | 所属区域 | 销售额小计 |
|---|---|---|---|
| 静夜书店 | 《软件工程》 | 东区 | 500.6 |
| 博达书店 | 《操作系统原理》 | 南区 | 878 |
| 博达书店 | 《操作系统原理》 | 南区 | 1000.5 |
| 博达书店 | 《数据库程序设计》 | 东区 | 823.2 |
| 静夜书店 | 《软件工程》 | 东区 | 1161.6 |
| 静夜书店 | 《网络技术》 | 南区 | 767.8 |
| 静夜书店 | 《数据库原理》 | 西区 | 1968.624 |
| 博达书店 | 《VB语言程序设计》 | 北区 | 796 |
| 博达书店 | 《数据库技术》 | 西区 | 486 |
| 静夜书店 | 《软件测试技术》 | 南区 | 1424 |
| 博达书店 | 《计算机组成与接口》 | 东区 | 1511.622 |
| 思路书店 | 《计算机基础》 | 北区 | 935 |
| 静夜书店 | 《C语言程序设计》 | 北区 | 1221.4 |
| 思路书店 | 《信息安全技术》 | 西区 | 699.2 |
| 静夜书店 | 《数据库原理》 | 西区 | 1727.568 |
| 思路书店 | 《VB语言程序设计》 | 北区 | 1552.2 |
| 静夜书店 | 《Java语言程序设计》 | 西区 | 1218 |
| 静夜书店 | 《计算机基础》 | 北区 | 1543.614 |
| 静夜书店 | 《软件工程》 | 东区 | 1461.96 |
| 静夜书店 | 《软件工程》 | 东区 | 1689.996 |

图9.54 数据透视表源数据图

**操作步骤：**

（1）选中数据区域部分，选择“插入”→“表格”→“数据透视表”→“数据透视表”命令，在打开的“创建数据透视表”对话框中的“选择放置数据透视表的位置”选项组中选中“新工作表”单选按钮，并将新的工作表Sheet4重命名为“东区”。

（2）根据题目的要求，将“图书名称”字段拖到“行标签”位置，在“数值”列表框中选择“销售额小计”字段，默认的统计方式为求和。

（3）在“行标签”下拉列表中选择“值筛选”→“大于”命令，如图9.55所示。

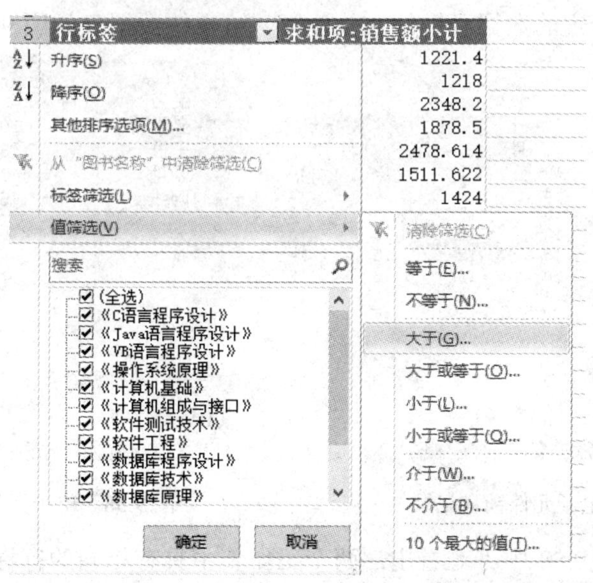


图9.55 数据透视表中的值筛选命令

（4）在打开的“值筛选”对话框中选择符合条件的项目，在文本框中输入 1500，单击“确定”按钮，在界面上显示出最终的筛选结果。

（5）对产生的最终数据透视表的样式进行设置。在“数据透视表工具”→“设计”选项卡中挑选合适的数据透视表样式，对“销售额小计”列单元格进行格式的设置。右击单元格，在弹出的快捷菜单中选择“设置单元格格式”命令，打开“设置单元格格式”对话框，在“数字”选项卡的“分类”列表框中选择“数值”命令，并且根据实际情况保留两位小数。

最终结果如图 9.56 所示。

（6）其他各区的销售额统计与东区的统计方法一致。

| 行标签 | 求和项:销售额小计 |
|---|---|
| 《VB语言程序设计》 | 2348.20 |
| 《操作系统原理》 | 1878.50 |
| 《计算机基础》 | 2478.61 |
| 《计算机组成与接口》 | 1511.62 |
| 《软件工程》 | 4814.16 |
| 《数据库原理》 | 3696.19 |
| **总计** | **16727.28** |

图 9.56　符合筛选条件的数据透视表

## 9.3.5　合并计算

在使用 Excel 数据表进行数据统计时，由于工作表太多需要在统计的过程中不断地进行切换，这种操作给用户带来诸多不便且极易造成统计错误。合并计算功能可以解决上述问题，将多个格式相同的表格数据进行合并计算。

**【例 9-18】** 对给定的数据源进行合并计算。给定的数据表如图 9.57 和图 9.58 所示。

| | A | B | C | D | E | F |
|---|---|---|---|---|---|---|
| 1 | 品名 | 1月 | 2月 | 3月 | 4月 | 5月 |
| 2 | 显示器 | 22 | 10 | 9 | 19 | 15 |
| 3 | 打印机 | 5 | 3 | 5 | 6 | 16 |
| 4 | 路由器 | 6 | 6 | 8 | 8 | 15 |
| 5 | 主机 | 25 | 12 | 10 | 15 | 13 |
| 6 | 键盘 | 10 | 15 | 12 | 15 | 14 |
| 7 | 鼠标 | 25 | 20 | 13 | 16 | 12 |
| 8 | 硬盘 | 6 | 6 | 4 | 18 | 13 |
| 9 | 内存 | 8 | 5 | 6 | 17 | 14 |
| 10 | 显卡 | 4 | | 8 | 6 | 10 |
| 11 | 声卡 | 7 | 4 | | 9 | 6 |
| 12 | 网卡 | 9 | 5 | 4 | 9 | 9 |
| 13 | 光驱 | 3 | 1 | 5 | | 8 |
| 14 | 网线 | 15 | 10 | 12 | 16 | 12 |

电子元件销售记录 / 追加数量 / Sheet3

图 9.57　电子元件销售记录

| | A | B | C | D |
|---|---|---|---|---|
| 1 | 品名 | 1月 | 3月 | |
| 2 | 显示器 | 10 | 11 | |
| 3 | 主机 | 8 | 12 | |
| 4 | 硬盘 | 7 | 9 | |
| 5 | 网线 | 5 | 8 | |
| 6 | | | | |
| 7 | | | | |
| 8 | | | | |
| 9 | | | | |
| 10 | | | | |
| 11 | | | | |
| 12 | | | | |
| 13 | | | | |
| 14 | | | | |

电子元件销售记录 / 追加数量 / Sheet3

图 9.58　电子元件销售追加记录

从图 9.57 和图 9.58 中不难看出，两个工作表中具有相同的行标题和列标题，如果想要把两个工作表中的相关数据合并到一个表中，需要采用合并计算功能。

**操作步骤：**

（1）选择合并后放置数据的工作表标签，本例中选择“Sheet3”工作表。

（2）单击该工作表的 A1 单元格，然后单击“数据”→“数据工具”→“合并计算”按钮，打开“合并计算”对话框，如图 9.59 所示。

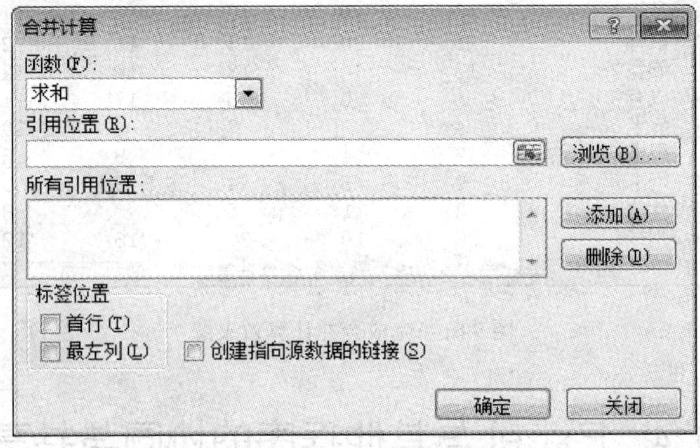


图 9.59 “合并计算”对话框

（3）在“函数”下拉列表中不仅包含了求和函数，而且包括计数、平均值、最大值、最小值等一系列函数。本例中，由于要计算合计的数量，因此选择求和函数。

（4）选择包含合并数据的工作表，再选择整个数据区域，包括行标题和列标题。在本例中，分别选择“电子元件销售记录!$A$1:$F$14”和“追加数量!$A$1:$C$5”两个数据区域，然后单击“添加”按钮，将这两个数据区域加入引用列表中，如图 9.60 所示。

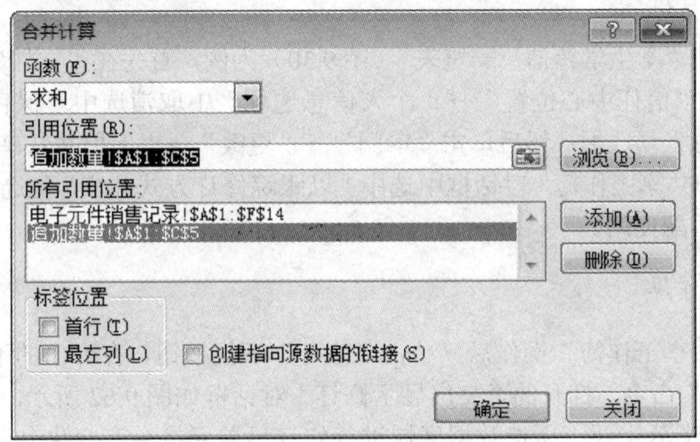


图 9.60 合并计算中引用区域的添加

（5）在操作后的数据表中如果要保留原列标题和行标题，则选中“首行”复选框和“最左列”复选框，单击“确定”按钮。

操作完成后如图 9.61 所示。

| | A | B | C | D | E | F |
|---|---|---|---|---|---|---|
| 1 | 品名 | 1月 | 2月 | 3月 | 4月 | 5月 |
| 2 | 显示器 | 32 | 10 | 20 | 19 | 15 |
| 3 | 打印机 | 5 | 3 | 5 | 6 | 16 |
| 4 | 路由器 | 6 | 6 | 8 | 8 | 15 |
| 5 | 主机 | 33 | 12 | 22 | 15 | 13 |
| 6 | 键盘 | 10 | 15 | 12 | 15 | 14 |
| 7 | 鼠标 | 25 | 20 | 13 | 16 | 12 |
| 8 | 硬盘 | 13 | 6 | 13 | 18 | 13 |
| 9 | 内存 | 8 | 5 | 6 | 17 | 14 |
| 10 | 显卡 | 4 | | 8 | 6 | 10 |
| 11 | 声卡 | 7 | 4 | | 9 | 6 |
| 12 | 网卡 | 9 | 5 | 4 | 9 | 9 |
| 13 | 光驱 | 3 | 1 | 5 | | 8 |
| 14 | 网线 | 20 | 10 | 20 | 16 | 12 |

电子元件销售记录 / 追加数量 / 合并计算结果

图 9.61 完成合并计算效果图

# 9.4 Excel 与其他程序的协同与共享

## 9.4.1 共享、修订、批注工作簿

为了方便同一网络中的其他用户查看某个表格的相关数据信息，可以对工作簿进行共享。由于数据较多，需要在更改的同时进行标示，以便更好地保护数据的安全。

### 1. 共享工作簿

以建立好的“学生学籍信息一览表”（图 9.30）为例，首先在“文件”→“选项”→“信任中心”→“信任中心位置”→“个人信息选项”中取消选中“保存时从文件属性中删除个人信息”复选框，然后单击“审阅”→“更改”→“保护并共享工作簿”按钮，在打开的“保护共享工作簿”对话框中选中“以跟踪修订方式共享”复选框并输入密码，以便其他用户匹配使用。

### 2. 修订工作簿

在完成“共享工作簿”操作后，单击“修订”下拉按钮，在弹出的下拉列表中选择“突出显示修订”命令，打开的“突出显示修订”对话框如图 9.62 所示。在此对话框中，“位置”的选择十分重要，所选数据区域进行修订后单元格会有变化，可单击文本框右侧的拾取按钮直接返回数据表中拖选所需要的单元格。

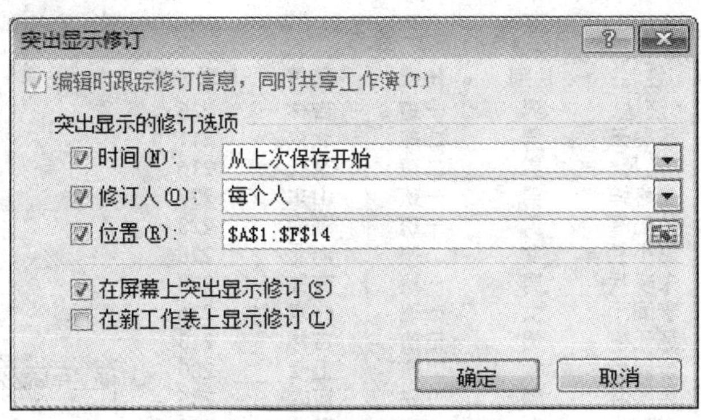


图 9.62　“突出显示修订”对话框

在开启了修订功能的工作表中，如果对单元格进行了数据修改，则单元格的左上角有蓝色标志显示，如图 9.63 所示。

| | A | B | C | D | E | F |
|---|---|---|---|---|---|---|
| 1 | 学生学籍信息一览表 | | | | | |
| 2 | 学号 | 姓名 | 性别 | 班级 | 籍贯 | 入学成绩 |
| 3 | 1 | 汪达 | 男 | 一班 | 吉林 | 228 |
| 4 | 2 | 张昊天 | 男 | 二班 | 北京 | 211 |
| 5 | 3 | 王凡 | 男 | 二班 | 重庆 | 216 |
| 6 | 4 | 张春婷 | 男 | 一班 | 山东 | 227 |
| 7 | 5 | 欧阳辉 | 男 | 三班 | 湖南 | 223 |
| 8 | 6 | 彭小兰 | 女 | 二班 | 河北 | 228 |
| 9 | 7 | 宋晓兵 | 男 | 一班 | 吉林 | 223 |
| 10 | 8 | 李闻雨 | 女 | 一班 | 北京 | 236 |
| 11 | 9 | 汤天横 | 男 | 三班 | 吉林 | 213 |
| 12 | 10 | 李馨竹 | 女 | 二班 | 上海 | 230 |
| 13 | 11 | 魏国名 | 男 | 三班 | 河南 | 255 |
| 14 | 12 | 张全 | 女 | 三班 | 河北 | 233 |

图 9.63　修订操作后单元格的变化

### 3. 批注工作簿

为工作簿中的相关数据单元格设置批注，可使用户更好地理解工作表中的数据设置。

**【例 9-19】**为指定单元格添加并编辑批注，以图 9.30 为例。

**操作步骤：**

（1）选中数据表中要添加批注的单元格，单击“审阅”→“批注”→“新建批注”按钮，添加并编写批注内容，如图 9.64 所示。

（2）设置批注后的单元格右上角有红色标志存在。如果要对批注进行编辑，则选中该单元格，单击“审阅”→“批注”→“编辑批注”按钮即可。

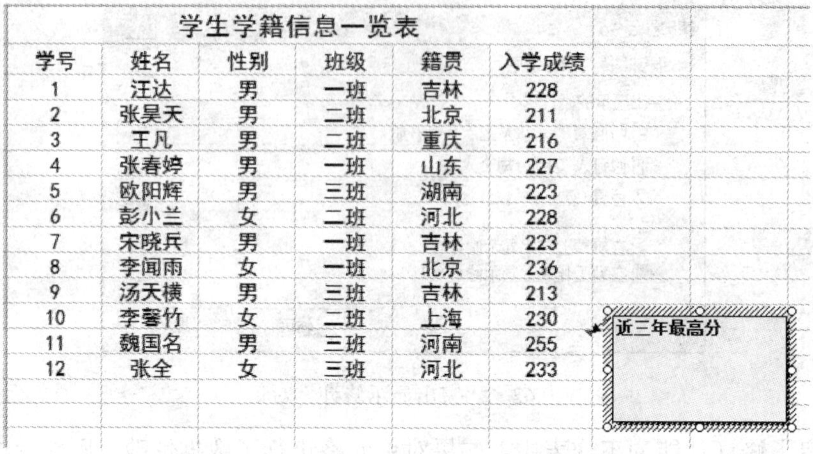

| 学生学籍信息一览表 | | | | | |
|---|---|---|---|---|---|
| 学号 | 姓名 | 性别 | 班级 | 籍贯 | 入学成绩 |
| 1 | 汪达 | 男 | 一班 | 吉林 | 228 |
| 2 | 张昊天 | 男 | 二班 | 北京 | 211 |
| 3 | 王凡 | 男 | 二班 | 重庆 | 216 |
| 4 | 张春婷 | 男 | 一班 | 山东 | 227 |
| 5 | 欧阳辉 | 男 | 三班 | 湖南 | 223 |
| 6 | 彭小兰 | 女 | 二班 | 河北 | 228 |
| 7 | 宋晓兵 | 男 | 一班 | 吉林 | 223 |
| 8 | 李闻雨 | 女 | 一班 | 北京 | 236 |
| 9 | 汤天横 | 男 | 三班 | 吉林 | 213 |
| 10 | 李馨竹 | 女 | 二班 | 上海 | 230 |
| 11 | 魏国名 | 男 | 三班 | 河南 | 255 |
| 12 | 张全 | 女 | 三班 | 河北 | 233 |

近三年最高分

图 9.64　添加批注

## 9.4.2　宏的简单应用

### 1. 宏的定义

宏是一段定义好的指令操作，能自动执行一些命令，与 DOS 系统中的批处理操作类似。在 Excel 中，VBA 宏是存储在工作簿中的一系列要执行的操作，利用宏能够简化使用菜单执行操作的过程，使菜单操作更加方便快捷。

### 2. 宏常用的执行功能

（1）插入一个文本字符串或公式。
（2）自动执行一个经常执行的程序。
（3）自动执行重复操作。
（4）创建自定义操作。

### 3. 宏的使用

VBA 宏的创建工程是一组程序集的建立过程，其创建方法有使用宏录制器录制和直接在 VBA 模块中输入代码两种。使用宏录制器能够创建简单的宏，使用这种方法，用户不需要编写代码，其中的代码自动生成。在 VBA 模块中编写代码可以根据需要设置灵活而复杂的宏操作，但要求用户具有一定的编程基础。因此，一般采用宏录制器录制的方法来创建宏。

**【例 9-20】**录制自动插入一串字符串的宏。

**操作步骤：**

（1）创建一个空白工作簿，选择工作表中的任意单元格，选择“视图”→“宏”→“宏”→“录制宏”命令，如图 9.65 所示，打开“录制新宏”对话框，如图 9.66 所示。

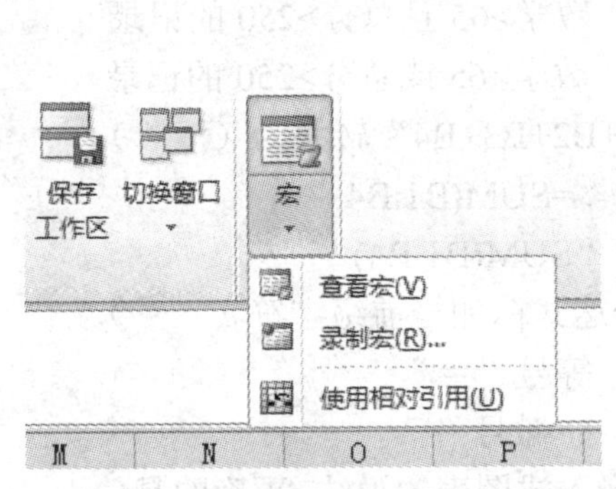


图 9.65　选择宏命令

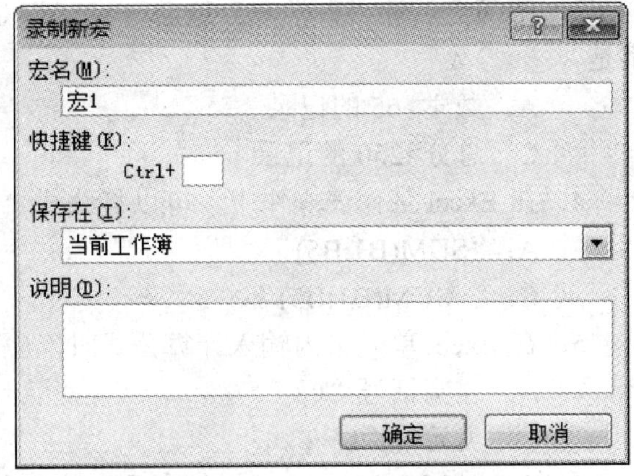


图 9.66　“录制新宏”对话框

（2）在该对话框中可以修改宏名，为录制的宏设置快捷键，设置宏保存的位置等，设置完成后，单击“确定”按钮。

（3）在单元格中输入字符串，本例中输入“计算机学院”后，按 Enter 键结束输入。

（4）单击状态栏左侧的“停止”按钮，宏录制工作结束。

（5）对于已创建的宏，选择另一空白单元格，选择“宏”→“查看宏”命令，在打开的“宏”对话框中选择要执行的宏，单击“执行”按钮，即会在该单元格中出现“计算机学院”几个字符。

# 习 题 演 练

## 一、选择题

1．将 C3 单元格的公式“=A2-$B3+C1”复制到 D4 单元格，则 D4 单元格中的公式是（　　）。

A．=A2-$B4+D2　　　　B．=B3-$B4+D2

C．=A2-$B3+C1　　　　D．=B3-$B3+D2

2．下列（　）不能对数据表排序。

A．单击数据区中任一单元格，然后单击“数据”选项卡中的“升序”或“降序”按钮

B．选择要排序的数据区域，然后单击“数据”选项卡中的“升序”或“降序”按钮

C．选择要排序的数据区域，然后使用“数据”选项卡中的“排序”命令

D．选择要排序的数据区域，然后使用“审阅”选项卡中的“排序”命令

3. 用筛选条件“数学>65 或总分>250”对成绩数据表进行筛选后，在筛选结果中都是（　　）。

A. 数学>65 的记录　　B. 数学>65 且总分>250 的记录

C. 总分>250 的记录　　D. 数学>65 或总分>250 的记录

4. 在 Excel 工作表操作中，可以将公式“=B1+B2+B3+B4”转换为（　　）。

A. “SUM(B1:B5)”　　B. “=SUM(B1:B4)”

C. “=SUM(B1:B5)”　　D. “SUM(B1:B4)”

5. 在 Excel 单元格内输入计算公式时，应在表达式前加一前缀字符（　　）。

A. 左圆括号“(”　　B. 等号“＝”

C. 美元号“$”　　D. 单撇号“'”

6. 在 Excel 2010 中，关于工作表及为其建立的嵌入式图表的说法，正确的是（　　）。

A. 删除工作表中的数据，图表中的数据系列不会删除

B. 增加工作表中的数据，图表中的数据系列不会增加

C. 修改工作表中的数据，图表中的数据系列不会修改

D. 以上三项均不正确

7. 公式“=MAX(C2:C6)”的作用是（　　）。

A. 求 C2 到 C6 这 5 个单元格数据的和

B. 求 C2 和 C6 这 5 个单元格数据的最大值

C. 求 C2 和 C6 这两个单元格数据的最大值

D. 以上说法都不对

8. 在对数据进行分类汇总之前要先进行（　　）操作。

A. 排序　　B. 筛选　　C. 求和　　D. 不用任何操作

9. 将单元格 L2 的公式“=SUM(C2:K3)”复制到单元格 L3 中，显示的公式是（　　）。

A. =SUM(C2:K2)　　B. =SUM(C3:K4)

C. =SUM(C2:K3)　　D. =SUM(C3:K2)

10. 在 Excel 操作中，某公式中引用了一组单元格，它们是(C3:D7,A1:B2)，该公式引用的单元格总数为（　　）。

A. 12　　B. 14　　C. 16　　D. 18

11. 设在 B1 单元格存有一公式“=A$5”，将其复制到 D1 后，公式变为（　　）。

A. =D$5　　B. =D$1　　C. 不变　　D. =C$5

## 二、操作题

1. 创建如图 9.67 所示的数据表，并按下列要求进行设置。

（1）将表中各字段名设置为黑体 20 号，并使所有数据在单元格居中显示，设置所有分数单元格为数值保留两位小数。

（2）为该数据表设置自动套用表格样式，要求样式中四周有边框，偶数行有底纹。

（3）在数据表最右侧增加两个新列，列名为“总成绩”和“期末总评”，并填写相

应的数据。

| | A | B | C | D | E | F | G | H |
|---|---|---|---|---|---|---|---|---|
| 1 | 学号 | 姓名 | 语文 | 数学 | 英语 | 生物 | 地理 | 历史 |
| 2 | 120305 | 包宏伟 | 91.5 | 89.0 | 94.0 | 92.0 | 91.0 | 86.0 |
| 3 | 120203 | 陈万地 | 93.0 | 99.0 | 92.0 | 86.0 | 86.0 | 73.0 |
| 4 | 120104 | 杜学江 | 102.0 | 116.0 | 113.0 | 78.0 | 88.0 | 86.0 |
| 5 | 120301 | 符合 | 99.0 | 98.0 | 101.0 | 95.0 | 91.0 | 95.0 |
| 6 | 120306 | 吉祥 | 101.0 | 94.0 | 99.0 | 90.0 | 87.0 | 95.0 |
| 7 | 120206 | 李北大 | 100.5 | 103.0 | 104.0 | 88.0 | 89.0 | 78.0 |
| 8 | 120302 | 李娜娜 | 78.0 | 95.0 | 94.0 | 82.0 | 90.0 | 93.0 |
| 9 | 120204 | 刘康锋 | 95.5 | 92.0 | 96.0 | 84.0 | 95.0 | 91.0 |
| 10 | 120201 | 刘鹏举 | 93.5 | 107.0 | 96.0 | 100.0 | 93.0 | 92.0 |
| 11 | 120304 | 倪冬声 | 95.0 | 97.0 | 102.0 | 93.0 | 95.0 | 92.0 |
| 12 | 120103 | 齐飞扬 | 95.0 | 85.0 | 99.0 | 98.0 | 92.0 | 92.0 |
| 13 | 120105 | 苏解放 | 88.0 | 98.0 | 101.0 | 89.0 | 73.0 | 95.0 |
| 14 | 120202 | 孙玉敏 | 86.0 | 107.0 | 89.0 | 88.0 | 92.0 | 88.0 |
| 15 | 120205 | 王清华 | 103.5 | 105.0 | 105.0 | 93.0 | 93.0 | 90.0 |
| 16 | 120102 | 谢如康 | 110.0 | 95.0 | 98.0 | 99.0 | 93.0 | 93.0 |
| 17 | 120303 | 闫朝霞 | 84.0 | 100.0 | 97.0 | 87.0 | 78.0 | 89.0 |
| 18 | 120101 | 曾令煊 | 97.5 | 106.0 | 108.0 | 98.0 | 99.0 | 99.0 |
| 19 | 120106 | 张桂花 | 90.0 | 111.0 | 116.0 | 72.0 | 95.0 | 93.0 |
| 20 | | | | | | | | |

图 9.67　学生成绩数据表

（4）为数据表中的各字段进行计算，其中“期末总评”按照如下要求进行填写。

| 总成绩 | 期末成绩 |
|---|---|
| >=240 | 及格 |
| >=260 | 良好 |
| >=280 | 优秀 |

（5）在“姓名”列前增加“班级”列，班级号可由学号获取，其中学号的第 3、4 位为该学生所在的班级。例如，学号为“120305”的学生所在的班级应填写“3 班”。填写完毕后，通过班级字段对语文、数学、外语及总成绩进行求和分类汇总。

（6）在分类汇总结果的基础上，创建一个嵌入式二维簇状柱形图，图表用来比较各班各科的成绩，设置图标标题为“成绩比较”。

（7）将图表放置在 A12:F30 区域中。

2．图 9.68 为该题中用的数据表，根据要求完成该表的相应操作，具体要求如下。

| | A | B | C | D | E | F | G | H | I | J | K | L | M | N |
|---|---|---|---|---|---|---|---|---|---|---|---|---|---|---|
| 1 | 年月 | 季度 | 服装服饰 | 饮食 | 水电气房租 | 交通 | 通信 | 阅读培训 | 社交应酬 | 医疗保健 | 休闲旅游 | 个人兴趣 | 公益活动 | 总支出 |
| 2 | 2013年1月 | 1季度 | 300 | 800 | 1100 | 260 | 100 | 100 | 300 | 50 | 180 | 350 | 66 | |
| 3 | 2013年2月 | 1季度 | 1200 | 600 | 900 | 1000 | 300 | 0 | 2000 | 0 | 500 | 400 | 66 | |
| 4 | 2013年3月 | 1季度 | 50 | 750 | 1000 | 300 | 200 | 60 | 200 | 200 | 300 | 350 | 66 | |
| 5 | 2013年4月 | 2季度 | 100 | 900 | 1000 | 300 | 100 | 80 | 300 | 0 | 100 | 450 | 66 | |
| 6 | 2013年5月 | 2季度 | 150 | 800 | 1000 | 150 | 200 | 0 | 600 | 100 | 230 | 300 | 66 | |
| 7 | 2013年6月 | 2季度 | 200 | 850 | 1050 | 200 | 100 | 100 | 200 | 230 | 0 | 500 | 66 | |
| 8 | 2013年7月 | 3季度 | 100 | 750 | 1100 | 250 | 900 | 2600 | 200 | 100 | 0 | 350 | 66 | |
| 9 | 2013年8月 | 3季度 | 300 | 900 | 1100 | 180 | 0 | 80 | 300 | 50 | 100 | 1200 | 66 | |
| 10 | 2013年9月 | 3季度 | 1100 | 850 | 1000 | 220 | 0 | 100 | 200 | 130 | 80 | 300 | 66 | |
| 11 | 2013年10月 | 4季度 | 100 | 900 | 1000 | 280 | 0 | 0 | 500 | 0 | 400 | 350 | 66 | |
| 12 | 2013年11月 | 4季度 | 200 | 900 | 1000 | 120 | 0 | 50 | 100 | 100 | 0 | 420 | 66 | |
| 13 | 2013年12月 | 4季度 | 300 | 1050 | 1100 | 350 | 0 | 80 | 500 | 60 | 200 | 400 | 66 | |

图 9.68　2013 年全年各类支出明细表

（1）为工作表设置一种主题，增大字号，加大行高列宽，设置居中对齐方式，为工作表数据区域增加恰当的边框和底纹使工作表更加美观，设置工作表名为“按季度汇总”。

（2）将每月的各类支出及总支出对应的单元格数据类型设置为“货币”类型，无小数、有人民币符号。

（3）通过函数计算每个月的总支出，按每个月总支出升序对工作表进行排序。

（4）通过分类汇总功能，按给定的季度字段求出每个季度各类开支的月均支出金额。

（5）在“按季度汇总”工作表后面新建名为“折线图”工作表，在该工作表中以分类汇总结果为基础，创建一个带数据标记的折线图，水平轴标签为各类开支，对各类开支的季度平均支出进行比较，给每类开支的最高季度月均支出添加数据标签。

# 第 10 章　PowerPoint 2010 基础

PowerPoint 是 Microsoft 公司 Office 系列办公组件中的幻灯片制作软件，利用它能制作出文字、图形、图像、声音及视频剪辑等多媒体的演示文稿，用于辅助教学、学术交流、广告宣传、产品演示等。PowerPoint 2010 界面友好、简单易学，无论是初学者还是老用户，通过 PowerPoint 2010 提供的智能向导及丰富的模板，都能很容易地制作出具有专业水平的演示文稿。本章主要介绍使用 PowerPoint 2010 制作演示文稿的基本方法。

## 10.1　PowerPoint 2010 概述

### 10.1.1　PowerPoint 2010 的新增功能

PowerPoint 2010 增加了大量实用的功能，为用户提供了全新的多媒体体验。新增的视频和图片编辑功能及增强功能是 PowerPoint 2010 的新亮点。此版本提供了许多与他人一起轻松处理演示文稿的新方式。此外，切换效果和动画运行起来比以往更为平滑和丰富，并且现在它们在功能区中有自己的选项卡。许多新增的 SmartArt 图形版式（包括一些基于照片的版式）会给用户带来意外惊喜。此版本还提供了多种使用户可以更加轻松地广播和共享演示文稿的方式。

#### 1. 在新增的 Backstage 视图中管理文件

通过 Backstage 视图快速访问与管理文件相关的常见任务，如查看文档属性、设置权限及打开、保存、打印和共享演示文稿。

#### 2. 与他人共同创作演示文稿

在处理面向团队的项目时，使用 PowerPoint 2010 中的共同创作功能可以生成统一的演示文稿。

#### 3. 自动保存演示文稿的多种版本

使用 Office 自动修订功能，可以自动保存演示文稿的不同渐进版本，方便检索部分或所有早期版本。

4. 将幻灯片组织为逻辑节

使用节来组织大型幻灯片版面，以简化其管理和导航。通过对幻灯片进行分节，可以与他人协作创建演示文稿，可以命名和打印整个节，也可将效果应用于整个节。

5. 合并和比较演示文稿

使用 PowerPoint 2010 中的合并和比较功能，可以比较当前演示文稿和其他演示文稿，并可以将其合并。合并和比较功能显著减少了同步同一演示文稿的多个版本中的编辑内容所花费的时间。

6. 在不同窗口中使用单独的 PowerPoint 演示文稿文件

可以在一台监视器上并排运行多个演示文稿。演示文稿不再受主窗口或父窗口的限制，因此，可以采用在处理某个演示文稿时引用另一个演示文稿的绝佳方法。此外，在幻灯片放映中，还可以使用新的阅读视图在单独管理的窗口中同时显示两个演示文稿，并具有完整动画效果和完整媒体支持。

7. 在演示文稿中嵌入、编辑和播放视频

在将视频插入演示文稿中时，这些视频已成为演示文稿文件的一部分，在移动演示文稿时不会再出现视频文件丢失的情况。可以修剪视频，并在视频中添加各种特殊效果，当重新播放视频时，也会重新播放所有效果。

8. 剪裁视频或音频剪辑

剪裁视频或音频剪辑可删除与剪辑消息无关的部分，并使剪辑更加简短。

9. 将演示文稿转换为视频

将演示文稿转换为视频是分发和传递它的一种新方法，同时，可以控制多媒体文件的大小和视频的质量。

10. 对图片应用艺术纹理和效果

可以对图片应用不同的艺术效果，使其看起来更像素描、绘图或油画。

11. 删除图片的背景及其他不需要的部分

自动删除不需要的图片部分（如背景），以强调或突出显示图片主题或删除杂乱的细节。

12. 使用三维动画效果切换

可以在幻灯片之间使用新增平滑切换效果来吸引观众，这些切换效果包括真实三维

空间中的动作路径和旋转。

13. 向幻灯片中添加屏幕截图

无须离开 PowerPoint 即可快速地向演示文稿中添加屏幕截图，然后可以使用“图片工具”选项卡上的工具来编辑图像和增强效果。

14. 将鼠标指针转变为激光笔

想在幻灯片上强调要点时，可将鼠标指针转变为激光笔。在“幻灯片放映”视图中，按 Ctrl 键的同时单击，即可开始标记。

### 10.1.2 PowerPoint 2010 窗口

PowerPoint 2010 窗口主要用于编辑幻灯片的总体结构，既可以编辑单张幻灯片，也可以编辑大纲。我们对 PowerPoint 2010 的窗口进行了功能区域的划分，如图 10.1 所示。下面对各区域做简要介绍。

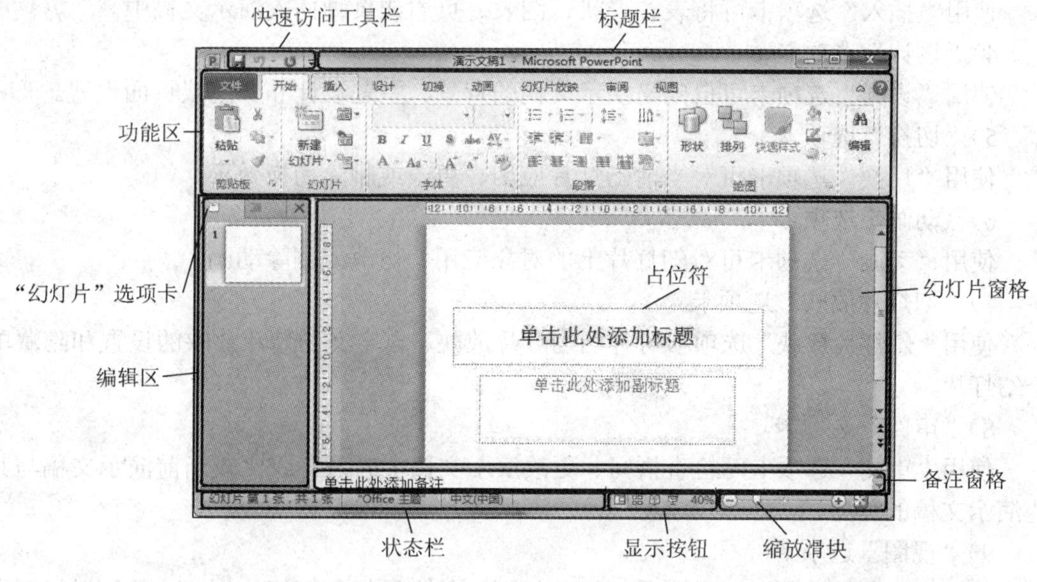


图 10.1　PowerPoint 2010 窗口

1. 快速访问工具栏

常用命令工具按钮位于快速访问工具栏中，如“保存”和“撤销”等，用户也可以在其中添加自己的常用命令。

2. 标题栏

标题栏位于窗口的顶部，它的左边显示的是应用软件名和当前的演示文稿名。如果还没有保存演示文稿且未命名，标题栏显示的是通用的默认名（如“演示文稿 1”）。它的右边是“最小化”按钮、“还原 / 最大化”按钮和“关闭”按钮。

3. 功能区

设计制作幻灯片时需要用到的命令均位于功能区的各个选项卡中。功能区主要包括“文件”选项卡、“开始”选项卡、“插入”选项卡、“设计”选项卡、“切换”选项卡、“动画”选项卡、“幻灯片放映”选项卡、“审阅”选项卡、“视图”选项卡和上下文选项卡。该功能区的作用与早期版本中的菜单或工具栏相同。

1）“文件”选项卡

使用“文件”选项卡可创建新文件、打开或保存现有文件和打印演示文稿。

2）“开始”选项卡

使用“开始”选项卡可插入新幻灯片，将对象组合在一起及设置幻灯片上的文本的格式。

3）“插入”选项卡

使用“插入”选项卡可将表、形状、图表、页眉或页脚插入演示文稿中。

4）“设计”选项卡

使用“设计”选项卡可自定义演示文稿的背景、主题设计和颜色或页面设置。

5）“切换”选项卡

使用“切换”选项卡可对当前幻灯片应用、更改或删除切换效果。

6）“动画”选项卡

使用“动画”选项卡可对幻灯片上的对象应用、更改或删除动画。

7）“幻灯片放映”选项卡

使用“幻灯片放映”选项卡可开始幻灯片放映、自定义幻灯片放映的设置和隐藏单个幻灯片。

8）“审阅”选项卡

使用“审阅”选项卡可检查拼写、更改演示文稿中的语言或比较当前演示文稿与其他演示文稿的差异。

9）“视图”选项卡

使用“视图”选项卡可以查看幻灯片母版、备注母版和幻灯片浏览，还可以打开或关闭标尺、网格线和参考线。

10）上下文选项卡

为减少混乱，某些选项卡只有在需要时才会显示。若要查看上下文选项卡，首先选择要使用的对象，然后检查在功能区中是否显示上下文选项卡。例如，只有在幻灯片上插入某一图片，然后在选中该图片的情况下才会显示“图片工具”选项卡。

4. 编辑区

编辑区用来显示正在编辑的演示文稿。

（1）幻灯片窗格：可以直接对幻灯片进行编辑。

（2）占位符：一种带有虚线或阴影线边缘的框，可以在其中输入文本或插入图片、图表和其他对象。

（3）“幻灯片”选项卡：显示幻灯片窗格中的每个完整大小幻灯片的缩略图。

（4）备注窗格：可以输入关于当前幻灯片的备注。可以将备注分发给观众，也可以在播放演示文稿时查看演示者视图中的备注。

5. 状态栏

状态栏位于窗口的左下方，用来显示正在编辑的演示文稿的相关信息。如果在“幻灯片浏览”视图中，状态栏会显示出相应的视图模板名称；如果在普通视图中，则还会显示当前的幻灯片编号，并显示整个演示文稿中有多少张幻灯片。

6. 显示按钮

通过显示按钮可以根据要求更改正在编辑的演示文稿的显示模式，主要用于在“普通视图”“幻灯片浏览”“阅读视图”和“幻灯片放映”模式之间进行切换。

（1）“普通视图”按钮：切换到普通视图，可以同时显示幻灯片、大纲及备注。

（2）“幻灯片浏览”按钮：切换到“幻灯片浏览”视图，显示演示文稿中所有幻灯片的缩略图、完整的文本和图片。在“幻灯片浏览”视图中，可以重新排列幻灯片顺序、添加切换和动画效果、设置幻灯片放映时间。

（3）“阅读视图”按钮：非全屏模式下放映幻灯片，便于查看。

（4）“幻灯片放映”按钮：运行幻灯片放映。如果在幻灯片视图中，从当前幻灯片开始；如果在“幻灯片浏览”视图中，从所选幻灯片开始。

7. 缩放滑块

使用缩放滑块可以更改正在编辑的幻灯片的缩放比例。

# 10.2 演示文稿的基本操作

## 10.2.1 新建演示文稿

PowerPoint 2010 提供了创建演示文稿的方法，可以新建空白演示文稿，再添加文本、表格、图表等其他对象，也可以使用设计模板或根据现有内容新建演示文稿来创建演示文稿，在创建的时候就可以为演示文稿确定背景、配色、方案、幻灯片放映形式等。无论哪一种方法，在演示文稿创建之后，都可以在任何时候编辑修改。创建演示文稿的方法如下。

（1）空白演示文稿：选择该选项后，可以从一个空演示文稿开始建立幻灯片。

（2）样本模板：通过该选项可以先选择一种设计模板，用以确定演示文稿的外貌，再丰富演示文稿的内容。

（3）根据现有内容新建：选择该选项就可以打开一个已存在的演示文稿文件，通过对其进行修改、编辑可建立新的演示文稿。

下面详细介绍上述演示文稿创建方法的具体操作过程。

1. 新建空白演示文稿

打开 PowerPoint 2010，会自动创建一个新的演示文稿，默认的文件名是“演示文稿1”，包含一张空白的标题幻灯片等待编辑。

如果在 PowerPoint 2010 环境下，想要另外建立一个新的空白演示文稿，则需选择“文件”→“新建”命令，进入图 10.2 所示的演示文稿创建界面。新建演示文稿默认的方式为“空白演示文稿”，在演示文稿创建界面右侧，单击“创建”按钮，即可新建一个空白的演示文稿。

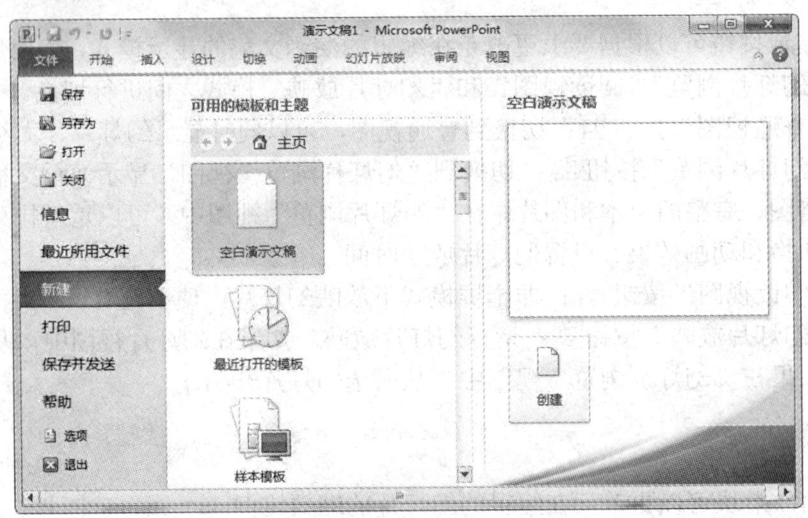


图 10.2　演示文稿创建界面

2. 使用模板创建演示文稿

对于初学者来说，刚开始创建演示文稿时，对文稿没有特殊的构想，要想创作出专业水平的演示文稿，最好使用主题模板或样本模板来创建演示文稿。

1）使用主题模板创建演示文稿

使用 PowerPoint 2010 创建演示文稿的时候，通过使用主题模板功能能够快速地美化和统一每一张幻灯片的风格。PowerPoint 2010 提供了许多主题模板供用户选择，使用主题模板创建演示文稿的结构方案，包括色彩配制、背景对象、文本格式和版式等，以便在输入演示文稿内容时就能看到其设计方案。

使用主题模板设计幻灯片时，首先选择“文件”→“新建”命令，然后在右侧窗口中单击“主题”按钮，打开主题库，如图 10.3 所示。选中某一主题后，就可以建立新的

演示文稿并应用该主题设计幻灯片。

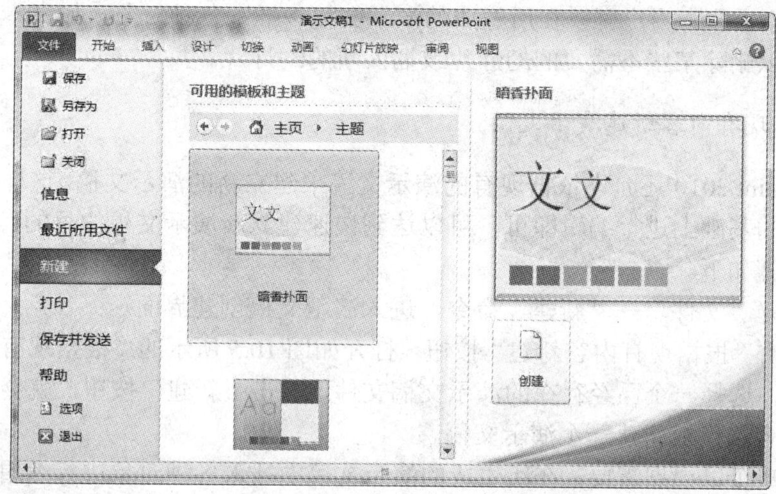


图 10.3 可用的主题

2）使用样本模板创建演示文稿

使用样本模板创建演示文稿比使用主题模板创建演示文稿更简单，不同之处在于使用主题模板只提供配色方案、标题和文本格式等设计方案，而样本模板则除了提供设计方案外，还提供主题模板不能提供的实际内容。使用样本模板创建的演示文稿会自动包含多张幻灯片，并且包含建议的文本内容。

使用样本模板创建演示文稿，可按照下述步骤进行。

（1）选择“文件”→“新建”命令，进入演示文稿创建界面。

（2）单击“样本模板”按钮，打开如图 10.4 所示的样本模板库，选择一种模板，右边的预览框中就会显示相应的版式。

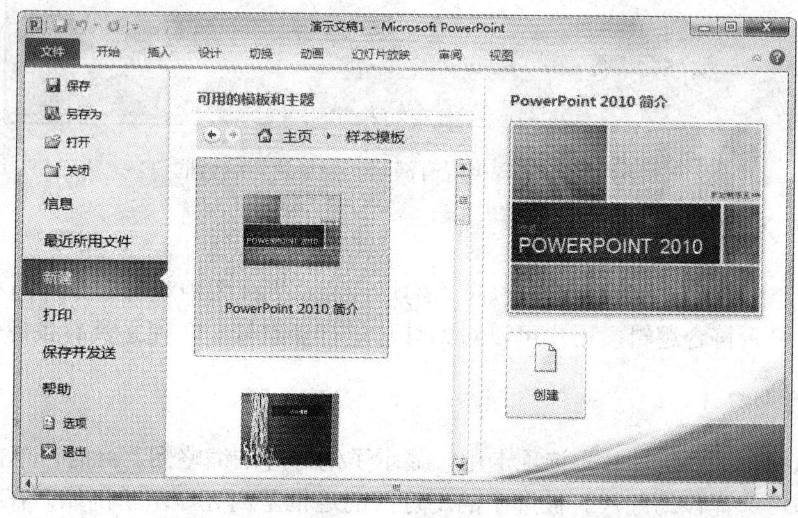


图 10.4 可用的模板

（3）单击“创建”按钮，系统便自动生成一份包含多张幻灯片的演示文稿。

（4）根据需要，用户可以在所生成的演示文稿中插入各种对象，如文本、图片和表格等，还可以删除某些不需要的幻灯片或插入新的幻灯片。

3. 根据现有内容新建演示文稿

PowerPoint 2010 还允许依据现有的演示文稿来建立新的演示文稿。这样只需要在已有演示文稿的基础上进行编辑即可，可以达到快速建立新演示文稿的目的。

操作步骤如下。

（1）选择“文件”→“新建”命令，进入演示文稿创建界面。

（2）单击“根据现有内容新建”按钮，打开如图 10.5 所示的“根据现有演示文稿新建”对话框，选择一个已经存在的演示文稿文件，单击“新建”按钮，就会依据原有演示文稿的内容和模板新建一个演示文稿。

（3）用户可以根据需要，在所生成的演示文稿中插入各种对象进行编辑，也可以添加或删除幻灯片。

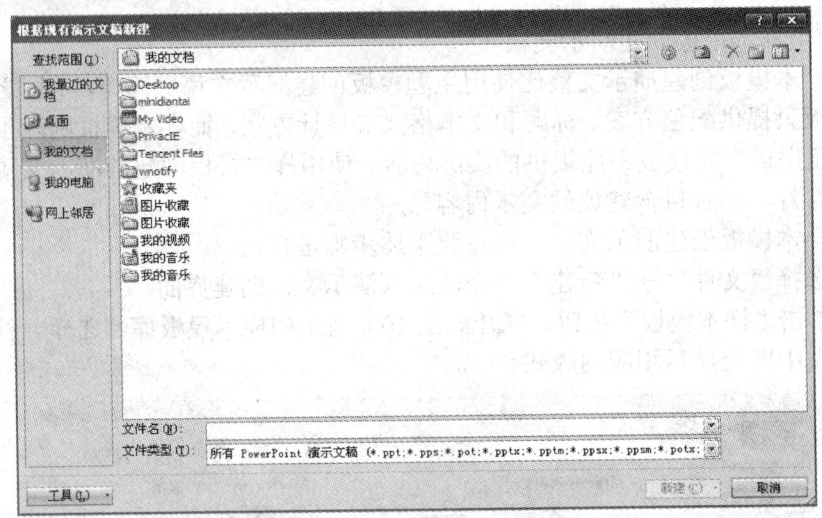


图 10.5 “根据现有演示文稿新建”对话框

### 10.2.2 插入和删除幻灯片

新建了一个演示文稿后，就可以在“幻灯片浏览”视图中观看幻灯片的布局，检查前后幻灯片是否符合逻辑，用户可以对幻灯片进行调整管理，使之具有条理性。

1. 选择幻灯片

在普通视图的“幻灯片”选项卡中，显示了幻灯片的缩略图。此时，单击幻灯片的缩略图，即可选择该幻灯片。被选中的幻灯片的边框呈高亮显示。例如，在“幻灯片”选项卡中单击选中第 2 张幻灯片，如图 10.6 所示。

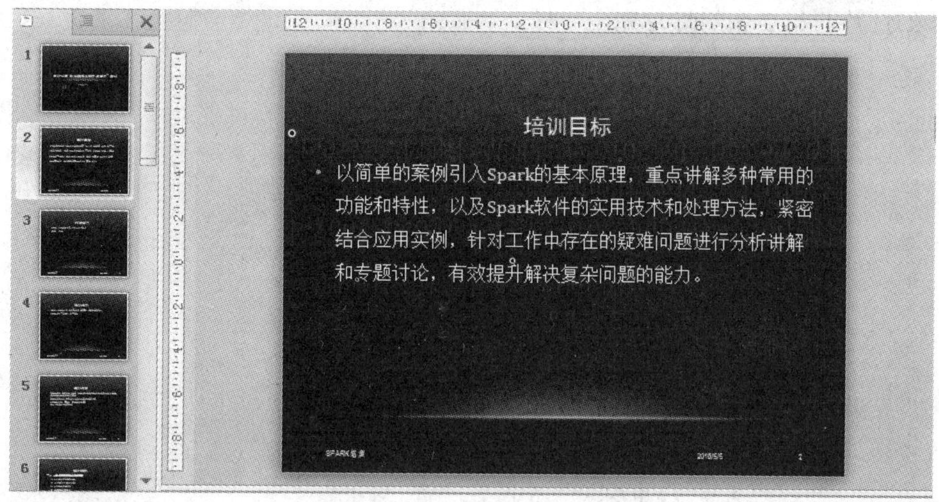


图 10.6　幻灯片选项卡

（1）如果要选择一组连续的幻灯片，可以先单击第 1 张幻灯片的缩略图，然后在按 Shift 键的同时，单击最后一张幻灯片的缩略图，即可将这一组连续的幻灯片全部选中。

（2）如果要选择多张不连续的幻灯片，在按 Ctrl 键的同时，分别单击需要选择的幻灯片缩略图即可。

2. 插入幻灯片

在普通视图中插入默认版式的新幻灯片，具体操作步骤如下。

（1）在幻灯片缩略图列表中选择要插入新幻灯片位置之前的幻灯片。例如，要在第 2 张和第 3 张幻灯片之间插入新幻灯片，则先选中第 2 张幻灯片。

（2）单击“开始”→“幻灯片”→“新建幻灯片”下拉按钮，在弹出的下拉列表中选择要新建的幻灯片版式；或右击，在弹出的快捷菜单中选择“新建幻灯片”命令。

如果想要按照用户的要求插入幻灯片，则需要展开“新建幻灯片”列表，如图 10.7 所示，下面详细介绍该列表。

① Office 主题：列表中给出了各种内置幻灯片版式，单击某种版式，就会应用该版式建立一张新的幻灯片。

② 版式指的是幻灯片内容在幻灯片上的排列方式，是 PowerPoint 软件中的一种常规排版的格式，包含要在幻灯片上显示的全部内容的格式设置、位置和占位符。

③ 占位符是一种带有虚线或阴影线边缘的框，绝大部分幻灯片版式中都有这种框。在这些框内可以放置标题及正文，还可以放置表格、图表、SmartArt 图形、影片、声音、图片及剪贴画等对象。通过幻灯片版式的应用可以对上述对象实现更加合理、简洁的布局。

④ 复制所选幻灯片：如果事先在幻灯片缩略图列表中选中第 2 张幻灯片，然后选择图 10.7 所示列表中的“复制所选幻灯片”命令，就会在第 2 张幻灯片后生成一张幻灯

片，该幻灯片与第 2 张幻灯片完全一样。

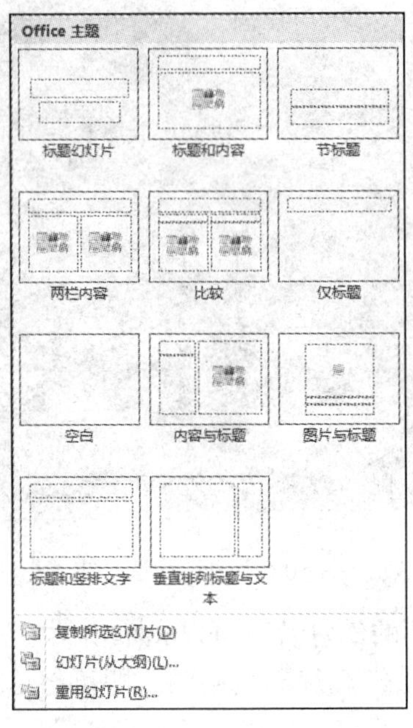


图 10.7 “新建幻灯片”列表

⑤ 幻灯片（从大纲）：选择该命令，就会打开如图 10.8 所示的“插入大纲”对话框，如果选择了指定文件类型中的某个文件，就会依据该文件的内容生成若干张幻灯片。

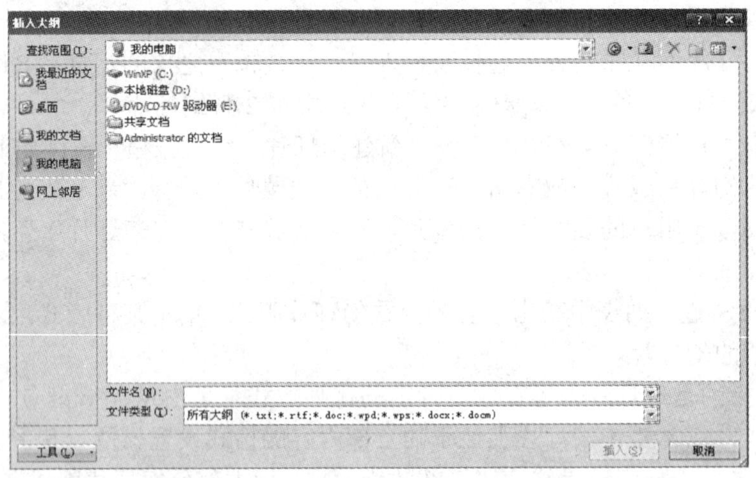


图 10.8 “插入大纲”对话框

⑥ 重用幻灯片：选择该命令，就会打开“重用幻灯片”任务窗格，浏览并打开指定的演示文稿文件，如图 10.9 所示。在“重用幻灯片”任务窗格的幻灯片列表中单击某张幻灯片，就会把此张幻灯片插入当前编辑的演示文稿中。如果想要插入列表中的所有幻灯片，则需在幻灯片列表处右击，弹出如图 10.10 所示的快捷菜单，选择“插入所有

幻灯片”命令，即可完成操作。

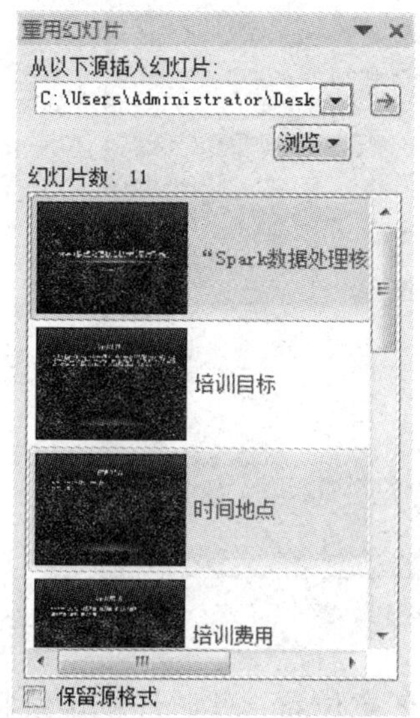


图 10.9　“重用幻灯片”任务窗格

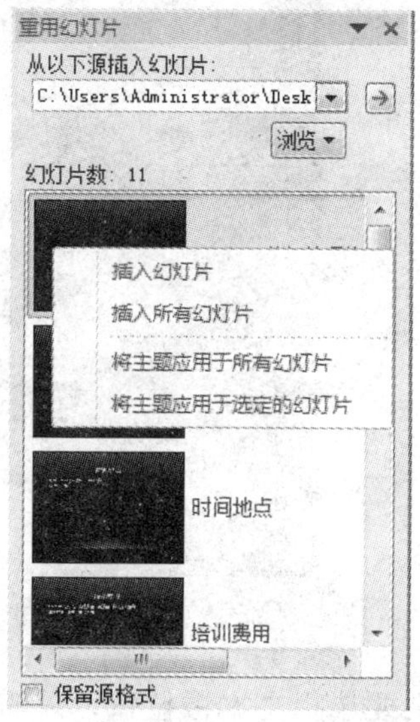


图 10.10　插入方式快捷菜单

3. 删除幻灯片

删除幻灯片的具体操作步骤如下。

（1）选择要删除的幻灯片。

（2）单击“开始”→“剪贴板”→“剪切”按钮，或右击，在弹出的快捷菜单中选择“删除幻灯片”命令。

（3）如果要删除多张幻灯片，则重复执行步骤（1）和步骤（2）即可。

### 10.2.3　编辑文本

用户建立了新的幻灯片后，便需要为新的幻灯片添加内容，而文本是其中最重要的部分。另外，用户还可以在幻灯片中添加备注、图片、图形对象、艺术字、影片和声音、表格、图表等对象，这会使演示文稿更加生动有趣并富有吸引力。

PowerPoint 2010 的普通视图能够让用户同时查看幻灯片、大纲和备注。另外，也可以在幻灯片窗格中添加文本。在幻灯片窗格中添加文本的最简单的方式是直接在占位符中输入文本；如果要在占位符之外添加文本，通常需要使用“插入”“文本”→“文本框”按钮。

当用户在插入幻灯片时，PowerPoint 通常会为用户自动选择上一张幻灯片的版式，用户也可以在如图 10.7 所示的列表中选择适当的版式。如果选择列表中的第一张幻灯片，则默认为标题幻灯片，其中包括两个文本占位符：一个是标题占位符，另一个是副标题占位符，如图 10.11 所示。用户可以根据实际需要用自己的文本代替占位符中的文本。

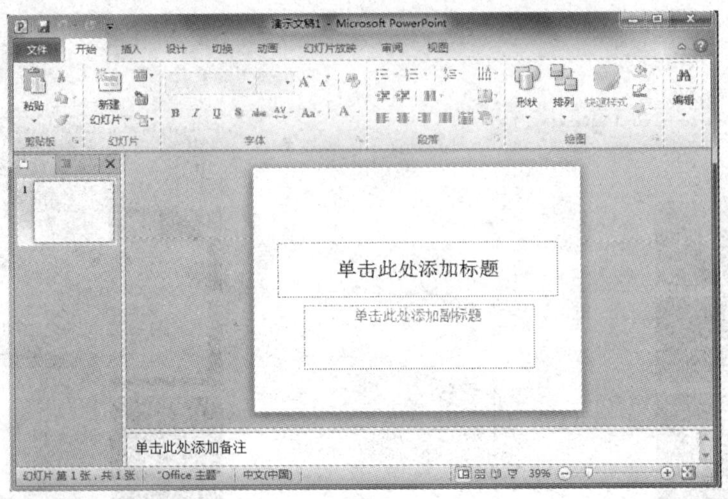


图 10.11　文本占位符

如果要选择文本占位符，只需要单击占位符中的任意位置，此时边框虚线将被加粗的虚线所代替。占位符的原始示例文本将消失，占位符内出现一个闪烁的插入点，表明可以输入文本了。

### 1. 向文本占位符中输入文本

在占位符中输入文本的具体操作步骤如下。

（1）单击占位符中的任意位置，在占位符内出现闪烁的插入点。

（2）输入内容。输入文本时，PowerPoint 会自动将超出占位符的部分转到下一行，或者按 Enter 键开始新的文本行。

（3）输入完毕，单击幻灯片的空白区域即可，效果如图 10.12 所示。

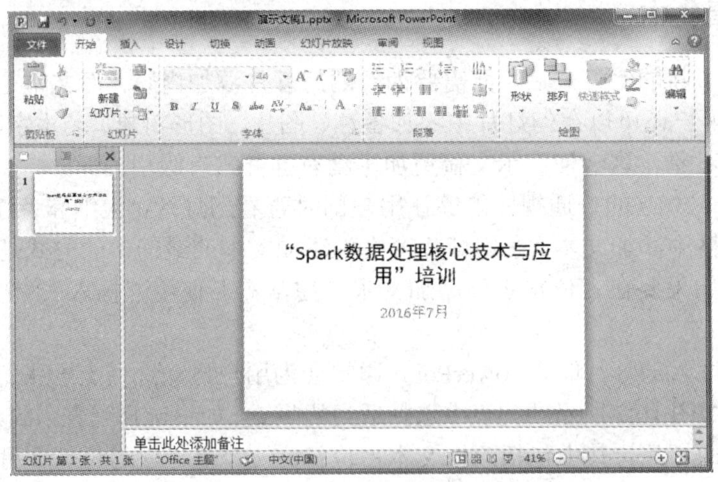


图 10.12　在占位符中输入文本

#### 2. 使用文本框输入文本

当需要在幻灯片中的其他位置添加文本时，可以利用“插入”→“文本”→“文本框”按钮来完成。为幻灯片添加文本的具体操作步骤如下。

（1）单击“插入”→“文本”→“文本框”按钮。

（2）若要添加不自动换行的文本，则在要添加文本的位置单击并输入即可。如果要添加自动换行的文本，则需要在要添加文本的位置拖动鼠标限定范围，此时在文本框中会出现一个闪烁的插入点，表明用户可以输入文本了。输入完毕，单击文本框之外的任意地方即可退出文本编辑状态。

在幻灯片中输入文本之后，可以对文本进行修改。其基本修改方法同 Word 中的操作方法相似，这里不再介绍，读者可以参考本书中 Word 的有关章节内容。

### 10.2.4 复制和移动幻灯片

#### 1. 复制幻灯片

如果想要将幻灯片复制到任意位置，可以在幻灯片浏览视图中，使用“开始”选项卡中的“复制”按钮与“粘贴”按钮，具体操作步骤如下。

（1）选中所要复制的幻灯片。

（2）单击“开始”→“剪贴板”→“复制”按钮。

（3）将插入点置于想要插入幻灯片的位置，然后单击“粘贴”按钮即可。

**注：**上述操作，可结合右键快捷菜单中的“复制”“粘贴”命令完成。

#### 2. 移动幻灯片

移动幻灯片的具体操作步骤如下。

（1）选择要移动的幻灯片。

（2）单击“开始”→“剪贴板”→“剪切”按钮，或右击，在弹出的快捷菜单中选择“剪切”命令。

（3）在幻灯片的目标位置处单击，然后单击“开始”→“剪贴板”→“粘贴”按钮，或右击，在弹出的快捷菜单中选择“粘贴”命令。

（4）如果要移动多张幻灯片，则重复执行步骤（1）～（3）即可。

**注：**如果需要同时移动、复制或删除多张幻灯片，那么在幻灯片浏览视图中进行操作最为方便。切换到“幻灯片浏览”视图（具体操作参见 10.3.2），选择多张幻灯片后，直接按鼠标左键拖动到合适位置释放鼠标，即完成了幻灯片的移动；如果在选择幻灯片后，按 Ctrl 键的同时单击拖动，即可将幻灯片复制到光标所在位置；如果在选择幻灯片后直接按 Delete 键，即可将幻灯片删除。

### 10.2.5 放映幻灯片

#### 1. 幻灯片放映方法

（1）单击“幻灯片放映”→“开始放映幻灯片”→“从头开始”按钮，或直接按

F5 键，即可从头放映幻灯片。

（2）单击“幻灯片放映”→“开始放映幻灯片”→“从当前幻灯片开始”按钮，即可从当前幻灯片开始放映。

（3）在 PowerPoint 窗口的显示按钮中，单击“幻灯片放映”按钮，即可从当前幻灯片开始放映。

幻灯片放映方法如图 10.13 所示。

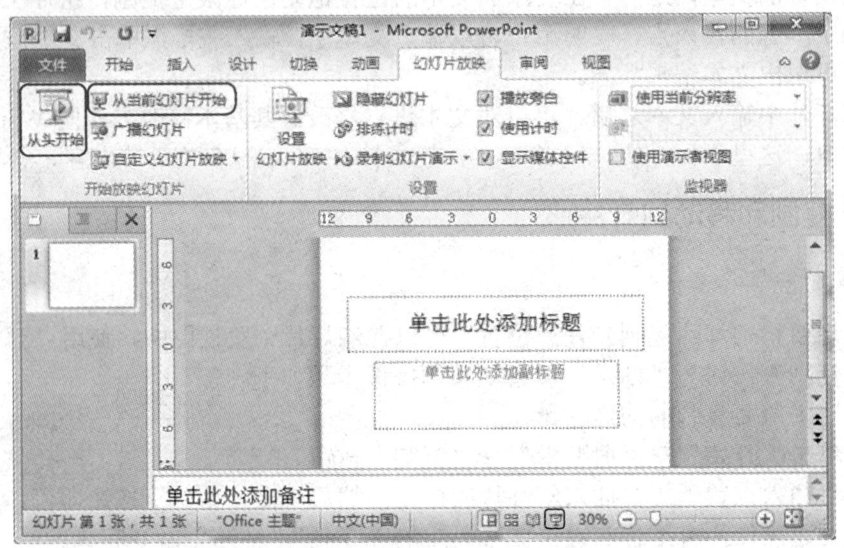


图 10.13　幻灯片放映

## 2. 幻灯片自定义放映

PowerPoint 2010 中的“自定义放映”功能可以实现对于不同的观众放映同一个演示文稿中的不同内容的操作。具体操作步骤如下。

（1）打开演示文稿文件，单击“幻灯片放映”→“开始放映幻灯片”→“自定义幻灯片放映”下拉按钮，在弹出的下拉列表中选择“自定义放映”命令，打开如图 10.14 所示的“自定义放映”对话框。

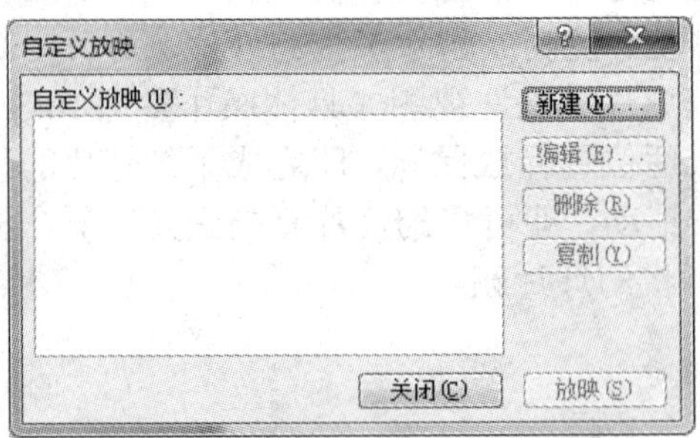


图 10.14　“自定义放映”对话框

（2）单击“新建”按钮，打开如图 10.15 所示的“定义自定义放映”对话框。左侧列表框中显示当前演示文稿中的幻灯片，选择幻灯片后，单击“添加”按钮，将其添加到右侧列表框中。

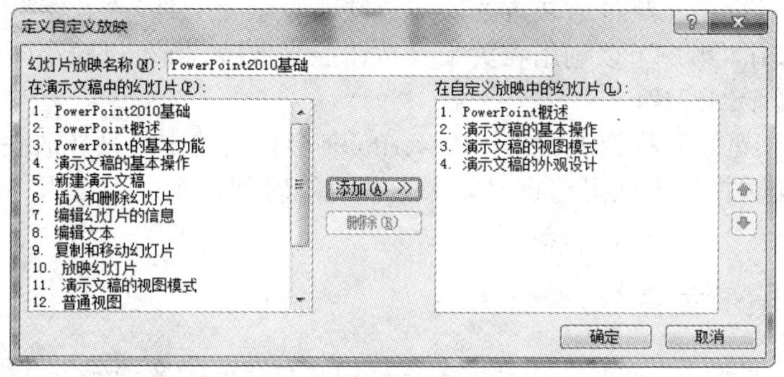


图 10.15　“定义自定义放映”对话框

（3）“定义自定义放映”对话框右侧列表框中的所有幻灯片构成了自定义放映的幻灯片序列，可通过单击其右侧的或按钮，调整幻灯片放映顺序。将幻灯片放映名称设为“PowerPoint 2010 基础”后，单击“确定”按钮返回“自定义放映”对话框。

（4）在“自定义放映”对话框中选择放映名称后，单击“放映”按钮，即可实现自定义放映。

3．设置幻灯片放映方式

设置幻灯片放映方式的步骤如下。

（1）单击“幻灯片放映”→“设置”→“设置幻灯片放映”按钮，打开如图 10.16 所示的“设置放映方式”对话框。

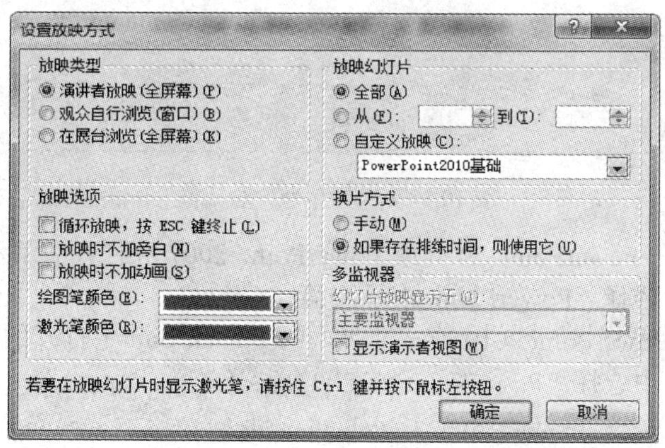


图 10.16　“设置放映方式”对话框

（2）在“设置放映方式”对话框中可以选择放映类型、换片方式、选择全部或部分幻灯片放映。放映类型有以下 3 种。

① 演讲者放映。此种放映方式可全屏显示演示文稿中的每张幻灯片，演讲者具有完全的控制权，可以采用人工换片方式。若对排练计时做了设置，也可不用人工换片方式。

② 观众自行浏览。此种放映方式，在放映时显示“文件”“开始”“插入”等选项卡和一些工具按钮，用户可以利用相关工具按钮控制放映，既可以较小面积显示幻灯片，又可以全屏幕显示幻灯片。

③ 在展台浏览。此种放映方式，PowerPoint 会自动选中“循环放映，按 ESC 键终止”复选框。此时换片方式可选择“如果存在排练时间，则使用它”，放映时会自动循环放映。

## 10.2.6　保存演示文稿

创建好演示文稿后，应立即为其命名保存，并且在演示文稿编辑过程中应该经常保存所做的更改。

保存新建立的演示文稿文件的基本步骤如下。

（1）选择“文件”→“另存为”命令，打开“另存为”对话框，如图 10.17 所示，然后执行下列操作之一即可。

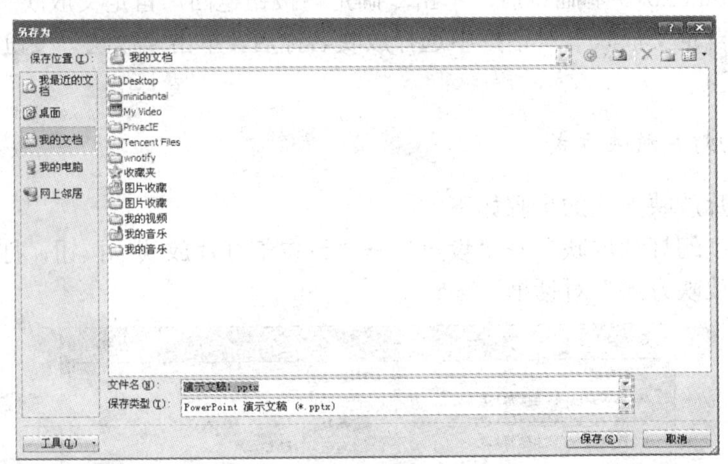


图 10.17　“另存为”对话框

① 对于只能在 PowerPoint 2010 或 PowerPoint 2007 中打开的演示文稿，在“保存类型”下拉列表中选择“PowerPoint 演示文稿（*.pptx）”。

② 对于可在 PowerPoint 2010 或早期版本的 PowerPoint 中打开的演示文稿，在“保存类型”下拉列表中选择“PowerPoint 97-2003 演示文稿（*.ppt）”。

（2）在“另存为”对话框的左侧窗格中，单击要保存演示文稿的文件夹或其他位置。

（3）在“文件名”文本框中输入演示文稿的名称，或接受默认文件名，然后单击“保存”按钮。

**注：**可以按 Ctrl+S 组合键或单击快速访问工具栏中的“保存”按钮，随时快速保存演示文稿。

除了可以将编辑的幻灯片保存为演示文稿外，还可以保存为其他类型的文档。PowerPoint 2010 提供了一系列可用作保存类型的文件类型，如演示文稿设计模板(.pot)、网页（.htm）、PowerPoint 放映文件（.pps）、JPEG（.jpg）、可移植文档格式文件（.pdf），甚至是视频或影片等。要保存为其他类型的文档，只需在“另存为”对话框的“保存类型”下拉列表中选择相应类型即可。

### 10.2.7　关闭演示文稿

创建并保存所需要的演示文稿后，如果不需要继续使用 PowerPoint，那么可以退出程序。以下方法均可以关闭演示文稿。

（1）单击 PowerPoint 标题栏右上角的“关闭”按钮。

（2）选择“文件”→“退出”命令。

（3）按 Alt+F4 组合键。

（4）双击 PowerPoint 标题栏左侧的控制菜单图标。

（5）选择“文件”→“关闭”命令，关闭当前演示文稿文件，但并不退出 PowerPoint 应用程序。

如果在退出之前没有保存文件，PowerPoint 会打开一个提示框，询问在退出之前是否保存文件。单击“保存”按钮，则保存所进行的修改；单击“不保存”按钮，在退出前不保存文件，对文件所进行的操作将丢失；单击“取消”按钮，则取消此次退出操作，返回 PowerPoint 操作界面。

**【例 10-1】**新建一个演示文稿，命名为“我的课件.pptx”，以本书 10.2 节的主要内容为素材，制作不少于 5 张幻灯片的演示文稿。

**操作步骤：**

（1）建立 PowerPoint 文件并命名。

（2）设置幻灯片版式，应用占位符或文本框进行文字编辑。

（3）保存文件，并放映幻灯片。

## 10.3　演示文稿的视图模式

PowerPoint 2010 主要提供了两类视图，分别是演示文稿视图和母版视图。其中，演示文稿视图又包括 4 种视图，即普通视图、幻灯片浏览、备注页和阅读视图；母版视图又包括 3 种视图，即幻灯片母版、讲义母版和备注母版。

在不同视图之间切换的方法：单击“视图”→“演示文稿视图”组中的相应按钮，即可在演示文稿视图类型间切换；单击“视图”→“母版视图”组中的相应按钮，即可在母版视图类型间切换。还可以单击 PowerPoint 窗口显示按钮中的相应按钮进行视图类型的切换。

下面简要介绍每种视图的主要作用。

### 10.3.1 普通视图

普通视图是主要的编辑视图，可用于撰写或设计演示文稿。通常认为该视图有 4 个工作区域：“大纲”选项卡、“幻灯片”选项卡、“幻灯片”窗格和“备注”窗格，如图 10.18 所示。

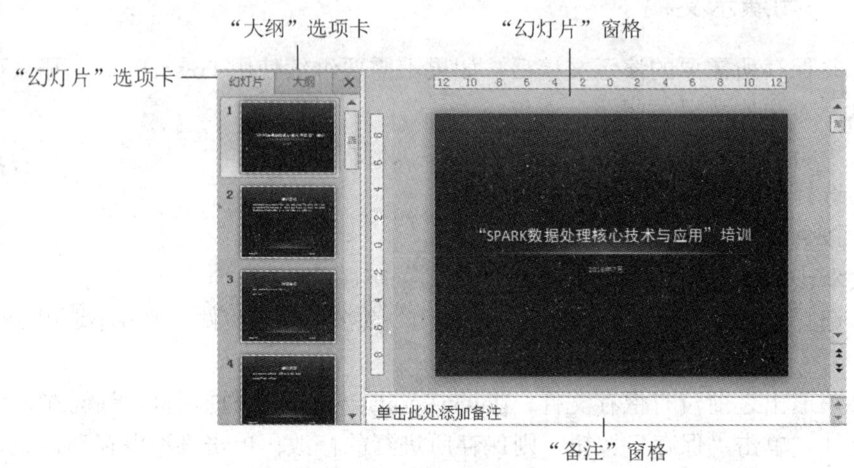


图 10.18 普通视图

在该视图中，可以看到整张幻灯片。如果要显示其他幻灯片，可以直接拖动垂直滚动条上的滚动块，系统会提示切换的幻灯片编号和标题。当已经指到所需要的幻灯片时，释放鼠标左键，单击即可切换到该幻灯片中。

下面分别介绍普通视图的各组成部分。

#### 1. “大纲”选项卡

选中该选项卡，用户可以方便地输入演示文稿要介绍的一系列主题，系统将根据这些主题自动生成相应的幻灯片，且把主题自动设置为幻灯片的标题。在这里，可对幻灯片进行简单的操作（如选择、移动和复制幻灯片）和编辑（如添加标题）。在该窗格中，按幻灯片编号由小到大的顺序和幻灯片内容的层次关系，显示演示文稿中的全部幻灯片的编号、图标、标题和主要的文本信息，所以大纲视图最适合编辑演示文稿的文本内容。

#### 2. “幻灯片”选项卡

选中该选项卡，在编辑时以缩略图大小的图像在演示文稿中观看幻灯片。使用缩略图能方便地遍历演示文稿，并可以直接观看任何设计更改的效果。在这里还可以轻松地重新排列、添加或删除幻灯片。

3.　“幻灯片”窗格

幻灯片窗格显示当前幻灯片的大视图。在此视图中显示当前编辑的幻灯片，并可以添加文本或插入图片、表格、SmartArt 图形、图表、图形对象、文本框、电影、声音、超链接和动画等。

4.　“备注”窗格

可以在其中添加与每个幻灯片内容相关的备注，并且在放映演示文稿时，将它们用作打印形式的参考资料，或者创建希望让观众以打印形式或在 Web 页上看到的备注。

## 10.3.2　幻灯片浏览

单击窗口显示按钮中的“幻灯片浏览”按钮，演示文稿就切换到幻灯片浏览模式的显示方式。用户可以集中调整演示文稿的整体显示效果，如图 10.19 所示。

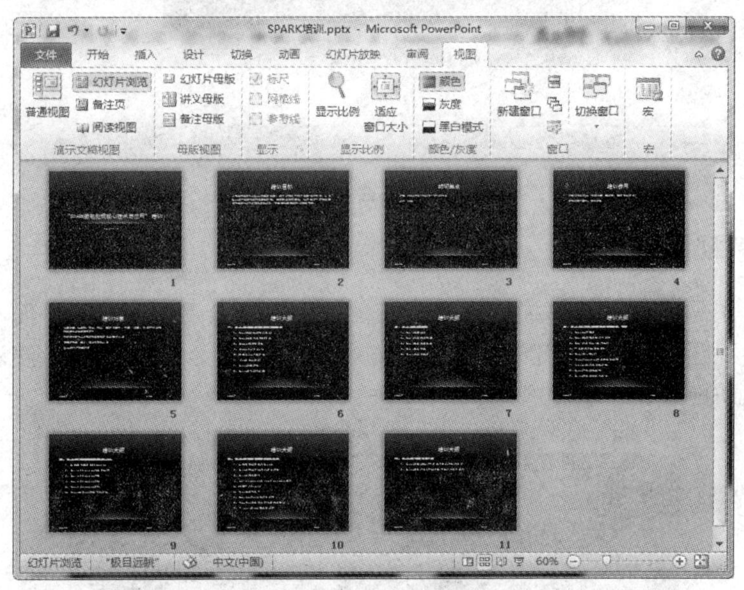


图 10.19　幻灯片浏览视图

在幻灯片浏览视图中，各个幻灯片将按次序排列，用户可以看到整个演示文稿的内容，浏览各幻灯片及其相对位置。同在其他视图中一样，在该视图中，也可以对演示文稿进行编辑，包括改变幻灯片的背景设计和配色方案、重新排列幻灯片、添加或删除幻灯片、复制幻灯片及制作现有幻灯片的副本。但与其他视图不同的是，在该视图中，不能编辑幻灯片的具体内容，类似的工作只能在普通视图中进行。

## 10.3.3　备注页

备注是用户对幻灯片的解释和补充说明，如果要以整页格式查看和使用备注，可以单击“视图”→“演示文稿视图”→“备注页”按钮，如图 10.20 所示，使用该视图输入备注时更为方便。

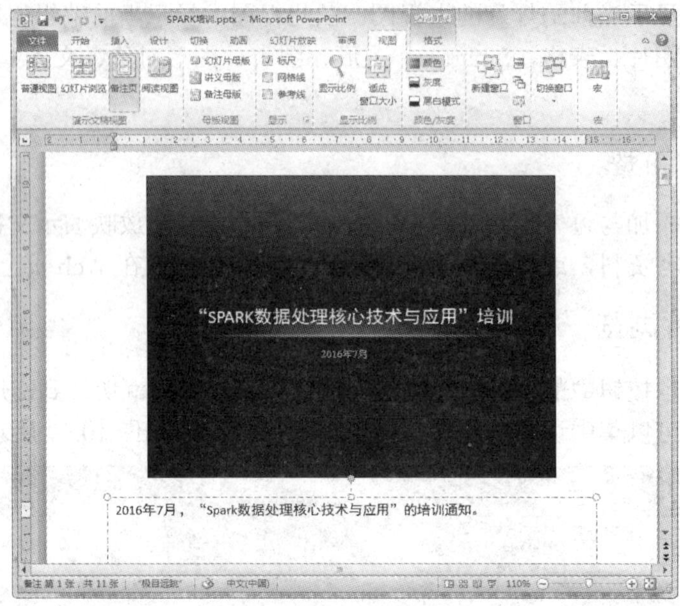


图 10.20　备注页视图

## 10.3.4　阅读视图

如果希望在一个设有简单控件以方便审阅的窗口中查看演示文稿，而不想使用全屏的幻灯片放映视图，可以使用阅读视图，如图 10.21 所示。如果要更改演示文稿，可随时从阅读视图切换至某个其他视图。

图 10.21　阅读视图

### 10.3.5 母版视图

母版视图包括幻灯片母版、讲义母版和备注母版。它们是存储有关演示文稿信息的主要幻灯片，其中包括背景、颜色、字体、效果、占位符大小和位置。使用母版视图的一个主要优点是，在幻灯片母版、备注母版或讲义母版上，可以对与演示文稿关联的每个幻灯片、备注页或讲义的样式进行全局更改。

每种视图都包含特定的工作区、按钮和工具栏等组件。每种视图都有自己特定的显示方式和加工特色，并且在一种视图中对演示文稿的修改和加工会自动反映在该演示文稿的其他视图中。

一般情况下，打开 PowerPoint 时会显示普通视图，用户可以根据需要指定 PowerPoint 在打开时显示另一个视图作为默认视图。方法是选择“文件”→“选项”命令，在打开的“PowerPoint 选项”对话框中选择“高级”选项卡；在“显示”选项组的“用此视图打开全部文档”下拉列表中选择要设置为新默认视图的视图，然后单击“确定”按钮。

## 10.4 演示文稿的外观设计

### 10.4.1 使用主题

如果想要依据主题模板来设计幻灯片，可以选择“设计”选项卡，再打开所有主题列表框，就可以进入主题库，看到可供选择的主题模板，如图 10.22 所示。在主题库当中可以选择某一个主题，将鼠标指针移动到某一个主题上，就可以实时预览到相应的效果。最后选择某一个主题，就可以将该主题快速应用到整个演示文稿当中。

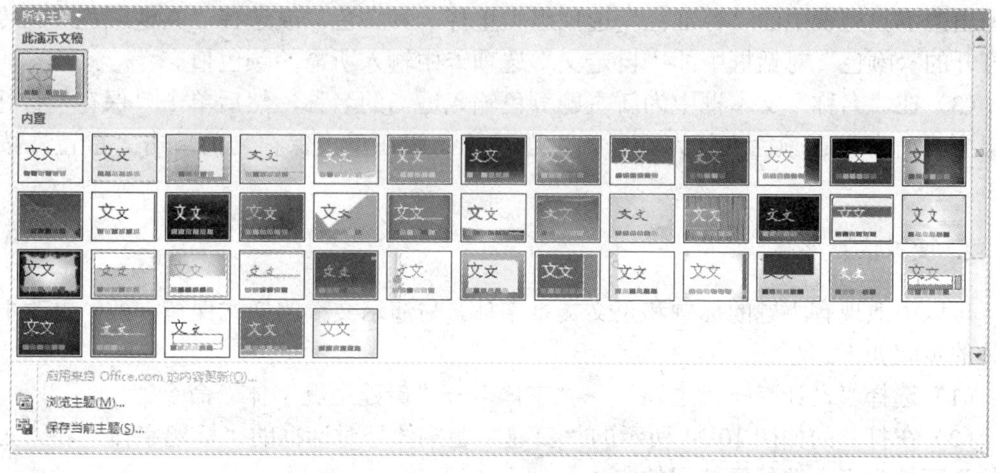


图 10.22 内置主题

如果对主题效果的某一部分元素不够满意，可以通过颜色、字体或效果进行修改。如果对自己设计的主题效果满意的话，还可以将其保存下来，供以后使用。

### 1. 更改主题颜色

更改主题颜色的步骤如下。

（1）选择“设计”→“主题”→“颜色”→“新建主题颜色”命令，打开“新建主题颜色”对话框，在确定颜色修改之前，可以在示例中查看文本字体样式和颜色的显示效果，如图 10.23 所示。

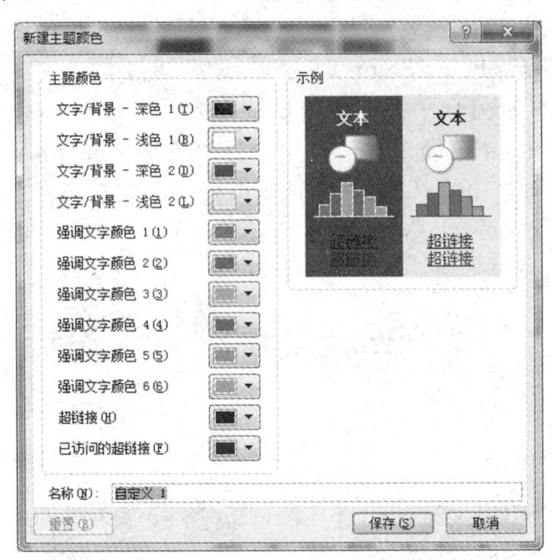


图 10.23 “新建主题颜色”对话框

（2）在“主题颜色”选项组中，单击要更改的主题颜色元素名称旁边的下拉按钮。在弹出的下拉列表中的“标准色”选项组中选择一种颜色，或选择“其他颜色”命令，在打开的“颜色”对话框中的“自定义”选项卡中输入所需的颜色值。

（3）在“名称”文本框中为新主题颜色输入适当的名称，然后单击“保存”按钮。如果要将所有主题颜色恢复为其原始主题颜色，则在单击保存之前单击“重置”按钮即可。

### 2. 更改主题字体

可以更改现有主题的标题和正文文本字体，与演示文稿的样式保持一致。更改主题字体的步骤如下。

（1）选择“设计”→“主题”→“字体”→“新建主题字体”命令。

（2）在打开的如图 10.24 所示的“新建主题字体”对话框的“标题字体”和“正文字体”下拉列表中选择要使用的字体。

（3）在“名称”文本框中为新主题字体输入适当的名称，然后单击“保存”按钮。

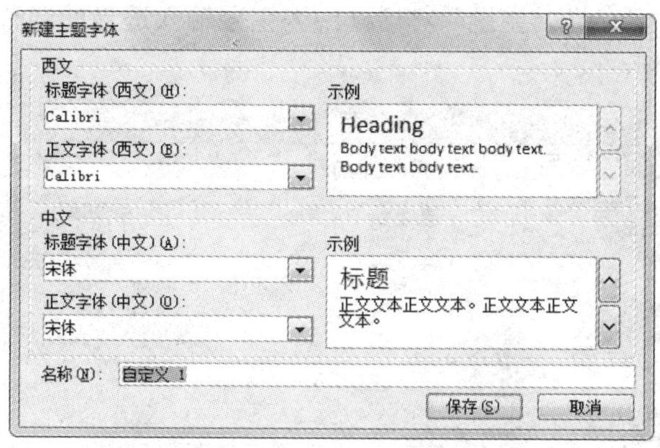


图 10.24 “新建主题字体”对话框

### 3. 选择一组主题效果

主题效果是线条与填充效果的组合。可以从不同的效果组合中进行选择，与演示文稿的样式保持一致。更改主题效果的步骤如下。

（1）单击“设计”→“主题”→“效果”下拉按钮。

（2）在弹出的下拉列表中选择要使用的效果，如图 10.25 所示。

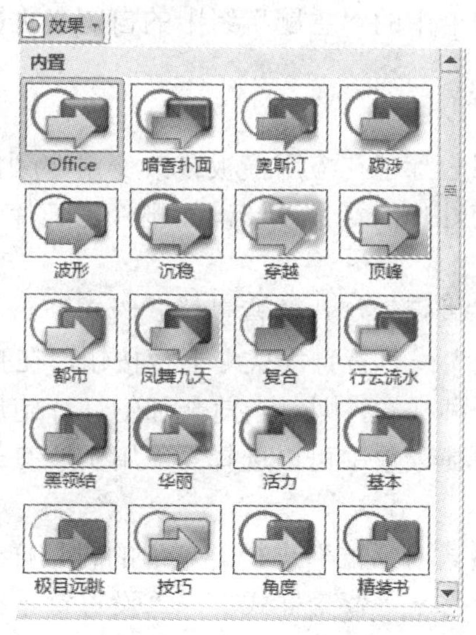


图 10.25 “效果”下拉列表

### 4. 保存主题

保存对现有主题的颜色、字体或线条与填充效果做出的更改，以便可以将该主题应用到其他文档或演示文稿。保存主题的步骤如下。

（1）选择“设计”→“主题”→“其他”→“保存当前主题”命令。

（2）在打开的“保存当前主题”对话框中为主题输入适当的名称，然后单击“保存”按钮，如图 10.26 所示。

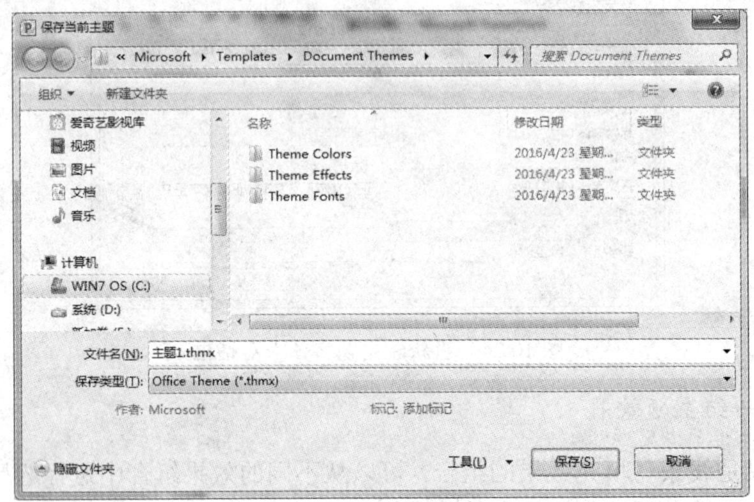


图 10.26 “保存当前主题”对话框

修改后的主题在本地驱动器上的 Document Themes 文件夹中保存为.thmx 文件，并将自动添加到“设计”选项卡中的“主题”组中的自定义主题列表中。

### 10.4.2 设置背景

在设计演示文稿时，用户除了在应用模板或改变主题颜色时更改幻灯片的背景外，还可以根据需要任意更改幻灯片的背景设计，如删除幻灯片中的设计元素、添加底纹、图案、纹理或图片等。

（1）使用内置背景样式进行幻灯片的背景样式设置。

单击“设计”→“背景”→“背景样式”下拉按钮，在弹出的下拉列表中显示出多种内置背景样式，选择某一种样式，即对当前全部幻灯片施加选中的背景样式，若右击某一种样式，则在弹出的快捷菜单中可以选择“应用于所有幻灯片”或“应用于所选幻灯片”命令。

（2）使用“设置背景格式对话框”进行幻灯片的背景样式设置。

选择“设计”→“背景”→“背景样式”→“设置背景格式”命令，打开“设置背景格式”对话框，如图 10.27 所示，选择以下功能进行背景设置。

① 纯色填充：单击“颜色”下拉按钮，在弹出的下拉列表中选择一种背景颜色进行填充。

② 渐变填充：选择预设颜色或通过指定颜色，设置颜色之间的过渡效果进行填充。

③ 图片或纹理填充：选择合适的图片或具有石质、木质、布质等效果的纹理进行填充。

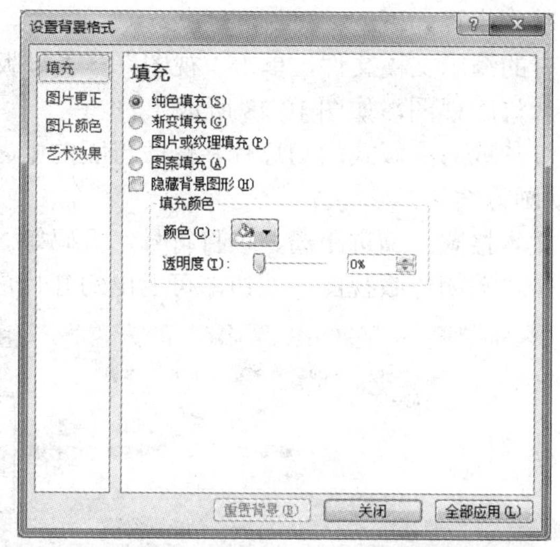


图 10.27　“设置背景格式”对话框

④ 图案填充：指定两种颜色前后搭配，构成背景进行填充。

⑤ 隐藏背景图形：选中该复选框，隐藏幻灯片背景图形，可防止原有母版的背景影响到新背景。

完成上述设置后，若单击“重置背景”按钮，则清除当前的背景颜色设置；若单击“全部应用”按钮，则将背景色应用到所有幻灯片；若直接单击“关闭”按钮，则背景色仅应用到当前选定幻灯片，并关闭该对话框。

**【例 10-2】**打开“我的课件.ppt”文件，为幻灯片应用不同的主题。

**操作步骤：**

（1）打开“我的课件”文件。

（2）选择第一张标题幻灯片，为其设定某种主题并更改主题字体、颜色。

（3）同时选择其余各张幻灯片，为其设定另一种主题。

（4）保存并关闭文件。

### 10.4.3　制作幻灯片母版

“母版”是一种特殊的幻灯片，包含了幻灯片文本和页脚（如日期、时间和幻灯片编号）等占位符，这些占位符控制了幻灯片的字体、字号、颜色（包括背景色）、阴影和项目符号样式等版式要素。幻灯片母版通常用来统一整个演示文稿的幻灯片格式，一旦修改了幻灯片母版，则所有采用这一母版建立的幻灯片格式也随之发生改变。母版通常包括幻灯片母版、讲义母版和备注母版 3 种形式。

在幻灯片母版视图状态下，从左侧的预览中可以看出，PowerPoint 2010 提供了 12 张默认幻灯片母版页面。其中第一张为基础页，对它进行的设置会在其余的页面上自动显示。

幻灯片母版使用的基本步骤如下。

（1）新建或打开已有的演示文稿文件，单击“视图”→“母版视图”→“幻灯片母版”按钮，切换到幻灯片母版视图，如图 10.28 所示。

（2）单击第一张幻灯片或对应版式的幻灯片，修改母版的主题（包括颜色、字体、效果等）、背景样式、动画方案等。

（3）设置幻灯片的文本格式、缩进距离、项目符号、页码等。

（4）设置完成后单击“关闭母版视图”按钮即可退出幻灯片母版视图。

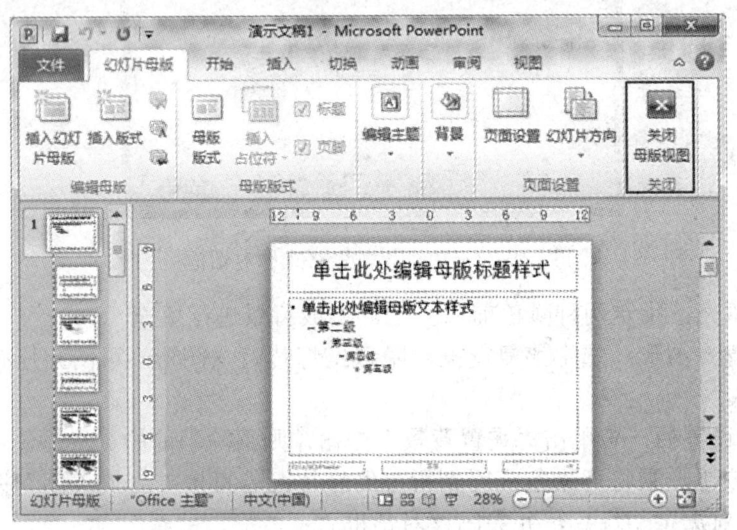


图 10.28　幻灯片母版视图

**注：**最好在建立新的演示文稿时首先设置幻灯片母版，这样添加到演示文稿中的所有幻灯片都会使用基于该幻灯片母版及其相关联的版式。如果在构建了各张幻灯片之后再创建幻灯片母版，则幻灯片上的某些自定义内容可能不符合幻灯片母版的设计风格，需要进一步使用背景和文本格式设置等功能进行调整。

如果希望演示文稿中包含两种或更多种不同的样式或主题（如背景、配色方案、字体和效果），则需要为每种不同的主题插入一个幻灯片母版。这样，当关闭幻灯片母版后，可从具有多种主题的版式中选择最适合显示信息的版式。具体操作过程如下。

（1）在幻灯片母版视图中，单击“幻灯片母版”→“编辑主题”→“主题”下拉按钮，在弹出的下拉列表中选择“波形”主题，如图 10.29 所示。

（2）继续选择另外一种主题“奥斯汀”，并右击，在弹出的快捷菜单中选择“添加为幻灯片母版”命令，如图 10.30 所示。幻灯片母版视图的左侧窗格中可见添加进来的两种主题的幻灯片母版版式。

（3）重复上两步，可添加多种主题样式。

（4）关闭幻灯片母版，插入一张新的幻灯片，并在其缩略图上右击，在弹出的快捷菜单中选择“版式”→“奥斯汀”→“标题和内容”版式，效果如图 10.31 所示。

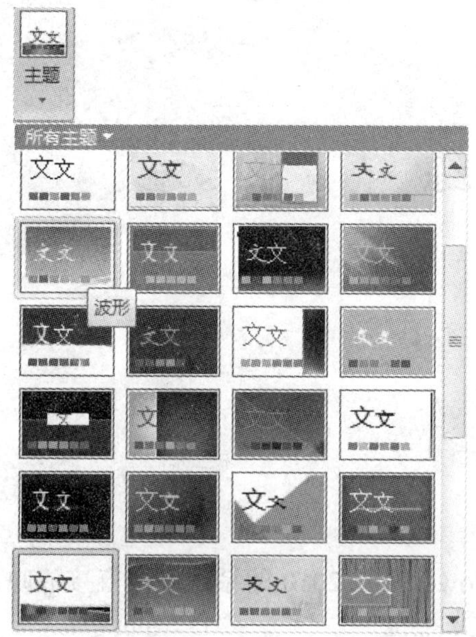

图 10.29 选择“波形”主题

图 10.30 选择“奥斯汀”主题

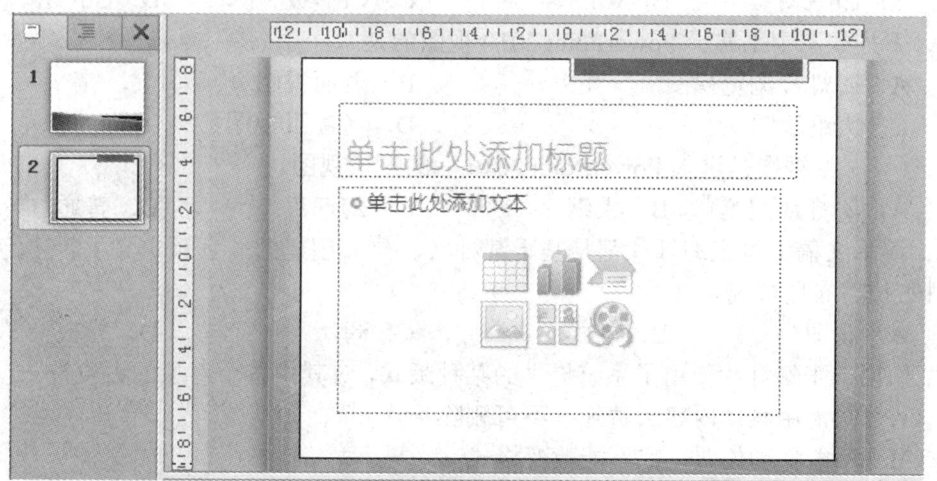


图 10.31 设置幻灯片母版后效果

**注：**可以创建一个包含一个或多个幻灯片母版的演示文稿，然后将其另存为 PowerPoint 模板（.potx 或.pot）文件，并使用该文件创建其他演示文稿。

**【例 10-3】**打开“我的课件.ppt”文件，查看幻灯片母版视图，并对其进行编辑。

**操作步骤：**

（1）打开演示文稿文件，切换到幻灯片母版视图。

（2）设置背景样式。

（3）编辑标题占位符文字格式。

（4）修改“日期和时间”的位置及输出格式。

（5）保存修改，关闭母版视图。

# 习 题 演 练

## 一、选择题

1．演示文稿与幻灯片的关系是（　　）。

A．演示文稿和幻灯片是同一个对象

B．幻灯片由若干个演示文稿组成

C．演示文稿由若干个幻灯片组成

D．演示文稿和幻灯片没有联系

2．扩展名为（　　）的文件，在没有安装 PowerPoint 2010 的系统中可直接放映。

A．.pop　　B．.ppz　　C．.pps　　D．.ppt

3．在 PowerPoint 2010 中，添加新幻灯片的快捷键是（　　）。

A．Ctrl+M　　B．Ctrl+N　　C．Ctrl+O　　D．Ctrl+P

4．下列视图中不属于 PowerPoint 2010 视图的是（　　）。

A．幻灯片浏览视图　　B．页面视图

C．大纲视图　　D．备注页视图

5．（　　）视图是进入 PowerPoint 2010 后的默认视图。

A．幻灯片浏览　　B．大纲　　C．幻灯片　　D．普通

6．演示文稿中每张幻灯片都是基于某种（　　）创建的，它预定义了新建幻灯片的各种占位符布局情况。

A．视图　　B．版式　　C．母版　　D．模板

7．如果一张幻灯片使用了系统提供的某种版式，对其中各个对象的占位符（　　）。

A．只能用具体内容去替换，不可删除

B．不能移动位置，也不能改变格式

C．可以删除不用，也可在幻灯片中再插入新的对象

D．可以删除不用，但不能在幻灯片中再插入新的对象

8．按（　　）键，可以选择多张不连续的幻灯片。

A．Shift　　B．Ctrl　　C．Alt　　D．Ctrl+Shift

9．PowerPoint 2010 提供的幻灯片模板，主要是解决幻灯片的（　　）。

A．文字格式　　B．文字颜色

C．背景图案　　D．以上全是

10．要使幻灯片在放映时能够自动播放，需要为其设置（　　）。

A．预设动画　　B．排练计时　　C．动作按钮　　D．录制旁白

## 二、操作题

1．以唐诗《浪淘沙》和《绝句》为素材，按如下要求制作一个如图 10.32～图 10.35 所示的演示文稿。

图 10.32　第 1 张幻灯片

图 10.33　第 2 张幻灯片

图 10.34　第 3 张幻灯片

图 10.35　第 4 张幻灯片

（1）将第 1 张幻灯片的版式设置为“标题幻灯片”；录入图中所示文字，标题文字字体为黑体、44 号字；在副标题占位符中插入当前日期；设置背景图片为“诗词欣赏.jpg”。效果如图 10.32 所示。

（2）新建一张幻灯片，将其版式设置为“垂直排列标题与文本”；录入图 10.33 所示文字，标题文字字体为华文行楷、44 号字，文本字体为华文行楷、36 号字；设置背景图片为“浪淘沙.jpg”。效果如图 10.33 所示。

（3）新建一张幻灯片，将其版式设置为“空白”；按图 10.34 所示位置，插入横排文本框，录入相应文字；“绝句”文字字体为微软雅黑、24 号字；“唐 杜甫”文字字体为楷体、18 号字；诗正文字体为黑体、24 号字；“解读”部分字体为楷体、20 号字，“解读”两个字加粗；设置背景图片为“绝句.jpg”。效果如图 10.34 所示。

（4）新建一张幻灯片，将其主题设置为“暗香扑面”；删除所有的占位符；插入一横排文本框，录入图 10.35 所示文字，设置文字字体为隶书、54 号字。效果如图 10.35 所示。

（5）将该演示文稿保存为“诗词欣赏.pptx”。

2．按照要求，继续在“诗词欣赏.pptx”文件中完成下述操作。

（1）去掉该演示文稿中所有的背景图片。

（2）将第 1 张幻灯片的主题设为“视点”，所有其他幻灯片主题设为“NewsPrint”。

（3）在第 2 张幻灯片后插入一张新幻灯片，将其版式设置为“标题和内容”，录入图 10.36 所示文字，字体为“楷体”，更改项目符号。

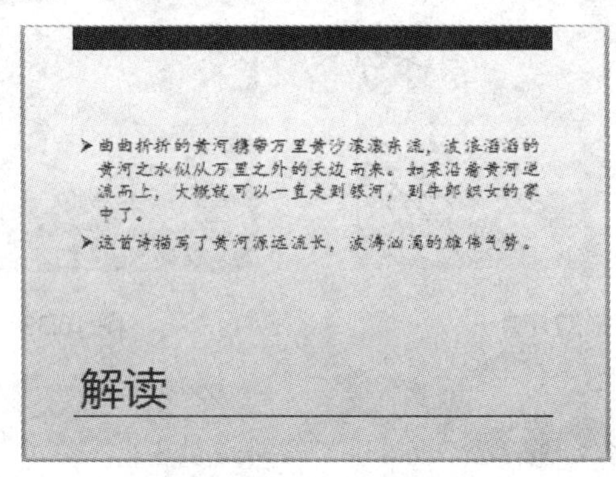


图 10.36　第 3 张幻灯片

（4）将第 4 张幻灯片的页脚设置为“绝句”。

（5）将幻灯片分节：第 1 张幻灯片为一节，节名称为“诗词欣赏”；第 2、3 张幻灯片为一节，节名称为“浪淘沙”；第 4 张幻灯片为一节，节名称为“绝句”；第 5 张幻灯片为一节，节名称为“结束”。

（6）将该演示文稿保存为“诗词欣赏（解读）.pptx”。

3．按照要求，继续在“诗词欣赏（解读）.pptx”文件中完成下述操作。

（1）更改标题母版中的标题文字为 54 号字，副标题文字为 28 号字。

（2）设置幻灯片母版，使除标题幻灯片以外的其他幻灯片自动更新显示当前日期（格式为“2016/9/10”），并为幻灯片编号。

（3）设置幻灯片的放映效果：隐藏第 5 张幻灯片；选择第 1～4 张幻灯片进行循环放映。

（4）将该演示文稿保存为“诗词欣赏（放映）.pptx”。

# 第 11 章　PowerPoint 2010 高级应用

本章将介绍幻灯片中各种对象的编辑和使用，设置幻灯片和其中对象的动画效果、幻灯片的切换效果及幻灯片的放映方式等。

## 11.1　幻灯片中对象的编辑

用户建立了新的幻灯片后，还可以在幻灯片中插入图形、图片、表格、图表、SmartArt 图形、音频和视频、艺术字等对象，这会使演示文稿更加生动有趣并富有吸引力。

### 11.1.1　使用图形

可以在建立好的幻灯片中添加一个形状，或者合并多个形状以生成一个绘图或一个更为复杂的形状。可用的形状包括线条、基本形状、箭头、公式形状、流程图、星与旗帜和标注。单击“插入”→“插图”→“形状”下拉按钮，弹出如图 11.1 所示的下拉列表，选择其中要用到的图形，在幻灯片中根据大小进行绘制。

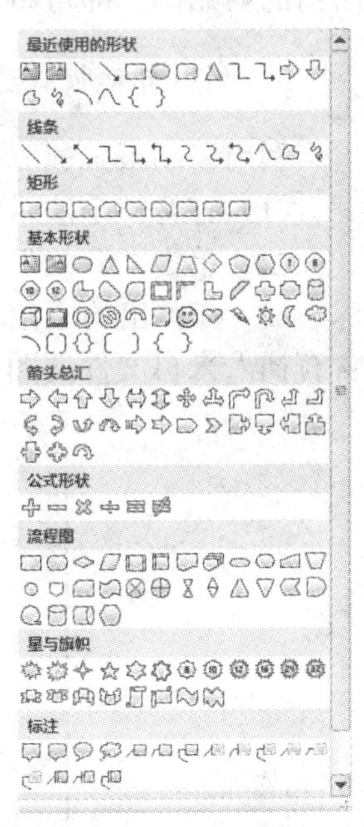


图 11.1　“形状”下拉列表

### 11.1.2　使用图片

在幻灯片中插入漂亮的图片会使幻灯片的外形显得更加美观、更加生动，在 PowerPoint 2010 中，用户既可以插入剪贴画，也可以插入来自文件的图片。建立带剪贴画或来自文件的图片的幻灯片的方法有：利用自动版式建立；向已存在的幻灯片中插入剪贴画或图片。

1. 利用自动版式建立带剪贴画的幻灯片

利用自动版式建立带剪贴画的幻灯片的步骤如下。

（1）打开一个演示文稿，选择其中的一张幻灯片。

（2）单击“开始”→“幻灯片”→“版式”下拉按钮。

（3）在弹出的下拉列表中选择“标题和内容”命令，即可将所选幻灯片更改为一个含有插入剪贴画的版式，如图 11.2 所示。

（4）单击“剪贴画”按钮，打开“剪贴画”任务窗格，如图 11.3 所示。

（5）选择所需的剪贴画，即可将选定的剪贴画插入幻灯片中预定的位置。

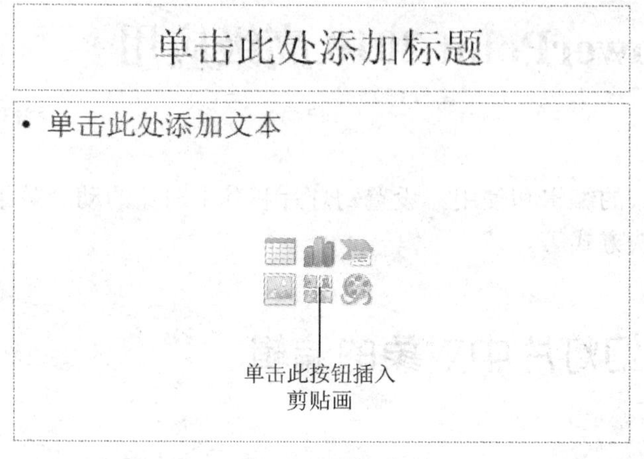


图 11.2　包含剪贴画版式的幻灯片

图 11.3　“剪贴画”任务窗格

2. 向幻灯片中插入剪贴画

向已存在的幻灯片插入剪贴画，可以按照下述步骤进行。

（1）选择幻灯片窗格中要插入剪贴画的幻灯片。

（2）单击“插入”→“图像”→“剪贴画”按钮，打开“剪贴画”任务窗格。选择所需的剪贴画，即可将选定的剪贴画插入幻灯片中。

3. 利用自动版式建立带来自文件的图片的幻灯片

利用自动版式建立带来自文件的图片的幻灯片的步骤如下。

（1）打开一个演示文稿，选择其中的一张幻灯片。

（2）单击“开始”→“幻灯片”→“版式”下拉按钮。

（3）在弹出的下拉列表中选择“标题和内容”命令，即可将所选幻灯片更改为一个含有插入来自文件的图片的版式，如图 11.4 所示。

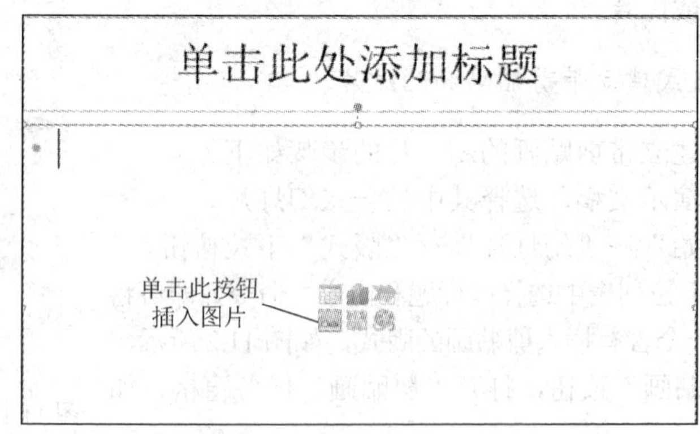


图 11.4　含有图片版式的幻灯片

（4）单击“插入来自文件的图片”按钮，打开“插入图片”对话框，如图 11.5 所示。

图 11.5　“插入图片”对话框

在计算机中寻找要插入图片的具体位置，选定后单击“插入”按钮即可将所选图片插入幻灯片中。

4. 插入来自文件的图片

（1）单击“插入”→“图像”→“图片”按钮，打开“插入图片”对话框，如图 11.5 所示。

（2）选择图片文件所在的位置，或在“文件名”文本框中输入文件的名称。

（3）单击“插入”按钮，即可插入所选的图片文件。

## 11.1.3　使用表格

当用户需要在演示文稿中使用表格时，可以利用表格自动版式创建一张新幻灯片，也可以向已包含其他对象的原幻灯片中添加表格，还可以将 Excel 表格中的数据复制到演示文稿中。

1. 创建表格幻灯片

创建表格幻灯片的具体操作步骤如下。

（1）新建一张幻灯片并为其应用含有表格的版式，如图 11.6 所示。

（2）单击内容占位符上的“插入表格”按钮，打开“插入表格”对话框，如图 11.7 所示。

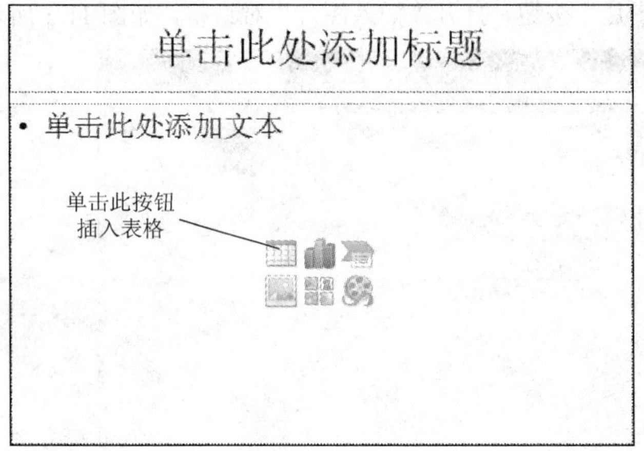


图 11.6　含有表格版式的幻灯片

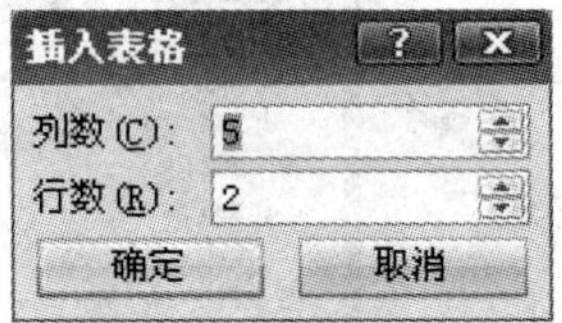


图 11.7　“插入表格”对话框

（3）在“列数”微调框中输入表格的列数，在“行数”微调框中输入表格的行数。用户也可以单击微调按钮来选择所需的行数和列数。

（4）单击“确定”按钮。此时，在幻灯片上就生成了如图 11.8 所示的表格，同时在 PowerPoint 功能区显示出“表格工具”上下文选项卡。

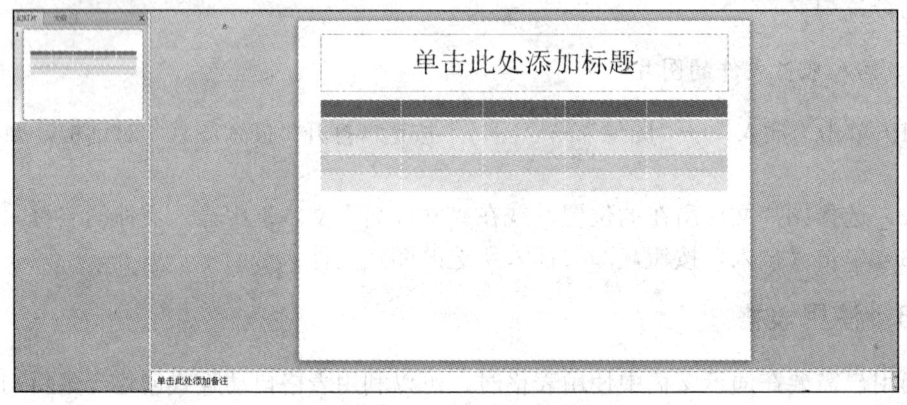


图 11.8　插入表格后的幻灯片

2. 利用插入选项卡中的表格按钮

如果用户想向原有幻灯片中添加表格，可以单击“插入”→“表格”→“表格”下拉按钮，在弹出的下拉列表中提供了 4 种在幻灯片中生成表格的方法。

（1）在“表格”下拉列表上方给出了 10（列）×8（行）的方格，拖动鼠标以选择所需的列数和行数，例如，选择“8×4 表格”，然后释放鼠标左键，即可在幻灯片上生成一个 4 行 8 列的表格，如图 11.9 所示。

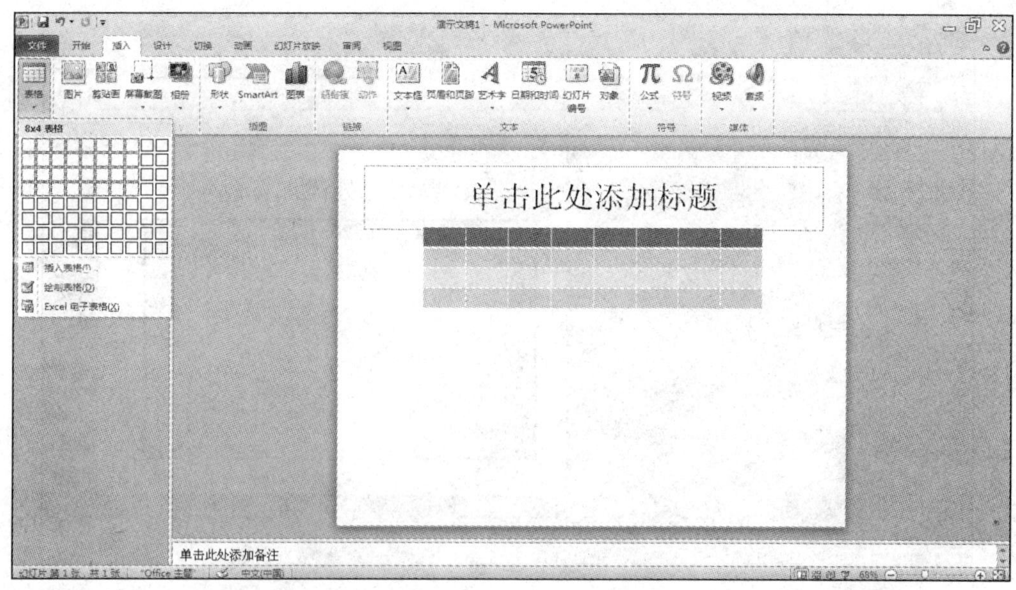


图 11.9　移动鼠标选取方格生成表格

（2）在“表格”下拉列表中选择“插入表格”命令，打开如图 11.7 所示的“插入表格”对话框，然后在“列数”和“行数”微调框中输入数字即可。

（3）在“表格”下拉列表中选择“绘制表格”命令，就会在当前幻灯片上出现“绘图笔”工具，使用该工具可以绘制表格，如图 11.10 所示。

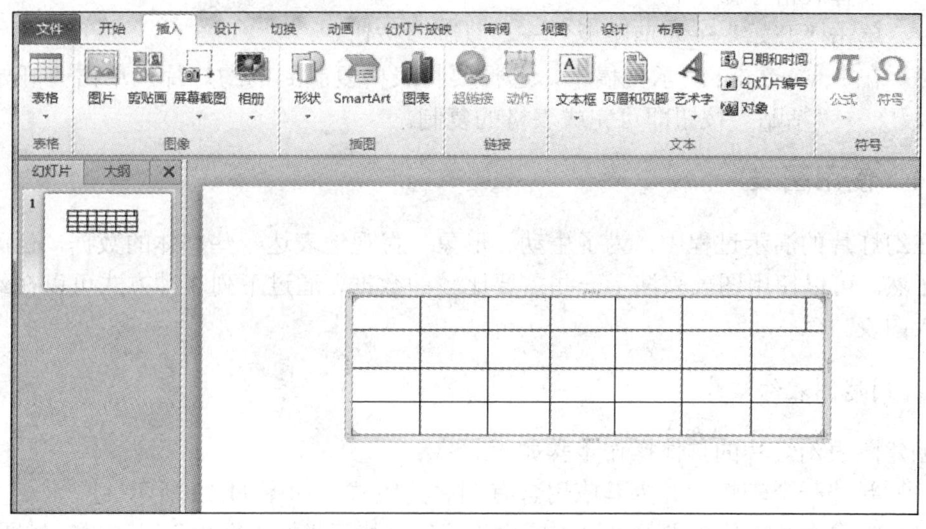


图 11.10　绘制表格

（4）在“表格”下拉列表中选择“Excel 电子表格”命令，就会在当前幻灯片上绘制类似 Excel 环境的电子表格，如图 11.11 所示。

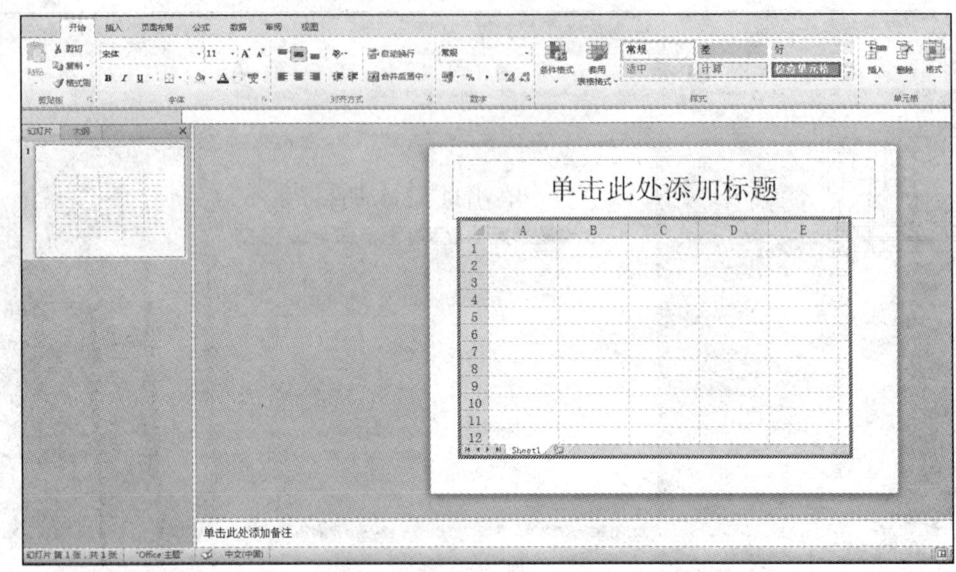


图 11.11　插入 Excel 电子表格

### 3. 从 Word 中复制和粘贴表格

将 Word 中的表格复制到幻灯片中的步骤如下。

（1）在 Word 中单击要复制的表格，选择“表格工具”→“布局”→“表”→“选择”→“选择表格”命令。

（2）单击“开始”→“剪贴板”→“复制”按钮。

（3）在 PowerPoint 演示文稿中，选择要将表格复制到的幻灯片，单击“开始”→“剪贴板”→“粘贴”按钮即可完成表格的复制。

## 11.1.4　使用图表

在幻灯片的演示过程中，为了生动、形象、直观地表达一些具体的数据，使阅读者一目了然。可以使用图表来演示一些需要比较的数据，通过下列 3 种方式可以在幻灯片中插入图表。

### 1. 创建图表幻灯片

创建图表幻灯片的具体操作步骤如下。

（1）新建一个幻灯片并为其应用含有图表的版式，如图 11.12 所示。

（2）单击内容占位符上的“插入图表”按钮，打开“插入图表”对话框，如图 11.13 所示。选择一种图表样式，插入图表。

（3）若要替换示例表数据，则单击数据表上的单元格，然后输入所需的信息即可。

（4）若要返回幻灯片窗格，单击 Excel 表格的“关闭”按钮即可。再次双击图表占位符可以重新启动图表程序。

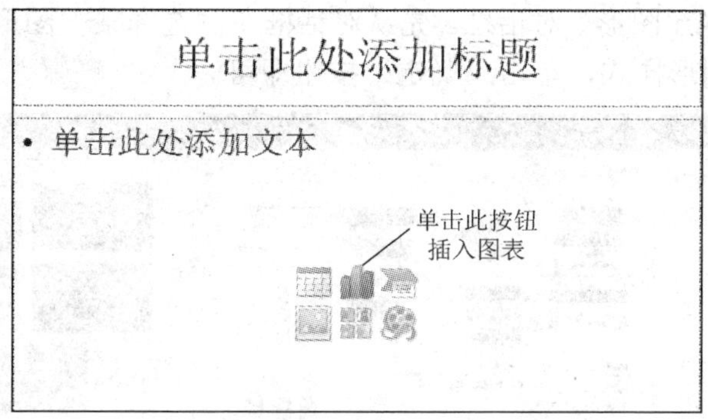


图 11.12　含有图表版式的幻灯片

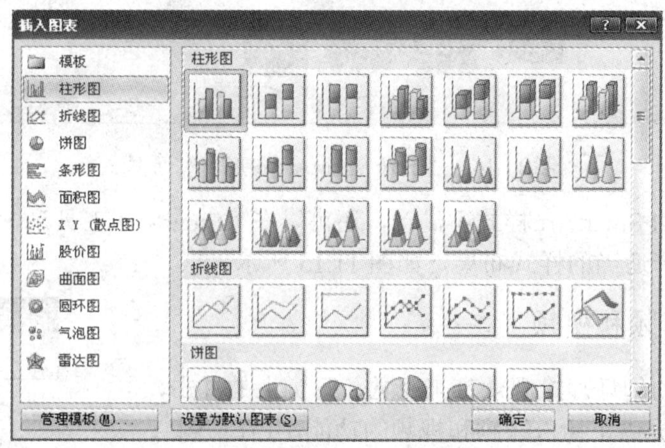


图 11.13　“插入图表”对话框

2. 向已有幻灯片中添加图表

向已有幻灯片中添加图表的具体操作步骤如下。

（1）在幻灯片窗格中打开要插入图表的幻灯片。

（2）单击“插入”→“插图”→“图表”按钮，即可启动图表程序，打开“插入图表”对话框，插入图表。此时不用担心图表的位置和大小，在输入数据后，用户还可以根据需要进行移动和调整。

3. 使用来自 Excel 的图表

用户可以将现有的 Excel 图表直接导入 PowerPoint 中，其方法非常简单，只需直接将图表从 Excel 窗口拖拽或复制到 PowerPoint 的幻灯片中即可。

### 11.1.5　使用 SmartArt 图形

在演示幻灯片中放置的文字，总觉得有些“单薄”，使用 SmartArt 功能美化幻灯片可以达到专业演示的效果，单击“插入”→“插图”→“SmartArt”按钮，打开如图 11.14

所示的“选择 SmartArt 图形”对话框。先从对话框左侧选择某一图形分类，再从该分类的列表中选取一种图形样式，单击“确定”按钮即可。

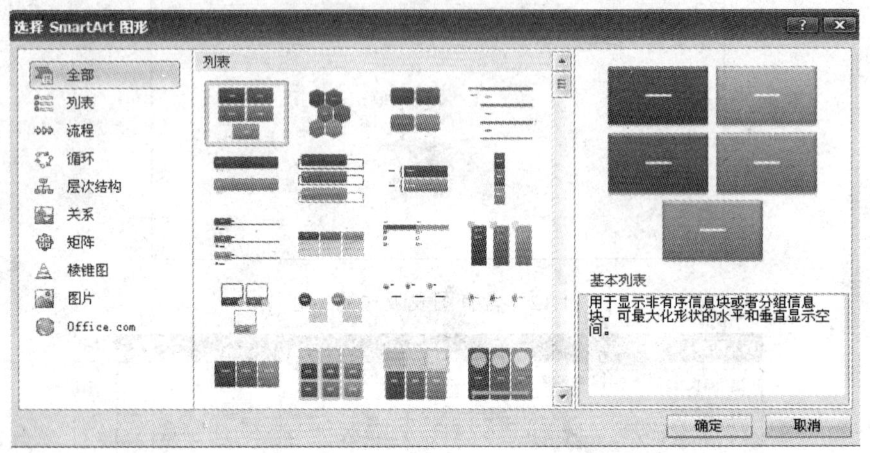


图 11.14 “选择 SmartArt 图形”对话框

如果对当前的 SmartArt 样式不满意，还可以在“SmartArt 工具”→“设计”或“格式”选项卡中选择适当的样式布局，如图 11.15 所示。

## 11.1.6 使用音频和视频

为了让制作的幻灯片给观众带来视觉、听觉上的冲击，PowerPoint 2010 提供了插入音频和视频的功能，并在剪辑管理器中提供了素材。

图 11.15 “SmartArt 工具”上下文选项卡

1．插入视频

PowerPoint 提供了 3 种插入视频的来源，分别是文件中的视频、来自网站的视频和剪贴画视频。

1）文件中的视频

选中要插入视频的幻灯片，单击“插入”→“媒体”→“视频”下拉按钮，弹出“视频”下拉列表，如图 11.16 所示。选择“文件中的视频”命令，打开“插入视频文件”对话框，如图 11.17 所示。选择一个视频文件，单击“插入”按钮，就会插入所选的视频文件，播放幻灯片可以查看该视频。

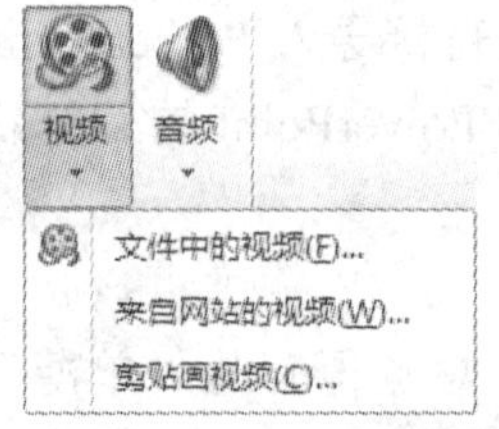


图 11.16 “视频”下拉列表

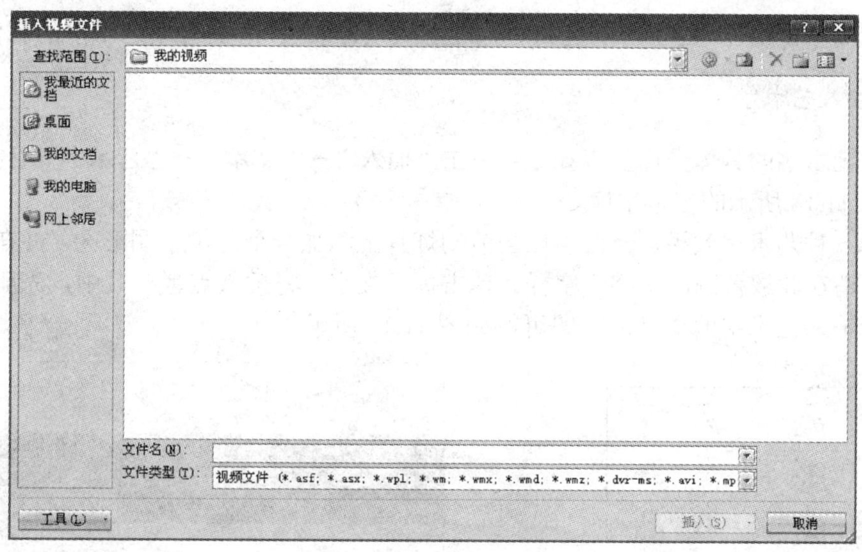


图 11.17 “插入视频文件”对话框

2）来自网站的视频

打开视频网页，在网页中找到并复制该视频的 HTML 代码。接着，在图 11.16 所示的下拉列表中选择“来自网站的视频”命令，打开“从网站插入视频”对话框，在对话框中粘贴 HTML 代码，再单击“插入”按钮，即可插入该视频。

3）剪贴画视频

插入视频时，若在图 11.16 所示的下拉列表中选择“剪贴画视频”命令，则可插入剪辑管理器中的视频。

2. 插入音频

幻灯片中插入音频的来源也有 3 种，即文件中的音频、剪贴画音频和录制音频。

1）文件中的音频

在演示文稿中选中要插入音频的幻灯片。单击“插入”→“媒体”→“音频”下拉按钮，在弹出的下拉列表中选择“文件中的音频”命令，在打开的“插入音频”对话框中就可以选择一个声音文件插入当前幻灯片中。

2）剪贴画音频

插入声音时，若在下拉列表中选择“剪贴画音频”命令，可插入剪辑管理器中的声音。

3）录制音频

若选择“录制音频”命令，可自行录制声音，录制完成后便可插入当前幻灯片中。

### 11.1.7 使用艺术字

艺术字是高度风格化的文字，经常被应用于各种演示文稿、海报和广告宣传册中，在演示文稿中使用艺术字，可以达到更为理想的设计效果，下面介绍艺术字的制作方法。

### 1. 插入艺术字

插入艺术字的具体操作步骤如下：单击“插入”→“文本”→“艺术字”下拉按钮，弹出如图 11.18 所示的艺术字库。

选择一种艺术字效果，会自动在当前幻灯片上添加一个艺术字图形区，并在图形区里显示“请在此放置您的文字”字样。单击提示文字，将插入点置于其中，先删除显示的字样再输入艺术字的文字内容即可，如图 11.19 所示。

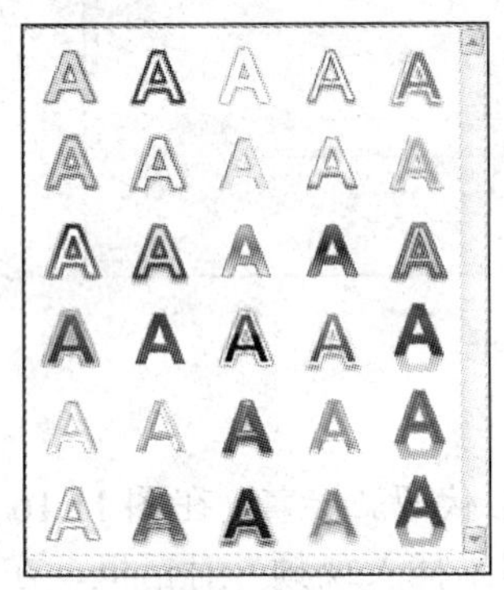

图 11.18　艺术字库

图 11.19　应用艺术字的幻灯片

### 2. 编辑艺术字

插入艺术字之后，如果用户要对所插入的艺术字进行修改、编辑或格式化，可以选择图 11.20 所示的按钮对艺术字和艺术字的图形区做相应的设置。

图 11.20　“形状样式”和“艺术字样式”组

（1）形状填充：用于设置艺术字图形区的背景，可以是纯颜色、渐变色、纹理和图片。

（2）形状轮廓：用于设置艺术字图形区边线的颜色、线条的样式和线条的粗细等。

（3）形状效果：用于设置艺术字图形区的效果，包括预设、阴影、映像、发光、柔化边缘、棱台和三维旋转。

（4）文本填充：用于设置艺术字文本的填充色，可以是纯颜色、渐变色、纹理和图片。

（5）文本轮廓：用于设置艺术字文本的边线颜色、线条的样式和线条的粗细。

（6）文本效果：用于设置艺术字文本的效果，包括阴影、映像、发光、棱台、三维旋转和转换。

**【例 11-1】** 本次练习是在空白演示文稿中应用主题，然后添加幻灯片并输入内容，其中将重点涉及文本的输入及 SmartArt 和表格的使用。完成后演示文稿参考效果如图 11.21 所示。

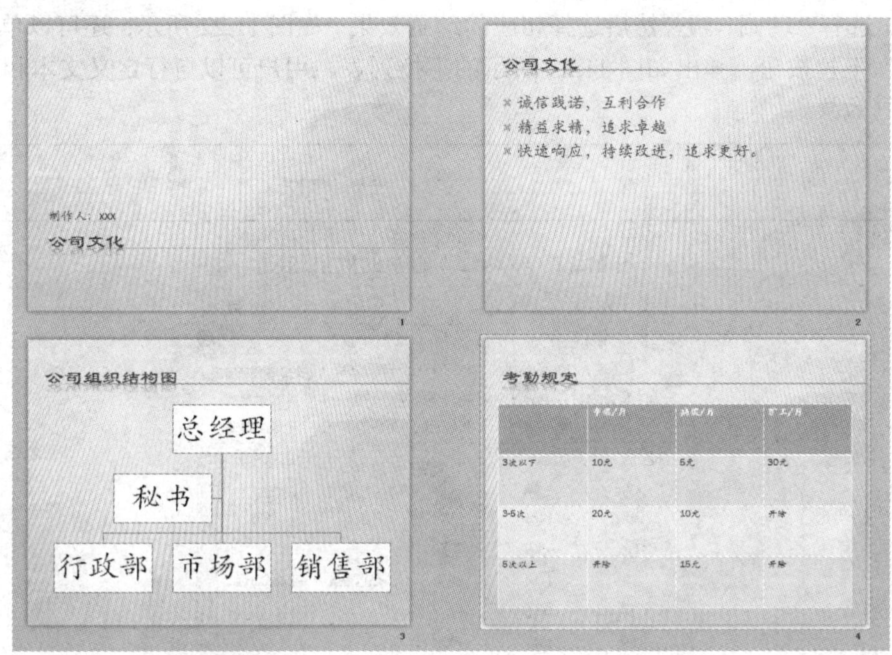


图 11.21　效果图

**操作步骤：**

（1）创建包含 4 张幻灯片的演示文稿，选择合适主题。

（2）在第 1 张、第 2 张演示文稿中输入如图所示内容。

（3）在第 3 张演示文稿中插入 SmartArt 图形，并选择适当的 SmartArt 样式。

（4）在第 4 张演示文稿中插入表格后输入内容，并选择适当的表格样式。

# 11.2　幻灯片交互效果设置

本节将介绍设置幻灯片放映的各种技巧，如设置幻灯片及其中的对象动画效果、幻灯片切换效果及幻灯片超链接操作等。如果用户在幻灯片中应用了这些技巧，会显著提高演示文稿的表现力。

## 11.2.1　对象动画效果设置

用户可以为幻灯片中的文本、声音、图像和其他对象设置动画效果，这样可以突出演示文稿的内容重点和控制信息的流程，并提高演示文稿的趣味性。用户为幻灯片中的对象添加动画效果的具体操作步骤如下。

（1）在普通视图中，显示包含要设置动画效果的文本或对象的幻灯片。

（2）选择要设置动画的对象。

（3）选择“动画”组，然后选择相应的动画效果，如图 11.22 所示；还可以单击“添加动画”下拉按钮，弹出如图 11.23 所示的下拉列表，用户可以自行定义文本和对象播放的动画效果。

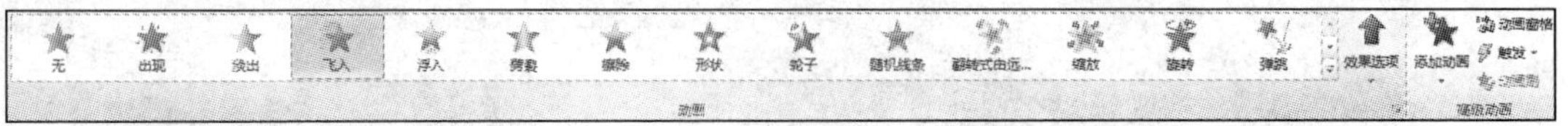


图 11.22 “动画”组中的效果选项

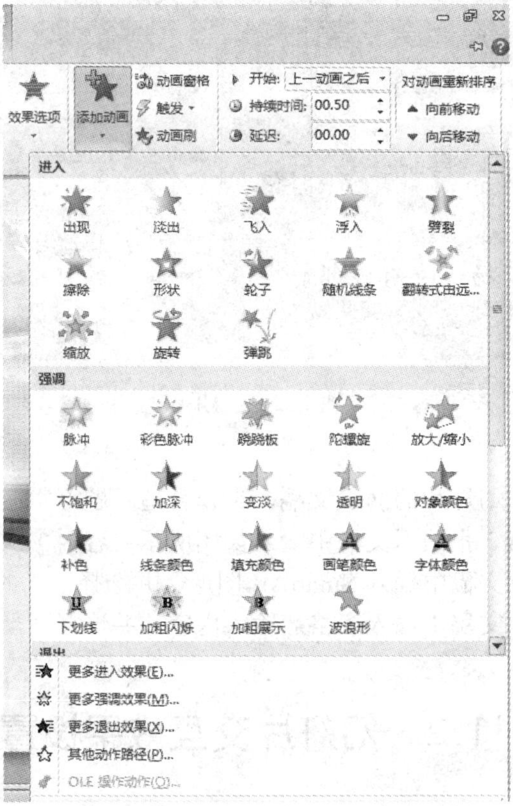

图 11.23 “添加动画”下拉列表

## 11.2.2 幻灯片切换效果

演示文稿放映过程中由一张幻灯片进入另一张幻灯片就是幻灯片之间的切换，为了使幻灯片放映更具有趣味性，幻灯片切换可以使用不同的切换效果。PowerPoint 2010 为用户提供了多种幻灯片的切换效果，接下来就介绍设置切换效果的方法。

（1）选择需要设置切换效果的幻灯片后，选择“切换”选项卡，如图 11.24 所示。

图 11.24　“切换”选项卡

（2）单击“切换到此幻灯片”组中的“其他”按钮，在弹出的下拉列表中选择合适的切换效果，如图 11.25 所示。

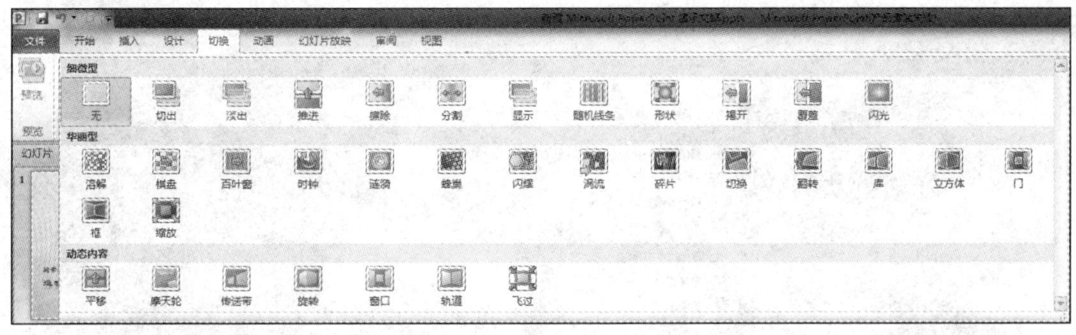


图 11.25　切换效果下拉列表

（3）设置好了切换效果以后，在幻灯片窗格中有不同的显示。如果想让所有的幻灯片都是这个效果，单击“全部应用”（每张幻灯片都使用该效果）按钮即可。

（4）如果想让不同的幻灯片的切换效果不一样，选择需要设置切换效果的幻灯片，重复步骤（1）和步骤（2）。也就是单独设置每张幻灯片的切换效果。

### 11.2.3　幻灯片超链接操作

在演示文稿中，对文本或其他对象（如图片、表格等）添加超链接后，单击该对象时可直接跳转到其他位置。在 PowerPoint 中，超链接可以是从一张幻灯片到同一演示文稿中另一张幻灯片的链接，也可以是从一张幻灯片到不同演示文稿中另一张幻灯片、电子邮件地址、网页或文件的链接。可以对文本或对象（如图片、图形、形状或艺术字）创建超链接。

下面介绍设置超链接的方法。

#### 1. 利用超链接按钮或快捷菜单创建超链接

（1）在要设置超链接的幻灯片中选择要添加链接的对象。

（2）单击“插入”→“链接”→“超链接”按钮，如图 11.26 所示，或者选定对象后右击，在弹出的快捷菜单中选择“超链接”命令，如图 11.27 所示，打开“插入超链接”对话框，如图 11.28 所示。

图 11.26 “超链接”按钮

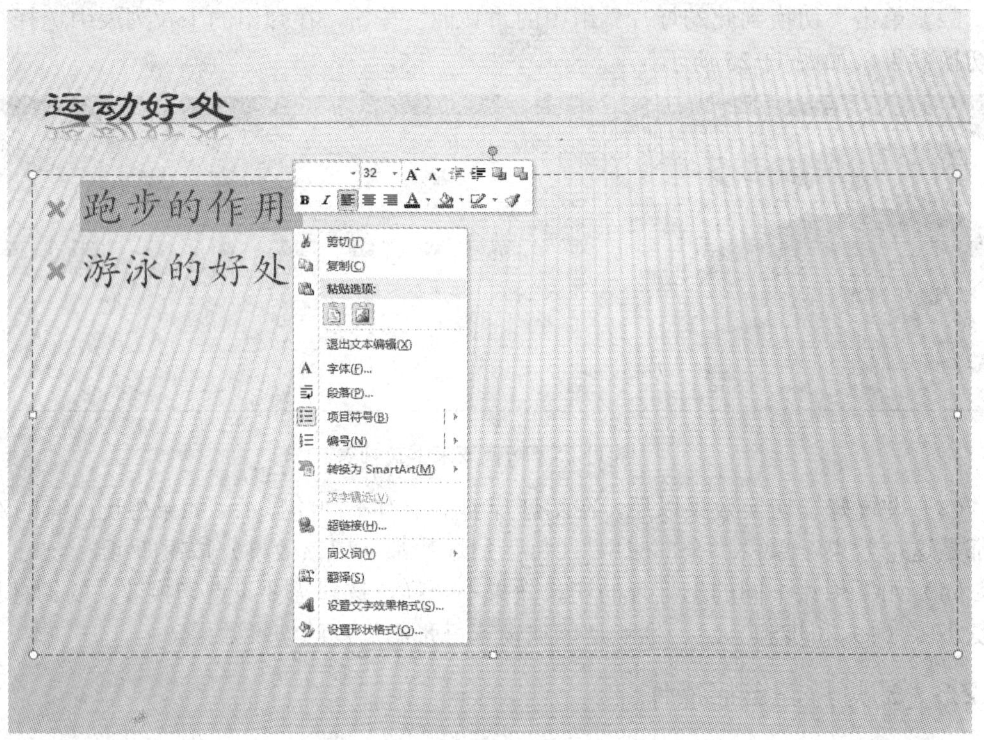


图 11.27 选择“超链接”命令

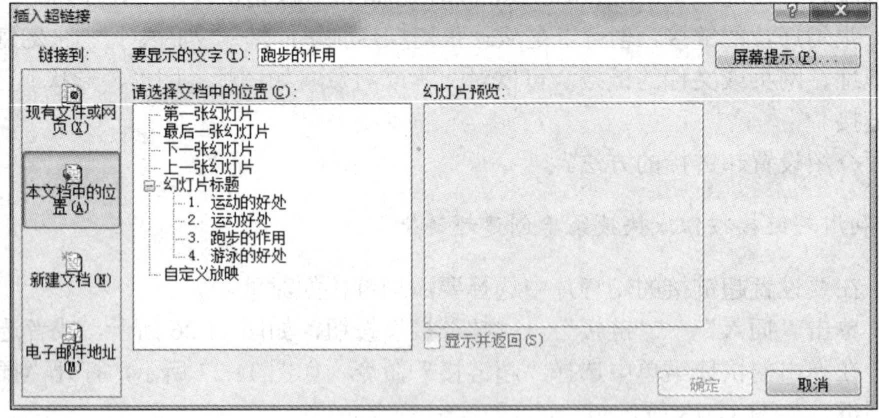


图 11.28 “插入超链接”对话框

（3）如果链接的是此文稿中的其他幻灯片，就在左侧的“链接到”选项组中单击“本文档中的位置”按钮，在“请选择文档中的位置”选项组中选择所要链接到的那张幻灯片，如果链接的是已经存在的文件，则单击“现有文件或网页”按钮进行查找，选定要链接的内容。

（4）单击“确定”按钮即可完成超链接的设置，设置了超链接的幻灯片如图 11.29 所示，包含超链接的文本默认带下画线。

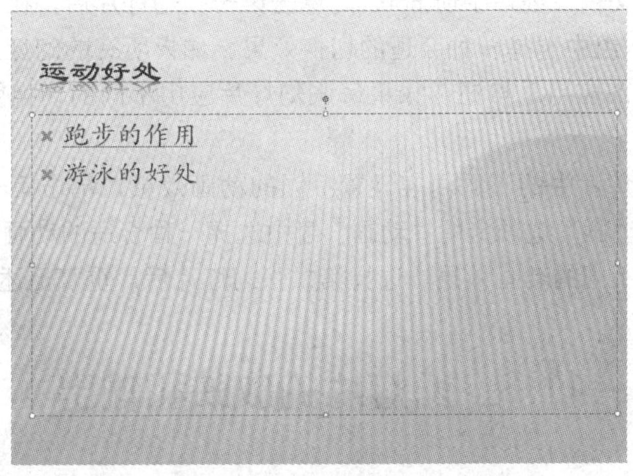


图 11.29　设置了超链接的幻灯片

### 2. 利用“动作”创建超链接

单击要创建超链接的对象，使之高亮度显示，并将鼠标指针停留在所选对象上。单击“插入”→“链接”→“动作”按钮，打开“动作设置”对话框，如图 11.30 所示。在对话框中有两个选项卡“单击鼠标”和“鼠标移过”，通常选择默认的“单击鼠标”选项卡，选中“超链接到”单选按钮，在其下拉列表中根据实际情况进行选择，然后单击“确定”按钮即可。

图 11.30　“动作设置”对话框

如果要取消超链接，可右击插入了超链接的对象，在弹出的快捷菜单中选择“取消超链接”命令即可。

【例 11-2】本实例的目标是为公司手册演示文稿中的各张幻灯片添加切换效果，并为各幻灯片中的每个对象添加动画效果。

**操作步骤：**

（1）打开演示文稿“公司手册.pptx”，单击第一张幻灯片后，在“切换”选项卡的“切换到此幻灯片”组中选择一种合适的切换效果。如果所有的幻灯片都同用一种切换效果，则单击“全部应用”按钮；如果每张幻灯片应用不同的切换效果，重复上述操作即可。

（2）为每张幻灯片中的不同内容设置不同的动画效果，单击第一张幻灯片，选择“公司文化”，在“动画”选项卡的“动画”组中选择一种合适的动画效果，再选择“制作人：xxx”，设置不同的动画效果。选择第二张幻灯片后，重复上述操作即可。

## 11.3 幻灯片的放映和输出

### 11.3.1 幻灯片的放映设置

在 PowerPoint 中，放映幻灯片可以由演讲者控制放映，也可以根据需要自行放映。因此在放映之前，需要进行相应的设置，从而满足不同场合对放映的需求。如果在幻灯片放映时不想人工移动每张幻灯片，有以下两种方法设置幻灯片在屏幕上显示的时间：第一种方法是人工为每张幻灯片设置时间，然后运行幻灯片放映并查看设置的时间；第二种方法是使用排练计时功能，在排练时自动记录时间。

如果在排练之前设置时间，用“幻灯片浏览”视图处理方法最为方便，因为在该视图中可以看到演示文稿的每张幻灯片缩图，并且显示“幻灯片浏览”工具栏。

人工设置幻灯片放映的时间间隔，操作步骤如下。

（1）单击“视图”→“演示文稿视图”→“幻灯片浏览”按钮，切换到幻灯片浏览视图。

（2）选择要设置放映时间的幻灯片。

（3）在“切换”选项卡的“计时”中选中“设置自动换片时间”复选框，输入希望幻灯片在屏幕上出现的秒数。如果要将此时间应用到所有的幻灯片上，单击“全部应用”按钮即可。幻灯片“计时”设置如图 11.31 所示。

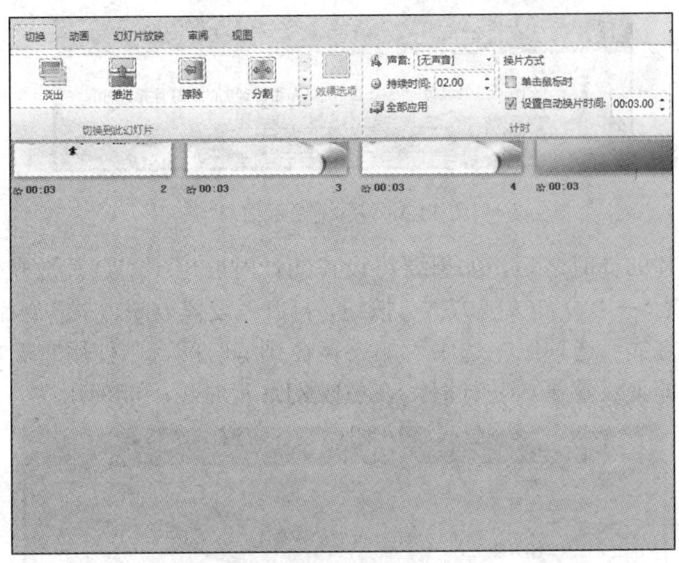


图 11.31 幻灯片“计时”设置

## 11.3.2 使用排练计时

如果用户对自行决定幻灯片放映时间没有把握，那么可以在排练幻灯片放映的过程中设置放映时间。PowerPoint 具有排练计时功能，可以首先演示文稿，进行相应的演示操作，同时记录幻灯片之间切换的时间间隔。用排练计时来设置幻灯片切换的时间间隔的具体操作步骤如下。

（1）单击“幻灯片放映”→“设置”→“排练计时”按钮。

（2）系统以全屏幕方式播放，并出现“录制”对话框，如图 11.32 所示。在“录制”对话框的幻灯片放映时间框 0:00:03 中显示当前幻灯片的放映时间，在总放映时间框 0:00:03 中显示当前整个演示文稿的放映时间。

图 11.32 “录制”对话框

（3）如果对当前幻灯片的播放时间不满意，可以单击“重复”按钮，重新计时。如果知道幻灯片放映所需的时间，可以直接在幻灯片放映时间框中输入所需的时间。

（4）要播放下一张幻灯片，可以单击“录制”对话框中的“下一项”按钮，这时可以播放下一张幻灯片，同时在幻灯片放映时间框中重新计时。

如果要暂停计时，可以单击“录制”对话框中的“暂停录制”按钮。放映到最后一张幻灯片时，系统会显示总共的时间，并询问是否保留新的幻灯片排练时间，如图 11.33 所示，单击“是”按钮则保留排练时间。

图 11.33　系统提示信息

在设置幻灯片的计时之后，如果要将设置的计时应用到幻灯片放映中，单击“幻灯片放映”→“设置”→“设置放映方式”按钮，打开“设置放映方式”对话框，如图 11.34 所示。在“换片方式”选项组中选中“如果存在排练时间，则使用它”单选按钮。如果不选择此选项，即使设置了放映计时，在放映幻灯片时也不能使用。

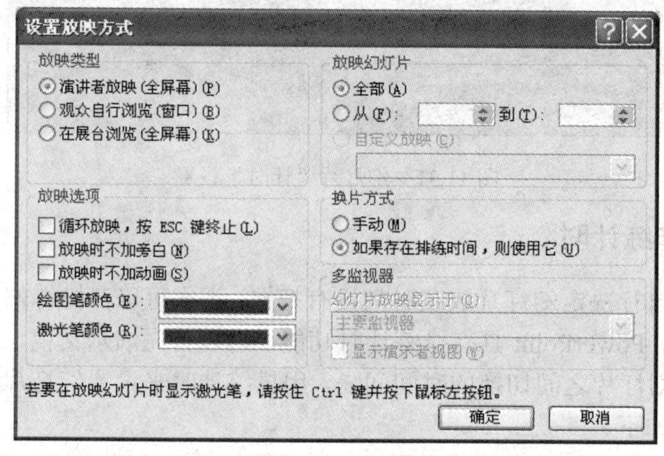


图 11.34　“设置放映方式”对话框

### 11.3.3　演示文稿输出

幻灯片制作完成后，可通过计算机进行放映观看，还能根据需要将制作好的幻灯片或其中包含的备注、大纲打印在纸张上。打印幻灯片是指将幻灯片的内容打印到纸张上，其过程主要包括页面设置、打印设置、打印幻灯片等。

1. 页面设置

对幻灯片页面进行设置主要包括调整幻灯片的大小、设置幻灯片编号起始值、更改打印方向等，使之适合各种类型的纸张。页面设置的方法为打开需打印的演示文稿，单击“设计”→“页面设置”→“页面设置”按钮，打开“页面设置”对话框，如图 11.35 所示，各参数作用如下。

（1）“幻灯片大小”下拉列表：选择预设的幻灯片大小，具体设置可按实际使用的纸张大小进行选择。

（2）“宽度”微调框和“高度”微调框：自行设置幻灯片的大小。

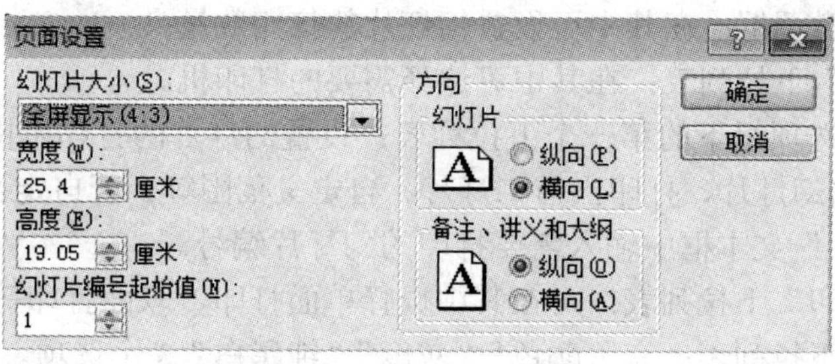


图 11.35 “页面设置”对话框

（3）“幻灯片编号起始值”微调框：设置幻灯片开始的编号数值，以便打印后根据编号整理纸张。

（4）“方向”选项组：可以设置幻灯片的页面方向。

（5）“备注、讲义和大纲”选项组：可统一设置备注、讲义和大纲的页面方向。

2. 打印设置

打印设置主要是对幻灯片的打印效果进行预览，对打印范围、打印颜色等参数进行设置的操作。选择“文件”→“打印”命令，在当前界面中即可预览、设置、打印幻灯片，如图 11.36 所示，其中参数作用分别如下。

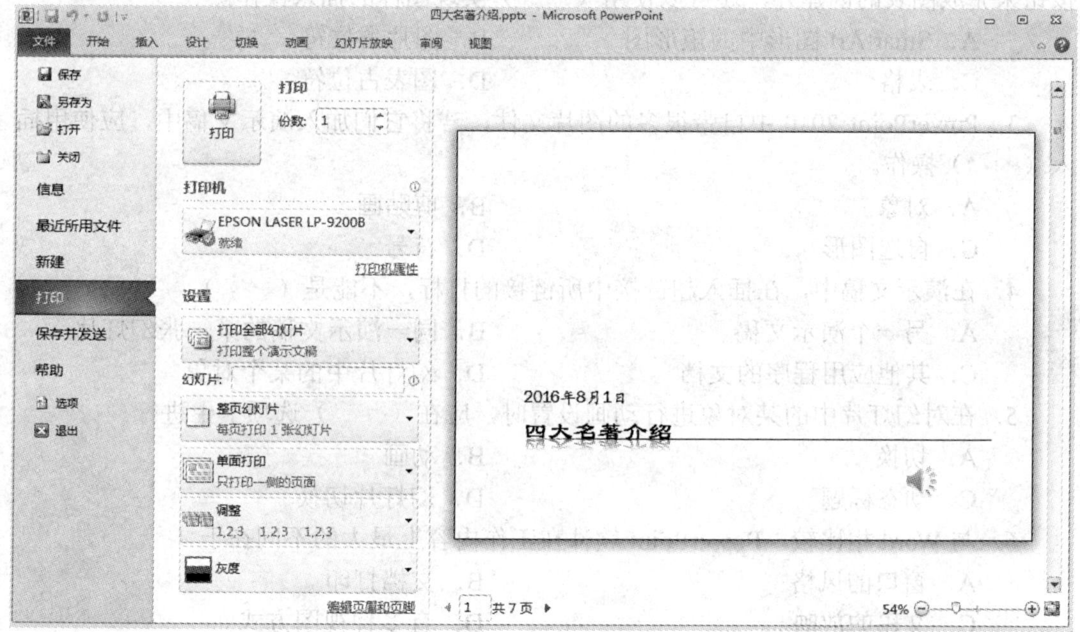


图 11.36 打印设置

（1）“打印”按钮：当完成打印设置并确认预览效果无误后，可单击此按钮开始打印幻灯片。

（2）“份数”微调框：在其中可设置幻灯片的打印数量。

（3）“打印机”下拉列表：在其中可选择需要的打印机。

（4）“设置”选项组下的第一个下拉列表：设置幻灯片的打印范围，包括打印全部幻灯片、打印所选幻灯片、打印当前幻灯片、自定义范围等。若自定义打印范围，则可在下方的“幻灯片”文本框中输入需要打印的幻灯片编号。

（5）“单面打印”下拉列表：可在其中选择单面打印、双面打印等。

（6）“颜色”下拉列表：有“颜色”“灰度”“纯黑白”3 个选项。

# 习 题 演 练

## 一、选择题

1．在幻灯片中插入了一段声音文件后，幻灯片中将会产生（　　）。

A．一段文字说明　　B．链接说明

C．链接按钮　　D．喇叭标记

2．在任何版式的幻灯片中都可以插入图表，除了在“插入”选项卡中单击“图表”按钮来完成图表的创建外，还可以使用（　　）实现图标的插入操作。

A．SmartArt 图形中的矩形图　　B．图片占位符

C．表格　　D．图表占位符

3．PowerPoint 2010 中自带很多的图片文件，若将它们加入演示文稿中，应使用插入（　　）操作。

A．对象　　B．剪贴画

C．自选图形　　D．符号

4．在演示文稿中，在插入超链接中所链接的目标，不能是（　　）。

A．另一个演示文稿　　B．同一演示文稿的某一张幻灯片

C．其他应用程序的文档　　D．幻灯片中的某个对象

5．在对幻灯片中的某对象进行动画设置时，应在（　　）选项卡中进行。

A．切换　　B．动画

C．动态标题　　D．幻灯片切换

6．与 Word 相比较，PowerPoint 软件在工作内容上最大的不同在于（　　）。

A．窗口的风格　　B．文档打印

C．文稿的放映　　D．有多种视图方式

7．要进行幻灯片页面设置、主题选择，可以在（　　）选项卡中操作。

A．开始　　B．插入　　C．视图　　D．设计

8．从当前幻灯片开始放映幻灯片的快捷键是（　　）。

A．Shift + F5　　B．Shift + F4

C．Shift＋F3　　　　　　　　　　　　D．Shift＋F2

9．要在幻灯片中插入表格、图片、艺术字、视频、音频等元素时，应在（　　）选项卡中操作。

A．文件　　　　B．开始　　　　C．插入　　　　D．设计

## 二、操作题

1．王鹏是高校人事处的培训讲师，负责对新入职的员工进行入职培训，其制作的 PowerPoint 演示文稿广受好评，最近应城市环卫处邀请制作一个宣传节水知识及节水工作重要性的演示文稿。给定素材参见“素材.docx”，制作要求如下。

（1）标题页包含演示主题、制作单位（节水展馆）和 日期（××××年××月××日）。

（2）演示文稿需要指定一个主题，幻灯片不少于 6 页，且版式不少于 3 种。

（3）演示文稿中除了文字外要有 2 张图片，并有 2 个以上的超链接进行幻灯片之间的跳转。

（4）动画效果要丰富，幻灯片切换效果要多样。

（5）演示文稿播放全程需要有背景音乐。

（6）将制作完毕的演示文稿以“节水通知”为文件名保存。

2．某公司为了向来宾播放并展示产品信息，需要制作一个演示文稿来完成宣传工作。按要求，在给定的 PowerPoint 文件中完成制作工作。

（1）将演示文稿中的所有中文文字由“宋体”替换为“微软雅黑”。

（2）为了布局美观，将第 2 张幻灯片中的内容区域文字转换为“基本维恩图” SmartArt 布局，更改 SmartArt 的颜色，并设置 SmartArt 样式为“强烈效果”。

（3）为上述 SmartArt 图形设置由幻灯片中心进行“缩放”的进入动画效果，并要求自上一动画开始之后自动、逐个展示 SmartArt 中的产品特性文字。

（4）为演示文稿中的所有幻灯片设置不同的切换效果。

（5）插入背景音乐，要求放映时就开始播放。

（6）为演示文稿最后一页幻灯片右下角的图形添加指向 www.microsoft.com 的超链接。

（7）为了实现幻灯片可以在展台自动放映，设置每张幻灯片的自动放映时间为 10 秒。

# 全国计算机等级考试二级 MS Office 高级应用考试大纲（2013 年版）

2016 年延续了 2013 年版的考试大纲内容，具体的基本要求如下。

（1）掌握计算机基础知识及计算机系统的组成。

（2）了解信息安全的基本知识，掌握计算机病毒及防治的基本概念。

（3）掌握多媒体技术基本概念和基本应用。

（4）了解计算机网络的基本概念和基本原理，掌握因特网网络服务和应用。

（5）正确采集信息并能在文字处理软件 Word、电子表格软件 Excel、演示文稿制作软件 PowerPoint 中熟练应用。

（6）掌握 Word 的操作技能，并熟练应用编制文档。

（7）掌握 Excel 的操作技能，并熟练应用进行数据计算及分析。

（8）掌握 PowerPoint 的操作技能，并熟练应用制作演示文稿。

## 考试内容

### 一、计算机基础知识

（1）计算机的发展、类型及其应用领域。

（2）计算机软硬件系统的组成及主要技术指标。

（3）计算机中数据的表示与存储。

（4）多媒体技术的概念与应用。

（5）计算机病毒的特征、分类与防治。

（6）计算机网络的概念、组成和分类；计算机与网络信息安全的概念和防控。

（7）因特网网络服务的概念、原理和应用。

### 二、Word 的功能和使用

（1）Microsoft Office 应用界面使用和功能设置。

（2）Word 的基本功能，文档的创建、编辑、保存、打印和保护等基本操作。

（3）设置字体和段落格式、应用文档样式和主题、调整页面布局等排版操作。

（4）文档中表格的制作与编辑。

（5）文档中图形、图像（片）对象的编辑和处理，文本框和文档部件的使用，符号与数学公式的输入与编辑。

（6）文档的分栏、分页和分节操作，文档页眉、页脚的设置，文档内容引用操作。
（7）文档的审阅和修订。
（8）利用邮件合并功能批量制作和处理文档。
（9）多窗口和多文档的编辑，文档视图的使用。
（10）分析图文素材，并根据需求提取相关信息引用到 Word 文档中。

### 三、Excel 的功能和使用

（1）Excel 的基本功能，工作簿和工作表的基本操作，工作视图的控制。
（2）工作表数据的输入、编辑和修改。
（3）单元格格式化操作、数据格式的设置。
（4）工作簿和工作表的保护、共享及修订。
（5）单元格的引用、公式和函数的使用。
（6）多个工作表的联动操作。
（7）迷你图和图表的创建、编辑与修饰。
（8）数据的排序、筛选、分类汇总、分组显示和合并计算。
（9）数据透视表和数据透视图的使用。
（10）数据模拟分析和运算。
（11）宏功能的简单使用。
（12）获取外部数据并分析处理。
（13）分析数据素材，并根据需求提取相关信息引用到 Excel 文档中。

### 四、PowerPoint 的功能和使用

（1）PowerPoint 的基本功能和基本操作，演示文稿的视图模式和使用。
（2）演示文稿中幻灯片的主题设置、背景设置、母版制作和使用。
（3）幻灯片中文本、图形、SmartArt、图像（片）、图表、音频、视频、艺术字等对象的编辑和应用。
（4）幻灯片中对象动画、幻灯片切换效果、超链接操作等交互设置。
（5）幻灯片放映设置、演示文稿的打包和输出。
（6）分析图文素材，并根据需求提取相关信息引用到 PowerPoint 文档中。

## 考试方式

采用无纸化考试，上机操作。
考试时间：120 分钟。
软件环境：操作系统 Windows 7。
办公软件 Microsoft Office 2010。
在指定时间内，完成下列各项操作：

1. 选择题（计算机基础知识，20 分）。
2. Word 操作（30 分）。
3. Excel 操作（30 分）。
4. PowerPoint 操作（20 分）。

# 参 考 文 献


教育部考试中心．2013．全国计算机等级考试二级教程：MS Office 高级应用（2013 年版）．北京：高等教育出版社．

谭振江．2013．计算思维与大学计算机基础．北京：人民邮电出版社．

未来教育教学与研究中心．2014．全国计算机等级考试教程 二级 MS Office 高级应用．北京：人民邮电出版社．